Wuppertaler Studienbibel

Wuppertaler Studienbibel

Herausgegeben von

Fritz Rienecker †

und

Werner de Boor

1974

R. Brockhaus Verlag Wuppertal

Der erste Brief des Paulus an Timotheus

erklärt von

Hans Bürki

1974

R. Brockhaus Verlag Wuppertal

1. Auflage

Printed in Germany
Druck: Thiele & Schwarz, Kassel
ISBN 3-417-00473-x Leinen
ISBN 3-417-00474-8 Paperback

VORWORT

Im Alter von sechzehn Jahren schrieb ich die ersten Gedanken in ein Notizheft, die mir bei der Lektüre der Pastoralbriefe gekommen waren. Meine ersten mündlichen Äußerungen, die ich klopfenden Herzens vor gleichaltrigen Kameraden herausbrachte, bezogen sich auf 1 Tim 4, 12: „Niemand verachte deine Jugend, sondern werde ein Vorbild der Gläubigen!" Dreißig Jahre lang haben mich diese Briefe nun begleitet und beeinflußt. Von Anfang an beschäftigte mich die Beziehung zwischen Paulus und Timotheus und berührten mich die hymnischen Stücke (Lobgesänge), welche die Hoheit Gottes und das Geheimnis seiner Offenbarung in Jesus preisen. Der Sinn für die unbegreifliche Größe und Ferne Gottes und seine noch unfaßbarere Menschlichkeit und Nähe ist mir im Laufe der schnellen Jahre nicht nur erhalten geblieben, sondern vertieft worden.

In meiner ersten, längst zerlesenen Bibel aus dem Jahre 1941 sind mit Bleistift viele Notizen und Bibelstellen eingetragen. Dem Gefühl der eigenen Mangelhaftigkeit half eine Bemerkung zu 2 Tim zurecht: „Vollendet meint nicht die lücken- und fehlerlose Leistung, sondern nur, daß der Lauf sein Ziel erreicht hat." Dieses Ziel wollte ich erreichen. Zu II 4, 2 notierte ich Jes 52, 7: „Wie lieblich sind auf den Bergen die Füße dessen, der frohe Botschaft bringt." Diese Botschaft wollte ich bringen.

Vor zehn Jahren wagte ich es auf Anfrage des Verlegers hin, mit der Arbeit für einen Kommentar der Pastoralbriefe zu beginnen — zunächst noch ohne bestimmte Zusage. Mehrmals habe ich seither die Bemühungen unterbrochen und wollte den Gedanken an eine Herausgabe ganz aufgeben. Durch die große Geduld und ständige Ermutigung von Rolf Brockhaus, mit dem ich seit 1948 in fruchtbarer Freundschaft verbunden bin, ist nun der Abschluß des Manuskriptes doch zustande gekommen. Ich hatte nicht geahnt, was es heißt, neben den vielen Reisen, die mich seit 1963 (als ich mit der Arbeit am Kommentar begann) in alle Teile der Welt führten, einen Kommentar druckfertig zu vollenden. Doch die unzähligen Stunden des Studiums der Schrift haben mich in ihrem Ertrag noch mehr überrascht als das Ausmaß der Arbeit. Die Stunden der Einsamkeit und Meditation vor der Heiligen Schrift, gerade weil sie den sich von außen aufdrängenden Ansprüchen abgerungen werden mußten, gehören zu den kostbarsten meines Lebens. Dafür danke ich Gott.

Ich hoffe, daß etwas von dieser verborgenen Begegnung mit dem Wort

Gottes im Kommentar zum Ausdruck gelangt und darum den Leser vermehrt zur Heiligen Schrift hinweist, so daß ihm „das Geheimnis der Gottseligkeit" (1 Tim 3, 16) aufleuchten kann.

Mein Dank gilt den vielen, die mir von meiner Jugend an die Heilige Schrift lieb und wert gemacht haben, denen, die mit mir in der Verkündigung des Evangeliums weltweit verbunden sind, und denen, die mir bei der Ausarbeitung des Kommentars in irgendeiner Weise geholfen haben.

Einige möchte ich noch besonders mit Namen erwähnen:

Werner de Boor, der Herausgeber der Wuppertaler Studienbibel, ist mir mit Geduld, Rat und großzügigem Verständnis entgegengekommen, auch als der Kommentar etwas anders ausfiel als die übrigen Bände der Reihe. Dafür bitte ich auch den Leser um Nachsicht. Obwohl ich das Manuskript stark kürzte, wurde bald klar, daß aus den 14 Kapiteln (1 und 2 Tim, Titus, Philemon) zwei Bände würden. In einem Kommentar hatte ich jeweils besonders die Details, die genauen Wortbeschreibungen und die schwierigen Stellen gesucht. Dieser persönliche Leserwunsch spiegelt sich in meinen vielleicht zu ausführlichen Worterklärungen wider. Die lange Entstehungszeit hat ihren Niederschlag gefunden in der „Textgeschichte" meines Manuskriptes: es ist mir nicht gelungen, die Unterschiede vollständig auszugleichen.

Otto-Siegfried von Bibra (1948 verkündeten wir gemeinsam die frohe Botschaft von Jesus den Schülern und Studenten, die in Wuppertal zu einer Konferenz zusammengekommen waren) hat mir einen unerläßlichen Dienst erwiesen, indem er mit aller Sorgfalt das ganze Manuskript kritisch durchlas und mir viele wertvolle Anregungen gab, nicht zuletzt auch Vorschläge zur Kürzung!

An der Reinschrift des Manuskriptes waren mitbeteiligt Lore Schmid, Stuttgart; Elsi Müller, Zürich; Martin Leibundgut, Langental.

Hans Bürki

INHALTSVERZEICHNIS

Richtlinien
für die Benutzer der Wuppertaler Studienbibel

In bezug auf den Bibeltext:

Der Bibeltext ist fett gedruckt. Wiederholungen aus dem behandelten Bibeltext sind fett gedruckt.

Gesperrt nur im Sinne der Verdeutlichung bei Betonung.

In bezug auf die Parallelstellen:

Mit Absicht sind eine große Fülle von Bibelstellen als Parallelen gebracht. Für diese Parallelstellen ist am Rand eine Spalte freigelassen.

In bezug auf die Handschriften:

Zu den wichtigsten vom Text abweichenden Lesarten, die sich im allgemeinen in den Fußnoten finden, sind folgende Zeichen gesetzt, die der Erklärung bedürfen:

Die Handschriften des Neuen Testaments

Bezeichnung	aus Jahrhundert	Namen	Standort: in Bibliothek	
א	IV	Sinaiticus	London	Neutestamentlicher Teil einer Vollbibel. Die romantische Entdeckungsgeschichte, wie sie Tischendorf erzählt, siehe bei Tischendorf. Gregory 348 ff., Gregory 23 ff. 1844 im Katharinenkloster auf Sinai in einem Abfallkorb zum Heizen bestimmt. Genannt sei auch: Schneller: Tischendorf-Erinnerungen.
A	V	Alexandrinus	London	Das NT mit 1. Clemensbrief und den sogen. Psalmen Salomos, in der Bibliothek Alexandrien, 1628 an Karl I. von England geschenkt. Vollbibel mit einzelnen Lücken.
B	IV	Vaticanus	Rom	Einer der größten Schätze der päpstlichen Bibliothek. Vollbibel mit Lücken.
C	V	Ephraemi rescriptus	Paris	In Pariser Nationalbibliothek stehend. Vom Syrer Ephraem überschrieben. 1535 nach Paris gekommen. Bibel mit vielen Lücken.

Diese vier Bibeln des IV. und V. Jahrhunderts dürfen als die wichtigsten Zeugen gelten. — Wenn sie auch auf die Hauptsitze der katholischen und anglikanischen Kirche Rom, Paris, London verteilt sind, so hat doch der deutsche Protestantismus sich um ihre gelehrte Erforschung sehr bemüht.

Die Zusammenfassung der vier Handschriften א A B C zu einer Textgruppe wird die hesychianische oder ägyptische Textform genannt. Hesychius war ein Grieche in Alexandrien. Weil Alexandrien in Ägypten liegt, wird diese Textgruppe auch die ägyptische Textform genannt.

Weitere Handschriften des Neuen Testaments

Bezeichnung	aus Jahrhundert	Namen	Standort: in Bibliothek	
D	VI	Bezae Cantabrigiensis	Cambridge	Enthält die vier Evangelien und die Apostelgeschichte, aber mit großen Lücken.
E	VIII	Basiliensis	Basel	Diese Handschriften enthalten die vier Evangelien.
F	IX	Boreelianus	Utrecht	
G	X	Seidelianus I	London	
H	IX	Seidelianus II	Hamburg	
L	VIII		Paris	H und L enthalten Apostelgeschichte und Briefe.
046	VIII		Rom	046 enthält Offenbarung des Johannes.

Die sogenannte Koine ist diejenige Handschriftengruppe, welche die Zusammenfassung der einzelnen Handschriften E F G H L und 046 bildet.

Es sind also die Handschriften aus dem VIII. bis X. Jahrhundert. Die Koine ist die in Antiochien und später in Konstantinopel zur allgemeinen Verbreitung gekommene Textform. Diese Textform tritt uns, da Erasmus von Rotterdam solche späten Handschriften benutzte, in Luthers Bibelübersetzung entgegen. Luther stützte sich auf diese späte Handschriftengruppe, also auf die sogenannte Koine, die in der Erasmusausgabe vorlag.

Die Erasmusarbeit war eine sehr flüchtige Arbeit.

„Erasmus benutzte höchstens drei Handschriften, die er von den Predigermönchen in Basel entlieh und die heute noch erhalten sind (keine von ihnen ist älter als das 12. Jahrhundert). Sie zeigen, daß Erasmus die Handschriften selbst durcharbeitete und dann als Vorlage in die Druckerei gehen ließ. Für die Offenbarung des Johannes, die in jenen Handschriften fehlte, wurde eine Handschrift aus Maihingen herangezogen; in ihr fehlte der Schluß 22, 16—21; Erasmus übersetzte ihn einfach aus der Vulgata ins Griechische, ohne das irgendwo anzugeben.“ Michaelis, Einleitung in das NT 1954 Seite 357.

Die Koine-Gruppe, d. i. die Vorlage Luthers, erwähnen wir ebenfalls.

Andere Handschriften werden jeweilig im Text erklärt.

Am Schluß der Studienbibel soll eine Übersicht über die Geschichte der Handschriften folgen.

In bezug auf besondere Urtextwörter:

Schwierige Wörter des griechischen Textes, die die Möglichkeit verschiedener Übersetzungen bieten, sind in den Fußnoten eingetragen. Die griechischen Wörter sind dabei in Klammern oder in Anführung gesetzt und in lateinischen Buchstaben wiedergegeben!

Abkürzungs-Verzeichnis

I. Allgemeine Abkürzungen:

AT = Altes Testament
NT = Neues Testament
atst = alttestamentlich
ntst = neutestamentlich
grie = griechisch
hebr = hebräisch
lat = lateinisch
LXX = Septuaginta. Das ist die griechische Übersetzung des AT, angeblich von 70 gelehrten Juden auf Befehl des Königs Ptolemäus Philadelphus 200 v. Chr. in Alexandrien angefertigt.

II. Literatur-Abkürzungen:

W—B = Walter Bauer: Griechisch-Deutsches Wörterbuch. 4. Aufl. 1952
Bl—De = Blaß—Debrunner: Grammatik des ntst Griechisch 9. Auflage 1954 zitiert n. §§.
Radm = Rademacher: Neutestl. Grammatik 1925. 2. Aufl.
Ki—Th W = Kittel: Theolog. Wörterbuch
NTD = Neues Testament Deutsch Göttingen 1932 ff.
St—B = Strack—Billerbeck: Kommentar zum NT aus Talmud usw. Bd I—IV. München 1922 ff.

III. Abkürzungen der biblischen Bücher:

a) Altes Testament

1 Mo = 1. Mose
2 Mo = 2. Mose
usw. usw.
Jos = Josua
Ri = Richter
Rth = Ruth
1 Sam = 1. Buch Samuelis
2 Sam = 2. Buch Samuelis
1 Kö = 1. Buch der Könige
2 Kö = 2. Buch der Könige
1 Chro = 1. Buch der Chronika
2 Chro = 2. Buch der Chronika
Esr = Esra
Neh = Nehemia
Esth = Esther
Hio = Hiob
Ps = Psalter
Spr = Sprüche
Pred = Prediger
Holi = Hohelied
Jes = Jesaja
Jer = Jeremia
Kla = Klagelieder
Hes = Hesekiel
Da = Daniel
Hos = Hosea
Joe = Joel
Am = Amos
Ob = Obadja
Jon = Jona
Mi = Micha
Nah = Nahum
Hab = Habakuk
Ze = Zephanja
Hag = Haggai
Sach = Sacharja
Mal = Maleachi

b) Apokryphen

Tob = Tobias
1 Makk = 1. Makkabäer
2 Makk = 2. Makkabäer
Sir = Sirach

c) Neues Testament

Mt = Matthäus
Mk = Markus
Lk = Lukas
Jo = Johannes
Apg = Apostelgeschichte
Rö = Römer
1 Ko = 1. Korinther
2 Ko = 2. Korinther
Gal = Galater
Eph = Epheser
Phil = Philipper
Kol = Kolosser
1 Th = 1. Thessalonicher
2 Th = 2. Thessalonicher
1 Tim = 1. Timotheus
2 Tim = 2. Timotheus
Tit = Titus
Phlm = Philemon
1 Pt = 1. Petrus
2 Pt = 2. Petrus
1 Jo = 1. Johannes
2 Jo = 2. Johannes
3 Jo = 3. Johannes
Hbr = Hebräer
Jak = Jakobus
Jud = Judas
Offb = Offenbarung des Johannes

Vgl. W. Stb. Matth. S ... = Vergleiche Wuppertaler Studienbibel Matthäus-Band Seite ...
Vgl. W. Stb. Mark. S ... = Vergleiche Wuppertaler Studienbibel Markus-Band Seite ... usw.

Weitere Abkürzungen für diesen Band

Eine Bibliographie ist im zweiten Band enthalten.
Die vielen Bibelstellen am Rand sind alphabetisch gekennzeichnet [a) b) etc], damit sie genau zu den entsprechenden Ausführungen im Text passen. Sie wollen zu vergleichendem und vertieftem Bibelstudium helfen.

(A 25)	=	Anhang (immer mit Zahl)
		Bibelübersetzungen (immer in Klammer) wo nicht anders vermerkt, eigene Übersetzung oder Zürcher Übersetzung
(A)	=	L. Albrecht
(E)	=	Elberfelder
(H)	=	Herder (bzw. Jerusalemer)
(NEB)	=	New English Bible
(W)	=	U. Wilckens
(E 31 f)	=	Einleitungsfragen (immer mit Zahl, die sich auf den betreffenden Abschnitt bezieht)
Past	=	Pastoralbriefe
P	=	Paulus
P-P	=	Pseudo-Paulus
I	=	1 Tim
II	=	2 Tim
Syn	=	Synonym

EINLEITUNGSFRAGEN

1. Die Briefe an Timotheus und an Titus werden seit D. N. Berdot (1703) und P. Anton (1726) „Pastoralbriefe“ (Past) genannt. Doch schon Thomas von Aquin († 1274) schreibt in seiner Einleitung zu 1 Tim von „pastoralis regulae“ (Anweisungen, Regeln für Hirten). Die drei Hirtenbriefe sind von dem Hirten Paulus an die Hirten Timotheus und Titus und durch diese beiden an die Hirten der Gemeinden im Umkreis von Ephesus und auf der Insel Kreta gerichtet. Daß auch die Gemeinden miteinbezogen sind als Adressaten der Briefe, zeigt z. B. die Vorordnung des Gemeindegebetes, in welchem das Verhalten aller Männer und Frauen in der Gemeinde besprochen wird (I 2, 8—15), vor die Aufzählung der verschiedenen Gemeindedienste und ihren Anforderungen (I 3, 1—13). Die Ausführungen über die Diener der Gemeinde münden wieder ein in das Verhalten und den Gottesdienst aller (I 3, 14—16).

2. Die persönliche Anrede ist charakteristisch für den Stil der drei Briefe. Der Brief an Philemon ist zwar ebenfalls an eine Einzelperson gerichtet, gehört aber in bezug auf Inhalt, Stil und Abfassungszeit nicht zu den Past. Die übrigen Paulusbriefe sind an Gemeinden gerichtet. Allerdings nennt der Brief an die Philipper — und das wird für Verständnis und Auslegung der Past nicht ohne Bedeutung sein — nach der Anrede „an alle Heiligen“ auch die Vorsteher und Diakone als Empfänger (Phil 1, 1).

3. Gemeinsam ist den Past sodann die geschichtliche Lage der Gemeinden wie der angesprochenen Mitarbeiter und des Absenders, außerdem der Wortschatz, die Entfaltung der Lehre des Evangeliums und die Bekämpfung der Irrlehren. Innerhalb dieser Gemeinsamkeit bestehen jedoch auch beträchtliche Unterschiede: I ist doppelt so lang wie Tit, mit dem er am meisten Ähnlichkeit hat, so sehr, daß man Tit als gekürzte und den Verhältnissen angepaßte Ausgabe von I aufgefaßt hat. II hingegen fällt auf durch die vielen sehr persönlich gehaltenen Aussagen und durch den dringlich beschwörenden Ton.

4. Die paulinische Verfasserschaft der Past wurde vom 1. Jahrhundert an bis 1804 (J. Schmidt) und 1807 (F. Schleiermacher) nicht in Frage gestellt. Seitdem Schleiermacher die Echtheit von I aus stilistischen und sprachlichen Gründen (die „inneren Kennzeichen“ für die Verfasserschaft eines Briefes) bestritt, hat die Auseinandersetzung um Verfasserschaft, Abfassungszeit und Auslegung aller drei Briefe nicht mehr aufgehört. Die

Verfechter und die Kritiker der Echtheit häuften immer mehr Argumente auf, um ihre Entscheidung zu begründen. Ausgerechnet um diejenigen Briefe, die so eindringlich vor Wortstreit warnen (I, 4; 6, 20. 21; II 2, 14. 23; Tit 3, 9), ist ein Kampf um Worte entbrannt, der sich immer mehr in einem unfruchtbaren Stellungskrieg verfestigt hat: Wer die Echtheit der Briefe ablehnt, sucht die paulinisch erscheinenden Äußerungen als bewußte Nachahmung eines späteren Schreibers und die sonst bei Paulus nicht bekannten Neubildungen als Beweise dafür hinzustellen, daß das Ganze nicht von Paulus sein kann. Wer die Echtheit vertritt, argumentiert genau entgegengesetzt: Jede geringste Ähnlichkeit mit Paulus muß für die paulinische Autorschaft und jeder Unterschied zu den früheren Paulusbriefen gegen einen Fälscher ausgelegt werden, der doch in der Nachahmung sorgfältiger vorgegangen wäre, um seine eigenen Spuren zu verwischen.

Doch auf dem Boden solchen Vorverständnisses läßt sich keine Klarheit gewinnen. Da die paulinischen Elemente, wie immer man sie bewertet, in den Past derart überwiegen, kann keine noch so radikale Kritik der „inneren Kennzeichen" für sich allein genügen, um die paulinische Verfasserschaft zu widerlegen.

5. Wir wollen drei verschiedene Möglichkeiten des „Vorverständnisses" etwas näher ansehen:

a) Es wird behauptet, mit den Mitteln der historisch-kritischen Forschung lasse sich ein besseres Verständnis der Schriften gewinnen, als ihre Verfasser es selbst hatten. So schreibt M. Dibelius in einer Auslegung der Past (95): „Der Verfasser hat die (von uns rekonstruierte) Folge der Ereignisse im Leben des Paulus natürlich nicht so vor Augen wie ein Theologe von heute ..." Darum kann man „am besten annehmen, daß der Autor sich einfach geirrt hat". So weiß dann der „Theologe von heute", daß die Personalnotizen aus einigen glaubwürdigen Angaben, aus Pauluslegenden und aus der Kombination von Nachrichten entstanden sind. Der Schluß von II läßt sich dann so erklären: „Das wundervolle Ethos des Schlußteils, eine Ausprägung apostolisch-missionarischen Sendungsbewußtseins im Leiden, hat manchen Erklärer veranlaßt, diesen Brief oder mindestens seinen letzten Teil vor dem Verdacht der Unechtheit zu schützen. Allein da das Prädikat ‚unerfindlich' hier nichts besagen kann — wie viele Todesnähe atmende Szenen alter und neuer Dichtwerke sind doch ‚erfunden'! —, so ist jenes Bedenken kein Beweis. Wer aber diese persönliche Eigenart von II Tim zumal in ihrer kirchengeschichtlichen Bedeutung ... recht würdigt, wird die Schwierigkeit nicht mehr stark empfinden, den ‚Brief' trotz seiner Personalangaben für unpaulinisch zu halten" (97).

b) Für manche gilt die Radikalität der Kritik als Maß der Zuverlässigkeit, ja Wissenschaftlichkeit. Tatsächlich kann man zwar alles kritisch in Frage stellen, aber sinnvolle Kritik hat ihre Grenzen. Die persönliche

Eigenart von II soll „in ihrer kirchengeschichtlichen Bedeutung“ recht gewürdigt, d. h. kritisch verstanden werden. Was aber bedeutet das? Zuerst wird die Unechtheit vorausgesetzt, dann wird der Brief ins 2. Jahrhundert versetzt, daraufhin soll die kirchengeschichtliche Situation des 2. Jahrhunderts Beweggrund und Inhalt des Schreibens bestimmen: „Die geschichtliche Betrachtung hat sie“ — gemeint sind die Past — „(die Unechtheit vorausgesetzt) in der kirchlichen Situation der nachapostolischen Zeit zu verstehen. Das Urteil über die Briefe ist nicht zu lösen vom umfassenden Wandel des kirchlichen Selbstverständnisses, der sich in dieser Epoche vollzieht“ (7). Dieses kirchliche Selbstverständnis wird mit dem Begriff „Bürgerlichkeit“ umschrieben, der seit Dibelius nicht gerade kritisch von den meisten Auslegern übernommen wurde. Befragt man jedoch die Texte selbst im Zusammenhang der paulinischen Theologie, bevor man sie mit einem Kirchenverständnis des 2. Jahrhunderts beurteilt, so widersprechen sie dem vorgefaßten Urteil von „Bürgerlichkeit“ eindeutig. Darüber hinaus ist es mehr als fraglich, ob die im 2. Jahrhundert schwer verfolgte Gemeinde schon „bürgerlich“ genannt werden kann.

c) Wer die Echtheit einer Äußerung in Frage stellt, tritt als Ankläger auf. Dem Angeklagten wird die Beweislast zugeschoben: „Jenes Bedenken ist kein Beweis!“ In Wahrheit aber sollte das Umgekehrte gelten: Der Ankläger ist es, der den Beweis erbringen muß. Doch was für Beweise sind das, wenn man am besten (!) annimmt (!), daß der Autor sich einfach (!) geirrt hat und „daß, wer Briefe fingierte, wohl auch (!) Grüße und Personalangaben fingieren konnte“! (96) Übertragen lautet obiger Satz: Wer beschuldigt wird, ist wohl auch schuldig. Wo aber ist bewiesen, daß der Schreiber der Past sich schuldig machte? Man k a n n Briefe erfinden und „Todesnähe atmende Szenen“ dichten, aber ist damit bewiesen, daß dies auch in diesem Falle geschehen ist?

Freilich zeigt die Behauptung von „unerfindlichen“ Szenen und Personalangaben auch die Überreaktion eines Verteidigers der Echtheit an (E4). Der Kritiker bestreitet mit Recht die grundsätzliche Unerfindlichkeit solcher Szenen, zugleich aber erfindet er seine eigene, von ihm rekonstruierte Folge der Ereignisse zu Unrecht, denn er vermehrt damit die Schwierigkeiten, die er durch seine Erklärung zu beseitigen suchte.

6. Um die Unechtheit der Briefe behaupten zu können, mußte man ihre F ä l s c h u n g annehmen. Um „die Schwierigkeit nicht mehr stark empfinden“ zu müssen, wollte man die Praxis der Fälschung für die damalige Zeit als weit verbreitet und moralisch nicht verwerflich hinstellen. Was wir jedoch historisch wissen, widerspricht dieser Behauptung. So hat z. B. zwischen 150—200 ein Kirchenältester in Kleinasien „aus Liebe zu Paulus“, wie er erklärte, die sog. „Paulusakten“ geschrieben. Er wurde der Fälschung über-

führt (nicht der Irrlehre) und als Presbyter abgesetzt, weil er seinen Akten den Namen des Paulus unterschoben hatte[1].

Schon im 2 Thess (2, 2; 3, 17) fordert Paulus die Gemeinde auf, die Echtheit der Briefe genauso zu prüfen wie die Geister der Propheten.

Bis zum Jahre 130 sind keine Fälschungen bekannt; sie tauchen in größerer Zahl erst nachher auf. Niemand setzt aber die Past nach 130 an[2]. Alle später entstandenen, gefälschten Paulusbriefe sind ohne weiteres erkennbar a) an ihrer oberflächlichen Zusammenstellung von Paulusworten aus verschiedenen kanonischen Briefen, b) an ihrer gedanklichen Armut, c) an ihrer Kürze, wie sie bei keinem der Paulusbriefe sonst bekannt ist. Das sind sachgerechte Maßstäbe für eine kritische Beurteilung der Echtheit der Past.

H. Balz schreibt, die Past seien „Tendenzfälschungen, nicht Schulprodukte", da diese Briefe „Paulus längst verlassen haben[3]." Er räumt mit der beruhigenden Behauptung auf, daß diese Tätigkeit der Fälschung für harmlos oder selbstverständlich gehalten worden sei. „Wer in der Antike pseudepigraphische (d. h. von einem Unbekannten verfaßte und einem bekannten Namen unterschobene) Schriften verfaßte, wußte, was er damit tat ... Er mußte sich darüber klar sein, daß sein Vorgehen zu Mißverständnissen Anlaß gab."

Wie kommt Balz zu der von ihm so eindeutig ausgesprochenen Anklage, die Past seien Tendenzfälschungen, d. h. sie wollten im Namen des Paulus bewußt eine andere Lehre als diejenige des Paulus einführen? Balz geht von einem bestimmten Vorverständnis dessen aus, was „Geist" bedeutet. Hinter den Schreibern der angeblich falschen Paulusbriefe (dazu gehören nach Balz auch Epheser, Kolosser etc) steht „der Geist der Tradition und der apostolischen Norm, nicht aber der Geist, der nach 1 Ko 12, 3 das Bekenntnis zum Kyrio Jesous (d. h. zum Herrn Jesus) bewirkt" (419). Am Anfang waren die Zeugen, dann folgten die ingeniösen Verkünder und Erfinder, die ihren Glauben nicht mehr personal verantworteten und darum „eine stillschweigende Umformung der apostolischen Tradition" vornahmen (43). Ein solches Vorverständnis ist nicht neu. Schon 1845 hat F. C. Baur ähnlich über den Geist (des Unendlichen) bei Paulus geurteilt und ihn dem Fleisch (als dem Endlichen) gegenübergestellt, ganz im Sinne von Hegels Geschichtsschau. Auf Grund dieses Maßstabes blieben nur vier echte Paulusbriefe übrig, in denen der „Geist" rein zum Ausdruck komme, Rö, Gal, 1 u. 2 Ko. Doch überall, wo Geist und Tradition, Geist und Amt, Geist und Schrift einander mehr oder weniger ausschließend entgegengesetzt werden, liegt dieses philosophische Denkschema zugrunde, das unkritisch übernommen und weiter tra-

[1] K. Schmidt, Acta Pauli 1905, 173.
[2] A. Harnack, Lehre der Apostel, 106.
[3] Anonymität und Pseudepigraphie im Urchristentum, Zeitschrift für Theologie und Kirche, 66 Jg. 1969, 43.

diert wird, obwohl es der paulinischen Lehre vom Geist nicht gerecht wird.

7. In Wirklichkeit aber ist bei Paulus der Gegensatz Fleisch—Geist weder philosophisch (endlich — unendlich) noch moralisch (Sinnlichkeit — Vernunft) noch mystisch (in dieser Welt — in Christus) noch anthropologisch-soteriologisch (der Fleischesmensch wird zum Geistesmenschen erlöst), sondern heilsgeschichtlich-eschatologisch (endgeschichtlich) verstanden: Das Zentrum der paulinischen Theologie ist die Verkündigung der Heilszeit, die im Leben, Sterben und Auferstehen des Messias schon eingetreten ist und darum auch in Vollendung kommen wird. Geht man von dieser paulinischen Schau aus, dann ordnen sich alle 13 kanonischen Schriften des Apostels, zu denen eben auch die 3 Past gehören, ohne daß künstliche Eingriffe nötig wären, ganz organisch zusammen.

Die Offenbarung des verborgenen Geheimnisses, die Bezeugung des bereits gegenwärtigen und des kommenden Heils ist Inhalt und Auftrag des Evangeliums. „Geheimnis" ist zwar ein Wort der hellenistischen Mysterienkulte (die Geheimkulte wurden magisch verstanden und praktiziert!), bezeichnet aber bei Paulus überall das zuvor verborgene und jetzt offenbarte Erlösungswerk Gottes in der Geschichte der Menschen. So gesehen, stehen I 3, 16; II 1, 9—11; Tit 1, 2—3 ganz im Zusammenhang mit 1 Ko 2, 7; Rö 16, 25—27; Kol 1, 26; 2, 2—4; Eph 1, 9—14; 3, 4—12.

8. Die endgeschichtliche Spannung ist in den Past nicht aufgelöst. Die Gemeinde des Herrn lebt aus dem Kommen des Retters in Niedrigkeit (Tit 2, 14), seiner Offenbarung im Fleisch (I 3, 16 ganz wie Gal 4, 4; vgl. Eph 1, 10 und Mk 1, 15!; sodann Rö 1, 3; 8, 3; 9, 5; Eph 2, 14; Kol 1, 22) und wartet deshalb auf seine Erscheinung in Herrlichkeit (Tit 2, 13; II 4, 1. 8; I 6, 14—15). „Jener Tag", der „Tag des Messias", steht noch aus (I 6, 14; II 1, 10. 12. 18, 4, 1. 8; Tit 2, 13 wie I Ko 1, 8; 2 Ko 1, 14; Phil 1, 6. 10; 2, 16). Die Evangelien bezeugen dasselbe mit anderen Worten: Das Reich Gottes ist eine die Gegenwart und die Zukunft umfassende Realität, wie sie schon in der vorösterlichen Verkündigung durch Jesus zum Ausdruck kommt[4]. Die Gemeinde betet: „Dein Reich komme" und bekennt: Das Reich Gottes ist gekommen (Mt 6, 10; 12, 28).

9. Die Erwartung der Urgemeinde vom baldigen Kommen des Herrn sei verblaßt, so wird behauptet, die Verzögerung habe erklärt werden und die Kirche sich in dieser Welt einrichten müssen; die Past seien ein Zeugnis für diesen Versuch der ersten Christenheit, mit der angeblichen Parusieverzögerung fertig zu werden. Dieses Erklärungsschema ist zwar beliebt, aber dadurch, daß man es unkritisch übernommen und verbreitet hat, nicht gültiger geworden, denn wieder liegt dem Schema die Hegelsche Denkbewegung zugrunde: Die ursprüngliche Naherwartung (These)

[4] E. Ellis, Die Funktion der Eschatologie im Lukasevangelium, ZKTh, 66 Jg. 1969, 387 f.

habe durch die Erfahrung der andauernden Abwesenheit und Verzögerung (Antithese) zur Auflösung der Spannung in der „Heilsgeschichte" (Synthese) geführt.

So sagen die einen, Lukas wolle die Verzögerung der Wiederkunft durch den Entwurf einer Heilsgeschichte erklären, andere behaupten, er habe die Vollendung der Erlösung aus dem zeitlichen in einen zeitlosen Bereich verlagert. Doch sowohl sein Evangelium wie auch die Apostelgeschichte widersprechen beiden Behauptungen. Mit Recht fragt Cullmann kritisch: „Wenn die Naherwartung Jesu auf der Spannung zwischen ‚schon' und ‚noch nicht' beruht, so kann diese Spannung ... nicht erst ein Ersatz oder eine Verlegenheitslösung für die nicht verwirklichte Naherwartung sein ... Wo aber ist der Beweis, daß das Nichteintreffen der Parusie ein zentrales Problem war. das ‚gelöst' werden mußte[5]?"

Lukas hatte nicht die angebliche Verzögerung der Parusie zu erklären, sondern übereifrigen und verzerrten Erwartungen zu begegnen, welche die Lehre Jesu und die Mission der Gemeinde verfälschen (Lk 17, 20—23; vgl Mt 24, 26; 2 Th 2, 1). Auch für Paulus ist der Ausgangspunkt nicht das Problem einer ausgebliebenen Parusie, sondern der alles beherrschende Beweggrund ist für ihn die geschehene Erfüllung. Die Zeit i s t erfüllt! (Mk 1, 15; Gal 4, 4; I 3, 16). „Nähe" bedeutet nicht kurze Zeit, sondern dringliche Zeit: die Dringlichkeit des göttlichen Heilswerkes, das in aller Welt fortschreitet. Das Leben aus der Erwartung wird deshalb das Leben in dieser Welt und Zeit nicht entwerten, sondern ihm überhaupt erst die Spannkraft geben, die zu Taten der Liebe führt und zur Verkündigung des Evangeliums an alle Menschen drängt.

Ein heiliger Lebenswandel, das Festhalten an der Überlieferung und der Eifer in guten Werken — das alles ist nicht Folge der abgeschwächten Naherwartung, nicht Folge des Verlustes der unmittelbaren Geisterfahrung und des notwendigen Sicheinrichtens in der Welt. Vielmehr gilt: W e i l der Herr nahe ist, sollen alle, die seinen Namen anrufen, ein lauteres Leben führen (1 Th 5, 14; 2 Th 3, 6. 10—13); — w e i l der Geist wirkt, soll die Überlieferung des Herrn festgehalten werden (vgl. 2 Th 2, 13 mit V. 15; 3, 1. 14; II 1, 14; 3, 16—18), — w e i l der Herr kommt, darum soll das Wort des Herrn laufen (vgl. 2 Th 3, 1; II 2, 9; vgl. Lk 2, 24: „die Zeiten der Heiden" mit I 3, 16: „gepredigt unter den Heiden" und Rö 11, 25: „bis die Vollzahl der Heiden eingegangen sein wird")[6].

Das Bestehen auf einer Gott gefälligen Lebensführung in Gemeinde und Welt, das Betonen der Lehre gemäß dem Evangelium, die Bekämpfung falscher Lehren bedeutet in den Past nicht den Beweis einer späteren Ent-

[5] zitiert bei Ellis, 400.
[6] P. Borgen, Von Paulus zu Lukas, ZSyTh 20, 1966, 140—157.

wicklung bzw. eines Abfalls von den Höhen des Geistes, sondern ist ein Zeichen der von Anfang an bestehenden Spannung zwischen der bereits wirksamen Erlösung und ihrer noch ausstehenden Vollendung.

10. Weder bei Lukas noch bei Paulus steht „der Geist der Tradition und der apostolischen Norm" im Gegensatz zu dem Geist, der Jesus als Herrn bekennt, wie Balz aufgrund seiner Vorentscheidungen behauptet. Lukas bezeugt den Geist als Kraft der zukünftigen Welt, die in der Fülle der Zeit in Jesus wirkte und jetzt seinen Nachfolgern offenbar wird. So erfahren sie in der geistgewirkten Lebens- und Sterbensgemeinschaft mit dem Auferstandenen[7] Kraftwirkungen der zukünftigen Welt in der gegenwärtigen Zeit. (Lk 3, 16; 10, 21; 17, 21; 11, 13. 20 = Mt 12, 28; vgl 10, 19—20; I 4, 8).

Derselbe Geist, der Jesus als Herrn bekennt, öffnet den Jüngern das Verständnis (Lk 24, 32. 45) und öffnet die Schriften ihrem Verständnis (Lk 24, 25—27). Der Geist ersetzt nicht die Schriften. Die Schriften sind kein Ersatz für den (verlorenen) Geist. In der Kraft des Geistes sind und bleiben die Jesusjünger „Zeugen dafür", was ihr Herr getan hat und was schon die Schriften über den Messias sagen. (Lk 24, 28—29; Apg 1, 2b. 6—8).

11. Deshalb kennen weder die Evangelien noch Paulus einen Gegensatz zwischen mündlichen und schriftlichen Zeugen der Geistinspiration. (2 Th 2, 13. 15; 3, 6. 14; vgl. 1 Ko 12, 13 mit 15, 3—4 sowie II 1, 7. 8. 14 mit II 3, 16. 17). Der Geist gibt Kraft zum Zeugnis, und der Geist treibt durch die Weisung der Schriften zu guten Werken. Der falschen Gegenüberstellung von „Geist der Tradition" und „Geist Jesu" entsprechen auch die falschen Unterscheidungen in bezug auf die Geistesgaben: a) geistlich (organisch) -administrativ (organisatorisch), b) aktualistisch (im Augenblick wirkend) -institutionell (dauernd geregelt). c) charismatisch (geistlich vollmächtig, übernatürlich) -vernünftig (nach menschlichen Regeln geordnet), d) Charisma (frei, spontan, konkret) -Amt (institutionell, fest, geregelt).

Wie von Anfang an die Spannung da ist zwischen der Erfahrung der im Messias erfüllten Heilszeit und der erwarteten Vollendung, wie der Geist von Anfang an die Zukunft in der Gegenwart wirksam werden läßt, wie von Anfang an Zeugnis und Schrift durch denselben Geist zusammengefügt sind, so bestehen ebenfalls von Anfang an vollmächtige Führungsdienste zusammen mit anderen Gaben in den Gemeinden.

12. Im ältesten Brief des NT, der wenige Monate nach der Gründung der Gemeinde in Thessalonich (um 50) an diese von Paulus geschrieben wurde, bittet der Apostel die Brüder, sie sollen diejenigen anerkennen, die der Gemeinde im Herrn vorstehen. Aus 1 Th 5, 12—13 geht her-

[7] „korporative Identifikation", E. Ellis

vor: a) Die drei Tätigkeitswörter „arbeiten, vorstehen, zurechtweisen" bezeichnen nicht nur Funktionen, sondern auch tätige Personen. (Ebenso sind in 1 Ko 12, 14 ff nicht nur Funktionen, sondern auch ihre Träger gemeint.) b) Es ist eine bestimmte Gruppe von Menschen, die damit bezeichnet wird; es werden also nicht einfach drei Kategorien aufgezählt. c) Diese Diener sind erkennbar, sonst könnten sie nicht anerkannt werden. d) Ihr Vorstehen ist verbunden mit ihrer Arbeit. (1 Ko 16, 16 verwendet dasselbe Verb wie I 5, 17 für „arbeiten in autoritativer Funktion"). e) Die Mahnung zum Frieden zeigt an, daß sich Führung und Zuordnung nicht reibungslos vollziehen. (Man kann V. 13 b übersetzen: Vertragt euch mit ihnen, den vorstehenden Brüdern).

U. Brockhaus[8] hat nachgewiesen, daß von Anfang an in den Gemeinden alle Elemente erkennbar sind, für die man später das mißverständliche Wort „Amt" verwendet hat: Dauer, Autorität, Legitimierung (mündlich oder schriftlich, Empfehlungsbriefe), Sonderstellung, Bezahlung. „Dienst" (diakonia) ist die zutreffendere Bezeichnung, die Paulus sogar für seinen eigenen einmaligen Auftrag verwendet (Rö 11, 13; 2 Ko 4, 1; 6, 3; 11, 8; Kol 4, 14; Past: I, 1, 12; II 4, 5. 11), oder auch „Haushalterschaft". (1 Ko 9, 17; Eph 3, 2; Kol 1, 25; vgl. 1 Ko 4, 1 mit I 3, 4—5. 13; II 4, 5).

Von Anfang an (vgl 1 Th) unterstützt und fördert Paulus den Dienst der bevollmächtigten Führung, wie das in seinen Briefen auch für Korinth bezeugt und für Rom vorausgesetzt ist. Ja, die „Propheten und Lehrer" der palästinischen Urchristenheit sind sogar noch ältere Dienste und Dienstbezeichnungen als die titellosen Führungsfunktionen in Thessalonich. „Evangelist" ist ebenfalls Bezeichnung für eine Gemeindefunktion, die der ältesten Zeit angehört (vgl. II 4, 5; Eph 4, 11; Apg 21, 8); dasselbe gilt auch für „Apostel". Außer dem begrenzten „Erscheinungsapostolat" der Zwölf kann U. Brockhaus glaubhaft nachweisen, daß auch ein offenes „Sendungs- oder Gemeindeapostolat" von Anfang an bestand. Gesandte von Gemeinden der frühesten Zeit mit missionarischen (1 Ko 9, 5 ff; vgl. V. 14; Apg 13, 2; Gal 2, 1. 9; Apg 14, 4. 14) und anderen Aufträgen (Phil 2, 25; 2 Ko 8, 23).

13. Die einen sehen Paulus als Gegner amtlicher Autorität in den Gemeinden[9], für andere ist der Apostel geradezu Befürworter von Ordnung und Amt[10]. Wir fragen: Hatten die Gemeinden überhaupt eine charismatische Verfassung, von der sie früher oder später in eine institutionelle

[8] U. Brockhaus, Charisma und Amt. Die paulinische Charismenlehre auf dem Hintergrund der frühchristlichen Gemeindefunktion, 1972, 260 f.

[9] H. v. Campenhausen spricht von „ausschließlicher Betonung der Herrschaft des Geistes" und weist auf die „schroffe Ablehnung aller ‚menschlichen' Ordnung und Autorität" bei P hin; Kirchliches Amt, 326.

[10] H. Schlier, Die Ordnung der Kirche nach den Paulusbriefen, in: Die Zeit der Kirche, 1956, 129 f.

Rechtsverfassung abfallen konnten? Wie ist die paulinische Charismenlehre zu verstehen?

Der ganze Abschnitt über die Gaben in 1 Ko 12—14 ist eine Paränese (Mahnrede): konkrete Weisung für den einzelnen und die Gemeinde, gegründet auf das in Christus geschenkte Heil und ausgerichtet auf den wiederkommenden Herrn in der Vollendung. Paulus hat das Wort charisma (Gabe, Geschenk) aus der profanen Umwelt übernommen und Charismenlisten aufgestellt, in denen die „amtlichen Funktionen" zwar integriert, aber von anderen Funktionen nicht abgehoben sind. Denn Paulus „bewertet nicht die Funktion selber, sondern die Art, wie sie ausgeübt wird, und den Beitrag zum Ganzen, den sie leistet" (U. Brockhaus 216). (Genau diesen Gesichtspunkt zeigen auch die Past in aller Ausführlichkeit.) Die Charismenlehre ist für die Fragen der Gemeindeverfassung offen, aber sie geht nicht darin auf. Man kann darum nicht von einer „charismatischen Gemeindeverfassung" bei Paulus sprechen.

Mit seiner eben in 1 Ko entfalteten Charismenlehre (in früheren Paulusbriefen ist das Wort Gnadengabe -charisma- und eine Lehre der Gnadengaben in dieser Art nicht vorhanden) greift der Apostel prophetisch mahnend und korrigierend in die konkrete Lage der Gemeinde ein. Der Gegensatz Amtsträger — Charismatiker (genauer: Pneumatiker, d. h. vom Geist Erfüllter) wird überwunden, denn alle haben ein Charisma empfangen, und alle verschiedenen Gaben sind zum Nutzen der Gemeinde einzusetzen. Paulus fügt den in Korinth anerkannten Gaben noch solche der dienenden und leitenden Funktionen hinzu.

Man kann nicht übersehen, daß die Mahnreden zur Frage der Geistesgaben (1 Ko 12—14; Rö 12) diese in einen bestimmten Rahmen stellen: Ordnung, maßvolle Selbstbeschränkung, Einfügen in das Ganze, gegenseitige Rücksichtnahme und Ergänzung. Verwundern kann das nur den, der an einem philosophischen Geistbegriff festhält und nicht erkennt, daß der Heilige Geist im Neuen Testament verwandelnde Kraft und zugleich bindende Norm ist. Paulus setzt den Geist für alle Gläubigen und alle Gemeinden als geschenkte endzeitliche Kraftwirkung voraus (1 Th 5, 19; Gal 3, 2. 5), die in ihnen nicht nur Worte inspiriert, sondern sich auch in zeichenhaften Taten zeigt (1 Th 1, 5; 1 Ko 2, 4 u. oft).

Der Geist ist gleichzeitig die verpflichtende Norm des neuen Lebens. Schon 1 Th 4, 8 zeigt einen Bezug zur Norm, voll ausgebildet dann in Gal 5, 15 f; Rö 8, 4 f; Phil 1, 27. Darum „befiehlt" der Apostel schon in 1 Th 4, 2, „verordnet" in 1 Ko 7, 17, „ermahnt" (als verordnen verstanden) in Rö 16, 17 ebenso wie in I 2, 1. In den Mahnreden wird die Norm des Geistes konkretisiert (vgl. I 4, 1: der Geist sagt ausdrücklich ...) und im „dekretalen Jussiv" („Sätze heiligen Rechts") vorgebracht (1. Ko 14, 13. 28. 30. 35. 37; 7, 1; 8, 1; 9, 14; 11, 2 f; 12, 1; 16, 15. 18).

„Die Charismenlehre bildet somit eine echte Brücke vom Geist als geschenkter Kraft des neuen Lebens zur konkreten Aufgabe für dieses neue Leben." Sie ist ein „Versuch, die Gegenwart des neuen pneumatischen Seins unter den Bedingungen der Endlichkeit wirksam werden zu lassen". Freiheit ist mit Verpflichtung, geschenkte Kraft mit praktischer Aufgabenstellung verbunden. Darum ist eine „Unterscheidung zwischen charismatischen und amtlichen Funktionen in den paulinischen Gemeinden historisch nicht möglich[11]".

14. Diese Hinweise waren nötig, um unbiblische und außerhalb der paulinischen Theologie liegende Maßstäbe zu überwinden, da sie den Zugang zum Verständnis der Past von vornherein versperren. Ridderbos stellt nach seiner Untersuchung über „Geist und Geistesgaben bei Paulus" zusammenfassend fest: es bestehe „kein tiefgreifender oder grundsätzlicher Unterschied zwischen den älteren Paulusbriefen und denen an Timotheus und Titus. Besonders ist die Vorstellung abzulehnen, als seien die Anordnungen in den älteren Briefen direkt Christus oder seinem Geist zuzuschreiben, und als fungierte der Geist in den Past als Geist eines bestimmten Prinzips, nämlich als die Macht der heiligen, apostolischen Tradition[12]".

Ein praktisches Beispiel soll das veranschaulichen: Wenn einer nur oberflächlich das „Hohe Lied der Liebe" in 1 Ko 13 liest und es mit Mahnungen in den Past vergleicht, könnte er sich schnell zu Vorurteilen hinreißen lassen. Hier der Aufschwung des Geistes, dort die trockene Aufzählung von „Tugenden", hier die geheime Mitte der paulinischen Ethik[13], dort der moralistische Unterton eines späten Nachahmers. Wie verhält es sich aber bei näherem Zusehen? Die Aufzählung in 1 Ko 13, 4—7 zeigt zwar eine Abhängigkeit „von der Begrifflichkeit und den Formen der popular-philosophischen Paränese", und „diese griechischen Elemente sind durch das Medium einer palästinisch-jüdischen Lehr- und Predigttradition auf Paulus gekommen[14]". Paulus hat danach also hellenistische und spätjüdische Elemente aufgenommen, aber etwas ganz Neues daraus gemacht. Das Ganze ist zu einer Mahnrede in Form eines Lobpreises geworden („hymnische Paränese"), entstanden unter dem unmittelbaren Eindruck der noch ausstehenden, aber erwarteten Vollendung der Gemeinde in der Liebe.

Nun aber weisen die Past eine Reihe von Mahnreden auf, für die ganz die gleiche Charakterisierung gilt: hellenistische und jüdische Wortgefüge werden zu einem Neuen verbunden in Gestalt eines Lobpreises (I 3, 14—16; 6,

[11] U. Brockhaus, 235 f.

[12] H. Ridderbos, Paulus. Ein Entwurf seiner Theologie, 1970, 327.

[13] U. Brockhaus, 184; übrigens weist er zu Recht darauf hin, daß das Charismatische nur *ein* Prinzip, nicht *das* Prinzip der Ethik sei. Die Ethik wird nicht vom Charismatischen her begründet und nicht daraufhin eingeengt, 217.

[14] G. v. Rad, Vorgeschichte der Gattung von 1 Ko 13, 4—17, 1953, 159.

11—16; II 1, 6—14; 2, 8—13; Tit 1, 1—4; 2, 10 b—14; 3, 1—8). Einzelne dieser hymnischen Paränesen sind an Aussagekraft, Dichte und geistlicher Tiefe dem Lobpreis der Liebe in 1 Ko 13 ebenbürtig (siehe die Auslegung im einzelnen). Auch in den Past ist die Liebe (ebenfalls als Kraft und Norm verstanden, da sie Frucht des Geistes ist) die geheime Mitte und das Endziel aller Mahnung. (I 1, 5. 14; 2, 15b; 4, 12; 6, 11; II 1, 7; 4, 8; Tit 3, 2—4 verglichen mit 1 Ko 13, 4—7!).

Die einen Kritiker sehen in dem angeblichen Pseudopaulus einen Schreiber „von einer einmaligen Genialität", andere behaupten, er sei „ein einfacher Mann, der seine einfachen Worte und Gedanken mit der Autorität des großen Apostels deckt". Am naheliegendsten ist jedoch das anzunehmen, was die Texte selbst behaupten, daß nämlich Paulus ihr Verfasser ist.

15. Paulus hat das gewöhnliche Wort „Geschenk" (charisma) aus der griechischen Umwelt aufgegriffen und in 1 Ko zu einer Lehre entfaltet, die mahnend und wegweisend auf die konkreten Zustände der Gemeinde einging und zugleich Glauben, Leben und Dienst der Gläubigen in den übergeordneten Horizont der endgeschichtlichen Erwartung und Spannung stellte: die Gaben sind Zeichen der jetzt schon in Jesus, dem Herrn und Retter, begonnenen neuen Zeit; sie werden aber alle aufhören, wenn das erwartete, aber noch zukünftige Vollkommene da sein wird. Dann wird allein die Liebe bleiben.

In den Past hat nun Paulus das hellenistische Wort für „F r ö m m i g k e i t" (eusebeia) zum Brennpunkt einer Lehre gestaltet, die zwar zu den bisherigen Briefen des Apostels in deutlicher Beziehung steht, die aber ebenso neuartig wie früher die Charismenlehre jetzt auf die veränderte Lage der Gemeinden mahnend eingeht und sie in der Hoffnung auf den wiederkommenden Herrn bestärkt (E 19).

Die Übersetzung des Wortes „eusebeia" ist schwierig. Wir wählen aus den möglichen deutschsprachigen Ausdrücken (Gottesverehrung, Gottesfurcht, Gottergebenheit, Gottverbundenheit, Frömmigkeit) das heute ungewöhnliche, aber ursprünglich von Luther gebrauchte Wort „G o t t s e l i g k e i t". Seine jetzige Fremdheit kann auf das Besondere aufmerksam machen, das in dem griechischen Wort, wie es Paulus verwendet, enthalten ist.

Luther gibt im Kleinen Katechismus eine noch immer treffende Definition, die den Zusammenhang von Frömmigkeit, Lehre und Leben aus Gott festhält: „Daß wir seinem heiligen Wort durch seine Gnade glauben und göttlich leben hier zeitlich und dort ewiglich." Das Wort Seligkeit verbindet die Frömmigkeit mit den Seligpreisungen der Bergpredigt und weist gleichzeitig auf das in Jesus geschenkte messianische Heil, das des Glaubenden wahres Glück ist, weil es in dem Erlöser besteht und geborgen ist.

a) Die Gottseligkeit ist ganz i m G e h e i m n i s d e s G e s a l b t e n G o t t e s v e r a n k e r t. Sie ist das Leben des seligen Gottes (I 1, 11; 6, 15), der sich im sterblichen Fleisch als Mensch offenbarte (I 3, 16) und dieses sein Leben den Glaubenden mitteilt. Darum ist diese Frömmigkeit nicht des Menschen eigene Errungenschaft, sondern „Gottseligkeit in Christus" (II 3, 12). Die „Eusebeia" in Christus ist derart eindeutig definiert, daß man schon allein von daher eine bloße Übernahme oder Anlehnung an hellenistische Auffassungen von Frömmigkeit ablehnen muß.

b) Die Gottseligkeit ist nicht ein frommes, religiöses, andächtiges Gefühl, sondern geschenktes Leben aus Christus und in ihm, wie auch der Heilige Geist nicht Empfinden, sondern Kraftmitteilung (vgl. II 1, 7 mit 3, 5!), nicht subjektives Kraftgefühl, sondern göttliche Krafterweisung inmitten menschlicher Ohnmacht ist. Nur von dieser Voraussetzung her ist es verständlich, warum die Gottseligkeit (wie die Liebe) als übergeordnete oder alles zusammenordnende Wirklichkeit erscheint: die Erkenntnis der Wahrheit — ja, die Lehre des Evangeliums hat ihr Maß in der Gottseligkeit (Tit 1, 1; I 6, 3). So ist die Gottseligkeit nicht nur Kraft, sondern auch Norm. Die Lehre allein, die in den Past so stark betont ist, müßte zur Doktrin, zum toten und tötenden Buchstaben erstarren. Die Lehre „gemäß der Gottseligkeit" bleibt lebendig, d. h. „gesunde Lehre", sie verbindet Lebenskraft und verpflichtende Weisung miteinander. Paulus verbindet Gottseligkeit mit Wahrheit, Lehre, Leben, Dienst, Hoffnung in ähnlich freier, d. h. unsystematischer, aber deshalb nicht weniger sinnvoller und wirksamer Zuordnung (wie bei den Gnadengaben).

c) Warum die Gottseligkeit dieser Art mit Wahrheit und Lehre verbunden ist, wird gegenüber der fremden Lehre offenbar: Die Irrlehre ist nicht der Gottseligkeit gemäß (I 6, 3). Sie ist eine falsche Frömmigkeit ohne Kraft (II 3, 5). Im Gegensatz zur Liebe sucht sie das Ihre, nämlich den Gewinn (I 6, 5; 1 Ko 13, 5).

d) Die wahre Frömmigkeit ist mit Gerechtigkeit verbunden, die aus der Gnade lebt (Tit 2, 12). Sie ist genügsam, weil sie nicht das Ihrige sucht (I 6, 6), sie ist praktisch, weil sie sich im Alltag bewährt (I 5, 4). Ihr soll nachgejagt werden (I 6, 11), wie man das ewige Leben ergreifen soll (I 6, 12); sie ist zu üben (I 4, 7).

Von Bedeutung ist nun, daß nirgends in den langen Listen der Past die Gottseligkeit als „Tugend" für die Diener erwartet oder gefordert wird. Die Gottseligkeit ist wie das Charisma grundlegende Wirklichkeit für alle Glieder der Gemeinde. Timotheus und Titus werden zur Gottseligkeit ermahnt, nicht weil sie über der Gemeinde stehen, sondern weil sie Brüder sind wie alle andern und „gewöhnliche Knechte[15]". Die Gottseligkeit ist gerade nicht

[15] Hilfreich für das Verständnis von Lk 17, 10 übersetzt die „Jerusalemer Bibel": „Wenn ihr alles getan habt, was euch befohlen war, so sagt: Wir sind *gewöhnliche Knechte;* wir haben getan, was wir zu tun schuldig waren."

eine „übernatürliche Tugend", die den Gemeindedienern im Unterschied zu den Gemeindegliedern zusteht. Alle haben Gnadengaben empfangen und sollen sie zum Nutzen des Ganzen in der Gemeinde gebrauchen, alle haben die Gottseligkeit in Christus empfangen und sollen sie üben und in der Gemeinde und (das ist etwas Neues gegenüber den Gnadengaben, die auf den Dienst in der Gemeinde bezogen sind) in der Welt ausleben (Tit 2, 2).

e) In der Auseinandersetzung mit der Welt bleibt oder wird deutlich, daß die Gottseligkeit endzeitlich ausgerichtet ist. Das gottselige Leben in dieser Welt ist erfüllt von der Erwartung der zukünftigen (Tit 2, 12. 13). Diese Frömmigkeit lebt aus der Verheißung für das jetzige und das zukünftige Leben. Ihre Genügsamkeit ist nicht „frommes Bescheiden", sondern sie ist geprägt durch das Wissen von Tod (I 6, 7), Untergang, Verderben (I 6, 9) und vom Erscheinen des Richters über Lebendige und Tote (II 4, 1).

f) In der Verfolgung und im Leiden wird der Gegensatz des gottseligen Lebens zum natürlichen Menschen und seiner Lebensweise vollends offenbar. Diese Frömmigkeit ist nicht harmlose, brave Bürgerlichkeit, sondern Kraft und Norm des Lebens in Christus, die durch ihr blosses Dasein Scheidung hervorruft und darum auf Widerstand stößt (II 3, 12; 4, 15). Wie der Geist in den verhaßten und verfolgten Zeugen redet (Mt 10, 20—22), so vermag die Kraft der Gottseligkeit in den (endzeitlichen) Verfolgungen zu bewahren (II 2, 10). Noch einmal: nicht besonders ausgezeichnete Diener Gottes, sondern alle (II 3, 12!), die Jesus angehören, werden Widerstand und Verfolgung erfahren.

g) Wir fassen zusammen: In der Charismenlehre ist die Vielfalt der zugeteilten Gaben der neu entfaltete Grundgedanke, in der Frömmigkeitslehre der Past ist es die Einfalt der in Christus empfangenen Gottseligkeit, die alle Gläubigen verbindet. Die Lehre von der Gottseligkeit bezeugt auf eine neue, der veränderten Lage entsprechende Weise das, was man das allgemeine Priestertum aller an den Herrn Jesus Glaubenden zu nennen pflegt.

16. Der Wortschatz wie der Stil der Past weist starke Unterschiede zu den früheren Paulusbriefen auf. So sind seit Schleiermacher ständig neue Argumente gerade sprachlicher Art gegen die Echtheit der Past vorgebracht worden, ohne jedoch wirklich überzeugen zu können.

Der Gesamtwortschatz der Past besteht aus ca. 900 Wörtern[16], davon sind ca. 300 nirgends sonst in den anderen Paulusbriefen zu finden und ca. 150 (wenn man die Wiederholungen wegläßt) überhaupt sonst nicht im NT. Das scheint ein großer Unterschied zu sein im Vergleich mit anderen Paulusbriefen. Doch die Statistik allein besagt noch gar nichts, denn neue Themen er-

[16] Die Sonderwörter geben wir meistens nur in runden Zahlen an, da die verschiedenen Untersuchungen leicht differieren und es uns nur um eine Übersicht geht.

fordern auch neue sprachliche Ausdrücke. So sind in den Past neu: die Ausführungen über den Witwenstand, die Erfordernisse für Gemeindediener, die besondere Auseinandersetzung mit den Irrlehren. Demnach verteilen sich die Past-Sonderwörter wie folgt: Ordnung und Zucht in der Gemeinde (90), Erfordernisse und Anweisungen für Timotheus und Titus (60), Irrlehrer (50), Gemeindediener (30), Listen (30), Umstände des Paulus (20) oder auf die drei Briefe verteilt: I (60), II (90), Tit (60).

Die thematisch bestimmte Unterteilung ist nicht nur für die Past typisch. Von den 250 Sonderwörtern des Römerbriefes sind 110 auf nur 182 Zeilen (von insgesamt 940) zusammengedrängt, weil die betreffenden Abschnitte (1, 18—3, 26; 12; 16, 17—20) einen neuen Gegenstand behandeln. Dasselbe gilt für 1 Ko: 200 Sonderwörter von 310 stehen in den Abschnitten, die ein besonderes Thema darlegen. Daß in den Mahnabschnitten (Paränesen), die auf neue und konkrete Fragen und Situationen eingehen, mehr neue Wörter vorkommen als in den Lehrstücken, ist zu erwarten. Im übrigen täuscht die große Summe der Sonderwörter, denn a) ist das Verb zwar oft neu, aber das Adjektiv aus dem gleichen Wortstamm bei Paulus altbekannt, b) können Wörter, die in der Alltagssprache der Umwelt sehr geläufig sind, nicht als eigentliche Sonderwörter angesehen werden. Der Schreiber hatte sie bisher nur zufällig nicht gebraucht. c) können Wörter, die aus der Septuaginta (d. i. die griechische Übersetzung des AT, abgekürzt: LXX) bekannt und übernommen sind, überhaupt für Paulus nicht eigentlich als „Sondergut" gerechnet werden.

Berücksichtigt man diese Unterscheidungen, dann bleiben nur noch etwa 40 Ausdrücke, die nirgends sonst in der Bibel vorkommen[17].

17. Man wollte aus der Art des neuen Wortschatzes schließen, daß die Past in den Sprachgebrauch des 2. Jahrhunderts gehören, da die Past-Sonderwörter (die weder in den anderen Paulinen noch sonst im NT vorkommen) bei den sog. Apostolischen Vätern und Apologeten des 2. Jahrhunderts bekannt sind. Aber auch diese Begründung ist nicht schlüssig, denn a) konnten von den 300 Past-Sonderwörtern 270 in der außerbiblischen Literatur vor dem Jahre 50 nachgewiesen werden, b) stehen von den 60 Sonderwörtern, welche die Past mit den apostolischen Vätern gemeinsam haben, 40 in der LXX. Insgesamt sind 80 Past-Sonderwörter in der LXX zu finden! c) sind 137 von den paulinischen Sonderwörtern aus seinen anderen Episteln ebenfalls bei den Apostolischen Vätern zu finden.

18. Vergleicht man die Sonderwörter jeder paulinischen Epistel mit dem Total ihres Wortschatzes, so ergeben sich folgende Verhältniszahlen: 2 Ko (21 %), Ko 1 (24 %), Eph (25 %), 1 Th (30 %), Gal (34 %), Past (34 %), Phil (37 %), 2 Th (50 %). Demnach haben die Past durchaus keine unverhältnis-

[17] nach Spicq, CXVI

mäßig große Anzahl von Sonderwörtern. Vergleicht man aber die Sonderwörter mit dem Wortschatz der Kirchenväter des 2. Jahrhunderts, so muß man schließen, daß der Einfluß des 1 Ko auf die Literatur der Kirchenväter größer war (55 %) als der von I (50 %) oder Tit (50 %).

Vergleicht man die anderen Paulusbriefe in ihrem Gesamtbestand von Sonderwörtern, der bei den Kirchenvätern bekannt ist (46 %), mit dem entsprechenden Total in den Past (53 %), so ist der Unterschied überraschend gering und für I geringer als für 1 Ko[18].

Jedenfalls hat die Wortstatistik keinerlei Beweise erbracht gegen die Echtheit der Past, sie mußte vielmehr dazu dienen, deren Verwandt- und Zeitgenossenschaft mit den übrigen Paulusbriefen und dem gesamten NT überraschend zu verdeutlichen und zu erhärten.

19. Im übrigen ist Wechsel von Wortschatz und Stil allen Paulusbriefen eigen[19]. Ein Wort, eine Wortgruppe, ein Gedanke herrscht eine Zeitlang vor, tritt dann allmählich in den Hintergrund oder verschwindet ganz. Beispiele: „beurteilen[20]" erscheint 10mal nur in 1 Ko und sonst nirgend bei Paulus; „Urteil, Verurteilung, Recht, Gerechtigkeit[21]" nur 5mal in Rö (E 15). Die Paulusbriefe lassen sich nach ihrer stilistischen Eigenart und dem Gebrauch bildhafter Wendungen in 4 Gruppen unterteilen: a) 1 und 2 Th; b) 1 und 2 Ko, Gal, Rö; c) Phil, Eph, Kol, Phlm (die sog. Gefangenschaftsbriefe); d) die Past. Zwischen c) und d) bestehen engere Beziehungen Die Past haben weniger bildhafte Wendungen, darin wieder 1 und 2 Th ähnlich.

20. Man hat versucht, die Unterschiede in Wortschatz und Stil derart herauszuheben, daß man die engen Beziehungen zu den übrigen Paulusbriefen aus dem Blick verlor oder sie als mehr oder weniger geschickte Nachahmung (von „genial" bis „naiv") eines Fälschers beurteilte. Demgegenüber hat Schlatter eine Liste von 66 griechischen Redewendungen zusammengestellt, welche die Past mit den übrigen Paulinen gemeinsam haben: mit Rö 26, mit Ko 12, mit Eph 10, mit Th 5, mit Kol 4 sowie mit Gal und Phlm je 1.

Auch ist zu bedenken, daß die Past nicht nur 300 Sonderwörter haben, die in den anderen Paulusbriefen nicht vorkommen, sondern 600 Wörter (d. h. zwei Drittel vom Gesamtwortschatz der Past!) gemeinsam mit den anerkannten Briefen. So gehören zu den Gemeinsamkeiten eine Liste von 20 Lieblingsausdrücken des Apostels in den Past, die häufig auch in den anderen Paulinen vorkommen. Ferner fällt auf, daß 38 Ausdrücke, welche die Past mit den übrigen Paulinen gemeinsam haben, nirgends sonst im NT zu finden

[18] Angaben bei D. Guthrie, The Pastoral Epistels, 218 f.
[19] F. Torm, Über die Sprache in den Past, ZNTW 1918, 225—243.
[20] anakrinein
[21] dikaioma

sind. Beispiele: dem Satan übergeben (1 Ko 5, 5; I 1, 20); Erneuerung (Rö 12, 2: Tit 3, 5); mitleben (Rö 6, 8; 2 Ko 7, 3; II 2, 11); als Trankopfer dargebracht werden (Phil 2, 17; II 4, 6). Schließlich muß betont werden, daß die persönliche Form des paulinischen Stils in der für ihn typischen Syntax zum Ausdruck kommt, die die Past mit den anderen Briefen gemeinsam haben. Beispiele: Gegenüberstellungen wie „gebunden — nicht gebunden" (II 2, 9) oder „ich habe gearbeitet — aber nicht ich" (1 Ko 15, 10; vgl. 9, 21; Gal 2, 20); dann hebräische Wendungen, im Zitieren der Schrift: I 2, 13. 14; 5, 18. An dieser Stelle ist ein bezeichnender Stilunterschied zu nennen, der für die Echtheit der Past spricht. Man hat 160 Wörter oder Wendungen von typisch lateinischem Einschlag (Latinismen) in den Past gefunden[22]. Diese Latinismen kann man leicht auf die 4- bis 5jährige Gefangenschaft des Apostels und seinen Umgang mit römischen Wächtern zurückführen.

21. Die Fragmenten-Hypothese. Die zahlreichen Untersuchungen über Sprache und Stil der Past haben einige Bestreiter der Echtheit dazu gebracht, einzelne Bruchstücke der Briefe als echt anzunehmen, z. B. I 1, 20; II 1, 15—18; 2, 17 f; 4. 9—21; Tit 3, 12—15. Doch weichen die verschiedenen Vorschläge so stark voneinander ab, daß sie heute nur noch als Illustration dafür dienen können, wie unsachgemäße Maßstäbe und Hypothesen nur neue Probleme erzeugen, anstatt daß sie bisher ungeklärte Zusammenhänge aufhellen. Aus welchen Gründen sollte ein Nachahmer echte Paulusstücke aufnehmen wollen (von denen ihn 30 und mehr Jahre trennen), da er sie doch ebenso gut, wenn nicht besser, „fingieren" kann? Und wer es fertig bringt, die echten Fragmente mit seinen eigenen Konstruktionen so gut zu verbinden, daß dies erst heute durchschaut wird, wie sollte eine derart „überragende Persönlichkeit[23]" zu seiner Zeit unbekannt bleiben wollen oder können? Die Fragmenten-Hypothese ist auch deshalb der Erwähnung wert, weil an ihr die 40jährige Vorherrschaft[24] der formgeschichtlichen Methode über die theologische Forschung aufgezeigt werden kann. Ausgangspunkt für „die Formgeschichte des Evangeliums" ist die Behauptung, daß die urchristliche Gemeinde wegen ihrer Erwartung des nahen Endes nicht auf schriftliche Fixierung bedacht war. Die „Jesustradition" sei erst aus der mündlichen Predigt entstanden. Die Evangelisten seien lediglich Sammler gewesen, welche Predigtstücke über Jesus zusammenstellten. An Hand dieser Theorie in Verbindung mit dem Entwicklungsgedanken glaubte man, überall in den Evangelien und im ganzen NT jüngeres und älteres „Traditionsgut" erkennen und säuberlich trennen zu können. Für M. Dibelius und seine Nachfolger stellen deshalb die Past die letzte Entwicklung einer „Traditions-

[22] M. Hitchcock, Latinity of the Pastorals.

[23] P. N. Harrison (The Problem of the Pastorals, 1921, 100) muß einen Fälscher annehmen, der eine „fast teuflische" Fähigkeit für sein Handwerk besitzt.

[24] Martin Dibelius, Die Formgeschichte des Evangeliums, 1925.

geschichte" im NT dar. Aus solchem Vorverständnis wird es möglich, von Einschüben, redaktionellen Änderungen, Fragmenten, frühen und späten, echten und unechten Teilen und Teilchen zu reden. Ein Beispiel, das auch für die Past wichtig ist, bietet Rö 6, 17: „der Lehre von Herzen gehorsam geworden." R. Bultmann nennt den Verweis auf die Lehre einen nachpaulinischen Einschub. U. Wilckens läßt in seiner Übersetzung den behaupteten Einschub einfach weg, fügt aber doch in der Fußnote hinzu: „Alle Handschriften lesen hier folgende Fortsetzung des Satzes: ‚Aber aus ganzem Herzen der verbindlichen Lehrgestalt gegenüber zu Gehorsam verpflichtet seid, die euch überliefert worden ist.' Doch diese Fortsetzung bringt einen ganz neuen Gedanken in den Zusammenhang der Aussagen. Zugleich stößt sie sich mit dem folgenden Satz V 18, der in seiner Aussage der von 17 a entspricht und so die eigentliche Fortsetzung zu V 17 a bringt. Es ist darum wahrscheinlich, daß in 17 b ein Einschub von nachpaulinischer Hand vorliegt, der freilich inhaltlich einen durchaus paulinischen Gedanken ergänzt: Christen sind bei ihrer Taufe auf die verbindliche Lehrüberlieferung der christlichen Kirche verpflichtet worden, vgl. 1 Ko 15, 1 f."

Obwohl alle Handschriften den Satz haben und obwohl er durchaus paulinisch ist, soll er doch nachpaulinischer Einschub sein. Hauptgrund für diese Behauptung liefert das übernommene Schema von Formgeschichte und Entwicklung. Demgegenüber ist zu sagen: Der Gehorsam gegenüber der verbindlichen Lehre gilt durchaus schon für den Brief an die Römer. Die den Brief als Einheit zusammenfassende Formel lautet: „Gehorsam des Glaubens" (Anfang: 1, 5; Ende: 16, 26). Der Gehorsam ist bezogen auf die Schriften (3, 21; 16, 25—26). Die Taufe ist mit der Ethik und diese mit dem Gehorsam gegenüber der Lehre verbunden (16, 17. 19)[25].

Das Evangelium als verbindliche Lehre ist nicht nur in 1 Ko 15, 1, sondern auch im Römerbrief das, was Paulus empfangen und überliefert hat nach den Schriften: im Herzen glauben, mit dem Herzen wird geglaubt, von Herzen gehorsam: Rö 10, 9. 10; 6, 17; 1 Ko 15, 4.

Obwohl die Kritik an der Formgeschichte früh[26] eingesetzt hat, wurde sie in der Exegese kaum berücksichtigt. Nicht nur muß dann „der Evangelist als Schriftsteller rehabilitiert" werden gegenüber M. Dibelius[27], sondern auch sehr viele Argumente gegen die paulinische Autorschaft der Past fallen dahin. Wie wir von Anfang an autoritative Leitung in den Gemeinden haben, so auch von Anfang an autoritative Lehre und schriftliche Überlieferung.

[25] vgl. N. Gäumann, Taufe und Ethik; Studien zu Römer 6, 1967, 11—17. P verbindet zwei verschiedene Denkweisen, die sich gegenseitig auslegen und vor Mißdeutungen absichern.

[26] Ed. Schick, Formgeschichte und synoptische Exegese, 1940.

[27] E. Güttgemanns, Offene Fragen zur Formgeschichte des Evangeliums; eine methodologische Skizze der Grundlagenproblematik der Form- und Redaktionsgeschichte, in: Beiträge zur evangelischen Theologie, 54, 1970, 280 f.

Die ntl Briefe, die — vor allem in den Mahnreden — zur Gemeindeverkündigung gehören, nehmen keinen Bezug auf die Taten und Worte Jesu, weil sie diese voraussetzen. Darum kann die Verkündigung nicht „der Sitz im Leben" sein, durch die die Jesus-Überlieferung erst entstand und weitergegeben wurde. Die ntl Briefe setzen die schriftliche (!) Jesus-Überlieferung voraus, die schon vor 50 vorliegt. Eine „Abfassung um 40 oder bald danach ist sehr wohl möglich"[28]. Das bedeutet aber, daß zwischen der Kreuzigung des Herrn und der schriftlichen Fixierung seiner Worte und Taten vermutlich weniger als ein Jahrzehnt liegt.

Die urchristliche Gemeinde hat durch ihre Zeugentätigkeit die Jesus-Überlieferung nicht erst „geschaffen", sondern sie ihrer Verkündigung zugrunde gelegt. Die synoptischen Schriften haben ihren „Sitz im Leben" in der gottesdienstlichen Lesung (vgl. I 4, 13) und gelten als „Heilige Schrift", d. h. aber als autoritatives Gotteswort.

„Es liegt im Wesen des Evangeliums als Botschaft von Gottes Heilshandeln ohne unser Zutun, daß die Autorität des Evangeliums vor allem auf der Realität des einmal Geschehenen beruht, deshalb kann das Evangelium kein Evangelium, der Glaube kein Glaube, der Glaubensgehorsam kein Gehorsam sein, wenn die Überlieferung des Heilsgeschehens nicht zuverlässig ist und der Glaube sich für das Heilsgeschehen nicht auf die Überlieferung berufen und sich ihr unterwerfen kann[29]", sagt H. Ridderbos.

Ebenso hat Schlatter gezeigt, daß Übereinstimmung mit der Überlieferung zum Wesen des paulinischen Glaubensbegriffs gehört und daß die Past darin zwar eine Entfaltung, aber keine Veränderung oder gar Verfälschung aufweisen[30].

22. Wort Gottes und Lehre. Nicht erst in den Past (II 3, 16), sondern durchweg in der Bibel steht der Leser vor der Frage, ob denn geschriebene Sätze Wort Gottes sein können. Würde damit Gottes Wort nicht zu einem fixierten, verfügbaren Besitz des Menschen werden? Könnte damit der Mensch nicht aus eigener Kraft die ihm vorgelegten Sätze „glauben" im Sinne von für-wahr-Halten?

Nicht erst die neuere Zeit hat gemeint oder vorgegeben, das Wort Gottes als Heilige Schrift vor dem Zugriff der Menschen schützen zu müssen. Die Betonung der mündlichen Predigt und des „Wortgeschehens" wertet das „äußere Wort" der Heiligen Schrift ab und meint so, die Unverfügbarkeit des Evangeliums wahren zu können. Da man früh in der Kirchengeschichte

[28] Feine/Behn, Einleitung, 36.
[29] Ridderbos, 168.
[30] A. Schlatter, Der Glaube im Neuen Testament, 1927[4], 406—418.

Gnade und äußeres Wort gleichgesetzt hatte[31], mußte Augustinus in der Abwehr alles, was zur Vernachlässigung der Heiligen Schrift führte, auf das innere Wort und das innere Handeln Gottes setzen. „Die Abwertung des äußeren Wortes wird zur Hypothek des ganzen Mittelalters[32]" — und auch der neueren Zeit, müßte man hinzufügen. Dieser falschen Gegenüberstellung ist entgegen zu halten: Gott gibt sich in Jesus ganz in die Hände der Menschen, ganz in ihre Geschichte hinein. Seine Gerechtigkeit ist wirklich dem Menschen gegebene Gerechtigkeit, seine Gnade tatsächlich erfahrbare Gnade, sein durch Propheten und Apostel geschriebenes Wort klares Offenbarungswort, das „gewußt" werden kann, und die Verkündigung des Evangeliums wirklicher Zuspruch Gottes im Geiste, der den Menschen erneuert. Doch in aller Hingabe der Liebe bleibt Gott er selbst, verliert er sich nicht, bleibt auch die Heilige Schrift durch den Geist Gottes Kraft und Norm, die sich durchsetzt gegen alle Kritik des Verstandes und des Gefühls. Die Spannung zwischen Wort und Geist (II 3, 16—17), Lehre und Leben (Tit 1, 1; 2, 7), Erwählung und Gehorsam (II 2, 19) bleibt wie in allen paulinischen Briefen, so auch in den Past gewahrt. Die Herausstellung der Lehre in den Past ist weder ein Abfall von den Höhen der ersten Liebe[33], noch eine Erstarrung der anfänglich direkten Inspiriertheit aller Jünger[34], noch ein Ersatz für die ausgebliebene Wiederkunft des Herrn (s. E 7—9), sondern konkrete Weisung, verbunden mit der Mahnung zum Leben in der Gottseligkeit[35].

23. Die Sekretärhypothese. Da die Verwandtschaft mit den übrigen Paulusbriefen auf vielfältige Weise offensichtlich ist, haben mehrere Ausleger die These aufgestellt, daß zwar Paulus als der „geistige Vater und Urheber" (Holtz, 15) der Past anzusehen sei, er jedoch einem Sekretär große Selbständigkeit in der Abfassung gegeben habe (Jeremias, 5). Daß Paulus die meisten Briefe diktiert hat, ist bekannt. In Rö 16, 22 grüßt sogar Tertius. „der diesen Brief im Herrn geschrieben hat", eigenhändig und mit Namen

[31] So bestand z. B. für Pelagius die Gnade darin, daß der Mensch nur noch der Vorlesung des Gesetzes und des Evangeliums bedurfte, alles andere war dann Sache seines freien Willens.

[32] „Die Scholastik spielt das Wort aus genau dem Grunde herunter, aus dem Luther es so stark betont, nämlich aus Sorge vor dem Pelagianismus, aus dem Bestreben, der Versuchung zu widerstehen, das Heil und die Gnade aus den Möglichkeiten des Menschen abzuleiten." O. H. Pesch, ZTHK 1969, Das Wortverständnis bei Thomas von Aquin, 460.

[33] Jo 14, 23: „Wenn jemand mich liebt, wird er mein Wort halten."

[34] Geist und geschriebenes Wort sind schon in den ersten Briefen des NT kein Gegensatz: 1 Th 2, 13; 5, 19—22. 27; 2 Th 2, 13—15; 3, 6. 14.

[35] „Das Wort schafft die neue Situation des Menschseins, da der Mensch um seinen Weg weiß, auf dem ihm die Verheißung der Gottesgemeinschaft winkt. Indem das Wort nur disponiert und doch eben dadurch die Existenz des Menschen verändert, ist gewährt, daß, was das Wort schafft, zugleich reine Gnade bleibt" (Pesch, 463); ebenda: „Das Wort als Lehre betont die Eigentümlichkeiten und Bedeutsamkeiten, die die moderne Theologie im Geschehenscharakter des Wortes zu begründen pflegt."

(vgl. 1 Ko 16, 21; Gal 6, 11; 2 Th 3, 17; Kol 4, 18; Phlm 19). In vielen Briefeingängen werden auch andere Mitarbeiter genannt, deren mögliche Mitwirkung bei der schriftlichen Abfassung nicht auszuschließen ist (1 Ko; 2 Ko; Phil; 1 und 2 Th). Nach H. v. Campenhausen mußte der (nachpaulinische) Schreiber eine „überragende Persönlichkeit" gewesen sein. Holtz sieht in dem Sekretär „das Bild eines hochgebildeten Christen der Spätzeit des Paulus", der Theologie und Sprache des Paulus völlig beherrschte, aber auch in der Sprache der Evangelien wie der katholischen Briefe, also in der „Gesamtchristenheit" zu Hause war, die hellenistische Popularphilosophie und Sprachweise sowie die Theologie der Diaspora-Synagoge bestens kannte und fest im entwickelten liturgischen Leben der Gemeinden verankert war. Warum aber sollte ein derart hervorragender Mitarbeiter nicht genannt sein? Ist es nicht naheliegend, in diesem so paulinischen „Sekretär" Paulus selbst zu erkennen, als der er sich in den drei Briefen auch vorstellt?

24. Die äußere Bezeugung der Past. Dibelius behauptet, die altkirchliche Bezeugung sei „nicht allzu günstig". Doch die Past sind äußerlich ebenso eindeutig bezeugt wie Rö und 2 Ko. Polykarp (gest. ca. 160) und bereits Ignatius (gest. ca. 110) zitieren beide die Past[36]. Daß die Sammlung der Paulusbriefe einschließlich des Hebräerbriefes aus dem Anfang des 3. Jahrhunderts[37] die Past nicht erwähnt, erklärt Jeremias damit, daß Anfang (die ersten Kapitel des Römerbriefes fehlen!) und Ende (Past) des Buches verloren gingen. Bekannte Theologen der Frühzeit, die vor dem oder zu Beginn des 3. Jahrhunderts geschrieben, haben die Echtheit der Past ohne jede Einschränkung vorausgesetzt (so Irenäus, Tertullian, Clemens von Alexandrien, Origenes).

Der Kanon des Marcion enthält die Past nicht, doch ist das kein Hinweis gegen die paulinische Autorschaft. Seine Ablehnung der Past steht im Zusammenhang mit der Ablehnung aller atl Einflüsse. Marcion wurde 144 aus der Kirche in Rom ausgeschlossen[38]. Der Kanon Muratori[39], der zwischen 150 und 200 in Rom entstanden ist, hat die Past als festen Bestand der paulinischen Briefe, gleichzeitig werden zwei unechte Paulusbriefe verworfen. Nirgends und von niemand wird die paulinische Autorschaft bestritten. „Die

[36] Dibelius sucht das in Frage zu stellen trotz wörtlicher Übereinstimmung von I 6, 7 mit Pol 4, 1 (an die Phil), „da der Gedanke so mannigfach belegt" sei. Er läßt höchstens „einen Hinweis auf traditionsgeschichtliche Verwandtschaft" gelten (S. 66). A. Harnack hingegen schreibt, daß der 2. Brief an Tim so eindeutig zitiert sei in Pol 5, daß kein Ausweichen erlaubt sei (Die Chronologie der altchristlichen Literatur, 1897, 481).

[37] Chester Beatty, P 46

[38] Tertullian schreibt, daß Marcion die Past verworfen habe wegen ihres privaten Charakters. Da er aber Phlm einschloß, so folgert T, habe er dogmatische Gründe gehabt, doch habe er nicht ihren apostolischen Ursprung in Frage gestellt. Origenes († 254) zitiert II 3, 8. Dieser Vers habe die Häretiker dazu geführt, die Echtheit der Past zu bestreiten.

[39] so genannt, weil entdeckt durch L. A. Muratori (1750).

Hauptsache tritt mit völliger Klarheit zutage: alle Paulustexte, die wir besitzen, gehen in letzter Linie auf das Urexemplar einer Sammlung von 9 plus 4 Briefen zurück... Wir haben nicht die leiseste Spur davon, daß es jemals eine Sammlung von weniger oder mehr Briefen neben der uns bekannten gegeben hätte[40]."

Die ausführlichste Aufzählung der äußeren Bezeugungen gibt Spicq, der den Einleitungsfragen 208 Seiten widmet und eine Bibliographie von 18 Seiten verarbeitet hat[41].

25. Die inneren Kennzeichen. (Die Einzelheiten sind in der Auslegung nachzulesen, hier folgt nur eine zusammenfassende Übersicht.)

a) Alle 3 Briefe erheben mehrmals und ausdrücklich den Anspruch, daß sie von Paulus geschrieben sind (I 1, 1; 2, 7; II 1, 1; Tit 1, 3. 5).

b) Die Beschreibung der beiden Mitarbeiter und die Beziehung des Paulus zu ihnen entsprechen dem, was aus den übrigen Briefen und aus Apg bekannt ist.

c) Die Lehre der Past stimmt überein mit den übrigen Paulinen (s. E 7) und ist am ausgeprägtesten zusammengefaßt in den 3 Abschnitten des Titusbriefes (1, 1—4; 2, 10—14; 3, 4—7), die jedesmal das Wort „Retter" sowohl auf Gott wie auf Jesus als den Messias anwenden[42]. Luther betrachtete den Titusbrief als Zusammenfassung aller anderen paulinischen Briefe. In ihm sei die Lehre des Paulus enthalten.

d) Die bekämpften Irrlehren gehören nicht, wie früher oft behauptet, aber nie bewiesen wurde, ins 2. Jahrhundert, sondern in die ntl Zeit. Sie sind jüdischer Herkunft (I 1, 7; Tit 1, 10), stützen sich auf das Gesetz (I 1, 7; Tit 3, 9), bringen Fabeln (Tit 1, 14) sowie genealogische Spekulationen (I 1, 4; Tit 3, 9; I 4, 3) und verfälschen die Auferstehungsbotschaft (II 2, 18 wie 1 Ko 15, 29 f). Die gnostischen Spuren haben nichts mit der Gnosis des 2. und 3. Jahrhunderts zu tun, sondern sind eher mit denen im Korinther- und Kolosserbrief verwandt, da stark mit jüdischen Elementen vermischt. (I 6, 20; Tit 1, 10; 1 Ko 8, 1—3; Kol 2, 16. 21. 23).

e) Die Gemeindesituation entspricht dem ntl Rahmen. Nur ein Zehntel der Past enthalten Anweisungen über Verwaltung und Gottesdienstordnung, dabei sind mehr die persönlichen Voraussetzungen und Aufgaben betont als das „Amt" (I 3, 1—13; 5, 3—22; Tit 1, 5—9). Wie in Phil 1, 1 wer-

[40] H. Lietzmann, Einführung in die Textgeschichte der Paulusbriefe, HBNT VIII, 2 f.

[41] Harrison zählt außerdem bei Clemens 63 Past-Sonderwörter, bei Polykarp 20, bei Ignatius 39.

[42] H. Windisch schreibt, daß die Christologie der Past sogar älter sei als diejenige bei P. Sie gehöre in die Periode der Thessalonicherbriefe. (H. W., Zur Christologie der Pastoralbriefe, ZNTW 1935, 229 f.). Die Beobachtung, daß das Wort „Kreuz" in den Past fehlt, besagt nichts, denn auch 1 und 2 Th verwenden das Wort nicht, wohl aber wissen sie um die Wirklichkeit des Heils im Gekreuzigten.

den Diener der Gemeinde vorausgesetzt, nicht eingeführt, und erst an zweiter Stelle nach den Gemeindegliedern genannt (I 3 nach 2). Die Beziehung und Unterscheidung zwischen Vorstehern, Diakonen und Ältesten ist nicht deutlich auszumachen, nicht einmal feste Titel für die Aufgaben sind fixiert. Die Begriffe „Älteste“ und „Vorsteher“ sind auswechselbar (Tit 1, 5—7; 5, 17). Eine hierarchische Ordnung ist nirgends feststellbar, hingegen ist im Zusammenhang mit den Gemeindediensten das prophetische Charisma ausdrücklich erwähnt (I 4, 14). Die Gemeinden kannten neben ihren Gebetsgottesdiensten (I 2, 1f) das Witwengebet (I 5, 5), das Tischgebet (I 4, 3—5), die Verlesung der Schrift (I 4, 13; II 3, 16), die Lehrunterweisung aufgrund von Worten des Herrn (I 6, 3; Tit 1, 1—4. 9; II 4, 2), prophetische Äußerungen (I 4, 14) sowie Hymnen, Lobpreisungen und Glaubensbekenntnisse (I 2, 5. 6; 3, 16; 6, 15. 16; II 2, 11—13). Nichts weist in den Past über die Zeit des Paulus hinaus. Die Zustände in Ephesus und auf Kreta treffen für die Zeit zwischen 60 und 100 zu. Timotheus und Titus erhalten einen Auftrag, nicht ein Amt: ihre Stellung ist offen gelassen, nicht „kirchenrechtlich“ bestimmt oder gefestigt. Paulus ruft den Timotheus aus Ephesus ab nach Rom und sendet dafür Tychikus hin (II 4, 12).

f) Die Person des Verfassers. Lehrmäßige Teile wechseln mit plötzlichen konkreten und persönlichen Äußerungen (I 2, 1—7; 3, 14—16). Der Verfasser stellt sich selbst und seine Erfahrungen als Beispiel hin (I 1, 16), offenbart seine innersten Gefühle der Freude (II 1, 4) und des Vertrauens (II 1, 12; 2, 10. 13), auch im Angesicht des Todes (II 4, 6—8). II steht in der Nähe zu 2 Ko, beide Briefe sind aus großer persönlicher Not geschrieben. Er bekennt seine alten Verfehlungen (I 1, 12—15; Tit 3, 3; 1 Ko 15, 8. 10. etc) und gleichzeitig seine apostolische Autorität in Christus (I 1, 15 f), doch nirgends ist von einer Verherrlichung des Verfassers oder seiner Mitarbeiter die Rede. Typisch ist für Paulus das Bemühen, mündliche Weisung schriftlich zu bestätigen trotz der Hoffnung auf seinen baldigen Besuch (I 3, 14; 1 Ko 4, 17. 19; Phil 3, 19—24). Der Verfasser ist in seinen menschlichen Zügen erkennbar: warm, persönlich, ehrlich, offen, direkt.

g) Die unbestrittenen sprachlichen und stilistischen Verschiedenheiten können nicht gegen die paulinische Autorschaft geltend gemacht werden (E 20). Vielmehr sind sie erklärbar und eigentlich zu erwarten aus folgenden hinreichenden Gründen: 1. Die paulinischen Briefe weisen verschiedene Stilperioden auf, von denen die letzte der Past nicht aus dem Rahmen fällt (E 19). 2. Andere Themen führen zum Gebrauch neuer Ausdrücke. 3. Die andere Umwelt (jahrelange Gefangenschaft) kann für den erweiterten Wortschatz hinreichend verantwortlich sein. 4. Die Past sind zwar nicht ausschließlich an Private gerichtet, aber sie unterscheiden sich trotzdem deutlich von den mehr öffentlichen Gemeindebriefen, was gewisse Stiländerungen verständlich macht. 5. Das Alter des Verfassers beeinflußt

Stil und Wortschatz, beides wird einfacher und schmuckloser, dafür dichter und konzentrierter.

26. Die historischen Angaben in den Past. I: Timotheus soll in Ephesus bleiben. Paulus war kurz vorher entweder selber in Ephesus oder in der Nähe und ist jetzt in Mazedonien. Er ist nicht gefangen und hat verschiedene Reisepläne. I enthält keine anderen historischen Angaben im Gegensatz zu den vielen Hinweisen in II. Warum sollte ein Pseudopaulus nur diese kurzen Andeutungen fingieren, wenn es ihm um „historisches Kolorit" ging?

Tit: Paulus ist selber schon auf Kreta gewesen. Gemeinden konnten vorher schon bestanden haben. Er ist gut vertraut mit den Problemen der Gemeinden, was mehr als einen kurzen Besuch voraussetzt (1, 5). Paulus will den Winter in der Hafenstadt Nikopolis (in Epirus) verbringen. Titus soll ihn dort besuchen (3, 12. 2).

II: Paulus ist jetzt in Rom gefangen (1, 8) und in ein Gerichtsverfahren verwickelt (4, 16). Onesiphorus hat ihn besucht (1, 16). Vor Rom ist Paulus kürzlich ohne Timotheus in Milet, Troas und Korinth gewesen (4, 13. 20).

27. Diese Angaben weisen über die in der Apg erzählten Reisen und Gefangenschaften hinaus. Trophimus war ein Reisegefährte des Timotheus (20, 4) und zusammen mit Paulus in Jerusalem, dabei ungewollter Anlaß zu dessen Gefangennahme (21, 29), also kann II 4, 20 nicht aus der Gefangenschaft in Cäsarea geschrieben sein. Gegen eine Gefangenschaft in Ephesus, die einige Ausleger annehmen, spricht II 1, 17. In den früheren Gefangenschaftsbriefen erwartet Paulus zuversichtlich seine Befreiung (Phlm 22; Phil 1, 25; 2, 23. 24), entsprechend der in Apg 26, 32; 28, 17—31 positiv geschilderten Lage des Gefangenen in Rom. II aber setzt eine andere Situation voraus: Die Umstände der Gefangenschaft sind schwer, der bevorstehende Tod ist gewiß.

28. Die Echtheit der Past setzt voraus, daß Paulus nach einer ersten Gefangenschaft in Rom freigelassen und nach einiger Reise- und Schreibtätigkeit erneut verhaftet wurde. Wer die Echtheit vertritt, muß die Tatsächlichkeit einer solchen Freilassung nicht beweisen, sondern nur ihre Möglichkeit erweisen. Wären die Past eine Fälschung und wäre Paulus nicht freigelassen worden, dann müßten und würden die Past das ausdrücklich behaupten. Doch machen sie nicht die geringste Anstrengung, um die Umstände der Past mit denen der Apg zu harmonisieren, vielmehr setzen sie die Freilassung mit aller Selbstverständlichkeit voraus.

Die Past beschäftigen sich gerade nicht mit den letzten Jahren des Paulus, was ein Fälscher zur Befriedigung der Neugierde seiner Leser tun würde, sondern sie sind wie die anderen Paulusbriefe mit den gegenwärtigen Nöten und Aufgaben der Gemeinde beschäftigt. Ein Freispruch mit Entlassung aus der römischen Gefangenschaft ist durchaus historisch denkbar. Unter Tiberius kam es zu Judenverfolgungen in Rom. Um 50 vertrieb Claudius die Juden vorübergehend aus der Stadt (Apg 18, 2). Die Christen, die anfänglich in Rom als eine jüdische Sekte angesehen worden waren, wurden jetzt von den Juden denunziert[43]. Erst seit 64 ist der Name Christ in Rom gleichbedeutend mit Brandstifter. Der Brand von Rom unter Nero dauerte vom 18.—24. Juli 64 und führte zur ersten Christenverfolgung. Unter Nero konnten Christen nur hingerichtet werden, wenn ihnen ein Verbrechen nachzuweisen war. Doch zur Zeit der Apg wurde die jüdische Hetze gegen die Christen von den Römern noch nicht unterstützt (26, 32). Die Freilassung des Paulus kann für das Jahr 63 angenommen werden.

29. Datierungsfragen. Die folgende Übersicht erhebt nicht den Anspruch, historisch exakt zu sein. Die einzelnen Ausleger differieren in den Zeitangaben. Genaueste Datierungen sind auch nicht nötig, vielmehr sollen die zeitlichen Möglichkeiten für die Niederschrift der Past und die darin vorausgesetzten geschichtlichen Umstände dargestellt werden.

Unbestritten ist das Datum des Jahres 50 für den ersten Brief an die Thessalonicher. Setzen wir die Bekehrung des Paulus auf das Jahr 36 und sein damaliges Alter auf mindestens 30 Jahre an[44], so hatte der Apostel eine Wirkungszeit von 30 Jahren vor sich, unterbrochen durch mindestens 5 Jahre Gefängnis und allem vorausgehend 3 Jahre Arabien (Gal 1, 17).

Im Frühling 58 schreibt er an die Römer, daß er schon „seit einer Reihe von Jahren“ (Apg 19, 21) den Plan hege, nach Rom zu kommen, um von dort nach Spanien weiterzureisen, daß er aber an der Ausführung vielfach (!) verhindert worden sei (Rö 15, 22—24). Fest steht für ihn, daß Rom ihm nur als Zwischenhalt dient (15, 28). Er hofft, daß ihn Mitarbeiter nach Spanien begleiten werden (15, 24)[45]. Einer der vielen Hinderungsgründe, allerdings erst nach Abfassung des Rö eintretend, ist die Gefangennahme in Jerusalem, die ihn schließlich nach langen Verhören und Haftzeiten doch nach Rom bringt. Als Gefangener soll er vor dem Kaiser verhört werden, da er römischer Staatsbürger ist.

Paulus ist 61—63 in Rom. Im zweiten Haftjahr schreibt er den Brief an die Philipper, voll Zuversicht, daß er sie bald werde besuchen können (1, 12. 25; 2, 24). Bei Philemon bestellt er bereits ein Absteigequartier für die Durchreise! (Phlm 22).

So steht die Annahme einer Freilassung im Jahre 63 in Übereinstimmung mit den bekannten Plänen und Erwartungen des Paulus. Im Jahre 93, also 30 Jahre später, schreibt Clemens von Rom, daß Paulus tatsächlich freige-

[43] Das römische Zivilgesetz verbot fremde Kulte, die nicht vom Senat anerkannt waren! Eine Anzeige genügte für die Verhaftung.

[44] vorausgesetzt für Apg 7, 58, als Mitglied und Zeuge vom Hohen Rat beauftragt, vgl. Apg 6, 12. 15.

[45] In Spanien, das auch im AT genannt ist (Jes 66, 19), lebten damals zahlreiche Juden, die aus Rom vertrieben worden waren.

lassen worden und in den äußersten Westen gereist sei, was von den meisten auf Spanien gedeutet wird. Und Eusebius schreibt später: „Es ist Überlieferung, daß, nachdem er sich gerechtfertigt, der Apostel wiederum zum Dienst der Predigt fortgezogen, daß er aber, als er zum zweitenmal die genannte Stadt betrat, durch das Martyrium vollendet wurde. Während er bei dieser Gelegenheit gefangen war, hat er den zweiten Brief an Timotheus geschrieben[46]."

Es ist eine seltsame Auslegungskunst, wenn Kritiker behaupten, derartige Angaben seien nachträglich aufgrund von Rö „erfunden" worden, wenn doch die vorhandenen ntl Texte den seit Jahren feststehenden Plan des Paulus mehrfach bezeugen (Rö 15, 20; 2 Ko 10, 15—16). Zu der Zeit, da Clemens seinen Brief schreibt, haben noch genügend Christen in Rom gelebt, die von der Freilassung und den nachfolgenden Reisen des Paulus aus persönlicher Erfahrung wissen konnten (vgl. 1 Ko 15, 6).

Ob Paulus zuerst Spanien bereiste und nachher die Gemeinden im Osten besuchte oder umgekehrt, läßt sich aus den vorhandenen Aufzeichnungen nicht klären. Beides, die Reise nach Westen und nach Osten, stand in seinen Plänen fest, die mehr als einmal durchkreuzt und geändert worden waren. Wenn Paulus nach Apg 20, 25. 38 weissagte, daß die Ältesten von Ephesus sein Angesicht nicht mehr sehen werden und er sie später doch wieder besuchte, hatte er sich dann getäuscht? In I 1, 3 wird nicht behauptet, daß Paulus wieder in Ephesus gewesen ist. Er sagt nicht, von wo aus er nach Mazedonien abreiste. Immerhin hofft er, bald zu Timotheus kommen zu können (3, 14). Doch V 15 rechnet mit neuen Hindernissen und Verzögerungen. Der zweite Brief läßt dann deutlich werden, daß Timotheus nicht für lange in Ephesus bleiben sollte oder geblieben ist[47].

Durch die unsicheren Zeiten (I 2, 2!) mußten seine Pläne oft geändert werden, aber er hat sich doch nicht von seinen vielen Reisen abhalten lassen. Man macht sich vielleicht eine falsche Vorstellung von der Reisetätigkeit der Kaufleute und Missionare zur damaligen Zeit[48]. Die Annahme ist nicht auszuschließen, daß Paulus sogar zweimal nach Osten gereist ist: unmittelbar nach der Freilassung, wie vorgesehen zu den Gemeinden in Kolossä (bei Philemon zu Gast) und in Philippi, darauf nach Spanien, zuletzt nochmals nach Osten. Doch das sind bloße Mutmaßungen. Wichtig ist die Feststellung, daß zwischen Freilassung und zweiter Gefangenschaft genügend Zeit vorhan-

[46] 1 Clemens 5, 7; Eusebius, Kirchengeschichte II 22, 2.

[47] Ein Fälscher, der „in blinder Gläubigkeit hingenommene Angaben aus Apg" übernimmt (so Ch. Maurer), müßte, von Apg 20, 25. 38 gewarnt, weder den Tim noch P nach Ephesus kommen lassen.

[48] Holtz nennt den Fabrikanten Flavius Xeuxis aus Phrygien in Asia, der 72mal geschäftlich in Rom gewesen ist. Vergleiche auch die Reisetätigkeit von Prisca und Aquilla: II 4, 19; Rö 16, 3—5; Apg 18, 2. 18. 19. 26.

den ist, sowohl für eine Reise nach Spanien wie für eine nach der Provinz Asia, inklusive Kreta.

So kann Paulus den ersten Brief an Timotheus im Sommer 66 geschrieben haben und wenige Wochen oder Monate später den Brief an Titus, vor oder auf der Reise nach Nikopolis, wo er zusammen mit Titus den Winter zu verbringen gedachte (Tit 3, 12). Im Frühling 67 reiste er dann nach Rom (wohl zusammen mit Titus) und wurde dort — vermutlich unerwartet — verhaftet. Seit dem Brand von Rom war er nicht mehr dort gewesen. Die Einstellung gegenüber den Christen hatte sich grundlegend geändert. Vielleicht ist Paulus als Staatsfeind und Verbrecher denunziert worden (II 2, 9?). Wir wissen die näheren Umstände nicht.

Die Abfassung des zweiten Briefes wäre auf den Herbst 67 anzusetzen. Der Brief gibt den schweren Ernst der veränderten Lage wieder. In ihm bittet er den geliebten Mitarbeiter eindringlich, noch vor dem Winter zu ihm, dem Gefangenen in Rom, zu kommen. Paulus ist dann wahrscheinlich Ende 67 hingerichtet worden.

30. Das Leben des Timotheus. Der Name Timotheus ist in der antiken Literatur weit verbreitet und bedeutet: der Gott ehrt. Timotheus ist in Lystra, einer von Augustus 6 v. Chr. gegründeten römischen Kolonie, etwa zu der Zeit geboren, als Jesus öffentlich in Palästina auftrat. Die Stadt liegt auf einem Hügel in der Ebene von Lykaonien. Die Einwohner sprachen lykaonisch, also weder Lateinisch noch Griechisch war ihre Muttersprache (Apg 14, 11). Nur die Elite der Stadt sprach griechisch, zu welcher auch der Vater des Timotheus gehörte (16, 1).

Auf der ersten Missionsreise im Jahre 45 sprachen Paulus und Barnabas in Lystra zu Juden und Griechen, von denen viele gläubig wurden, unter ihnen wohl damals auch die jüdische Mutter Eunike und die Großmutter Lois (II 1, 5; Apg 14, 1). Der junge Timotheus war Zeuge, wie Paulus gesteinigt wurde (s. Auslegung II 3, 11; vgl. Apg 14, 19—20). Damals wurde Timotheus an Jesus, den Herrn, gläubig, so daß der Apostel ihn sein geliebtes Kind im Herrn nennen konnte (I 1, 2. 18; II 1, 2; 1 Ko 4, 17). Timotheus kannte von Kind auf die Heiligen Schriften, die beiden jüdischen Frauen hatten ihn im Alten Testament unterwiesen, bevor sie selber an Jesus, den Messias, gläubig wurden.

Fünf Jahre später, auf der zweiten Missionsreise (50), besuchte Paulus den jungen Mann, der inzwischen im Glauben gewachsen war und ein hervorragendes Zeugnis von den Brüdern in der Gemeinde seiner Vaterstadt und darüber hinaus erhielt. Ihn nahm nun der Apostel anstelle von Johannes-Markus als Gehilfen auf die Weiterreise mit (16, 3; 15, 37—40). Da offenbar überall bekannt war, daß der Vater des Timotheus ein Grieche und der Sohn somit nicht beschnitten war, so ließ ihn Paulus beschneiden „um der Juden willen", die zahlreich in jener Gegend lebten. Dieses Tun mag befremden, wenn man bedenkt, daß Paulus den heidenchristlichen Mitarbeiter Titus nicht beschneiden wollte (Gal. 2, 3; 5, 11); doch darf man nicht außer acht lassen, daß der Apostel um des missionarischen Dienstes willen bereit war, den Juden ein Jude zu werden, um die Juden zu gewinnen (1 Ko 9, 20). Es ging hier nicht um eine Heils- und Gemeindefrage, sondern um eine missionarische Ausrichtung auf die zahlreichen Juden der Gegend, von denen schon viele während des ersten Besuches an den Messias Jesus gläubig geworden waren (Apg 14, 1).

Ist hier der Zeitpunkt zu setzen, da die Brüder der umliegenden Gemeinden das gute Zeugnis über Timotheus ausstellten, Weissagungen und Mahnungen aussprachen und ihm die Hände auflegten, während er das Bekenntnis des Glaubens ablegte? Oder ist solches brüderliche Handeln erst später und zu wiederholten Malen geschehen? (s. I 4, 14; 1, 6; II 1, 6; I 1, 18; 6, 12).

Zwanzig Jahre gemeinsamen Lebens und Dienens sollten von nun an den jungenMitarbeiter mit dem um 15—20 Jahre älteren Apostel verbinden. Tausende von Kilometern reisten sie zusammen, erduldeten als Jochgenossen Mühen und Gefahren, erlebten gegenseitige Stärkung und Freundschaft. Timotheus ist für den Apostel Gehilfe, Mitarbeiter, Reisebegleiter, Sohn, Vertrauter, Freund. Hätte Paulus alles so ausrichten können, wie er es tat, ohne die Treue und Nähe dieses wahrhaft ‚Gleichgesinnten‘ (Phil 2, 20. 21)?

Schon früh lernte Timotheus, nicht einseitig und ausschließlich an Paulus gebunden zu sein. Schon auf seiner ersten Reise wurde er vom Apostel getrennt und blieb zusammen mit Silas in Beröa zurück (Apg 17, 14). Von dort reisten die beiden zusammen nach Athen, wo sie Paulus wiedertrafen (V. 15). Paulus, Silas und Timotheus bildeten ein Team. Paulus schreibt in 2 Ko 1, 19 ausdrücklich, daß der Sohn Gottes durch ihn **„und Silvanus und Timotheus“** bei den Korinthern verkündet worden sei! Ihre drei Namen erscheinen als Absender der Thessalonicherbriefe. Ihre Namen werden nicht nur zum Schein angeführt. Timotheus erhielt sofort einen verantwortungsvollen Auftrag. Paulus schickte ihn allein von Athen nach Thessalonich zurück, damit er die junge Gemeinde im Glauben stärke und ermahne. Schon nannte ihn Paulus nicht mehr nur „unseren Bruder“ (der Mitbruder von Paulus und Silas), sondern „Gottes Mitarbeiter am Evangelium von Christus“ (1 Th 3, 2). Darin kommt trotz der apostolischen Autorität und der Vater-Sohn-Beziehung die Freiheit zum Ausdruck, in die Paulus den Mitarbeiter stellt: Er ist letztlich Mitarbeiter Gottes und nur darum auch Mitarbeiter des Paulus.

So darf Timotheus schon 5 Jahre nach seiner Bekehrung ein „Tröster und Bestärker der Brüder“ sein und dem Apostel die gute Nachricht überbringen, daß die Reise nicht umsonst war, sondern die Gläubigen im Herrn befestigt wurden (1 Th 3, 6—8). Während der darauffolgenden 18 Monate (Ende 51 bis Anfang 53) arbeitete Timotheus mit Paulus in Korinth (Apg 18, 1—11).

Auch auf der 3. Missionsreise und in den drei Jahren der Tätigkeit in

Ephesus (54—57) war Timotheus bei Paulus. Einmal sandte ihn der Apostel zusammen mit Erastus nach Mazedonien (Apg 19, 22; vgl. II 4, 20).

Ein Gemeindebesuch des Timotheus in Korinth schien nicht von Erfolg gekrönt zu sein. Wenn schon Paulus in Schwachheit, Furcht und viel Zaghaftigkeit zu den selbstbewußten Korinthern kam (1 Ko 2, 3), wieviel schwerer mußte es dem jüngeren Gefährten fallen, hier als Mitarbeiter Gottes und ohne Furcht vor der Geringschätzung anderer aufzutreten. Was dem Timotheus nicht gelang, konnte Titus ausführen. Er schlichtete den Konflikt der Korinther mit dem Apostel (2 Ko 7, 6—7. 13—18; 8, 6; 12, 17—18). Timotheus selber kehrte zu Paulus nach Mazedonien zurück (2 Ko 1, 1. 19; Apg 20, 1—15. 4). Im Jahre 58 reisten sie zusammen wieder nach Griechenland, von wo Paulus den Brief an die Römer schreibt und Grüße des Timotheus beifügt (Rö 16, 21), der zuerst aufgeführt und als „mein Mitarbeiter“ herausgestellt ist.

Wichtig ist das Zeugnis, das Paulus dem Timotheus in 1 Ko 16, 10 ausstellt: „Er treibt das Werk des Herrn wie ich.“ Darin kommt die durch Gottes Gnade geschenkte Ebenbürtigkeit im Dienst zum Ausdruck, die geistliche Anerkennung des göttlichen Auftrags, die Bekräftigung der Berufung vor kritischen Brüdern. Dieselbe Grundhaltung des Apostels gegenüber Timotheus bringen auch die Past zum Ausdruck.

Von Griechenland reiste Paulus nach Jerusalem. Ob Timotheus mit dabei war, ist nicht mit Sicherheit festzustellen. Namentlich erwähnt ist nur Trophimus aus Ephesus (Apg 21, 29), der ein Reisegenosse und Mitarbeiter des Timotheus ist (vgl. 20, 4!). Für die nächsten 2—3 Jahre verschwindet Timotheus aus dem Gesichtskreis der ntl Briefe. Sicher aber ist er wieder mit Paulus in Rom, tröstender Beistand und Gefährte in der Gefangenschaft (61—63). Einige Ausleger nehmen an, daß Hb 13, 23 sich auf diese Zeit beziehe, wonach Timotheus eine Zeitlang mit Paulus gefangen gewesen wäre. Wahrscheinlicher aber ist, daß er erst nach dem Tode des Apostels gefangen genommen und später wieder freigelassen wurde (übrigens eine im NT bezeugte Freilassung!).

Die kirchliche Tradition berichtet, daß Timotheus Bischof von Ephesus gewesen sei und im Jahre 97 den Märtyrertod unter Kaiser Nerva erlitten habe.

31. a) Wer war Timotheus? Die Andeutungen in den Past, welche die Person des Timotheus betreffen, stimmen mit den übrigen Briefen und dem aus der Apg bekannten überein und, was für die Echtheit der Past von Bedeutung ist, malen nicht einzelne Züge phantasievoll oder den Menschen verherrlichend aus. Wie Jesus in den Evangelien gerade durch die zurückhaltende Darstellung als wirklicher und voller Mensch dem Leser vor Augen tritt, so sehen wir das Persönliche des Paulus, des Timotheus, des Petrus etc. zwar deutlich, doch nicht ausführlich und lückenlos dargestellt. Der Akzent liegt nicht auf dem, was sie für sich selbst sind, noch was sie für Gott tun,

sondern auf dem, was Gott für sie ist und durch sie tut. Timotheus ist darum so ganz und so menschlich geliebtes Kind, Bruder, Mitarbeiter und Freund des Paulus, weil er ein Mann G o t t e s (I 6, 11; II 3, 17) und ein Mitarbeiter G o t t e s ist (1 Th 3, 2).

b) Als Knabe konnte er eine gute Erziehung genießen, wie man so sagt, da die Familie zur Elite der Stadt gehörte (E 30; Apg 16, 1). Doch die Eltern waren sich in den letzten Zielsetzungen nicht eins. Wie der griechische Mann und die jüdische Frau zusammenfanden, wissen wir nicht. Überhaupt bleibt uns unerklärlich, wie eine Jüdin, die offenbar in der Glaubenstradition ihrer eigenen Mutter Lois lebte, einen Nichtjuden heiraten konnte. Der Mann mußte ihr viel Freiheit gelassen haben. Das zeigte sich auch und gerade dann, als die Frau samt Sohn und Schwiegermutter an den Messias Jesus gläubig wurden. Die Familie blieb zusammen (Apg 16, 1; 1 Ko 7, 3). Timotheus wurde als Knabe nicht beschnitten, daraus läßt sich schließen, daß seine Mutter mit der jüdischen Synagoge nicht in enger Verbindung stand. Die beiden „gottesfürchtigen" Frauen mögen zu jener großen und verborgenen Schar von Menschen gehört haben, die nicht den äußeren Religionsbetrieb mitmachen und doch wachen Herzens nach Gott fragen. Nach Apg 18, 7 findet Paulus bei Titus Justus, „dem Gottesfürchtigen", Zuflucht, dessen Haus an die Synagoge angrenzt und wo sich die christliche Gemeinde zusammenfand. „Gottesfürchtige" werden Nichtjuden genannt, die an den Gott Israels glauben, auch in die Synagoge gehen, sich aber (noch) nicht beschneiden lassen. Gerade unter diesen „Gottesfürchtigen", zu denen auch die Mutter und Großmutter gehörten, gab es viele, die an Jesus, den Messias, gläubig wurden.

Die Mutter wird in Apg 16, 1 vor dem Vater genannt, was ein Hinweis sein kann auf ihren bestimmenden Einfluß in der Erziehung des Knaben (vgl. II 1, 5; 3, 15).

c) Timotheus ist eher ein „Mutterkind". In seiner Gesundheit ist er wenig widerstandsfähig und häufig unpäßlich, vielleicht schon von Kindheit an. Doch kann ihn das nicht von langen Fußmärschen, beschwerlichen Seereisen und entbehrungsreichen Erfahrungen (etwa beim gefangenen Paulus in Rom) abhalten (I 5, 23). Der körperlich wenig robuste junge Mann ist schüchtern und zaghaft (II 1, 6.7; 1 Ko 16, 10). Der Eindruck, den er macht, ist nicht imponierend, so daß man ihn leicht unterschätzen, ja verachten kann (1 Ko 16, 11; I 4, 12), darin dem Apostel nicht unähnlich (2 Ko 10, 1.10! 1 Ko 2, 3), der ebenfalls durch Krankheit geschwächt war (2 Ko 12, 7—10; Gal 6, 17; 4, 13—15: „... wie ich euch, krank an meinem Leibe, zuerst die Heilsbotschaft gebracht habe. Trotz des Anstoßes, den mein körperlicher Zustand euch bot, habt ihr mich nicht verachtet").

d) Die beiden sind sich körperlich und seelisch ähnlich, doch der Apostel hat die große Selbständigkeit und Unabhängigkeit voraus, in die hinein er den jungen Mitarbeiter mit nie ermüdender Geduld entbindet, denn es ist die vornehmste Aufgabe des Vaters, seinen Sohn in die Mündigkeit zu führen. Den Vater, den Timotheus für die Entfaltung des Glaubens und vielleicht auch des eigenen Lebens überhaupt hatte entbehren müssen, findet er jetzt in Paulus. Seine Anhänglichkeit ist groß (II 1, 4; Phil 2, 22), sie wird aber nicht zu falscher Abhängigkeit, sondern zur Treue aus freier Entscheidung führen. Darum sendet ihn der Apostel von Anfang an mit echten Aufträgen und Verantwortungen weg auf Reisen nach Thessalonich, Korinth, Philippi, Ephesus, darum empfiehlt er ihn den Gemeinden, daß sie ihm Vertrauen entgegenbringen, darum richtet er ihn unablässig auf den Herrn selbst aus. Er soll sich bewußt sein und es immer wirklicher ‚wissen', daß er Mitarbeiter Gottes ist. Der heranreifende Mitarbeiter soll in Gott selbst seine Kraftquelle und Norm haben: Werde stark in der Gnade Christi (II 2, 1); der Herr wird dir Einsicht geben in allen Dingen (II 2, 7); vernachlässige nicht die Gnadengabe in dir (I 4, 14), sondern fache sie zu neuer Glut an (II 1, 6); vollbringe deinen Dienst, wie ich ihn vollendet habe (II 4, 5.7), denn du treibst Gottes Werk genauso wie ich (1 Ko 16, 10).

e) Körperlich-seelische Anfälligkeit mögen für einen Botschafter des Evangeliums nicht als Vorzüge angesehen werden. Doch gilt es, die zu jeder Schwäche gehörende Kehrseite der Stärke zu erkennen: Die Sensibilität des Timotheus ist von der Angst um sich befreit und darum ganz in den Dienst der Liebe gestellt. Er kann sich einfühlen, sich hingeben, sich vergessen. Er kann mitfühlen, mitleiden, mitgehen. Er kann die Brüder trösten, stärken, aufrichten (1 Th 3, 2; Phil 2, 20; II 1, 4). Und diese Gabe hat er in den 20 Jahren gemeinsamen Dienstes mit Paulus zuerst und am meisten ausgeübt. Darum sehnt sich der Vereinsamte, des nahen Todes gewisse Apostel nach der leibhaftigen Gegenwart dessen, der im Trösten stark ist (II 4, 9.21).

Der erwähnte Einfluß fraulicher Erziehung kann wohl, muß aber nicht einschränkend oder gar negativ gewertet werden. Paulus selber sieht ihn positiv (II 1, 5; 3, 15), hatte er doch selber die segnende und bewahrende Wirkung einer mütterlichen Frau erfahren (Rö 16, 13). Im sensiblen Timotheus sind traditionell weibliche Züge, die bei Männern meistens unterdrückt werden, stärker entfaltet. Auch darin ist er dem Apostel nicht unähnlich, der — zusammen mit Timotheus und Silvanus — „wie eine stillende Mutter ihre Kinder hegend", unter den Thessalonichern gewirkt hat (1 Th 2, 7).[49]

f) Wer sich so intensiv in die Lage anderer versetzen kann, dem wird es schwer, Grenzen zu ziehen, gegen Unrichtiges mit Entschiedenheit aufzutreten, Einhalt zu gebieten und Änderungen einzuführen. Darum wohl konnte

[49] Bei P ist das Väterliche stärker ausgeprägt als bei Tim (I Th 2, 11; 1 Ko 4, 14—15; hingegen: Gal 4, 19). Spicq schreibt, Tim sei von einer fast weiblichen Zartheit („d'une douceur un peu féminine").

Timotheus den Konflikt in Korinth nicht schlichten. Dazu bedurfte es des selbständigeren und bestimmter auftretenden Titus (E 30; 2 Ko 7, 6 f). Wer mit anderen einen weiten Weg zu gehen vermag, wer sich gut in die Lage eines andern einfühlen kann, der kann auch einmal zu weit gehen und Grenzen überschreiten. Darum bedarf Timotheus der Ermahnung zur Keuschheit (nicht nur im Geschlechtlichen) und zum Abstand, aus dem heraus erst unparteiliches Urteilen möglich ist (I 5, 2.22.21; II 2, 22). Wer schutzlos ist, überleicht verwundbar, kann plötzlich hart auftreten, um sich vor der völligen Auflösung zu retten (I 5, 1; II 2, 24.25). Wer eher zögernd urteilt und handelt, kann unbesehen überrasche ‚Lösungen' erzwingen wollen, im Bestreben, aufzuholen, nachzuholen, andere in die Mitarbeit hineinzuholen (I 5, 22a; 4, 14: II 1, 6; 4, 9.21). Der Ängstliche kann schnell unter die Herrschaft des Gesetzes geraten. Vielleicht ließ sich Timotheus von den Irrlehrern beeinflussen, welche geboten, sich gewisser Speisen (und Getränke) zu enthalten (I 4, 3; 5, 23). Der leicht beeindruckbare Mitarbeiter konnte stärker unter den Einfluß der sich harmlos und hilfreich gebenden Irrlehrer geraten, als er sich bewußt war (I 6, 11.20; II 2, 16.23; 3, 5c; 3, 13.13; 4, 2—5).

g) Doch haben wir mit diesen Erwägungen über Stärken und Schwächen noch nicht das entscheidende Merkmal genannt, das Timotheus auszeichnet und ihn zu dem hervorragenden Mitarbeiter macht, den Paulus in zehn Briefen lobend erwähnt.

Der Geist dieses Mannes, die Grundrichtung seines Wesens ist in allen Aussagen, die ihn betreffen, deutlich und einheitlich erkennbar: Er ist aufrichtig selbstlos. Was heißt das? Seine Gesinnung ist aufrichtig, durchsichtig, klar. Nicht nur Paulus, sondern jeder Mitarbeiter und alle Gemeinden wissen bei Timotheus immer, woran sie sind. Er sagt nicht eines und meint etwas anderes. Sein Glaube ist in der Tat ungeheuchelt (II 1, 5), wie es seine Liebe ist (Phil 2, 20). In dieser wahren Einfalt, Geradheit, Offenheit und Direktheit ist er dem Apostel ähnlich, der ihm wirklich „Gleichgesinnte" und darum sein echter Sohn (Phil 2, 20.22).

Obwohl er schüchtern ist, sucht er nicht seine Selbstbestätigung im Dienst am Evangelium; obwohl er wenig Anerkennung findet, sucht er nicht geistlichen oder materiellen Gewinn für sich (Phil 2, 20—22; I 6, 5—6): „Ich habe nämlich keinen, mit dem ich mich so eins weiß und der sich um euch so redlich kümmern wird wie er. Sonst sind ja alle an der eigenen Sache interessiert, statt an der Jesu Christi. Doch seine bewährte Treue kennt ihr ja, daß er mir bei der Mission wie ein Kind seinem Vater zu Diensten gewesen ist." (W)

Aufrichtig nicht das Seinige suchen, das ist das Wesen der Liebe (1 Ko 13, 5). Dieses Endziel aller Weisungen (I 1, 5) ist inmitten aller Schwachheit und Unscheinbarkeit bei Timotheus zum Durchbruch gelangt. In seinem Dasein und Dienen wurde die Gesinnung Jesu offenbar, der als der wahre Diakon Gottes nicht gekommen war, sich bedienen zu lassen, sondern der sein Leben hingab bis zum Tode im Dienst für das Heil der Welt (Phil 2, 5.20).

Diese eigenartige und einzigartige Einheit von Aufrichtigkeit und Hingabe, von unaufdringlicher Selbstlosigkeit und eindringlicher Treue charakterisiert den Geist des Timotheus, darin ist er eines Geistes mit Paulus. Und dieser Geist, der die Past prägt wie alle andern Paulusbriefe, ist der eigentliche Echtheitserweis nicht nur der drei letzten Briefe des Apostels, sondern seiner und des Timotheus' Existenz als Diener des Herrn. Es ist der Geist Jesu, der Geist der Kraft und der Liebe und der Zucht (II 1, 7), den sie beide empfangen haben und in ihrem Leben widerspiegeln.

Der Briefkopf

1. Timotheus 1, 1—2

1 **Paulus, Apostel des Messias[1] Jesus nach dem Auftrag** a) **Got-**
2 **tes, unseres Retters,** b) **und des Messias Jesus, unserer Hoff-**
nung c) * **an Timotheus, mein echtes** d) **Kind im Glauben:**
Gnade, Barmherzigkeit, Friede von Gott, dem Vater, und
dem Messias Jesus, unserem Herrn.

a) Tit 1, 3
Rö 16, 26
b) 2, 2; Tit 1, 3; 2, 10;
3, 4; Jud 25
c) Tit 1, 2;
3, 7;
Kol 1, 27
d) Tit 1, 4

1. Absender und Empfänger

1. Timotheus 1, 1—2a

Paulus versteht sein Leben und Wirken als Auftrag. Sein Sendungsbewußtsein ist apostolisches Bewußtsein, das er ganz und ständig von Jesus Christus, seinem Herrn, empfängt (E 25). Ein Apostel kann auch Abgesandter und Beauftragter von Menschen sein, wie Epaphroditus Apostel der Philipper ist, die ihn beauftragt haben, zu Paulus zu gehen e). Viele Apostel im allgemeineren Verständnis des Wortes sind „Gesandte von Gemeinden“[2]. Paulus hingegen ist weder Apostel aus menschlicher Bevollmächtigung, noch ist er durch einen Menschen als Apostel eingesetzt worden, noch steht ein eigener Entschluß am Anfang seiner Berufung f). Von Gott selber ausgesondert und

e) Phil 2, 25; 4, 18

f) Gal 1, 1

[1] Die Voranstellung des griech. Wortes *„christós“* (der Gesalbte) läßt darauf schließen, daß P das Wort hier nicht so sehr als Name meint, was es ohnehin von seinem Ursprung her nicht ist — der Name des Erlösers heißt Jesus —, sondern vielmehr als Titel und Würdebezeichnung für den verheißenen Messias, den Gesalbten Jahwes. Durch die automatische Wiedergabe des griech. *„christós“* mit dem lat. „Christus“ (wie es Luther aus der Vulgata übernommen hat) wird nicht mehr deutlich, was für eine große Bedeutung der Messias-Titel im NT hat und wie oft er vorkommt (alle Evangelien, Apg, Offb). Wohl ist der Sprachgebrauch in den Briefen anders, doch haben die Apostel auch hier offensichtlich bei „christós“ oft den „Messias“ im Auge, wie sich gerade auch in den Past zeigen wird (I 1, 12. 15; 4, 6; 5, 21; 6, 1).

[2] 2 Ko 8, 23: *apostoloi ecclesion.* „Apostel“ ca. an 80 Stellen im NT, davon 75 je zur Hälfte bei Lukas und Paulus; von den 35 Erwähnungen bei P beziehen sich 20 auf seinen eigenen Dienst, am häufigsten der für ihn bezeichnende, in der ganzen Literatur neue Titel: Apostel Jesu Christi (E 12).

g) Gal 1, 15; Rö 1, 1; Jer 1, 5
h) Mk 3, 14—15; 6, 30
i) I 6, 15

berufen wie die Propheten g), von Jesus Christus bevollmächtigt und ausgesandt wie die Zwölf h), nennt sich **Paulus Apostel Jesu Christi nach dem Auftrag Gottes**[3].

Nicht ein Mächtiger dieser Welt, der seine Befehle erläßt, sondern der König der Könige und der Herr der Herren i) hat seinem Apostel Auftrag gegeben. Vom Anfang bis zum Ende seines Wirkens steht Paulus im Bewußtsein dieser göttlichen Berufung und Sendung; sie ist ihm Antrieb und Bevollmächtigung zu seinem Dienst.

k) Eph 1, 18; 4, 1; 6, 15
l) II 3, 10; I 4, 12; Phil 3, 15—17; I Ko 4, 16; 11, 1; 9, 16. 23. 24
m) Mt 12, 46—50
n) I 1, 18; 4, 14
II 1, 6; vgl. 2 Pt 1, 10

Im Bewußtsein der einmaligen und einzigartigen Berufung weiß er aber ebenso klar, daß alle Christen Mitberufene sind. Ihnen müssen die Augen geöffnet werden, daß sie die Hoffnung dieser Berufung erkennen, ihrer würdig leben und am Evangelium des Friedens mitarbeiten k), so daß sie Nachfolger der Apostel werden, die als Pioniere vorangehen. So sehr Paulus von der Besonderheit seines Auftrages durchdrungen ist, so sehr läßt er nicht ab, alle zur Nachahmung und Nachfolge aufzurufen l). Hierin ist der biblische Sinn der apostolischen Sukzession[4] ihrem Wesen nach zu sehen. Entsprechend führt Jesus die Verwandtschaft mit ihm nicht auf Fleisch und Blut, nicht auf menschliche Bande und Tradition zurück, sondern auf die gleiche Ausrichtung des Willens im Gehorsam gegen den Vater m).

Paulus erinnert den Timotheus wiederholt an seine Berufung und richtet ihn dadurch auf uns aus n). Wir müssen uns

[3] *kath' epitagen theou:* durch Befehl (Auftrag) Gottes; Tit 1, 3; Rö 16, 26; 1 Ko 7, 6; 2 Ko 7, 8. Befehl betont noch stärker die Bevollmächtigung durch Gott als die sonst übliche Herleitung seines Apostolates aus dem Willen Gottes: 1 Ko 1, 1; 2 Ko 1, 1; Kol 1, 1; II 1, 1.

[4] d. h. apostolische Nachfolge, die Weitergabe der apostolischen Bevollmächtigung. Nirgends im NT erscheint das Apostolat als ein festes Amt, sondern vielmehr als eine Aufgabe, eine Funktion, wie man heute sagt, die je nach Auftrag verschieden umfassend und verschieden lang sein kann. Die Zwölf hatten einen ganz bestimmten Auftrag als Augenzeugen des Lebens, Sterbens und Auferstehens Jesu (Apg 21—22). Dieser Auftrag nahm sein Ende mit dem Tode des letzten Augenzeugen. Judas wird zwar durch Matthias ersetzt, aber für den hingerichteten Jakobus wird keine Ersatzwahl mehr vorgenommen. Paulus aber ist gerade nicht Apostel im eben definierten Sinn der Zwölf, denn er hat nicht mit Jesus zusammen gelebt. Doch Jesus ist ihm als der Lebendige erschienen und hat ihn zu seinem Apostel berufen, daher die Betonung: Apostel Jesu Christi. Paulus hat sein Apostolat nicht weitergegeben, wozu ein Pseudo-Paulus mit den Pastoralbriefen allen Grund gehabt hätte. Er nennt sich in jedem der drei Briefe Apostel Jesu Christi, was in Briefen an Privatpersonen eher überraschen müßte, und zweimal wiederholt er in I 2, 7 und II 1, 11, daß er zum Apostel bestellt worden ist, doch nirgends macht er die kleinste Andeutung, daß Timotheus oder Titus nun an seiner Statt „Apostel Jesu Christi“ seien oder werden sollten (Vgl. auch WStb. Rö 5, 26; Anm 8).

immer wieder neu durch alle Zweitursachen und Zwischeninstanzen hindurch auf den besinnen, der uns berufen hat, der Urheber und Vollender unseres Lebens ist. Nur im Bewußtsein des Berufenseins werden wir befreit zum rechten Dienen.

Gott unser Retter[5]. Ursprünglich galt Retter als Ehrentitel für verdiente Männer und hochstehende Beamte; später, besonders in den Geheimkulten, werden Gottheiten und dann vor allem die römischen Kaiser so gerühmt[6].

Die früheren Episteln nennen nur Christus Retter o), die Past ebenfalls an einigen Stellen p), doch besonders häufig und betont erscheint in ihnen Gott selbst als Retter b), wohl in bewußter Gegenüberstellung zum Kaiserkult. Höchste und letzte Ehre gilt dem ewigen König im Gegensatz zu vergänglichen Machthabern; er ist der alleinige Gott im Unterschied zu den vielen Königen, die sich gegenseitig ihre Macht streitig machen q); er ist der König aller Könige und der Herr aller Herrschenden r).

Soter, Erlöser, steht zwar in den Past deutlich in Beziehung zur griechischen Umwelt, doch ist der Ursprung dieses Gottesnamens im Alten Testament zu suchen. Gott sendet Menschen als Erlöser seines Volkes s), weil er selbst als Urheber alles Heils der ewige Erlöser-Gott ist t). So sieht auch das NT Jesus als Erlöser ganz im atl Sinn, er wird sein Volk erlösen u) von seinem größten Unheil, von seinen Sünden[7].

Gott, unser Erlöser; Christus, unsere Hoffnung. Rettung (Heil) und Hoffnung gehören unauflöslich zusammen, sie haben in Gott ihren Ursprung. Zwar kennen wir auch hier aus der hellenistischen Umwelt Berichte, welche Heil und Hoffnung ver-

o) Phil 3, 20; Eph 5, 23 vgl. Apg 5, 31
p) II 1, 10 Tit 1, 4;2,13; vgl. 2 Pt 1, 1. 11; 2, 20; 3, 2. 18; 1 Jo 4, 14; Jo 4, 42
q) I 1, 17
r) I 6, 15 vgl. Rö 14, 11; Phil 2, 11; Offb 17, 14; 19, 16
s) Ri 3, 9. 15; 2 Kö 13, 5 Neh 9, 27
t) Jes 45, 21; 62, 11
u) Mt 1, 21. 22

[5] Den Ausdruck „Heiland“ (im heutigen Sprachgebrauch abgegriffen und versüßlicht) übersetzen wir mit „Retter“. *Soter* = Retter, Befreier, Sieger, Heiland, Erlöser.

[6] So lautet eine Inschrift, die den Geburtstag des Kaisers Augustus feiert: „Die Vorsehung, die über allem im Leben waltet, hat diesen Mann zum Heil aller Menschen mit solchen Gaben erfüllt, daß sie ihn uns und den kommenden Geschlechtern als *Heiland* gesandt hat. Der Geburtstag des Gottes war für die Welt der Anfang jener Dinge, die um seinetwillen frohe Botschaft (wörtlich: Evangelium) sind.“ Bei H. Lietzmann, Der Welt Heiland.

[7] Das blasse Wort „Hilfe“ bedeutet in den Psalmen überall: Heil, Rettung, Erlösung. „Zu Gott allein ist stille meine Seele, von ihm kommt meine Erlösung. Nur er ist mein Fels und meine Erlösung ... bei Gott ruht meine Erlösung und meine Herrlichkeit“: Ps 62, 1. 2. 6. 7; ebenso: 3, 8; 9, 14; 13, 5; 14, 7; 20, 5; 21, 1. 5; 22, 1; 35, 3. 9; 37, 39. 40; 38, 22; 40, 10. 16; 51, 14; 67, 2; 68, 19. 20; 78, 22; 89, 26; 91, 16; 98, 1—3; 106, 4; 116, 13; 118, 14. 15. 21; 144, 10; 146, 3; erlösen: Ps 3, 7; 6, 4; 22, 21; 28, 9; 34, 6. 18; 69, 1; etc.. Erlöser: Ps 18, 41; 106, 21; Jes 12, 2; Jer 14, 8; Hos 13, 4; Sach 9,9.

binden[8], doch gilt es wieder, den starken atl. Hintergrund nicht zu vergessen: „Glückselig der, dessen Heil der Gott Jakobs ist, dessen Hoffnung der Herr, sein Gott ist v).“ Auch in andern paulinischen Episteln stehen Heil und Hoffnung zusammen w).

v) Ps 146, 5; 39, 7. 8; 71, 2—4. 5. 12; 119, 116. 117
w) 1 Th 5, 8; 2 Ko 1, 10; Rö 8, 24
x) Kol 1, 27

Christus ist Grund und Ziel aller Hoffnung. Es ist dies eine „Hoffnung auf die Herrlichkeit“ x), die weit über die irdischen Vorstellungen eines persönlichen glücklichen Lebens oder eines goldenen Zeitalters hinausgeht. Der alternde, von Gefängnis und Tod bedrohte Apostel betont in allen drei Briefanfängen der Past den mit Gewißheit erfüllten Ausblick in die Zukunft Gottes[9]. In der Vergangenheit hat Christus den Paulus zum Apostel bestellt, jetzt in der Gegenwart ist er der Herr, in dem Gott Gnade, Barmherzigkeit, Frieden schenkt, in der Zukunft wird „Christus unsere Hoffnung“[10] das Reich Gottes in Herrlichkeit eröffnen. So ist schon der erste Vers dieses Briefes ausgerichtet auf die endzeitliche Vollendung in Christus Jesus[11].

y) 1, 18; II 1, 2; 2, 1

An Timotheus, mein echtes Kind y) **im Glauben.** Der Apostel, der sich in wenigen, aber gewichtigen Worten vorgestellt hat, wendet sich jetzt an den Adressaten. Der sonst üblichen Erwähnung des bloßen Namens fügt er einen Ausdruck persönlicher und herzlicher Beziehung hinzu. Im NT ist das geistliche Leben oft im Gleichnis von Zeugung, Geburt und Wachstum dargestellt. Der wirklich an Jesus Glaubende nimmt ihn auf und wird ein Kind Gottes. Er ist nicht aus Fleisch und Blut, nicht aus dem Willen eines Mannes, sondern aus Gott gezeugt. Erst die Geburt aus dem Geist öffnet den Weg ins Reich Gottes z). Die Gläubiggewordenen sind wie neugeborene Kindlein, die nach Milch verlangen für ihr Wachstum a).

z) Jo 1, 12—13; 3, 3. 5. 6. 8; 1 Jo 3, 9; vgl. Tit 3, 5; 1 Pt 1, 3
a) 1 Pt 2, 2

[8] Eine Tafel mit der folgenden Inschrift ist bekannt: „Väterlicher Zeus und Heiland des ganzen Menschengeschlechts ... die Erde und das Meer sind in Frieden ... die Menschheit ist erfüllt mit göttlicher Hoffnung auf die Zukunft ...“ (Inser. Brit. Mus. N 894; zit. A. Festugière, L'Idéal religieux des Grecs et l'Evangile, S. 8). Vgl. dazu Jer 29, 11: „Ich weiß die Gedanken, die ich über euch denke, spricht der Herr, Gedanken des *Friedens* und nicht zum Unglück, um euch *Zukunft* und Hoffnung zu gewähren“ (Jer 17, 13. 14).

[9] Charakteristisch für P ist die Variation des gleichen Themas: Christus Jesus unsere Hoffnung, I 1, 1; Verheißung des ewigen Lebens in Christus Jesus, II 1, 1; Hoffnung des ewigen Lebens, Tit 1, 2.

[10] Der Ausdruck erscheint nur hier im NT; vielleicht schon früh liturgisch geprägt sind Gesänge und Gebete der Gemeinde. Die Feier des Abendmahls, die Gegenwart des Herrn, stand immer im Zeichen der eschatologischen, d. h. der auf die endzeitliche Erfüllung ausgerichteten Erwartung.

[11] Die verschiedene Reihenfolge von „Jesus Christus“ und „Christus Jesus“ ist oft ohne Bedeutungsunterschied angewendet, doch siehe Anm. 1!

Vor allem bei Paulus häufen sich die Bilder aus diesem Anschauungskreis: Die Christen in Korinth sind seine „geliebten Kinder", auch den Timotheus nennt er im ersten Brief an die Korinther „mein geliebtes und treues Kind" b). Er ist nicht ihr Zuchtmeister, sondern ihr Vater c); er hat sie in Christus Jesus gezeugt durch das Evangelium[12]. Für die Galater ist er wie eine Mutter, die nochmals unter Geburtswehen leidet, bis die Christusgestalt in ihnen zum Durchbruch gelangt d). Der Gemeinde der Thessalonicher sind Paulus, Silvanus und Timotheus väterlich-mütterlich begegnet e), sie sind liebreich aufgetreten wie eine stillende Mutter, die ihre Kinder hegt, sie haben jeden ermahnt und ermuntert, wie das ein Vater mit seinen Kindern tut[13].

b) 1 Ko 4, 14. 17 vgl. 1 Jo 2 1; 3 Jo 4
c) 1 Ko 4, 15
d) Gal 4, 19
e) 1 Th 2, 7. 11. 12

Paulus versteht sich als Vater nicht nur ganzen Gemeinden gegenüber, sondern wie bei Timotheus, Titus, Onesiphorus f) nennt er auch einzelne Mitarbeiter seine Kinder. Das Verhältnis Meister — Jünger wurde in der zeitgenössischen Umwelt oft mit den Worten Vater — Kind umschrieben. Bei Paulus aber gewinnt diese Beziehung eine neue Bedeutung, denn das Verhältnis Vater — Sohn gründet im „gemeinsamen" **Glauben** g) an Jesus Christus. So ist Christus Begründer und Garant dieser mitmenschlichen Beziehung.

f) Tit 1, 4 Phlm 10
g) Tit 1, 4

Jesus verwehrt seinen Jüngern, sich Rabbi, Vater oder Lehrer nennen zu lassen h), denn in seiner Person und in seiner Lehre ist ein völlig Neues für alle mitmenschlichen Beziehungen erschienen: In Jesus wird offenbar, was das Verhältnis Vater — Sohn, Sohn — Vater wirklich bedeutet[14]. „Diese Sprache richtet sich ursprünglich nicht gegen die Eitelkeit der jüdischen Gelehrten, sondern regelte die Frage nach der Lehr

h) Mt 23, 8—10

12 Anderswo steht das Bild des pflanzlichen Samens im Vordergrund: 1 Ko 3, 6—9; 15, 37. 38; Jo 12, 24; 1 Pt 1, 23—25; Jak 1, 10—11; Ps 90, 5; 103, 15; Jes 40, 6. 7; Mt 13, 24. 38.

13 Man merkt, daß bei P die Bilder nicht logisch-systematisch geregelt sind, sie sprengen ihren ursprünglichen Bezugsrahmen und verhindern so eine falsche Buchstäblichkeit; sie zwingen vielmehr, auf das Wesentliche zu achten, das damit ausgedrückt werden soll. P ist nicht der einzige „Vater"; auch seine Mitarbeiter Silvanus und Timotheus können in ihrem Dienst an der Gemeinde durchaus stillende Mütter und mahnende Väter sein.

14 P verbindet „Vater" mit „Herr", nicht wie Johannes mit „Sohn", aber inhaltlich wird dasselbe Grundverhältnis bezeichnet, eine Beziehung von Jesus zu dem Vater, wie sie bis dahin nirgends, weder im A. T. noch in der religiösen Umwelt bekannt war, noch seither bekannt wurde. (Mt 11, 27; Lk 10, 21—24; Jo 1, 14. 18; 3, 35; 5, 19. 20. 23; 6, 57; 8, 16. 28; 10, 15. 17. 30. 38; 12, 50; 13, 1. 3; 14, 9. 10. 11. 13—31; 15, 9; 16, 15. 28. 32; 18, 11; 20, 21; Rö 6, 4; 15, 6; 2 Ko 1, 3; 11, 31; Eph 1, 3; Gal 1, 1; Eph 1, 17; 2, 18; 3, 14; Phil 2, 11; Kol 1, 3; 3, 17).

autorität in der Gemeinde der Jesusjünger: sie geht grundsätzlich nicht von Jesus auf seine Jünger über; die christlichen Lehrer haben vielmehr alle gültige Lehre bleibend als Lehre Jesu zu überliefern“[15]. Diese Beobachtung aus dem Zeugnis der Synoptiker wird für das Verständnis der Past und ihrer Sicht der „Lehre“ („den Worten unseres Herrn Jesus Christus“ i)) von großer Bedeutung sein, denn die Autorität der Lehre Jesu gehört zusammen mit deren Übermittlung.

i) I 6, 3 etc.

Timotheus sieht in Paulus den, der ihm durch Gottes Gnade Vermittler des Glaubens an Jesus Christus geworden ist.

So sehr der Glaube ganz Gottes Geschenk ist, so sehr hat Gott den Glauben ganz der Weitergabe von Mensch zu Mensch anvertraut. Nur wenn Glaube echte Gabe ist, kann sie die Person zu echter Antwort befähigen, rufen, berufen.

Die Echtheit seiner „Abstammung“ von Paulus zeigt Timotheus in der Zuverlässigkeit und Selbstlosigkeit seines Dienstes. Der Sohn war in Wahrheit gleichgesinnt wie sein geistlicher Vater k). Wie ein Kind dem Vater l) hat er seit der ersten Missionsreise zusammen mit Paulus am Evangelium gedient[16].

k) Phil 2, 20—21
l) Phil 2, 22

Gemeinsamer Glaube und Dienst hat die beiden „verwandtschaftlich“ verbunden, mehr als menschliche Zuneigung aufgrund von Charakterähnlichkeit oder gemeinsamem Verhalten. Und doch trägt die Beziehung der beiden das Zeichen menschlicher Freundschaft im schönsten Sinn, auch wenn es die eines Älteren mit einem Jüngeren ist. Zwar sind auch Titus und Onesimus und viele andere echte Kinder des Glaubens, doch nur Timotheus ist sein „geliebtes und teures Kind im Herrn“ m). Das Lebenselement, in welchem dieses menschliche und herzliche Verhältnis entsteht und besteht, ist der Glaube, der Hoffnungsblick auf den Christus, der ihnen das ewige Leben gibt, die Liebe „im Herrn“, in der äußere Unterscheidungen nicht zählen (E 30).

m) II 1, 2
1 Ko 4, 17
Gal 3, 28

Es ist des Nachdenkens wert, daß Paulus seine Mitarbeiter aus den Reihen derer gewinnt, die seine eigenen und echten Kinder im Glauben sind. Wie werden heute Mitarbeiter gewonnen?

[15] V. Wilckens, N. T. zu Mt 23; S. 101, Anm. 4.

[16] Auch wenn in der biologischen Zeugung und Geburt die Eltern ganz beteiligt sind, so geben sie doch gleichzeitig ein „Leben“ weiter, das nicht von ihnen selbst stammt; das neue Kind ist ein Individuum, ein „Unteilbares“, Unableitbares, das aus einer andern Wirklichkeit wurde und das über sich selbst und seine Eltern hinauswächst.

2. Gruß

1. Timotheus 1, 2b

Gnade, Barmherzigkeit, Friede. Der dreigliedrige Gruß findet sich nur in den beiden Briefen an Timotheus, während Paulus sonst immer „Gnade und Friede von Gott“ dem Leser zuspricht[17]. Der dreifache Gruß war in den kleinasiatischen Gemeinden üblich n). Der besondere Grund, warum Paulus **Barmherzigkeit** zufügt, kann im Apostel selbst, aber auch im Empfänger der Briefe gesehen werden: Paulus steht am Ende eines langen Lebens und erkennt, wie sehr Gottes Barmherzigkeit von Anfang an mit ihm war, da sie ihn, den größten Rebellen, überwand und in den Dienst stellte o). Er rechnet aber auch mit dem nahe bevorstehenden Ende, wo er ganz auf die Barmherzigkeit seines Herrn angewiesen sein wird p). Timotheus aber wird bald allein dastehen, ohne seinen väterlichen Freund. Kränklich wie er ist, anhänglich an seinen geistlichen Vater, besonderen Versuchungen, Widerständen und Kämpfen ausgesetzt als Lehrer des Evangeliums, sagt ihm Paulus: Gott lasse dir Barmherzigkeit zukommen, wie ich es von Anfang an bis zu dieser Stunde in allen Nöten erfahren habe q).

Gnade in ihrer reichen Fülle, strahlend wie ein Diamant, bedeutet sowohl Liebenswürdigkeit, Schönheit[18] wie auch Huld, Gunst, Zuneigung, sodann freie Herablassung, die ein Untertan erfährt, wenn er seinem König naht r), und dann daraus hervorgehend die Gabe, das Geschenk, aus einer gnädigen Gesinnung gegeben s), und schließlich die Dankbarkeit für die empfangene Gabe t).

In dieser göttlichen Gnade soll Timotheus gestärkt werden u), aus ihrem unerschöpflichen Quell leben.

Die **Barmherzigkeit** erscheint in diesem Gnadenlicht als die vergebende v) und mit unerhörter Langmut tragende Geduld und Huld Gottes, die unsere Schwachheit und Gebrechlichkeit kennt und die den Sünder von seinen Verfehlungen reinigt.

Im Judentum gehörte „Barmherzigkeit“ zu einer Grußformel, wie das noch aus Gal 6, 16 ersichtlich ist, wo ebenfalls wie hier Barmherzigkeit und Friede zusammenstehen w).

n) 2 Jo 3 Gal 6, 16
o) I 1, 13. 16 Tit 3, 5
p) II 4, 6—8. 17; 1, 16. 18
q) II 1, 16—18 Rö 12, 1; 2 Ko 1, 3 Phil 2, 1
r) Rö 5, 2; Hb 4, 16
s) 2 Ko 1, 15
t) 2 Ko 9, 8. 14. 15
u) II 2, 1
v) Tit 3, 5
w) Jud 2

[17] Es ist schwer einzusehen, warum ein P-P diesen sonst durchaus gleichbleibenden Gruß bei P gerade in I und II durchbrechen soll, wenn er möglichst große Ähnlichkeit zu P herstellen will. Bei Tit fehlt „Barmherzigkeit“! Spätere Abschreiber allerdings meinten, das Wort dort auch einfügen zu müssen (siehe Anhang 1 Seite 214).

[18] *charis; la grace, le charme* (von gr. *charisma),* davon d. graziös, charmant; so Eph 4, 29; Kol 4, 6.

Friede, ebenfalls ein jüdischer Gruß, hat ursprünglich den Sinn „vollständig, heil sein", von da abgeleitet Glück, Gesundheit, Gedeihen, Wohlfahrt. Im NT wird Friede zu jener allen Verstand übersteigenden, alle seelischen Fähigkeiten und Begrenzungen überhöhenden Stille des inneren Menschen, der mit Gott versöhnt ist durch Jesus Christus. Die Urchristenheit bekennt: „Er ist unser Friede!" x)

x) Eph 2, 14; Rö 5, 1. 10; Phil 4, 7. 9; Kol 1, 20; 3, 15; 1 Pt 5, 14; Rö 15, 33; 16, 20; 2 Ko 13, 11; 1 Th 5, 23; 2 Th 3, 16; Hb 13, 20

Gnade, Barmherzigkeit, Friede sei mit dir! Dieser Gruß ist nicht eine Formel der Gewohnheit, nicht ein bloßer frommer Wunsch. Das sind vielmehr die wahren Gegebenheiten, die dem Empfänger von Gott aus zugesprochen werden. Sie stammen nicht aus den Wünschen und Absichten des Paulus, sie haben ihre Quelle in **Gott, dem Vater,** und ihren Mittler in **Christus Jesus, unserem Herrn.** In ihm, dem Vater und dem Sohn gleicherweise, sind Paulus und Timotheus, Paulus und alle, die Timotheus aufgrund dieses Briefes ansprechen wird, verbunden. Darum schreibt er dreimal: Gott, u n s e r Erlöser, Christus, u n s e r e Hoffnung, Jesus u n s e r Herr[19].

Paulus hat die üblichen Briefanfänge seiner Zeit übernommen und sie zu einem segnenden Zuspruch an seine Empfänger umgestaltet, er hat sie im wahrsten Sinn in Gebet verwandelt[20].

[19] Vgl. 1 Jo 1, 3: „Dies schreiben wir euch, damit auch ihr mit uns Gemeinschaft habt, und zwar ist unsere Gemeinschaft mit dem Vater und mit seinem Sohne Jesus Christus."
[20] Siehe Anhang, 1: Die Grußformeln in den paulinischen Briefen (A 1).

Der Brieftext

1. Timotheus 1, 3—6, 19

I. Teil: DAS LEBEN DER GEMEINDE IM EVANGELIUM

1. Timotheus 1, 3—4, 11

A. DIE BEDROHUNG DER GEMEINDE

1. Der Irrtum der Gesetzeslehrer

1. Timotheus 1, 3—7

3 Wie ich dich gebeten habe, in Ephesus zu bleiben, als ich
nach Mazedonien abreiste, damit du gewissen Leuten a) **ge-**
4 bieten solltest, nicht andere b) **Lehren zu verbreiten** c), *
noch auf Fabeln d) **und endlose Geschlechtsregister** e) **zu**
achten, die eher zu Streitfragen führen als zur Haushalter-
5 schaft f) **Gottes im Glauben — * das Endziel des Gebotes ist**
Liebe aus reinem Herzen und gutem Gewissen g) **und unge-**
6 heucheltem Glauben. h) * **Davon sind gewisse Leute abgeirrt**
7 und haben sich leerem Gerede zugewandt. * Sie wollen als
Gesetzeslehrer gelten, verstehen aber nicht, was sie reden
und behaupten.

Paulus eröffnet ohne die sonst übliche Einführung[21] direkt das Thema: Die Gemeinde Gottes ist bedroht durch falsche Lehrer. Den Satz, den er zu diktieren begann, hat er nicht vollendet, wie das auch in seinen andern Episteln für ihn typisch ist k). Man muß den Satz etwa so ergänzen: Wie ich dich damals mündlich bat, so tue ich es auch jetzt schriftlich noch einmal. Paulus bittet[22] seinen besten Mitarbeiter inständig,

a) 1, 6. 19; 4, 1; 5, 15. 24 6, 10. 21; II 2, 18
b) Gal 1, 6;
c) 2 Ko 11, 4
d) 4, 7; II 4, 4 Tit 1, 14
e) Tit 3, 9
f) Eph 1, 10; 3, 2. 9 Kol 1, 25
g) 1, 19; 3, 9; 4, 2 II 1, 3; Tit 1, 15
h) II 1, 5; 2 Ko 6, 6; Rö 12, 9
i) II 4, 3; Rö 2, 20
k) z. B. Rö 11, 17 f; Gal 3, 6; 5, 12 f; Eph 3, 1—14

[21] Siehe II 1, 3—14.
[22] *parakaleo:* je nach Zusammenhang aufrufen, auffordern, ermahnen, anrufen, bitten, ersuchen, dringend bitten, gut zureden (2, 1; 6, 2; II 4, 2; Tit 1, 9; 2, 15). Sehr auf-

sich der schweren Aufgabe in Ephesus nicht zu entziehen, sondern dort standhaft auszuhalten[23] und seinen Auftrag auszurichten.

Paulus ist unterwegs nach Mazedonien und veranlaßt Timotheus, in Ephesus zu bleiben — eine ähnliche Situation wie

l) Tit 1, 5 bei Titus l). Die Aussage setzt nicht voraus, daß Paulus selbst eben in Ephesus gewesen ist[24] (E 28). Zwar beschreibt Apg 19, wie Paulus nach einem langen Aufenthalt in Ephesus nach Mazedonien abreist. Damals war Timotheus mit ihm auf

m) 2 Ko 1, 1 der Reise m); jetzt aber (V. 3) soll er ausdrücklich in Ephesus bleiben.

Die Gemeinde ist gefährdet durch den Einfluß der Irrlehrer. Die Aufforderung zum treuen Verharren in Ephesus läßt ein zögerndes Verhalten des Mitarbeiters vermuten oder das starke Verlangen, mit Paulus zusammen zu reisen. Aber Timotheus soll nicht nur ausharren, sondern ausrichten, wozu er berufen ist. Er soll denen[25] gebietend[26] entgegentreten, die **andere Lehren[27] verbreiten.**

n) Gal 1, 6. 8 Diese Leute lehren ein anderes Evangelium n), was nicht unbedingt heißen muß, daß sie gegen das Evangelium lehren! Sie verkünden etwas anderes als das Evangelium, und sie

schlußreich für das Verständnis dieses Wortes ist 5, 1: Ein älterer Mann soll nicht hart angefahren, sondern ermahnt *(parakaleo)* werden, als ob es der eigene Vater wäre. Das Ermahnen soll mit Autorität und nicht ohne Ehrerbietung gegenüber dem Anvertrauten geschehen, aber ohne Härte oder falsche Strenge oder gar Überheblichkeit. Liebe ist mit Wahrheit verbunden; das Sachliche gehört mit dem Persönlichen zusammen.

23 Das starke Wort für „bleiben" kommt bei P nur hier und 5, 5 im Sinne eines standhaften Ausharrens vor; sonst noch bei Lukas: Apg 11, 23; 13, 43.

24 Wörtlich übersetzt: Wie ich unterwegs war nach Mazedonien. II 4, 20 legt die Annahme nahe, daß er Milet als Ausgangspunkt seiner Reise genommen hatte.

25 Gewisse Leute, buchstäblich übersetzt: etliche; gemeint sind die Irrlehrer, aber auch oft ihre Anhänger: 1, 6 etc.; vgl. 1 Ko 4, 18; 2 Ko 10, 2; Gal 1, 7; Phil 1, 15; Rö 3, 8; 2 Th 3, 11.

26 *parangello* ist ein stärkerer Ausdruck als *parakaleo;* er stammt aus der Militärwelt und kann folgende Bedeutungen annehmen: anweisen, anordnen, auffordern, befehlen, einschärfen, gebieten. Vgl. den Frühgebrauch des Wortes bei P in 1 Th 4, 2; für Jesus: Mt 15, 35. Die Vollmacht des Apostels und seiner Mitarbeiter steht bei ihrem Herrn, da er die wahre Autorität ist. Das aus der Autorität Jesu stammende Gebieten drückt endzeitliches Heilsgeschehen aus; dadurch stehen die Past schon von Anfang in eschatologischer Ausrichtung: 1, 3; 4, 11; 5, 7; 6, 13; als Hauptwort: 1, 5. 18.

27 Andere Lehren: im Urtext ein einziges Verb, das P selbständig gebildet hat, wobei die Vorsilbe abschätzige Bedeutung hat: *heterodidaskaleo* (ebenso 6, 3); falschlehren, wie falschreden („afterreden"), Falschmünzer.

verkünden es anders. Die Fabeln[28] und die Geschlechtsregister[29] sind nicht das Evangelium. Die Art und Weise, wie diese Lehrer das Gesetz lehren, ist anders, als es das Evangelium erfordert. Beides ist nicht evangeliumsgemäße Verkündigung. Diese Lehren führen am Ziel vorbei in die Irre. Sie bauen nicht auf, sie fördern nicht, sondern sie zerstören. Das kann sowohl den Urhebern wie auch den Zuhörern und Anhängern lange verborgen sein. Die zerstörende Wirkung ist heimlich und schleichend und greift langsam um sich wie ein Krebsgeschwür o). Darum muß ihr offen und mit der Autorität des Herrn entgegengetreten werden.

o) 6, 4; II 2, 14. 17

Noch befinden sich die Irrlehrer innerhalb der Gemeinden, und die Ansätze der fremden Lehren haben sich noch nicht zu dem ausgewachsen, was man später unter dem Namen „Gnosis" zusammenfassen und als eine der ernsthaftesten Gefahren für das Christentum erkennen und bekämpfen wird.

Grundsätzlich gemeinsam ist allen Irrlehren, daß sie leere Diskussionen und Streit um Worte hervorrufen und vermehren und so den Glauben unsicher machen, weil sie vom Hauptziel ablenken. Die Irrlehrer sind untreue Haushalter p), denn sie fördern nicht **die Haushalterschaft Gottes im Glauben**[30]. Der Ausdruck bedeutet einerseits Gottes Heilsplan, sein göttliches Handeln in der menschlichen Geschichte; anderseits ist damit der seinen Knechten anvertraute Verwalterdienst gemeint und in dieser umfassenden Weite ein zentral paulinischer Gedanke q). Dieser Heilswille Gottes verwirklicht sich nicht in müßigen Spekulationen, sondern nur durch den persönlichen Glauben[31]. Das **Endziel aber des Gebotes** (verstan-

p) Lk 16, 2—4; Tit 1, 7

q) 1 Ko 4, 1; 9, 17 Eph 1, 10; 3, 2. 9 Kol 1, 25

[28] Fabeln = *mythoi,* davon Mythen, Mythos, mythologisch; I 6, 4; Tit 1, 14; II 4, 4; vgl. 2 Pt 1, 16.

[29] „endlos" kann auch übersetzt werden mit „ohne Abschluß"; uferlos.

[30] *oikonomia theou* ist verschiedenartig übersetzt worden: die göttliche Ordnung, welche zum Glauben gehört (Moffath); göttliche Erbauung im Glauben *(Guthrie);* gottgewollter Verwalterdienst im Glauben (Brandt); Haushalteramt Gottes, das im Glauben geschieht (Schlatter); göttliche Heilserziehung durch den Glauben (Jeremias); in der gläubigen Annahme des Heilsplanes Gottes bestärken (Wilckens).

[31] Gemeint ist hier nicht Glaube als „Traditionsgut" oder „Glaubensregel". „Das Geschenk erfordert als Gegensetzung nicht ein konventionelles oder amtliches, normiertes Christentum — es wäre ein schwacher Gegner! —, sondern Heilserziehung im persönlichen Glauben" (Holtz 36). Durch die Spekulationen bekam die Gemeinde „Anlaß zu Erörterungen und Disputationen, aber keine Gewißheit. Das gab diesen von der Wahrheit losgebundenen Betrachtungen einen gefährlichen Reiz" (Schlatter).

den als göttliches Heilswirken, menschliche Verkündigung und entschiedenes Auftreten gegen Irrlehren) **ist die Liebe.** Timotheus soll dieses Ziel für sich selbst nicht aus den Augen verlieren, damit er sich nicht in Streitereien hineinreißen läßt, und er soll dieses Ziel der Liebe den „gewissen Leuten“ und ihren Anhängern wie auch der ganzen Gemeinde einprägen. Alles Lehren, Wissen und Glauben, das sich nicht auf die Liebe als klares Ziel hin orientiert, führt auf Abwege. Damit befinden wir uns ganz in der „Mitte“ der paulinischen Botschaft r). Die Liebe ist nicht ein verschwommenes Gefühl oder eine vorübergehende gute Empfindung, sondern sie ist Gesinnung, die zur Tat führt, eine Wesensrichtung, die zum Gehorsam führt, die Wirklichkeit des Lebens aus Gott, die den Menschen verwandelt. Sie gewinnt im Menschen Gestalt

r) 1 Th 3, 12 Gal 5, 6; Rö 10, 4; 1 Ko 13; Phil 1, 9; Eph 5, 1

5 **aus reinem Herzen, gutem Gewissen und aufrichtigem Glauben.** „Schaffe in mir, o Gott, ein reines Herz“ ist die inständige Bitte des Glaubenden im AT s). Jesus verheißt denen, die reines Herzens sind, daß sie Gott schauen werden t).

s) Ps 51, 12
t) Mt 5, 8; 1 Jo 3, 2. 3

Der ursprüngliche Sinn der Herzensreinheit meint im AT die ungeteilte Wesens- und Willensrichtung des Menschen auf Gott hin. Der von Sünde gereinigte Mensch ist derjenige, welcher ohne Vorbehalt auf Gott ausgerichtet ist. Gott selber muß die dem Menschen unbekannten Strömungen des Herzens in der Tiefe erforschen und ausrichten, denn „das Herz“ umfaßt auch die unbewußten Wünsche und Ängste des Menschen u). Durch den Gehorsam gegen die Wahrheit wird das Innere gereinigt und so zu brennender Liebe aus reinem Herzen fähig v); in der echten Liebe ist Wärme des echten Gefühls mit Reinheit der Motive, d. h. der „Beweg-Gründe“ verbunden. Geheuchelte Liebe ist unkeusch, unlauter, weil absichtlich: „durch Liebe“ soll etwas bezweckt werden w). Es ist Liebe aus Vorwand. So kann denn auch die geheuchelte Liebe nur falsche „Wärme“ erzeugen. Darum ist keine aufbauende Gemeinschaft der Liebe möglich, ohne daß ständig Mißverständnisse, Vorbehalte, Rücksichtslosigkeiten und Sünden gegenseitig bereinigt, bekannt und vergeben werden x).

u) Ps 139, 1. 23. 24 Jer 17, 9. 10. 14
v) 1 Pt 1, 22
w) Rö 12, 9
x) 1 Jo 1, 7—9

Wenn Paulus zu der dreifachen Quelle wahrer Liebe das **gute Gewissen** zählt, so fügt er hier keine neue Lehre hinzu[32].

[32] *syneidesis,* Gewissen: eigentlich Mit-wissen; von den 20 Stellen, in denen das Wort „Gewissen“ vorkommt, gehören 14 zu den Episteln an die Römer und die Korinther! Sie haben

Das Gewissen kann nur dann recht urteilen, wenn es vom
Glauben erleuchtet ist[33]; es kann nur dann rein sein, wenn
es durch den Glauben gereinigt wird vom Sündenbewußt-
sein y). Das Gewissen wird durch den Glauben rein, und der y) Apg 15, 9;
Glaube kann nur durch ein gutes Gewissen bewahrt werden z). Hb 9, 14; 10, 2
Die bösen Werke, mit denen ein Mensch Gott verleugnet, sind z) I 1, 19;
Folge seines befleckten Gewissens, und dieses stammt aus 3, 9
einer befleckten Gesinnung a); in diesem Zustand ist der Glau- a) Tit 1, 15. 16
be nicht mehr **ungeheuchelt**[34]. Während einer mit dem Be-
kenntnis des Mundes vorgibt, Gott zu kennen, verneint er ihn
im praktischen Verhalten.

Die Adjektive rein, gut, ungeheuchelt sind eigentlich austauschbar, denn sie meinen dasselbe: die echte und lautere Gesinnung des ganzen Menschen in Gedanken, Worten und Taten. Indem Gott ein neues Herz schafft, will er durch seinen Geist diese lautere Gesinnung neu schaffen und auf die Fülle und das Endziel alles Lebens ausrichten: Liebe aus der Wahrheit Gottes, Liebe zur Wahrheit durch den neuen Menschen (E 31g), als Grund der Glaube, als Ziel die Liebe[35].

Indem Paulus die Liebe aus ihrer dreifachen Quelle be- 6
schreibt, trifft er damit zugleich das Wesen der Irrlehrer ge-
nau und deckt den Anfang ihres Abirrens auf[36]. Weil sie von
diesem Ziel, wahrscheinlich zuerst unmerklich und langsam,

dort die Bedeutung je nach Zusammenhang von Bewußtsein, Sündenbewußtsein, Licht, Gesetzgeber, Zeuge, Richter. Das Gewissen beurteilt oder verurteilt (oft gleichzeitig) das Tun oder Lassen des Menschen nach den letzten Beweggründen und Absichten, die dieser Mensch hat. Wenn diese „letzten Absichten" nicht geeicht sind am Willen Gottes, ist das Gewissen gleichsam gewissenlos. Aber „das Evangelium ist das Gewissen des Gewissens" (A. Vinet), denn an ihm wird das Gewissen gemessen und geschult. Ein Gewissen, das nicht weiß, wie es sich entscheiden soll, ist ein schwaches Gewissen (1 Ko 8, 7); es wird zum schlechten Gewissen, wenn Absicht und Verwirklichung in Widerstreit geraten (Rö 14, 22—23). In den Past macht P deutlich, daß das Gewissen nicht eine selbständige Größe ist wie bei den Griechen, sondern daß es nur in Verbindung mit dem Glauben seine gottgewollte Aufgabe erfüllen kann. Doch diese Sicht ist bei P nicht neu, höchstens die Formulierung.

[33] Schon Rö 9, 10 verbindet P das Zeugnis des Gewissens mit dem des Heiligen Geistes; vgl. 8, 16; 2 Ko 4, 2; das „gute Gewissen": Apg 23, 1; 24, 6; Hb 13, 18; 1 Pt 2, 19; 3, 16. 21; in den Past: I 1, 5. 19; 3, 9; 4, 2; II 1, 3; Tit 1, 15.

[34] ungeheuchelt: II 1, 5; vgl. Rö 12, 9; 2 Ko 6, 6; 1 Pt 1, 22; Jak 3, 17.

[35] *fundamentum fides, finis amor* (A. Bengel)

[36] In allen seinen Briefen versteht er es, schon in den einführenden Worten die Bedürfnisse und Mängel der Empfänger vorweg klar und knapp zu erfassen und zu beantworten.

abgeirrt sind, verloren sie Grund und Wirklichkeit des Glaubens in der Liebe und verfielen in **leeres Gerede** und haben sich schließlich **von der heilsamen Lehre** bewußt abgewendet[37].

7 Weil die Abgewichenen das Ziel nicht erreichten, das ihnen Gott gesetzt hat im Glauben, haben sie ihren Willen auf ein neues und eigenes Ziel gerichtet: **Sie wollen als Gesetzeslehrer gelten,** die sich auf ihre Studien stützen und mit ihrer Gelehrsamkeit die verlorene Autorität wieder aufrichten (E 25d). Sie machen viele Worte, ohne eigentlich zu erfassen, worum es geht. Sie wissen nicht, welche Folgen ihre Lehren und Spekulationen haben, d. h. **„sie verstehen nicht, was sie reden und**
b) Tit 3, 8 **behaupten“** b).

2. Die Wahrheit über Gesetz und Evangelium

1. Timotheus 1, 8—11

c) Rö 7, 14. 16 8 **Wir wissen aber, daß das Gesetz gut ist** c), **wenn man es**
d) II 2, 5 9 **gesetzmäßig** d) **anwendet, wissend, daß das Gesetz nicht**
für einen Gerechten da ist, wohl aber für Rechtsbrecher
und Aufrührer, Gottlose und Sünder, Frevler und Ge-
10 **meine, Vatermörder und Muttermörder, Totschläger, * Un-**
züchtige, Knabenschänder, Menschenhändler, Lügner, Mein-
e) II 4, 3; **eidige und was sonst der gesunden Lehre** e) **entgegen-**
Tit 1, 9; 2, 1 11 **steht, * wie es dem Evangelium von der Herrlichkeit des**
f) 6, 15 **seligen Gottes** f) **entspricht, das mir anvertraut worden ist.**

Was die Gesetzeslehrer nicht verstehen, das weiß der, wel-
8 cher vom Evangelium erleuchtet ist. **Wir wissen aber, daß das Gesetz gut ist, wenn man es gesetzmäßig anwendet.**

g) Rö 2, 2; 3, 19; 6, 6. 9 1 Ko 8, 1. 4; 2 Ko 5, 1
h) Tit 1, 14

„Wir wissen“ ist eine für Paulus typische Redewendung g); in Rö 7, 14. 16 schreibt er: „Wir wissen, daß das Gesetz geistlich ist und gut.“ Die Gesetzeslehrer haben sich für ihre Menschengebote h) auf das atl Gesetz bezogen und daraus neue

[37] *astocheo:* abirren, das Ziel verfehlen; 6, 21; II 2, 18; *ektrepo:* sich bewußt abwenden und anderem zuwenden; vom Wege abbiegen und ein Nebengeleise wählen; 5, 16; 6, 20; II 4, 4.

Verbote und Gebote abgeleitet i), die aber für Christen keine Gültigkeit mehr haben können[38]. i) I 4, 13

Doch das Gesetz muß gesetzmäßig[39], d. h. seinem Sinn entsprechend angewendet werden; nur der ist ein bewährter Lehrer, der das Wort der Wahrheit recht darbietet; der wohl unterscheidet, wozu und wie es angewendet werden will k). k) II 2, 16

Paulus greift die primäre, auch in der hellenistischen Um- 9
welt allgemein anerkannte Bedeutung des Gesetzes heraus: Es ist da, um dem Überhandnehmen der Sünde zu wehren.

Das Gesetz ist nicht für Gerechte bestimmt, sondern für Gesetzlose l). Das Endziel des Gebotes ist die Liebe, so ist die Liebe Summe, Erfüllung und Ende des Gesetzes. Wer liebt, hat das Gesetz erfüllt. Der Liebende ist der Gerechte, und wer dem Geist Gottes gehorcht und von ihm sich leiten läßt, ist nicht unter Gesetz. Wo die Früchte des Geistes reifen, kann das Gesetz keine Werke des Fleisches verurteilen m). l) Rö 13, 3. 4 m) Rö 13, 8. 10; 10, 4 Gal 5, 18. 23

Das Gesetz ist nicht für einen Gerechten da. Der Gerechte ist hier im allgemeinen Gegensatz zu den Rechtsbrechern und Aufrührern n) zu sehen. Sie verwerfen jedes Gesetz, ob es von Menschen oder von Gott stammt. n) Tit 1, 6

Der Gerechte als Gerechtfertigter, wie ihn Paulus im Römerbrief darstellt, ist im Textzusammenhang ebenfalls angesprochen. Dafür gab Paulus eine klare Zusammenfassung in Vers 5: Die Liebe aus reinem Herzen und gutem Gewissen kann nur aus dem ungeheuchelten Glauben erwachsen, der in Christus und nicht im Gesetz seinen Grund hat o). Diese doppelte Sicht hat auch der Römerbrief p); dort ist zuerst die Rede von den staatlichen Gesetzen, dann von den zehn Geboten[40]. Die **Rechtsbrecher** und **Aufrührer** vergehen sich an den Gesetzen des Staates, **Gottlose und Sünder** hingegen sind Menschen in Rebellion gegen die göttliche Autorität selbst. „Die Gesinnung des Fleisches ist Feindschaft gegen Gott, denn sie ist dem Gesetz Gottes nicht untertan, denn sie vermag es auch nicht q).“ Der Gerechte ist derjenige, den Gott mit sich selbst in das rechte Verhältnis gebracht hat, während der Ungerechte sich gegen Gottes Recht auflehnt. **Frevler und Ge-** o) vgl. 1, 5 u. II 1, 13 p) Rö 13, 1—7. 8—10 q) Rö 8, 7

[38] Man vergleiche damit die Diskussion im Galaterbrief, wo das Gebot der Beschneidung zur Diskussion stand.

[39] Die Übersetzung berücksichtigt das Substantiv und Adverb aus dem gleichen Wortstamm: *nomos* = Gesetz; *nominos* (adv) = gesetzmäßig, ordentlich, sinngemäß.

[40] Luther unterscheidet den politischen Gebrauch des Gesetzes durch die Obrigkeit und den geistlichen Gebrauch, da Gott den Menschen von seiner Sündhaftigkeit überführt. A 2)

meine: die innere Rebellion führt zu ruchlosem und alle Schranken niederreißendem[41] Handeln und Verhalten. Man kann die zwei bisherigen Wortpaare als gegen Gott gerichtete Vergehen sehen, wie sie im ersten Teil der zehn Gebote aufgezählt sind. (Nach der sogenannten „reformierten" Zählung der zehn Gebote, wie sie im Judentum zur Zeit Jesu üblich war.)

r) 2 Mo 21, 15
s) 2 Mo 20, 13

Die **Vatermörder und Muttermörder** r) beziehen sich auf das fünfte Gebot, die **Totschläger** s) auf das sechste, die **Unzüchtigen und Knabenschänder** auf das siebente[42]; **Menschenhändler** auf das achte Gebot. Sklavenhändler wurden sowohl durch das mosaische Gesetz t) wie auch durch die griechische Gesetzgebung[43] mit dem Tode bestraft. **Lügner und Meineidige** haben Bezug auf das neunte Gebot. Paulus führt in seinem „Lasterkatalog"[44] anhand der zehn Gebote die äußersten Grenzen menschlicher Verfehlung auf, um an ihnen die notwendige Wirkung des Gesetzes deutlich zu machen. Doch werden hier nicht einfach theoretische Überlegungen an praktisch und notwendig scheinenden Aufzählungen vorgenommen. Diese Laster haben in Ephesus wirklich geherrscht, genauso wie auch die internationale Hafenstadt Korinth davon erfüllt war[45].

t) 2 Mo 21, 3; 5 Mo 24, 7

u) vgl. Rö 13, 9; Gal 5, 21

Und was sonst der gesunden Lehre entgegensteht u): Mit dieser Wendung sind alle andern Sünden eingeschlossen, ob offenbar oder verborgen, schnell oder langsam wirkend in ihrer Zerstörung, groß oder klein im Urteil der Gesellschaft[46].

Zugleich gibt Paulus den allgemein gültigen Maßstab bekannt, an welchem Sünde erkannt und gemessen werden kann: **Wie es dem Evangelium von der Herrlichkeit des seligen**

[41] Wörtlich: *profan*, so nur noch Hb 12, 16. Andere Übersetzung: „Menschen ohne Religion und Frömmigkeit".

[42] Apollonios von Tyana reiste nur wenige Jahre vorher durch Ephesus und erklärte, er habe die Stadt voll gefunden mit Androgynen (wörtlich „Zwitter", ein Deckname für Homosexuelle).

[43] Plato, Republ. I, 344.

[44] Die sogenannten Lasterkataloge sind typisch für Paulus: Rö 1, 28—32; 13, 13; 1 Ko 5, 10—11; 6, 9—10; 2 Ko 12, 20—21; Gal 5, 19—21; Eph 4, 31; 5, 3—5; Kol 3, 5—8. Im ganzen NT lassen sich 21 „Kataloge" aufweisen; in den Past sind deren 4: I 1, 9-10; 6, 4—5; II 3, 2—5; Tit 3, 3. Diese 4 Listen zählen 28 verschiedene Sünden auf.

[45] In 1 Ko 6, 11 fügt P nach der Aufzählung hinzu: „Und solche sind euer etliche gewesen." Das ist konkret genug gesagt (Vgl. auch für Ephesus: 41).

[46] Eine ähnliche Wendung von den „groben Lastern" zu den „feinen" und ganz persönlichen Verfehlungen vollzieht P in Rö 1, 24—32; vgl. 2, 1—3. Wer die öffentliche Sünde selbstgerecht verurteilt, bekennt damit, daß er wohl weiß, was recht ist und was nicht. Er wüßte aber den Unterschied von gut und böse nicht, wenn er nicht selbst das Böse getan hätte, in welcher Form auch immer.

Gottes entspricht. Was dem widerspricht, was nicht in Einklang damit steht, ist Sünde. Sünde kann als psychologische oder soziologische Größe gar nicht erkannt werden. Allein der offenbarte Wille Gottes, die gesunde Lehre, ist ihr Maßstab.

Lehre (didaskalia, davon unser Wort Didaktik) kann die Tätigkeit des Belehrens bedeuten v), die Ganzheit der Lehre im objektiven Sinn, den Lehrinhalt und die Lebensregel w) für den Glauben[47]. **Gesund (hygiainousa,** davon unser Wort Hygiene) bedeutet im griechischen Sprachgebrauch vernünftig, genau, richtig und nimmt bei Paulus den Doppelsinn an von sittlich gesund und geistlich heilsam. Das Wort kommt nur in den Past vor x); gesunde Worte y), gesund im Glauben z); so auch im AT und NT a).

Die Lehre ist wie eine gesundmachende und gesunderhaltende Lebensweise b). Wer die **gesunde Lehre** in sich aufnimmt, wird geheilt und bewahrt vor der „kränkenden" Irrlehre und den daraus entstehenden Sünden, die wie ein Krebsgeschwür den Menschen unmerklich und allmählich zerstören c). Die reine Lehre, der ein Mensch von Herzen gehorsam wird d), bringt ein reines Leben hervor. Paulus kann gegenüber der heidnischen Religiosität nicht genug betonen, daß „Religion" und Sittlichkeit untrennbar zusammengehören e). Das Geheimnis des Glaubens kann nur in einem reinen Gewissen (im übertragenen Sinn auch Lebenswandel) bewahrt werden, das reine Gewissen wird nur in einem ungeheuchelten Glauben erhalten und erneuert.

v) 4, 1. 13—16; 5, 17; II 3, 16; Tit 2, 7
w) 4, 6; 6, 1—3; II 3, 10; 4, 3; Tit 1, 9; 2, 1—10
x) 1, 10; II 4, 3; Tit 1, 9; 2, 1
y) 6, 3; II 1, 13
z) Tit 1, 3; 2, 2
a) Jes 1, 5; Jer 8, 18; Mt 9, 12
b) 1 Pt 2, 1
c) I 6, 4; II 2, 17
d) Rö 6, 17. 18
e) Tit 1, 13—16; I 6, 4 II 2, 17

Diese Gewißheit hat Paulus auch sonst zum Ausdruck gebracht, aber sie erhält in den Past eine ganz besondere Betonung: Der Apostel entfaltet hier nicht die grundlegende Lehre, er setzt sie als gegeben und bekannt voraus, er faßt sie aber in prägnanten Formeln neu zusammen und legt dabei alles Gewicht auf deren praktische Auswirkungen. Von den ersten Anfängen der Erlösung führt der Weg zur beharrlichen Ausgestaltung des Glaubens in der alltäglichen Treue im Kleinen. Man sollte darin nicht eine „Verbürgerlichung" des Evangeliums sehen, sondern eine notwendige Folge des Gehorsams f), wie sie sich im Lebenslauf eines jeden Christen und in der Geschichte der Gemeinde Jesu zeigen muß g).

f) Phil 2, 12
g) Rö 1, 17

Aber auch dies ist zu bedenken: Wo der Glaube entsteht

[47] Nur P verwendet dieses Wort, 15mal in den Past und 4mal in den übrigen Episteln: Rö 12, 7; 15, 4; Eph 4, 14; Kol 2, 22.

und wächst, da ruft er Widerstand hervor, da regen sich die Mächte der Bosheit umso stärker. Die aufgezählten Laster sind nicht nur vor der Tür der Gemeinde, sie regen sich überall. Es hat den Anschein, als ob die Past auf dem Hintergrund eines Einbruchs von Gesetzlosigkeit, Verwahrlosung und Verwirrung in Gesellschaft und Kirche geschrieben seien.

11 Gegen diese Krankheiten und Zwänge des sozialen Gefüges ist nur das Heilkraut der gesunden Lehre gewachsen: das **Evangelium von der Herrlichkeit des seligen Gottes,** damals wie heute. Auch in 2 Ko 4, 4 schreibt Paulus vom „Evangelium der Herrlichkeit". Das Evangelium hat als Inhalt die Herrlichkeit Gottes, wie sie in Jesus Christus aufleuchtet und offenbar wird. Das Evangelium stammt nicht von Menschen, sondern aus der göttlichen Sphäre seiner Herrlichkeit, seines überirdischen Lichtglanzes.

Das Gesetz offenbart den Zorn Gottes als seine vergeltende Gerechtigkeit; das Evangelium offenbart die Herrlichkeit Gottes als seine versöhnende Gerechtigkeit, da er dem Sünder Anteil gibt an Christus und damit an Gottes eigener Seligkeit[48] (A 2).

h) nur noch 6, 15

Der selige Gott h) ist der im Reichtum seiner eigenen Vollkommenheit in überirdischer Freude ruhende und wirkende Gott.

Während im Sprachgebrauch der Umwelt die siegreichen Herrscher und Diktatoren „selig" genannt werden, gibt Paulus zu verstehen, daß einzig Gott der alle Feindschaft Überwindende und darum Selige ist, ohne den kein Geschöpf wahrhaft selig sein kann. Denen, die sich von ihrer Armseligkeit i) überführen lassen, spricht Jesus beseligendes Teilhaben am Reich Gottes zu[49].

i) Mt 5, 3 f

Das Evangelium als die vom Gesetz befreiende Kraft Gottes, als Urgrund und Ziel ewiger Freude, so bekennt Paulus: **ist mir anvertraut worden.** Die Passivform der Aussage besagt, daß Gott der ist, welcher ihn mit dem Evangelium beauftragt und betraut hat. Die Zeitform (Aorist) weist auf das einmalige Geschehen in der Vergangenheit hin, da der von Gott Gerufene der göttlichen Berufung gehorchte. Damit bringt Paulus seinen Gedankengang zu einem ersten Abschluß und weist gleichzeitig auf den folgenden Abschnitt hin.

[48] s. Exkurs 2: Gesetz und Evangelium.

[49] Die sog. Seligpreisungen der Bergpredigt haben dasselbe Wort wie I 1, 11 und 6, 15: *makarios*

B. DER WEG ZUR BEFREIUNG DER GEMEINDE

1. Timotheus 1, 12—4, 11

1. Gnade und Gericht in der Gemeinde

1. Timotheus 1, 12—20

a) Das apostolische Fundament 1, 12—17

12 **Ich danke dem, der mich stark** a) **gemacht hat, dem Messias**
Jesus, unserem Herrn, daß er für mich treu achtete, indem
13 **er mich in den Dienst einsetzte, * der ich früher ein Lä-**
sterer und Verfolger und Gewalttäter war b), **aber mir ist**
Erbarmen widerfahren, weil ich unwissend, im Unglauben
14 **gehandelt habe. Doch die Gnade unseres Herrn ist über-**
strömend reich geworden c) **mit Glauben und Liebe in**
15 **Christus Jesus. * Zuverlässig ist das Wort und aller Annah-**
me wert: der Messias Jesus ist in die Welt gekommen, um
Sünder zu erlösen d). **Ich bin der größte** e) **unter ihnen.**
16 *** Aber mir ist Erbarmung** f) **widerfahren, damit Jesus**
Christus gerade an mir zuerst seine ganze Langmut er-
weise, zum Vorbild für die, welche künftig zum Vertrauen
an ihn und damit zum ewigen Leben kommen sollten.
17 *** Dem König der Zeitalter, dem unvergänglichen, unsicht-**
baren, alleinigen Gott, sei Ehre und Herrlichkeit. Amen.

a) Phil 4, 13; II 1, 7. 8; Eph 3, 7 Kol 1, 11
b) vgl. V. 9
c) Rö 5, 15. 20; 2 Ko 3, 9; Eph 1, 8
d) 2, 4; II 1, 9; 4, 18. 17; Tit 3, 5; 1 Ko 1, 21; Lk 19, 10; Hb 7, 25
e) 1 Ko 13, 13; 15, 9; Eph 3, 8
f) V. 13

Paulus hat selber unter dem Gesetz gestanden, aber Gottes **12**
Erbarmen hat den Sünder gestellt und begnadigt. Nie kann er seinen Blick auf die Größe des Evangeliums richten, ohne daran erinnert zu werden, wie Jesus Christus die Frohbotschaft von der geschenkten Erlösung wahr gemacht hat im eigenen Leben. **Dem Herrn sei Dank!** Der Apostel verwendet nicht das sonst übliche Wort für danken g), sondern das aus dem hellenistischen Griechisch bekannte Verb, das im NT nur selten vorkommt und eine ständige Verfassung des inneren Menschen anzeigt. Was Paulus hier zum Ausdruck bringt, ist nicht ein momentaner Ausbruch und Akt des Dankens, sondern eine zur Grundstimmung seines Wesens gewordene Haltung gegenüber **Jesus Christus,** den er **unsern Herrn** nennt, damit bekennend, daß Jesus nicht nur ihm, sondern a l l e n , die an ihn glauben, dauernd zum Anlaß des Lobes werden will. Gottes Wille für unser Leben ist, daß seine herrliche Gnade ge-

g) Eph 1, 16

priesen wird, die er uns durch seinen geliebten Sohn geschenkt hat h). **Der mich stark gemacht hat.** Göttliche Energie **(dynamis)** steht am Anfang seiner Berufung, und dieselbe Kraft der Gnade wirkt in ihm, dem schwachen Gefäß, bis ans Ende seines Laufes. Nur das Wirken Gottes macht einen Apostel, nicht die eigene Wahl und Anstrengung. Ohne diese ständig inspirierende und durchrettende Gotteskraft ist sein eigenes Wirken und wirkliches Mühen zur Unfruchtbarkeit verurteilt. Auch Timotheus kann nur in diesem empfangenen Geist der Kraft dienen und leiden. Darum schreibt ihm der Apostel: „Schöpfe immer wieder neue Kraft aus der Gnadenfülle, die in Jesus Christus dir offensteht i)".

h) Eph 1, 6. 12. 14
i) II 2, 1

Ohne beständige Befähigung und Bekräftigung durch Gott kann der Dienst am Evangelium niemals Menschen zum Heil führen. Das haben die Gesetzeslehrer vergessen und verleugnet. Doch Paulus hat erlebt, was dieses göttliche wirksame Wort vermag, als der Messias ihn in den **Dienst einsetzte.** Es war seines Herrn souveräner Wille, welcher gerade diesen Menschen einsetzen wollte für eine Aufgabe, die ihm Gott zugedacht hatte.

Es ist nicht ohne Bedeutung, daß Paulus für seinen Auftrag das schlichte Wort **Dienst** verwendet, das hier noch gar nicht ein besonderes Amt bezeichnet (E 12)[50]. Er weiß noch immer, daß der Dienst nicht den Apostel ehren (Amtswürde), sondern der Apostel den Dienst ehren soll k). **Er hat mich für treu erachtet.** Gott gab ihm die Kraft, dieses Zutrauen zu rechtfertigen. Der Herr hat die Treue seines Dieners vorausgesehen und dadurch, daß er ihn in den Dienst stellte, ihm die Bestätigung der Treue l) ermöglicht[51].

k) Rö 11, 13; 2 Ko 6, 1. 3
l) 1 Ko 4, 2
m) I 1, 20; 6, 1 Tit 2, 5; 3, 2; Jak 2, 7
n) Gal 1, 13; Phil 3, 6; Apg 9, 4; 22, 4

13 Was für einem Menschen hat Gott die Treue zugetraut?
Der ich früher ein Lästerer m) **und Verfolger** n) **und Gewalttäter** o) war. Er, der später selber unter Verfolgungen zu leiden hatte und mißhandelt wurde p), er hatte selbst die Christen gefoltert. Mehr als einmal hat Paulus in seiner Verkündigung auf seine düstere Vergangenheit hingewiesen. Es ist nicht von der Hand zu weisen, daß der Apostel in den ihm

o) Rö 1, 20
p) dasselbe Verb: 1 Th 2, 2; Apg 26, 9—11; 16, 19—24

[50] *diakonia*, ohne Artikel für P typisch: 1 Ko 16, 15; Rö 15, 31; das Vorbild ist Jesus: Lk 22, 27; Jo 13; s. 3, 8—13! Steht im Gegensatz zu den sich wichtig gebärdenden Gesetzeslehrern von V. 6.

[51] Vgl. schon in 1 Th 2, 4: „So wie wir von Gott bewährt worden sind, mit dem Evangelium betraut zu werden" (Elbf); „Wie Gott uns für würdig erachtet hat, uns mit der Verkündung zu betrauen" (W); vgl. WStb. 1 Th S. 45.

widerfahrenen Gefangenschaften, Schmähungen, Mißhandlungen und Ängsten, die er als Diener Christi durchlitt, daran denken mußte, daß er die gleichen Entwürdigungen einst andern zugefügt hatte. Was für eine Kraft der Verwandlung muß in diesem hochmütigen, ungerechten und grausamen Gewalttäter wirksam gewesen sein, daß er später bekennen konnte: „Ich habe Wohlgefallen an Schwachheiten, an Schmähungen (Mißhandlungen), an Nöten, an Verfolgungen, an Ängsten (die mir widerfuhren) um Christi willen, denn wenn ich schwach bin, dann bin ich stark q)." q) 2 Ko 12, 10

Nur die unergründliche Barmherzigkeit Gottes kann solche Umgestaltung in sündigen Menschen vollbringen (E 25f).

Aber mir ist Erbarmen widerfahren, weil ich unwissend, im Unglauben gehandelt habe[52]. Die Begründung besagt, „daß seinem Sündigen eine Grenze gesetzt war, die dem Erbarmen den Raum frei ließ" (Schlatter). Denn erst das willentliche und trotzige Verharren in einem Zustand der Unwissenheit führt zu Vermessenheit und Verstockung, die das Gericht herausfordert. Jesus bittet für diejenigen, die ihn kreuzigen: Vater, vergib ihnen, denn sie wissen nicht, was sie tun r). Was r) Lk 23, 34
sie tun, ist Sünde, auch wenn es aus Unwissenheit geschieht. Erst wenn sie w i s s e n, was sie getan haben, wird an ihrem Verhalten offenbar, ob sie die Vergebung annehmen und dann als jetzt Erleuchtete bekennen: Wir haben gesündigt. So hat Paulus gehandelt. Er entschuldigt niemals sein verwerfliches Tun, er gibt nur den Grund an, wie es möglich war, daß seine Sünde ihn nicht ums Leben brachte, sondern Gottes Barmherzigkeit ihn erreichte. Als Jesus ihm entgegentrat und damit seine Unwissenheit überwand, hat sich Paulus von der Sünde seines Unglaubens abgewendet und Jesus als Herrn bekannt und ihm gedient[53].

Doch die Gnade unseres Herrn ist überströmend reich geworden. Wie früher[54] im heilsgeschichtlichen Zusammenhang, so hier im persönlichen Leben, weist nun Paulus von der 14

[52] Vgl das Lied: „Mir ist Erbarmung widerfahren, Erbarmung, deren ich nicht wert. / Das zähl ich zu dem Wunderbaren; mein stolzes Herz hat's nie begehrt. / Nun aber weiß ich's hoch erfreut und rühme die Barmherzigkeit" (Ph. F. Hiller). Der Stolz will sich dagegen aufbäumen, daß wirklich nur Barmherzigkeit einen Menschen von seinem selbstischen und sündigen Wege erlösen kann zum wahren Menschsein im Dienste der Liebe.

[53] Vorher hat er die Gesetzeslehrer beschuldigt, daß sie nicht wissen, was sie behaupten (V. 7); jetzt bekennt er, daß er einst selber unwissend war wie die Heiden, die Gott nicht kennen (1 Ko 2, 14—16).

[54] Vgl. Rö 5, 20: überströmen; nicht das gleiche, aber das syn Verb wie I 1, 14.

Größe der Sünde weg auf die übergroße Gnade. „Durch Gottes
s) 1 Ko 15, 10 Gnade bin ich, was ich bin s)." Das Gnadenbewußtsein hat
sein Ichbewußtsein durchdrungen und verwandelt. Es ist die
t) wie 1, 12 unausschöpflich strömende **Gnade unseres Herrn** t). Der Apostel verliert nie aus dem Auge, daß diese Gnade für alle da
u) 1, 16 ist, die sich ihrem Einfluß öffnen u).

Die Gnade war es, die den Ungläubigen mit Glauben und den grausamen Verfolger mit Liebe beschenkte. **Glaube und Liebe** sind keine selbständigen Größen, keine Ideale oder Tugenden, die der Mensch aus sich selbst hervorbringen kann.
v) Rö 8, 39 Wie die Gnade selbst, so sind **Glaube und Liebe** v) nur wirklich in **Christus Jesus** und werden nur wirklich für den Menschen erfahrbar aus der Lebensgemeinschaft mit Christus heraus[55].

15 **Zuverlässig ist das Wort**[56]. Diese Formel führt nicht ein Schriftzitat an, sondern weist auf eine vorgeprägte Aussage der Urchristenheit, wahrscheinlich auf liturgische Wendungen aus dem Gottesdienst. „Das Wort" kann aber auch die Zusammenfassung des Evangeliums, die Summe der Heilsbotschaft bezeichnen. Sein Wort ist und bleibt gewiß und deshalb **aller Annahme wert**[57]. Annehmen hat den Sinn von anerkennen, gutheißen, aufnehmen.

Der Messias Jesus ist in die Welt gekommen, um Sünder zu erretten. Die Aussage erinnert an Lk 19, 10: „Der Sohn des Menschen ist gekommen, um das Verlorene (zu suchen und) zu erretten." Mit diesem Bekenntnis faßt der Apostel das Herzstück des Evangeliums zusammen, das ist dessen wahrer Inhalt[58].

Daß Christus Sünder erlöst, ist frohe Botschaft, nicht Vorwurf, Anklage, Drohung an die Welt; daß Sünder gerettet werden müssen durch Gottes Eingreifen in Christus, ist klar-

[55] In Eph 6, 23 stehen Liebe und Glauben zusammen, ebenso Gal 5, 6. Diese für die Past typische Wendung kann nicht gegen die paulinische Autorschaft angeführt werden; Glaube und Liebe sind nicht zu „selbständigen Tugenden" geworden, denn erstens verbindet sie die für P typische Präposition „in" mit Christus, und zweitens die Präposition „mit" *(meta)* mit Gnade. Vgl. aus den ältesten Briefen des P: 1 Th 1, 3; 3, 6; 5, 8; 2 Th 1, 3.

[56] *pistos o logos,* so nur in den Past: I 3, 1; 4, 9; II 2, 11; Tit 3, 8. pistos (Glaube) ist ein Grundwort der Past, das 17mal vorkommt.

[57] nur noch in I 4, 9: „alle", kann auch mit „ganz" übersetzt werden: das Wort annehmen; seine ganze Einwilligung geben. Vgl. 5, 2: in aller Keuschheit.

[58] Vgl. das Lied: „Jesus nimm die Sünder an. Saget doch dies Trostwort allen, welche von der rechten Bahn auf verkehrten Weg verfallen. Hier ist, was sie retten kann: Jesus nimmt die Sünder an" (E. Neumeister).

stellende Botschaft, denn sie zeigt den verlorenen Zustand der
Welt an. Der Mensch kann nur durch Gott zu Gott heimfin-
den. Daran ändern die Jahrtausende nichts. Nicht das Christen-
tum oder von ihm beeinflußte Kulturen, nicht die Kirche oder
ihr gesellschaftlicher Einfluß, nicht die Christen oder ihre mis-
sionarische Entschiedenheit — Christus allein rettet Sünder.
Das apostolische Bekenntnis, auf dem die Gemeinde aufge-
baut wird, gründet auf dem einzigen Grund: Christus w). Al- w) 1 Ko 3, 11;
les kommt darauf an, daß dieser Grund nicht verdeckt, ver- Eph 2, 10
schoben, verlassen werde.

Ich bin der größte unter ihnen[59]. Ich bin der hauptsäch-
lichste Sünder, der durch die Größe seiner Sünde völlig ver-
scherzt hat, Apostel genannt zu werden x), der von allen Hei- x) 1 Ko 15, 9
ligen den untersten und geringsten Platz einnimmt y). Das y) Eph 3, 8
Selbstbekenntnis im Anschluß an das allgemeine Bekenntnis
steht ganz in Übereinstimmung mit der seelischen Eigenart
des Paulus, wie sie aus den andern Briefen bekannt ist.

Weil er der erste in der Reihe der Sünder (Vers 15) ist, er-
weist **Christus auch an ihm zuerst seine ganze Langmut.** Das 16
Sündenbewußtsein des Apostels ist völlig gegenwärtig und
doch ganz durchdrungen vom Gnadenbewußtsein z). Unver- z) 1 Ko 15, 10
dientes Erbarmen — das kann nicht oft genug wiederholt und
gerühmt werden a) — hat den ersten der Sünder erlöst, und a) V. 13
Gottes erbarmender Wille b) hat ihn erwählt zum Diener und b) Rö 9, 17. 18
für alle Zeiten zum Vorbild der erlösenden Langmut c) ge- Apg 26, 16
setzt (E 25f). **Langmut erweist,** wer Widerstand und Wider- c) Rö 2, 4
spruch erträgt, ohne sich zum Zorn oder zur Vergeltung hin-
reißen zu lassen. Jesus Christus hatte den Widerstand dessen
ertragen, dem er vor Damaskus zurief: „Saul, Saul, was ver-
folgst du mich d)?“ Dadurch hat Jesus die letzte Fülle der d) Apg 22, 7
Langmut unter Beweis gestellt, die überhaupt möglich ist:
die ganze Langmut[60]; diese Langmut reicht für alle andern.
Und darum kann und darf ein Diener des Herrn nicht anders
als langmütig sein, auch gegenüber den Irrenden in der Ge-
meinde e). e) II 4, 2;

Zum Vorbild[61] **für die, welche künftig auf ihn vertrauen** 2 Ko 6, 4
werden zum ewigen Leben. Das Vorbild weist nicht auf sich

[59] Eigentlich: der Erste, der Vornehmste: Mt 6, 38; Apg 13, 50; 25, 2; Eph 6, 2.

[60] Vgl. zum Wortgebrauch „die *ganze* Langmut“: 56.

[61] *hypo-typosis:* Skizze, Entwurf, bezeichnet hier ein formendes, gestaltendes Tun. Gott ist der Former, der ein Gefäß bildet; Vgl. Rö 9, 20. 21. *typos:* Bild, Vorbild, Urbild; I 4, 12; Phil 3, 17; 2 Th 3, 9; Rö 5, 14; 1 Ko 10, 6.

selbst hin, sondern auf den, der das Bild gestaltet. Die Menschen sollen nicht bei Paulus stehenbleiben, sondern, durch ihn Zuversicht gewinnend, ihren Glauben auf Christus gründen[62]. Hier ist unmißverständlich deutlich, daß Glauben persönliches Vertrauen und Bauen auf Christus ist. Das muß für die Auslegung der Past wegweisend bleiben.

17 Aus dem ständigen Dank seines Lebens gelangt Paulus durch das erneuerte Vergegenwärtigen und Bekennen des göttlichen Erbarmens zur Anbetung. So verwandelt Gnade lästernde Sünder in lobpreisende Anbeter[63].

Nicht der römische Kaiser, sondern Gott ist der wahrhaftige König f), König nicht nur der vergänglichen Welt, sondern aller Zeitalter, und er ist Schöpfer, Erhalter und Erlöser aller Zeit und alles Lebens[64].

f) Mt 5, 35; Offb 15, 3; I 6, 15

Dem König der Ewigkeit, dem unvergänglichen, unsichtbaren, alleinigen Gott sei ewig Ehre und Herrlichkeit. Amen.

Unvergänglich: unsterblich, unverweslich. Das himmlische Erbe, das Gott gibt, ist unverweslich g), ebenso der Zustand der Auferstandenen h) und das Wirken der Gnade Gottes in den Erwählten i). Nicht die römischen Kaiser, die Unsterblichkeit **(aeternitas imperii)** beanspruchten, sondern Gott k) allein ist wahrhaft unsterblich[65].

g) 1 Ko 9, 25; 1 Pt 1, 4
h) 1 Ko 15, 52
i) 1 Pt 1, 23
k) Rö 1, 23

Unsichtbar l): Gott ist unsichtbar, weil er Geist ist, nicht nur dem körperlichen Auge, sondern auch dem Einblick des menschlichen Geistes verborgen. Die lebendige Spannung des Glaubens zwischen Nähe und Ferne, Offenbarung und Verborgenheit Gottes ist in den Past nicht nur erhalten, sondern womöglich noch vertieft: Unser Glauben und Handeln ist ganz in den Alltag der Gemeinde und der Gesellschaft hineingestellt,

l) I 6, 16; Kol 1, 15; Hb 11, 27; Jo 1, 18

[62] Das Verb „glauben“, verbunden mit „*epi*“ und Dativ ist selten im NT (Rö 9, 33; 10, 11; 1 Pt 2, 6 = Jes 28, 16), hat aber eine hervorragende Bedeutung und kann übersetzt werden mit „auf Christus bauen“. Das Bild vom zuverlässigen Grund- oder Eckstein, auf dem ein Leben gründet, liegt „zugrunde“; vgl. Mt 7, 24—25; 1 Ko 3, 11.

[63] Vgl. die sog. Doxologien (von *doxa:* Herrlichkeit = Verherrlichung Gottes), die bei P typisch und häufig sind: Rö 11, 36; 16, 27; Phil 4, 20; I 6, 15; auch Gal 1, 5; Eph 3, 20. 21.

[64] Im Judentum wurde der Titel König häufig für Gott angewendet. Die vorliegende Doxologie ist mehr atl bestimmt als hellenistisch. 2 Mo 15, 18; 1 Sam 8, 7; 12, 12; Ps 2, 6; 10, 16; 24, 7—10; 29, 10; 84, 3; 89, 18; 95, 3; Jes 6, 5; 33, 22; 43, 15; 44, 6; 52, 7; Jer 10, 7. 10; Dan 4, 37; Sach 9, 9 = Mt 21, 5 = Jo 12, 15; Sach 14, 9. 16. Ist der Brief gegen sektiererische Äonenlehren gerichtet, so könnte hier König der Äonen = der Zeitalter zu übersetzen sein.

[65] Für die Beziehung zu den früheren Briefen ist Rö 1, 23 wichtig: der unvergängliche Gott; *aphthartos* = unvergänglich wie I 1, 17.

und doch ist Gott in seiner Majestät und Heiligkeit jedem menschlichen Zugriff entrückt. Kein Mensch hat ihn je gesehen, und keiner kann ihn sehen. Die einzige Haltung, die für den Menschen gegenüber Gott angemessen erscheint, ist nicht die plumpe Annäherung, sondern die Anbetung.

Wir begegnen hier der gleichen Spannkraft wahren Glaubens wie sonst in den paulinischen Briefen m) oder wie in Jo 1, 18: „Niemand hat Gott jemals gesehen; der einziggeborene Sohn, der in des Vaters Schoß ist, der hat ihn kundgemacht."

m) vgl. Rö 11, 33—36 mit 12, 1 f; 1 Ko 2, 11 mit 12

Im Gegensatz zu den vielen Göttern und Menschen[66], die göttliche Eigenschaften und Ehre beanspruchen, gilt es, den **alleinigen Gott** anzubeten, der Himmel und Erde geschaffen hat. Auch die Schreiber des NT haben nicht anders geglaubt und gedacht, als daß Gott der eine und alleinige Herr ist, wie ihn das AT verkündet; sie haben ihn aufgrund der Offenbarung in Jesus Christus als den drei-einigen Gott erkannt und bekannt[67]. **Dem alleinigen Gott sei ewig Ehre und Herrlichkeit. Amen** n). Gott maßt sich Ehre und Rühmung nicht an, er ist ihrer würdig; und der Mensch, der sich der Würde Gottes anbetend öffnet, findet seine eigene und höchste Würde als Geschöpf darin, daß er der Majestät und Herrlichkeit des Schöpfers antwortet.

n) Offb 4, 9; 5, 13; 7, 12; Hb 2, 7. 9

„Siehe, er betet an" o) — das ist das Zeichen, an dem Paulus in allen seinen Briefen erkannt werden kann. Der Lobpreis des Erbarmens, das an seinem verschuldeten Leben sichtbar wurde, mündet in der Anbetung des **unsterblichen, unsichtbaren und alleinigen Gottes.**

o) Apg 9, 11

Diese Anbetung ist zugleich Grundlage und Ziel der Gemeinde Gottes wie auch Ausgangspunkt für das Gespräch mit Timotheus: ein Anbetender spricht zu einem Mitarbeiter über die naheliegenden und dringlichen Aufgaben. Anbetung ist

[66] Der Kaiserkult, die göttliche Verehrung der römischen Kaiser, ist zuerst in der römischen Provinz Asia (Kleinasien) entstanden, deren Hauptstadt Ephesus war. Hier opferten die Ptolemäer, die Seleuziden und die orientalischen Fürsten im Jahre 48 v. Chr. dem Cäsar, indem sie ihn verehrten als den „einen Gott, Sohn des Ares und der Aphrodite, Heiland aller Menschen". Cäsar hatte in Rom neben einer Statue mit der Inschrift „dem unbesiegbaren Gott" seinen eigenen Tempel und seine Priester. Zur Zeit der Past empfingen die Kaiser Nero, Caligula und Domitian die Ehre und Anbetung eines Gottes. (A. Festugière, L'Idéal religieux des Grecs et l'Evangile, Paris 1932, S. 9 f).

[67] Eine Trinitätslehre als solche ist im NT noch nicht entfaltet. Einmal ist Gott selbst der Erlöser genannt (1, 1), einmal Jesus Christus, der das Leben und die Unsterblichkeit Gottes ans Licht gebracht hat durch seine Auferstehung (II 1, 10).

nicht müßige Innerlichkeit, sie zeigt die umfassendste Bewußtseinsveränderung, die allem menschlichen Wirken, persönlich und weltweit, inspirierend vorangeht und das Ziel gibt: Alles Geschaffene will erlöst werden aus der Sklaverei des Selbstruhmes zum wahren Ruhm der Kreatur in Gott.

b) Das Gericht 1, 18—20

a) V. 5
b) II 2, 2
c) 4, 14
d) 6, 12; II 4, 7; 2, 5
e) V. 5
f) II 2, 17; 4, 14
g) 1 Ko 5, 5; Apg 13, 9—11
h) Tit 2, 14
i) 1, 9. 13; 6, 4; Tit 3, 2; Rö 2, 24; 2 Pt 2, 10—12; Offb 13, 6; 14, 9. 11. 21

18 **Dieses Gebot** a) **vertraue ich dir an** b), **mein Kind Timo-**
theus, nach den Weissagungen c), **die vorausgehend auf**
dich hinweisen, damit du durch sie den guten Kampf
19 **kämpfest** d), **indem du den Glauben bewahrst und ein**
gutes Gewissen e), *** welches gewisse Leute über Bord**
geworfen und im Glauben Schiffbruch erlitten haben. *
20 **Zu ihnen gehören Hymenäus und Alexander** f), **die ich dem**
Satan übergeben habe g), **damit sie gezüchtigt** h) **werden,**
nicht mehr zu lästern i).

Paulus greift sein ursprüngliches Thema (das Endziel des Gebotes ist Liebe) wieder auf, nachdem er das Gebot[68] (5) in seiner Wirkung als Gesetz (6—11) und als Evangelium (12—17) anhand der Irrlehrer in Ephesus und am Beispiel seines eigenen Lebens entfaltet hat. **Dieses Gebot vertraue ich dir an,**
18 **mein Kind Timotheus.** Noch einmal wiederholt Paulus die ganz persönliche und herzliche Anrede „mein Kind" und unterstreicht damit, wie sehr dieses Anvertrauen[69] eins ist mit dem Vertrauen, das dem andern die Treue zutraut (E 30).

Doch zur persönlichen Begründung des Auftrages gehört unerläßlich auch die sachliche.

k) Hb 7, 18; Apg 13, 1—4
l) 6, 12; II 1, 6; 2, 2

Um der Prophezeiungen willen, die dem Wirken des Timotheus vorausgingen k), vertraut der Apostel seinem Kind im Glauben das Gebot an. In Kraft dieser Weissagungen l) soll Timotheus seinen Dienst erfüllen. Unter Weissagungen haben wir nicht nur Aussagen über die Zukunft zu verstehen. Weissagungen sind prophetische Weisungen, die die Gemeinde er-

[68] Gebot in der doppelten Bedeutung von a) Evangelium, gesunde Lehre, das anvertraute Gut und b) der Auftrag, die Unterweisung, der Dienst am Evangelium.

[69] anvertrauen (*paratithemi*) nur noch II 2, 2; kann zunächst den Sinn haben von „vorlegen" (Fische: Mk 8, 7 = Lk 9, 16); dann lehrend vorlegen (Mose der Gemeinde: 2 Mo 19, 7; 21, 1). Dem treuen und klugen Verwalter wird viel anvertraut: Lk 12, 48. Jesus vertraut (befiehlt) seinen Geist in die Hände des Vaters: Lk 23, 46. P vertraut die Gläubigen dem Herrn an: Apg 14, 23; 20, 32.

mahnen, ermuntern, unterweisen, trösten sollen m). Die Gnadengabe der Prophetie steht an vorderster Stelle in ihrer Bedeutung für den Aufbau der Gemeinde.

m) 1 Ko 14, 3 Apg 15, 32

Bei den **„Prophezeiungen über dich"** wird an ein Geschehen zu denken sein, das sich öfter wiederholte. So soll Timotheus in immer neuer Beauftragung und neuen Diensten sich auf göttliche Weisungen und Verheißungen berufen und, aus der göttlichen Kraftmitteilung wirkend, **den guten Kampf kämpfen.** Paulus hat die in der profanen und religiösen Literatur weit verbreitete Bildsprache aus der militärischen Welt auf das Glaubensleben übertragen. Doch soll nicht übersehen werden, daß auch das AT n) diese Bildrede kennt: „Hat der Mensch nicht einen harten Kriegsdienst auf Erden?"[70]

n) Hio 7, 1

In den ersten drei Jahrhunderten, als das Christenleben noch oft unter buchstäblicher Todesgefahr und Todeswirklichkeit stand und die Zeugen Jesu als Märtyrer häufig Blutzeugen waren, war die Bezeichnung „Soldat Jesu Christi" o) so allgemein verbreitet, daß sie gleichbedeutend mit „Christ" verwendet wurde. Der Ausdruck „guter Kampf" läßt auf eine Verwendung schließen, die bereits gebräuchlich war.

o) II 2, 3

Das Christenleben ist ein Kampf, der ausgefochten werden muß p). Der einzelne kämpft ihn innen in der eigenen Brust und nach außen für das Evangelium und die Gerechtigkeit, innerhalb der Gemeinde und gegenüber der Welt q).

p) 1 Th 5, 8; 1 Ko 9, 7; Rö 13, 12;

Doch kann er nicht mit fleischlichen Mitteln r) gewonnen 19
werden, nur göttliche Kräfte und geistliche Waffen führen
zum Sieg. Paulus zählt aus der Waffenrüstung des Kämpfers
s) entsprechend der Absicht seines Briefes und den hier vor-
herrschenden Bedürfnissen nur zwei Kampfmittel auf, ohne
die kein Erfolg zu erwarten ist: Timotheus soll den **Glauben**
bewahren und ein gutes Gewissen t). Wer das Anvertraute
nicht zu bewahren versteht, kann auch nichts Neues gewin-
nen. Wer das gute Gewissen nicht festhält, der ist wie ein
Kapitän, der das Steuerruder seines Schiffes fahren läßt und
nun auf den Wellen ziellos dahintreibt, bis sein Schiff an Klip-
pen zerschellt[71].

2 Ko 10, 3—6 Phil 2, 25; Eph 6, 11—16 Phlm 2; II 2, 3
q) Rö 7, 23; Gal 5, 17; Kol 1,29—2,1
r) 2 Ko 10, 4
s) Eph 6, 10 f
t) 3, 9; II, 4, 8; 1, 13

[70] Man darf sich eine sprachliche Abhängigkeit von der griechisch-römischen Umwelt nicht zu einfach und direkt vorstellen; oft ist die atl Einwirkung entscheidender, als die vordergründige Ähnlichkeit von Worten und Wendungen vermuten läßt.

[71] Dieses Bild ist in der griechischen Philosophie geläufig. Das Staatsschiff ist in Gefahr während des Sturmes = der Perserkrieg (Horaz, Oden I, 14). Unsere Diskussion wird auf die

Hymenäus und Alexander sind nicht die einzigen, die Schiffbruch erlitten haben, aber sie werden mit Namen genannt, damit Timotheus im Bild ist, an welche Art von Menschen Paulus denkt; vielleicht waren es bekannte Mitarbeiter. Sie sind wahrscheinlich von den in Vers 6 genannten zu unterscheiden[72].

Die ich dem Satan übergeben habe (E 20). Wohl eine gebräuchliche Redewendung, um ein Disziplinarverfahren der Gemeinde zu kennzeichnen, das sowohl in der Synagoge als auch in der Jesus-Gemeinde gebräuchlich war u). Weil sie das gute Gewissen von sich gestoßen haben, fallen sie unter die Züchtigung, den Fluch und die Sanktionen des Gesetzes (9—10). Die Erfahrungen der Gemeinde v) haben die Notwendigkeit der strikten Anordnungen bestätigt, welche sie vom Herrn selbst empfangen haben w).

u) Hio 2, 6; 1 Ko 5, 5; 11, 30; Lk 13, 16
v) Apg 5, 1—11; 3 Jo 9—10
w) Mt 5, 29; 18, 15. 17

Das Gericht der Reinigung muß anfangen beim Hause Gottes x). Wenn die Gemeinde nicht sich selbst richtet, wird sie mit der Welt gerichtet werden. Alle Züchtigung — sie kann Krankheit, körperliche und geistige Schwächung, im Extremfall vorzeitigen Tod y) einschließen — hat jedoch eine heilende Wirkung im Auge. Der Gezüchtigte soll vor dem endgültigen Verderben gerettet und wieder in das gesunde Leben zurückgeführt werden z). Die Gemaßgeregelten sollen **durch Zucht dazu gebracht werden[73], nicht mehr zu lästern** a). Lästerer und Anbeter können nicht gleichzeitig in der Gemeinde leben und wirken, das eine schließt das andere aus. Doch auch für Lästerer ist Hoffnung, wie Paulus mit seinem eigenen Leben bezeugt b).

x) 1 Ko 11, 30—32; 1 Pt 4, 17
y) 1 Ko 11, 30
z) 1 Ko 11, 32; 2 Ko 6, 9; II 2, 25. 26
a) 6, 4; Tit 3, 2; Apg 13, 8. 11
b) V. 13

Küste geworfen und verloren sein, führen wir sie deshalb zurück. Ein schlechter Logiker ist ein schlechter Steuermann, sein Boot wird auf den Klippen auflaufen, der Intellekt ist der Steuermann der Seele etc. (Plato). Aber: 2 Ko 11, 25 das gleiche Wort wie I 1, 19, aber im buchstäblichen Sinn!

[72] II 2, 17: Hymenäus und Philetus; 4, 14: Alexander der Schmied, hier vielleicht mit Berufsbezeichnung, um ihn vom Alexander in I 1, 20 zu unterscheiden, da A. ein sehr häufiger Name war (Apg 19, 33). Von der Art ihres Irrtums erfahren wir in II 2, 17 f. Sie lehren, daß die Auferstehung schon geschehen sei. Indem sie den Glauben (als Lehre und Leben) verletzen, zerstören sie auch das gute Gewissen. Zwischen Glauben und Gewissen besteht eine enge Wechselwirkung.

[73] Züchtigen kann also in den Past durchaus auch den Sinn der strengen Zurechtweisung und des Leidens haben, und nicht nur, wie einzelne Ausleger behaupten, welche an der These der „Verbürgerlichung" der Past festhalten, den des Unterweisens. S. Tit 2, 12!

Wenn wir den Ernst dieser Maßnahme, die Paulus selbst getroffen hat[74], bedenken, merken wir, daß die Past aus einem Geist geschrieben sind, der nicht das geringste erkennen läßt von einer angeblichen Verflachung und Angleichung der Gemeinde an den Geist der Umwelt. Der heilige Ernst Gottes liegt über dem Gebot, dessen Endziel die Liebe aus reinem Herzen und gutem Gewissen und ungeheucheltem Glauben ist. Dieser Gerichtsernst zeigt an, daß Glaube und Gewissen nicht einfach bürgerliche Tugenden sind, sondern göttliche Gaben, die niemand ungestraft verfälscht oder von sich weist, weil das Endziel die Liebe ist. Wer aber nicht liebt, bleibt im Gericht des Todes[75].

2. Das Gebet der Gemeinde

1. Timotheus 2, 1—15

a) Das weltumfassende Gebet 2, 1—7

1 Ich ermahne nun, daß allem zuvor Bitten, Gebete, Fürbitten,
Danksagungen dargebracht werden für alle Menschen, * für
2 Könige und alle Hochgestellten, damit wir ein ruhiges und

[74] Ein P hätte allen Grund gehabt, Timotheus selbst mit diesem Auftrag des Ausschließens zu betrauen, um damit dessen Autorität zu stärken. Daß P allein gehandelt habe, ohne Mitwirkung der Gemeinde wie in 1 Ko 5, 4, lasse auf eine spätere Entstehungszeit der Past schließen. Doch ist diese Schlußfolgerung aus zwei Gründen unzulässig. In 1 Ko 5, 3 schreibt P, daß er (das Ich ist betont herausgestellt) für sich bereits beschlossen hat, daß der betreffende Mann, der Unzucht mit der Frau des Vaters treibt, „dem Satan übergeben" werden soll. Wenn er dann zu den Korinthern kommt, soll das von Paulus Beschlossene ausgeführt werden. In 1 Ko steht die Handlung noch bevor, darum werden die zwei Stufen ausführlich beschrieben, die Gemeinde muß überhaupt erst dafür bereit werden; in I 1, 20 hingegen liegt die Handlung in der Vergangenheit, kann also zusammengefaßt und abgekürzt erwähnt werden. Sodann können atl Vorbilder gewirkt haben: 2 Kö 2, 23 f; 2 Mo 32, 27 ff; vgl. Apg 5, 3. 5. 9. 10.

[75] Holtz (52) sieht eine Verbindung zum Abendmahl, dem die Prüfung und im Extremfall das „Anathem" vorausging. So hat Jesus den Petrus vor Satan gewarnt, unmittelbar vor der Einsetzung des Abendmahls (Lk 22, 31; vgl. Jo 13, 27. 30 b mit 1 Ko 11, 27—32; ebenso 16, 22: Wenn jemand den Herrn nicht liebt, der sei anathema, d. h. ausgeschlossen oder verflucht). Anathema heißt eigentlich: der Gottheit überantwortet werden, entweder als Geweihter (Paulus wurde vom Lästerer zum Anbeter bekehrt und darin Gott geweiht) oder als ein Verfluchter (die Irrlehrer, die in der Lästerung verharren, werden gezüchtigt zur Buße. Vgl. 1 Ko 12, 3; Rö 9, 3; Gal 1, 8; Apg 23, 14: sich unter den schärfsten Bedingungen zu etwas verpflichten, auf das der Bann folgt, wenn es nicht erfüllt wird.

stilles Leben führen können in aller Gottseligkeit und Hei-
3 ligkeit. Das ist gut und wohlgefällig vor Gott, unserem Ret-
4 ter, * welcher will, daß alle Menschen errettet werden und
5 zur Erkenntnis der Wahrheit gelangen. * Denn:
einer ist Gott
und einer Mittler zwischen Gott und den Menschen,
der Mensch Christus Jesus,
6 der sich selbst als Lösegeld für alle hingegeben hat,
7 das Zeugnis in der Fülle der Zeiten. Dazu bin *ich* zum He-
rold und Apostel bestellt worden — ich sage die Wahrheit
und lüge nicht —, zum Lehrer der Völker in Glauben und
Wahrheit.

1 Im Blickfeld der Pastoralbriefe stehen nicht kirchenrechtliche, sondern gottesdienstliche Anliegen. Die Heilung der schweren Schäden, die in der Gemeinde Verheerung anrichten, können nur durch Gericht und Gnade, in gottgewirkter Beugung, Umkehr und Hingabe a) überwunden werden. Das geschieht im Gottesdienst der Gemeinde und dem daraus entspringenden Verhalten in der Welt. Das erste und grundlegende Verhalten zu Gott und Welt aber ist das Gebet. In ihm durchstößt und übersteigt die Gemeinde alles bloß vordergründige Erfassen und Beeinflussen der Welt. Da das Gebetsleben von erstrangiger Wichtigkeit ist, soll ihm auch der entsprechende Platz und die größte Aufmerksamkeit zukommen. Nicht wenn die Christen sich in Wortgefechten erhitzen, sondern wenn sie sich als Beter vereinen, werden sie zum Endziel des Gebotes gelangen, der Liebe aus reinem Herzen b). Weil Christus in die Welt gekommen ist, Sünder zu erlösen, darum hat die aus der Erlösung lebende Gemeinde das Vorrecht und die heilige Verpflichtung, für das Heil aller Menschen einzutreten c).

a) I 1, 12—17. 18—20

b) I 1, 5

c) I 1, 15

Bitten, Gebete, Fürbitten, Danksagungen. Die vier Ausdrücke des Betens überschneiden sich teilweise in ihren Bedeutungskreisen. Ein Vergleich mit Phil 4, 6: „Lasset durch Gebet und Flehen mit Danksagung eure Anliegen vor Gott kund werden" zeigt deutlich, daß seit der Abfassung jenes Briefes keine Entwicklung im Sinne fest geregelter Gebetsformen vor sich gegangen ist[1]. Die nicht streng unterschiedenen, aber gehäuften

[1] Fragmente von Gebetsformen (liturgische Gesänge und Gebete) sind überall bei P und im ganzen NT vorhanden. Die Past stellen keine besondere Stufe dar, die eine lange Entwicklung voraussetzen würde.

Bezeichnungen für das Gebet unterstreichen seine Dringlichkeit und seine Fülle, sein Gewicht und seine vielseitige Ausstrahlung. Alle vier Ausdrücke stehen zudem im Plural, auf diese Weise noch einmal die Vielfalt und Fülle unterstreichend. Nur die Gemeinde kämpft den schönen Kampf recht, die vor allen andern auch wichtigen und notwendigen Aufgaben eine weltumspannende Schar von Betern bildet, welche vor Gott stehen und einstehen.

Bitten von ermangeln, nötig haben. Das Gefühl der Bedürftigkeit ist oft Anlaß zum Beten. „Not lehrt beten" ist keine falsche Erkenntnis, wenn nur nicht Not allein beten lehrt. Ein bestimmter Anlaß, eine auferlegte Last treibt zum flehentlichen Beten. So fleht Paulus für die Juden d), für Timotheus e), für die Christen in Thessalonich f). Er bittet, daß er sie wiedersehen und ihnen helfen kann.

d) Rö 10, 1
e) II 1, 3
f) 1 Th 3, 10

Gebete bezeichnet die Bewegung der Seele zu Gott. Als Antwort auf die Bitte der Jünger, daß Jesus sie beten lehre, gibt er ihnen die Grundstruktur aller Gebete g). Die Witwe, die Tag und Nacht vor Gott steht mit Flehen und Gebeten h), bittet als einzelne. Alle Ausdrücke können sowohl für die Gemeinschaft der Betenden wie auch auf den einzelnen angewendet werden. Auch der einzelne ist nie allein, wenn er betet, immer gilt das „unser Vater", immer ist er im Anrufen Gottes des Schöpfers zugleich in Herznähe zu allen Geschöpfen.

g) Lk 11, 1. 2
h) I 5, 5

Fürbitten. Ursprünglich eine Eingabe (Petition) an einen Fürsten. Wie sich der Heilige Geist für die Erlösten verwendet i), wie Jesus Christus als Hohepriester eintritt für die Gemeinde vor Gott k), so tritt die Gemeinde in Kraft des Geistes und im Namen Jesu ein für die ganze Welt.

i) Rö 8, 26. 27
k) Rö 8, 34; Hb 7, 25

Alles, was Gott geschaffen hat, wird geheiligt durch Gottes Wert und G e b e t l). In der Fürbitte (und Danksagung!) für die Welt vollzieht die Gemeinde ihren höchsten und unersetzlichen Auftrag: die Heiligung der Welt. „Mach aus allem ein Gebet" ist ein wahrhaft welt-lösender und welt-erlösender Zuruf an die Christen, sofern ihren Gebeten die ihnen entsprechenden Taten aus dem Geist Christi folgen. Gebet darf und kann nie Ersatz sein für die Tat; es bereitet und begleitet die Taten, die vor Gott Bestand haben, weil sie der Welt wirklich dienen. Gebet ist unsichtbare, aber wirksame Tat. Tat kann sichtbar gewordenes Gebet sein. Aber Taten sind kein Ersatz

l) I 4, 3—5

für Gebete. Die Spannung muß bleiben und in ihr die Einheit des Lebens aus Gott in der Welt.

Danksagungen (eucharistias): Dankerweisung, Dankbezeugung. Das Gebet findet im dankenden Lobpreis Gottes seine Fülle und Erfüllung. Nur der Dankende bleibt wach zu Gott, weil er nicht zurückfällt auf sich selbst und seine Bedürfnisse. Als Dankender bejaht er Gott und seine Gaben. Der Reichtum
m) Kol 2, 7 des Menschen ist so groß, wie er ein Dankender ist m) und im Danken überströmt. „Jedes Geschöpf Gottes ist gut, und nichts
n) I 4, 4 ist verwerflich, was mit Danksagung empfangen wird n)".

Erst der Dankende ist der richtig Nehmende, nämlich der Empfangende, der Beschenkte. Wer nicht dankt, reißt an sich. Wer nicht dankt, wenn er zugreift, der vergreift sich. Der innerste Abfall des Menschen von Gott beginnt dort, wo er nicht
o) Rö 1, 21 mehr dankt, sondern beansprucht o). Der undankbare Mensch wird in seinem Herzen verdunkelt; er lebt nicht mehr im hellen Licht der göttlichen Gnadensonne. Die Heilung der Gemeinde geschieht in ihren Gebeten, am allermeisten im Danken und in der Anbetung. Nur die danksagende Gemeinde erfüllt ihre wahre Aufgabe auf Erden, die darin besteht, der Größe und Güte Gottes dankend zu gedenken.

Es ist nicht zufällig, daß derselbe griechische Ausdruck (eucharistia) zur Bezeichnung für das Herrenmahl wurde, für die Tischgemeinschaft mit dem erhöhten und gegenwärtigen Herrn
p) 1 Ko 10, 16; 11, 24; Lk 22, 17; Mk 8, 6 p). Da ist ein Freudenmahl, die Anteilnahme an dem seligen Gott[2], die Vorwegnahme des endzeitlichen Mahles der Liebe. An der starren und leeren „Feierlichkeit", mit der heute in vielen Gemeinden das Abendmahl gehalten wird, läßt sich ermessen, wie groß der Schaden in der Gemeinde ist, welche nicht mehr vor und in allen Dingen alle Anliegen und alle
q) Phil 4, 6 Welt durch Gebet m i t D a n k s a g u n g vor Gott bringt q).

Von den ersten Christen sagt die Schrift: Sie brachen das
r) Apg 2, 46 Brot der Gemeinschaft voll Jubel (Jauchzen) und Einfalt r). Von diesem Jubel der Anbetung ist dieser Abschnitt noch durchdrungen: Allen, hoch und niedrig, soll das Heil zukommen, für alle ist zu bitten und zu danken, für alle ist Christus gestorben, Gott will, daß alle gerettet werden, allen Völkern soll diese F r e u d e n b o t s c h a f t gebracht werden.

[2] Holtz zeigt eine Verbindung von Kapitel 2 und 3 mit dem Herrenmahl (53 f). Unsere Auslegung versucht, seine wichtigen Anregungen aufzunehmen und in einen weiteren Rahmen zu stellen, denn die Beziehung auf das Abendmahl scheint uns zwar richtig, aber zu einseitig und ausschließlich.

Für alle Menschen. Das Gebet ist so umfassend, wie die Liebe
s) unbegrenzt ist, die alles trägt, alles glaubt, alles hofft, alles s) 1 Ko 13, 7
erduldet[3]. Seit Christus den Horizont des jüdischen Rabbiners
Paulus gesprengt hat, war das Dichten und Trachten des Völ-
ker-Apostels t) nie auf weniger als auf alles und alle gerichtet. t) 2, 7
Alle sollen erleuchtet werden von dem offenbarten Geheim-
nis Gottes, der alles erschaffen hat u). Schon immer hat Pau- u) 1 Ko 9, 19. 22; Eph 3, 9; Kol 1, 28
lus selber für alle gebetet v). Auch über die Gemeinde hinaus
fleht er zu Gott für die Juden, daß sie errettet werden w), v) Phil 1, 14; Eph 5, 20; Kol 1, 9
denn er weiß, „da ist kein Unterschied zwischen Juden und
Griechen, denn der Herr von *allen* ist reich für *alle*, die ihn
anrufen; denn *jeder*, der irgend den Namen des Herrn anru- w) Rö 10, 1
fen wird, soll errettet werden“ x). x) Rö 10, 12

In diesem Brief aber muß er noch deutlicher betonen, offenbar
gegen eine einengende Tendenz in der Gemeinde, daß ihr Ge-
betsdienst wirklich allen Menschen gelten soll.

Für Könige[4] und alle Hochgestellten. Das Gebet für die Herr- 2
scher und Würdenträger gründet auf der biblisch durchgängi-
gen Überzeugung, daß jede Autorität (Macht) von Gott abge-
leitet ist und nur im Zusammenhang mit Gottes Macht und
Willen bestehen kann. Wer immer Macht ausübt, kann es nur
tun, weil ihm diese Macht *verliehen* ist, was freilich Verant-
wortlichkeit des Machtträgers bedeutet und demzufolge den Miß-
brauch der Macht nicht ausschließt y). Weil jeder Mächtige y) Jo 19, 10—11
durch die Macht besonders gefährdet ist, bedarf er des Gebe-
tes derer, die auf Gottes Macht trauen z), darum soll das Evan- z) 1 Pt 2, 13—20
gelium auch den Statthaltern und Königen verkündet wer-
den a). Kaiser Claudius hatte um das Jahr 50, zu der Zeit, als a) Mk 13, 9; Apg 9, 5
Paulus an die Thessalonicher schrieb, die Juden aus Rom ver-
treiben lassen. In den Augen der römischen Beamten waren
die Christen eine jüdische Sekte. Ein Berichterstatter schreibt:
„Auf Betreiben des Chrestos erzeugen sie beständig Unruhe.“
Man muß die Bitte um ein Leben in Ruhe und Stille auf dem
Hintergrund solcher Aussagen und der sich häufenden Ver-
folgungswellen sehen. Die Christen wurden als „Atheisten und
Hasser des Menschengeschlechts“ gebrandmarkt. Warum? Sie
lehnten die Vergötzung des Staates ab, sie weigerten sich, die

[3] In den Versen 1—8 begegnet das Wort „alles“ achtmal. Die Freude an der Fülle gehört zum liturgischen, nicht zum kirchenrechtlichen Stil.

[4] „Könige“ steht ohne Artikel, es handelt sich nicht um bestimmte Personen, etwa den Kaiser Nero, sondern um eine Kategorie von Menschen, ebenso das nachfolgende Wort, das mit „Eminenzen“ übersetzt werden kann; bekannt im hellenistischen Sprachgebrauch.

offiziellen Götter anzubeten und den Kaisern göttliche Ehre zu erweisen. Kaiser Domitian (81—96) ließ sich Dominus et Deus titulieren. Die Verfolgung unter Kaiser Decius (249—51) verstand Cyprian gleich den atl Propheten von Gott her, der das zuließ: „Um seine Familie zu prüfen, sandte Gott eine neue Verfolgung." Nicht trotz der Verfolgungen, sondern durch sie war der kleine Haufen von Christen bis zum Jahre 300 auf ca. 7 Millionen angewachsen, und dies bei einer Gesamtbevölkerung des römischen Reiches von ca. 50 Millionen. Dann trat die verhängnisvolle Wende ein, so daß das zur Staatskirche und Staatsreligion erhobene Christentum anfing, die Heiden zu verfolgen. Das war Abfall!

Selbst wer die Past in spätere Zeit ansetzen wollte, darf nie außer acht lassen, daß die Christen damals eine geächtete und verfolgte Minderheit waren.

Das Gebet für Könige und Machthaber war nicht klug berechnete Politik der Anpassung, sondern Tat des Glaubens, Bekenntnis zum wahren Herrscher, Kritik und Relativierung der bestehenden Mächte durch die Fürbitte für sie.

So steht dieser Gebetsanruf in direkter Linie zu den Ausführungen über die Obrigkeit im Römerbrief b) und erhält eine zusätzliche Betonung dadurch, daß die Fürbitte für die Könige (sogar für solche, die die Christen verfolgen! Mt 5, 44) ihnen zwar Ehre gibt, in ihnen zugleich aber auch unmißverständlich zu schwache und fehlsame Menschen sieht, die der Fürbitte vor dem allein wahren Gott wirklich bedürfen. Schon im AT finden wir das Gebet für die Autoritäten, auch für diejenigen, welche die Juden in Gefangenschaft geführt haben, denn letztlich war es Gott selbst, der sein Volk weggeführt hat, obgleich er dazu menschliche Werkzeuge, eben „die Mächtigen", gebrauchte: „Sucht den Frieden der Stadt, wohin ich (!) euch weggeführt habe, und betet für sie zum Herrn, denn in ihrem Frieden werdet auch ihr Frieden haben c)."

b) Rö 13, 1 f; vgl. 1 Pt 2, 13 f

c) Jer 29, 7

Auf daß wir ein ruhiges und stilles Leben führen können. Es ist seltsam, daß moderne Ausleger meinen, gestützt auf diese und andere Stellen, den Past eine „Bürgerlichkeit" vorwerfen zu müssen, die ein Rückschritt sei gegenüber den unbestrittenen Paulusbriefen[5]. Dem ist zu entgegnen: Schon ein Vergleich mit dem Wort des Propheten Jeremia d) sollte zur Zurück-

d) Jer 29, 7

[5] Dibelius/Conzelmann, S. 7; R. Bultmann, Geschichte und Eschatologie, S. 58; E. Kähler, Die Frau in den paulinischen Briefen, S. 142.

haltung anleiten, bevor man das Gebet um Frieden als „bürgerlichen Wunsch" hinstellt. Was die weggeführten Juden durchmachten und was die Christen unter Nero erlitten, kann sehr wenig verglichen werden mit dem, was unsere Zeit aus einer falschen Gegenüberstellung von Elite und Masse und einer romantischen Unterscheidung von Genie und Revolutionär und Bürger als „Bürgerlichkeit" brandmarkt[6]. Sodann gilt es zu sehen, daß man im AT und im NT und so auch Paulus schon immer mit Gehorsam und Fürbitte ganz konkrete Auswirkungen und Segnungen verbunden hat. Die Verheißung, die den Kindern gilt, die ihre Eltern ehren, wäre dann ebenfalls echt bürgerlich: „Auf daß es dir wohlergehe und du lange lebest auf der Erde" e), was aber niemand behaupten wird! Weiter ist zu bemerken, daß das erwünschte und erbetene ruhige und stille Leben gerade nicht in bürgerlicher Selbstgenügsamkeit und Behaglichkeit geführt werden soll, sondern **in aller Gottseligkeit und Heiligkeit** mit dem Ziel, daß das Evangelium von dem Erlöser-Gott zu allen Menschen durchdringen kann. Kriege und gesellschaftliche Katastrophen erlauben weder den nötigen Aufbau der Gemeinde noch ihren Missionsdienst in aller Welt[7].

e) Eph 6, 3; 2 Mo 20, 12

Wem die Bitte des Propheten um den Frieden der Stadt bürgerlich und banal erscheint, der müßte diese Einstellung auch dem Herrengebet zur Last legen, wenn nach ihm zur wesentlichen Struktur jeden Gebets die Bitte um das tägliche Brot (gegen Hungersnot und Verwüstung des Landes) und um Verschonung vor der Versuchung gehört.

Darum sollte das, was ein ruhiges und stilles Leben der Christen ausmacht, nur im Zusammenhang mit den Worten vom

[6] Wendet man die Definition vom Bürger an, die C. F. Ramuz gegeben hat, so merkt man, daß die Scheidelinie nicht zwischen unseren Kategorien von Revolutionär und Bürger, Bohémien und Spießer durchgeht, sondern quer durch alle Gesellschaftsschichten verläuft: „Ich nenne, ganz allgemein, ‚Bourgois' jeden, der keinen Sinn für das Wesenhafte hat." (Taille de l'homme, Maß des Menschen).

[7] Die Pax Romana, die relative Befriedung und der Frieden des römischen Weltreiches, steht nicht ohne Zusammenhang zur „Fülle der Zeit", in der Gott seinen Sohn sandte (Gal 4, 4); die „Infrastruktur" für den Lauf des Evangeliums durch die ganze damalige Welt war bereitet. Einen Eindruck von den Anschauungen über die Zustände im römischen Reich vermittelt der Anfang der Anklagerede des Anwaltes Tertullus: „Mit großer Dankbarkeit erkennen wir allezeit und allerorten an, hochedler Felix, daß wir durch dich tiefen Frieden genießen und durch deine Fürsorge das Volk in geordneten Verhältnissen leben kann" (Apg 24, 3 W). Das Gebet der Christen erstrebt aber mehr als nur „geordnete Verhältnisse" zum eigenen Wohlleben. Der nachfolgende Zusammenhang macht das deutlich.

f) I 1, 19 guten Kampf f) und dem Gebet als dem ständigen Kriegsdienst der Christen gesehen werden.

Gottseligkeit (E 15) ist die aus dem Geheimnis Gottes lebende
g) I 3, 16 g) und auf ihn weisende Grundrichtung des Lebens (E 15).

Heiligkeit entspricht der Ernsthaftigkeit, die aus einem Leben vor Gott Gestalt gewinnt.

Das hebräische Gegenstück zum hellenistischen Sprachgebrauch finden wir im Lobgesang des Zacharias: „Daß wir, gerettet aus der Hand unserer Feinde, in Furcht (eben in Ruhe und Stille) ihm dienen sollen, in Gottseligkeit und Gerechtig-
h) Lk 1,74—75. 79 keit (= Heiligkeit) *vor ihm* alle unsere Tage h)."

Diese erstaunliche Parallele mahnt zur Zurückhaltung, wenn man zu schnell und ausschließlich hellenistische Einflüsse und Umprägungen feststellen will. In beiden Aussagen ist eine Frömmigkeit gemeint, die schwerlich mit „Bürgerlichkeit" verwechselt oder gar gleichgesetzt werden kann.

In aller Gottseligkeit hat den Sinn von ganzer, völ-
i) II 3, 5 liger Frömmigkeit, die nicht nur nach außen i) weltangepaßt und sichtbar gemacht wird, sondern die den ganzen Men-
k) I 4, 7—8; 6, 3. 5. 6. 11 vgl. 1 Pt 3, 4 schen und das ganze Leben durchwirkt k). Wie ganz unbürgerlich diese Frömmigkeit zu sehen und auszuleben ist, zeigt II 3, 12: Wer so leben will, gottselig in Christus, der wird der Verfolgung (durch die Bürgerlichen und Antibürgerlichen) nicht entgehen!

3 **Das ist gut und wohlgefällig vor Gott, unserem Retter.** Gegen alle Einwände und Zweifel ist das Recht und die Gewißheit des Gebets und eines damit übereinstimmenden Lebens in Gott, dem Erlöser, begründet. Er hat die „Rechtfertigung des
l) Rö 5, 18 Lebens" l) allen Menschen eröffnet. Das weltweite Gebet der Gemeinde ist gut[8] und wohlgefällig in Gottes Urteil, weil **er**
4 **will, daß alle Menschen gerettet werden und zur Erkenntnis der Wahrheit gelangen.** Die Gemeinde bittet nicht um nur äußeres Wohlergehen, weder für sich noch für die Herrscher; vielmehr ist alles Flehen und Danken auf den Retterwillen[9] Gottes gerichtet und erhält von ihm ihre Begründung.

[8] gut (kalos), schön in der äußeren Erscheinung (Lk 21, 5), in der Beschaffenheit: brauchbar, gut, köstlich, edel; sittlich schön und gut; 24mal in den Past und 16mal in allen übrigen Briefen: 1, 8. 18; 2, 3; 3, 1; 7, 13; 4, 4. 6; 5, 10. 25; 6, 12. 13. 18. 19; II 1, 14; 2, 3; 4, 7; Tit 2, 7. 14; 3, 8. 14.

[9] „Gott will" übersetzt P hier mit thelo (Mt 6, 10; 23, 37!), das bei ihm 60mal vorkommt; es hat eher den Sinn von willentlich wünschen im Gegensatz zum befehlenden und anordnenden Wollen *(boulomai):* Lk 10, 22; Hb 6, 17; 2 Pt 3, 9; 1 Ko 12, 11 und in den Past I 2, 8; 5, 14.

Wie immer man es verstehen mag, daß „alle Menschen gerettet werden“ sollen, es steht fest, daß diese Erlösung nicht ein automatischer Vorgang ist; denn die Menschen müssen einzeln zur Wahrheit hinzukommen; nur wer in das erschienene Licht persönlich hineingeht, wird erleuchtet. Wer aber draußen steht, bleibt im Finstern m). **Erkenntnis der Wahrheit** als Ausdruck für Bekehrung und Errettung des Menschen erscheint nur in den Past n) und hat einen deutlichen Anklang an die bei Johannes gebräuchliche Wendung. Doch ist „erkennen“ sehr gebräuchlich bei Paulus[10], der das Evangelium immer mit der Wahrheit in Beziehung bringt, die es zu „erkennen“ gilt o).

m) Jo 3, 19—21
n) II 2, 25; 3, 7; Tit 1, 1; Ausnahme Hb 10, 2 b
o) Rö 2, 8; 3, 4; 2 Ko 6, 7

5 **Einer ist Gott und einer Mittler zwischen Gott und den Menschen, der Mensch Christus Jesus.**

Wir haben hier wahrscheinlich ein Zitat aus einem vorgeformten Gebet beim Herrenmahl vor uns (E 25e). Die Universalität des Heils beruht nach einer für Paulus typischen Begründung p) auf der Einzigartigkeit Gottes und darum der Einzigartigkeit des Heils und seines Mittlers. Vielleicht soll hier gegen die vielen lokalen Götter betont werden, daß der eine Gott für die eine Menschheit ein Heil durch e i n e n[11] Mittler verkündigen läßt.

Gal 2, 5. 14; 5, 7
p) Rö 3, 20; Gal 3, 20; Eph 3, 4—21; 4, 6; 1 Ko 8, 4—6; vgl. atl: 5 Mo 6, 4; Gal 3, 19; Mk 12, 32

Weil in Jesus Christus Gott und Mensch vereint sind, ist er zum Mittler[12] geworden zwischen Gott und Mensch. Als der wahre Mensch, der wirkliche Mensch[13], als der zweite Adam ist er der Stellvertreter der adamitischen Menschheit vor Gott geworden q). Die Wortfolge „Christus Jesus“ aber macht deutlich, daß er von Gott gekommen ist r) zur Sühnung der Sünden der ganzen Welt s). Er ist der Messias, der als Mensch Jesus hieß.

q) Rö 5, 15; 1 Ko 15, 47; Phil 2, 7. 8
r) 1, 15
s) 1 Jo 2, 2

6 Entscheidend für das Zeugnis von der Erlösung ist nun, daß nicht einfach die Inkarnation (die Menschwerdung) als solche gepriesen wird, sondern Jesus ist der, **der sich selbst als Lö-**

[10] 11mal außerhalb der Past.

[11] Im griechischen Text ist beide Male das „eine“ betont. Man bedenke hierzu etwa, daß Artemis die Göttin der Epheser war (Apg 19, 35). Es kann aber auch an die Mittler des alten Bundes (5 Mo 5, 5) gedacht sein, denen der eine Mittler gegenübersteht (Hb 2, 16; 8, 6; 9, 15; 12, 24; Kol 2, 18). Auch die Mysterienkulte kannten viele Mittler, ebenso die spätere Gnosis.

[12] *Mittler* nur hier und Hb 8, 6; 9, 15; 12, 24, aber dem Inhalt nach gleich wie Rö 3, 24; 2 Ko 5, 19; Hio 33, 23 f; 16, 21. Zur Gottheit Christi I 3, 16; Tit 2, 13.

[13] Der Artikel vor „Mensch Christus Jesus“ ist ausgelassen, derart die einzigartige Menschlichkeit betonend.

t) Mk 10, 45; Mt 20, 28 Tit 2, 14

u) Gal 1, 4; 2, 20; 1 Ko 6, 20; 7, 23; Eph 1, 7; Kol 1, 14; vgl. Jo 10, 15—18; 1 Jo 3, 16; 2, 2

segeld für alle gegeben hat. Dieses Wort vom **Lösegeld,** das direkt an die Aussage des Herrn in den Evangelien t) anknüpft[14], ist zentral für die biblische Lehre von der Erlösung. Das Lösegeld[15] ist der Preis, der für den Loskauf eines Sklaven bezahlt wird. Aus Liebe gibt Christus sein Leben als Lösegeld in den Tod. Sein blutiger Opfertod ist der Preis, mit dem wir Sünder freigekauft wurden von Sünden, Tod und Teufel u). Das gerade macht das Wort vom Kreuz zur Torheit für menschliches Begreifen: daß für die Erlösung der Menschheit die freiwillig-gehorsame Selbsthingabe des Erlösers unumgänglich nötig war. Nichts als das lebendige Sühnopfer, das Christus mit seinem eigenen Leben und Blut dargebracht hat, kann die Tatsache deutlicher machen, daß es in der Frohbotschaft von der Erlösung der verschuldeten Menschheit nicht einfach um eine Gedankenvorstellung und -konstruktion geht, sondern um ein echtes Lieben und Leiden im letzten und entscheidenden Sinn geschichtlichen Handelns.

Als Mensch ist er der Mittler, weil er sich solidarisch, eins macht mit allen Menschen. Vor Gott tritt er für die in ihm repräsentierte Menschheit ein, indem er sein Leben als Lösegeld hingibt.

Die ohne Einschränkung für alle Menschen gültige Erlösung, die Jesus Christus durch seine Hingabe am Kreuz vollbracht hat, sollte von den Christen ohne Angst vor einer falschen Allversöhnungslehre[16] viel deutlicher betont, gepriesen und ins Bewußtsein erhoben werden, sowohl im Leben der Gemeinden wie im Alltag. In der Gemeinde würde sich das —

[14] Direkte Beziehungen zu den Synoptikern sind auch sonst in den Past nachweisbar: vgl. I 5, 18 mit Lk 10, 7; II 2, 12 mit Mt 10, 33.

[15] *lytron* in Mt 10, 45; hier: *antilytron; anti* hat den Sinn von: gegenüber von, anstelle von, stellvertretend für; vgl. Lk 11, 11: eine Schlange anstelle eines Fisches. Dazu das syn *apolytrosis* in Rö 3, 24; 8, 23; 1 Ko 1, 30. Der Zusatz *hyper panton* (für alle) hat die Bedeutung: zum Vorteil, zugunsten, zum besten von; wie in 1 Ko 5, 7; 11, 24; 15, 3; Eph 5, 2; vgl. Jo 6, 51: mein Fleisch, welches ich gebe für das Leben der Welt. „Für alle gegeben" entspricht dem „für viele vergossen" in Mk 14, 24.

[16] Diese Lehre (alle Menschen und alle bösen Mächte sollen schlußendlich mit Gott versöhnt werden) ist deshalb abzulehnen, weil sie „alles" für die menschliche Vernunft einsichtig erklären zu können meint. Doch Bibeltexte von der allumfassenden und bedingungslosen göttlichen Versöhnung können nur richtig gelesen und gehört werden, wenn sie in ihrer unauflöslichen Spannung zu ebenso eindeutigen Gerichtsworten gesehen werden. Wer sich von diesen Texten warnen und trösten läßt, in der Einsicht, daß wir die volle Erkenntnis in das Geheimnis von Gericht und Versöhnung nicht haben, eben weil Gott Gott ist und wir Menschen sind, der hört sie richtig. Wo aber die Heilsgeschichte in ein widerspruchfreies System gebracht wird, da überschreitet der Mensch seine Grenzen.

der Textzusammenhang macht es deutlich — in einer neuen Weite und Tiefe des Gebetslebens und einer neuen daraus erwachsenden glaubwürdigen Verkündigung zeigen. Im Alltag kann das bedeuten, daß einer in der Straßenbahn oder am Arbeitsplatz für Menschen bitten und danken kann, die Gott geschaffen und für die Christus sein Leben geopfert hat zur Erlösung[17]. Wirklich, Gemeinde und Gesellschaft kann und soll geheilt werden durch den einen Mittler: Christus! **Das Zeugnis in der Fülle der Zeit.** Dieser wegen seiner gedrängten Form schwer auszulegende Nachsatz bedeutet entweder: der Opfertod Christi ist der Beweis (das Zeugnis) für den allumfassenden Heilswillen Gottes, den er als der König der
Zeitalter v) zur von ihm festgesetzten Zeit w) gegeben hat, v) 1, 17
oder das Zeugnis vom erlösenden Tod des Herrn soll zu der w) 6, 15;
von Gott festgesetzten Zeit durch seine Boten kundgetan wer- Tit 1, 3; Rö 5, 6;
den. Im Herrenmahl wurde der Tod des Herrn x) verkündet.

Weil Christus für alle gestorben ist, darum soll und darf das 7
Gebet allen Menschen gelten. Doch nicht das Gebet allein, Gal 4, 4;
sondern der daraus entstehende Gehorsam soll zu einem Wei- 6, 9; Mk 1, 15
tergeben der Frohbotschaft an alle Welt führen. Aus der Hin- Jo 13, 1
gabe an Gott folgt das Hingehen zu den Menschen. **Dazu bin** x) 1 Ko 11, 26
ich zum Herold und Apostel bestellt worden y) **— ich sage** y) II 1, 11
die Wahrheit und lüge nicht — zum Lehrer der Völker in Glauben und Wahrheit. Wenn Paulus von der Erlösung spricht, die in Christus verwirklicht wurde, verbindet er da-
mit immer seine persönliche Berufung als Verkünder z). Jede z) 1, 11; 2 Ko
Aussage über das Heil wird unglaubwürdig abstrakt, wenn 5, 18—6, 1;
sie den, der davon spricht, nicht zum Heilsboten, zum Herold, Eph 3, 7—8
macht. Die Apostel sind die Fortsetzung des göttlichen Zeug-
nisses a): „als ob Gott durch uns ermahnt: Wir bitten an a) 1 Jo 5, 9—10
Christi Statt: Lasset euch versöhnen mit Gott“ b). Nicht er
selber hat sich dazu gemacht, er ist eingesetzt worden, damit b) 2 Ko 5, 20

[17] Johann Christoph Blumhardt vermeidet eine kurzschlüssige Allversöhnungslehre, läßt aber nicht ab von der Liebe, die alles hofft, und vor allem: er läßt nicht ab vom weltumfassenden Gebet, wie es unsere Stelle erwartet. Ein Gebet von ihm lautet: „Herr, unser Gott, deine Augen schauen auf die Welt und die Weltsünde. Aber deine Gnade ist groß, deine Barmherzigkeit ist ohne Grenzen. Um Jesu Christi willen wirst du der Welt das Heil bringen, das verheißen ist, wenn der große Tag kommt in Jesus Christus, dem Heiland, der für uns sein Blut vergossen hat, und der auch die, die jetzt in Not und Elend sind, besuchen kann, damit er seinen Frieden und seine Kraft in ihr Herz lege, daß das Sterben ein Leben werde.“

er das Zeugnis ausrufe als Herold[18], Apostel und Lehrer, und zwar nicht nur für Israel, sondern für alle Völker (E 25).

In Glauben und Wahrheit kann sich sowohl im subjektiven Sinn beziehen auf die Art und Weise, wie Paulus Lehrer der Völker ist c), wie auch objektiv auf den Inhalt der Botschaft, die allen Glaubens würdig ist, weil sie aus Gottes Wahrheit stammt.

c) 2 Th 2, 13. 14 vgl. Tit 1, 1

b) Der Gebetsdienst der Männer 2, 8

8 Ich will nun, daß an allen Orten die Männer beten, indem sie heilige Hände erheben ohne Zorn und Zank.

Für die Auslegung des Abschnittes 2, 8—15 muß uns das ganze Gewicht des Vorangegangenen ständig vor Augen bleiben, weil sonst Sinn und Zuordnung der einzelnen Anweisungen verlorengeht oder entstellt wird. Die große, weltweite Schau der Erlösung und des durch sie begründeten weltumfassenden Gebetes für alle Menschen[19] steht nicht im Gegensatz zu den jetzt folgenden einzelnen und konkreten Anweisungen für das Verhalten der Männer und Frauen im Gemeindegebet. Vielmehr ist es typisch für die Irrlehrer, daß sie die Spannung zwischen Gott und Mensch, Ewigkeit und Zeit, Geist und Fleisch aufheben, die eine Seite verabsolutieren und die andere unterdrücken[20].

[18] Ein Herold ist einer, der in allerhöchstem Auftrag eine öffentliche Bekanntmachung zu proklamieren hat. Bei P nur hier und II 1, 11, vgl. 2 Pt 2, 5.

[19] Die am 4. Dezember 1963 in Rom promulgierte Konstitution über die heilige Liturgie gründet ihre Aussagen auf 1. Timotheus 2: „Gott, der da will, daß alle Menschen gerettet werden und zur Erkenntnis der Wahrheit gelangen (1 Tim 2, 4), hat in früheren Zeiten vielfach und auf vielerlei Weise durch die Propheten zu den Vätern gesprochen (Hb 1, 1). Als aber die Fülle der Zeiten kam, sandte er seinen Sohn, das Wort, das Fleisch angenommen hat und mit dem Heiligen Geist gesalbt worden ist, den Armen das Evangelium zu predigen und zu heilen, die zerschlagenen Herzens sind (Jes 61, 1; Lk 4, 18), den Arzt für Leib und Seele (Ignatius von Antiochien), den Mittler zwischen Gott und Menschen (1 Tim 2, 5). Denn seine Menschheit war in der Einheit der Person des Wortes Werkzeug unseres Heils. So ist in Christus hervorgetreten unsere vollendete Versöhnung in Gnaden, und in ihm ist uns geschenkt die Fülle göttlichen Dienstes ... Nach dem Evangelium und der Homilie soll ... das allgemeine Gebet oder „Gebet der Gläubigen“ wieder eingeführt werden, damit unter Teilnahme des Volkes Fürbitte gehalten werde für die heilige Kirche, für die Regierungen, für jene, die von mancherlei Not bedrückt sind, und für alle Menschen und das Heil der ganzen Welt“ (1 Tim 2, 1 f).

[20] „So weit der erste Teil, so eng der zweite. Zwischen den beiden Teilen besteht ein ganz tiefer Zusammenhang. Je weiter die Gemeinde sich die Ziele des Dienstes steckt, um so sorgfältiger muß sie ihr inneres Leben regeln. Die im Gebet der Welt dienende Gemeinde ist und bleibt die ihrem Herrn gehorsame Gemeinde“ (Brandt).

In 1 Ko 11, 17—34 ordnet Paulus an[21], wie sich die Gemeinde, die zum Abendmahl versammelt ist, zu verhalten hat; in unserer Stelle geht es nicht um verwilderte Eßgewohnheiten, sondern um Aggressionen der Männer, die in Zorn und Zank sichtbar werden, und um Aspirationen der Frauen, die im Verhalten und in der Kleidung sich zeigen; dadurch stehen Männer und Frauen im Widerspruch zum Bekenntnis beim Herrenmahl und zur Fürbitte für die Welt.

Gebet soll werden an allen Orten a), wo das Evangelium verkündet wurde und wo Christen sich als Gemeinde versammeln, öffentlich und in den Häusern. Noch immer ist der Blick auf die Universalität des Heils gerichtet, auf Bitten und Dank für alle Menschen. Eine Anlehnung an Maleachi 1, 11 liegt nahe: „An allen Orten wird meinem Namen reine Opfergabe dargebracht.[22]“

a) 1 Ko 1, 2; 2 Ko 2, 14; 1 Th 1, 8

Heilige Hände erheben. Das Erheben der ausgestreckten Arme und Hände ist von alters her die Haltung, die[23] ein Bittender einnimmt, der vor einen Vorgesetzten oder vor Gott hintritt b). Die Christen haben, wenn auch nicht ausschließlich, in dieser Stellung gebetet[24]. In den erhobenen Händen

b) 2 Mo 9, 29; 17, 11; 1 Kö 8, 54; Jes 1, 15; Neh 8, 6; Hio 11, 13; Ps 63, 5

[21] *boulomai* = ich will; wie Phil 1, 12; 1 Ko 12, 11; I 2, 8; *parangello* wie I 1, 3; 4, 11; 5, 7; 6, 13. 17; wie 1 Th 4, 11; 2 Th 3, 4. 6. 12; 1 Ko 7, 10!; kein Unterschied in der Bedeutung also; *diatasso,* anordnen, befehlen: 1 Ko 9, 14; 16, 1; *parangelia:* die apostolische Weisung, so in I 1, 18 wie im ersten Brief des Paulus 1 Th 4, 2; in I 1, 18 „als Anweisung fast gleich der Predigt“ (Bauer); wie Tit 1, 5; wie 1 Ko 7, 13: So will ich, daß es in allen Gemeinden gehalten werde; 1 Ko 9, 14: der Herr hat verordnet; 1 Ko 16, 1.

[22] Justinus, Jrenäus, die Didache erwähnen Mal 1, 11, um die universale Ausbreitung der Eucharistie (= Herrenmahl) zu begründen. Vgl. reine Hände = reine Opfergabe; dazu Hb 13, 15, das Gebet als Opfer des Lobes.

[23] „Der Gott Hadad kennt (erhört) die Erhebung der Hände“ (das Gebet) (Hamurabi Codex Prol. 56, 57).

[24] In den Fresken der Katakomben sieht man diese Gebetsstellung. Tertullian ermahnt die Christen, daß sie nicht wie die Heiden ihre Hände ganz in die Höhe heben sollen, sondern eher so ausgestreckt, wie Christus am Kreuz hing. Verschiedene Gebetshaltungen in der Bibel:
1) stehen: 1 Mo 18, 22; 1 Sam 1, 26; Mt 6, 5; Mk 11, 25; Lk 18, 1. 3
2) neigen des Kopfes: 1 Mo 24, 48. 13; 2 Mo 12, 27; 2 Chron 29, 3; Lk 24, 5.
3) die Augen zum Himmel richten: Ps 25, 15; 121, 1; 123, 1; 145, 15; Jo 11, 41; 17, 1; Apg 8, 55.
4) knien: 2 Chron 6, 13; Ps 95, 6; Jes 45, 23; Dan 6, 10; Mt 17, 14; Mk 1, 40; Apg 7, 60; 9, 40; 20, 36; 21, 5; Eph 3, 14.
5) niederfallen, mit dem Angesicht auf der Erde: 1 Mo 17, 3; 24, 26; 4 Mo 14, 5. 13; 16, 4; Jos 5, 14; Ri 13, 20; Neh 8, 6; Dan 8, 17; Mk 7, 25; Offb 1, 7.
6) das Gesicht zwischen den Knien: 1 Kö 18, 42.
7) sich an die Brust schlagen: Lk 18, 3.

drückt der Mensch leiblich aus, daß er sein ganzes Leben auf Gott hin ausrichtet und aufrichtet. Herz und Hände werden erhoben zu Gott: „Erheben wir unsere Herzen samt unseren Händen zu Gott im Himmel c).“ Die Betonung liegt nicht auf der Geste, sondern auf der ganzheitlichen Haltung des Menschen vor Gott, das Innere soll mit dem Äußeren, der Leib mit dem Geist nicht in Widerspruch stehen, sondern eins sein; das gilt für die Männer wie für die Frauen, denn beide, sie alle können in den Gemeindezusammenkünften beten wie in Korinth d) und „an allen Orten“. **Heilige Hände** sind zunächst mit Wasser sauber gewaschene Hände[25], dann im übertragenen Sinn: die sittliche Reinheit, das heilige Handeln aus reinem Gewissen e). Das Wort des Propheten Jesaja f) hebt die zentrale Bedeutung der menschlichen Hand für alles H a n d e l n, auch für das Beten, hervor: „Und wenn ihr eure Hände ausbreitet, verhülle ich meine Augen vor euch; selbst wenn ihr des Betens viel macht, höre ich nicht; eure Hände sind voll Blutes. Wascht euch, reinigt euch; schafft die Schlechtigkeit eurer Handlungen (!) mir aus den Augen, laßt ab vom Übeltun[26].“

Wer unversöhnlich ist gegen seinen Nächsten, wer seinem Bruder zürnt, wer mit ihm streitet und hadert, kann nicht im Gebet vor Gott treten g).

Die Mahnung gegen Wortstreitereien[27] ist besonders typisch

c) Kla 3, 41
d) vgl. 1 Ko 11, 5 mit 11, 16
e) Jak 4, 8; Hio 16, 17; Hb 10, 22; Ps 26, 6
f) 1, 15—16
g) Mt 5, 22—25; 6, 14; Mk 11, 25; Eph 4, 31. 32

[25] Ob in späterer Zeit „reine Hände“ wieder buchstäblich, gesetzlich als kultische Reinigung mißverstanden wurde? *Christianus lavet manus omni tempore quo orat:* Der Christ wäscht jedesmal die Hände, wenn er betet (Can. Hippolytus 241), vgl. Mt 15, 2. 20! Unsere Stelle gibt dazu keinen Anlaß; sie ist eindeutig auf Gesinnung und Handeln bezogen: Zorn und Zank.

[26] rein *(osios)* ist zwar hellenistisch gebräuchlich als „kultisch rein“, ist aber hier trotzdem mehr aus der atl Welt verstanden, als Kähler behauptet: „Ihm (dem Wortgebrauch von rein) wohnt kein ‚eschatologischer Kern‘ inne, sein ‚Sinngehalt‘ ist ‚selbstgerechter‘, als es der neutestamentlichen Gemeinde entspricht. Der Begriff fehlt in den unbestrittenen Paulinen ganz“ (148 f). Dagegen ist zu sagen, daß der Begriff „rein“ im ersten und unbestrittensten Brief des Paulus vorkommt, und zwar ganz im Sinne eines sittlichen Verhaltens, wie die Zusammenstellung von rein, gerecht, untadelig zeigt (1 Th 2, 10). Den atl Zusammenhang von „rein“ und Gebet läßt Hb 7, 25—26 noch erkennen: Christus ist der Hohepriester, der fürbittend eintritt für seine Gemeinde. Er ist rein und untadelig, arglos; ebenso sollen alle Männer und Frauen, die zu Priestern Gottes gemacht worden sind, rein und würdig hintreten zum Gebet für die Welt. Weiter: Apg 2, 27; 13, 35 nennt im Zitat von Ps 15, 10 den Messias als den Reinen; in Offb 15, 4; 16, 5: Gott selbst.

[27] *dialogismos* ist hier zu übersetzen mit „bösartiger Auseinandersetzung“, mit „Wortstreitereien“ oder „Zank“ und nicht: „zweifelnde Überlegung“ oder „Zweifel“. Das Wort be-

für die Past h); sie berührt einen konkreten und zentralen Schaden in der Gemeinde. Das gesetzliche Betonen der Formen und das Vorbringen von Sonderlehren fördert den Wortstreit. Darum muß zuerst das Selbstgericht und die Versöhnung geschehen i), bevor gebetet werden kann in der Gemeinde.

h) 3, 3. 8; 5, 13; 6, 11; II 2, 24; Tit 1, 7; 2, 3; 3, 2
i) 1, 18—20

c) Der Gebetsdienst der Frauen 2, 9—15
(Siehe Anhang 4: Die Stellung der Frau)

9 Ebenso (will ich), daß die Frauen keusch und verständig sich
schmücken mit schmucken Kleidern, nicht mit Haarputz,
10 Goldgepränge, Perlen und aufwendigen Kleidern, * son-
dern mit guten Werken die Gottseligkeit verkündend, wie
11 es Frauen geziemt. Eine Frau lerne in Ruhe und ganzer Un-
12 terordnung. * Öffentlich zu lehren, erlaube ich einer Frau
nicht; sie soll nicht (mit Worten) über einen Mann herr-
schen, sondern sich ruhig verhalten. Denn Adam wurde zu-
13 erst geschaffen, dann Eva. * Und nicht Adam wurde ver-
führt, sondern die Frau wurde betört und fiel in Übertre-
14 tung. * Sie wird aber durch die Schmerzen der Geburt hin-
durchgerettet werden, wenn sie bleiben in Glaube und Lie-
15 be und Heiligung mit Verständigkeit.

Die Männer sollen rein handeln mit ihren Händen, die Frauen rein sein in ihrer Kleidung; die Männer weder zürnen im Herzen, noch streiten mit Worten; die Frauen weder unkeusch sein im Herzen, noch um ihre Stellung kämpfen mit Worten. Wie für die Männer das Verhalten an Leib und Seele, die Übereinstimmung von Herz und Hand, von Gesinnung und Handlung unerläßlich ist für den hohen Auftrag der weltumfassenden Fürbitte und des Fürdankes, desgleichen soll auch der innere „Habitus“ (Gewandung als Verfassung des inneren Menschen) der betenden Frau übereinstimmen mit dem sicht-

deutet ursprünglich Gedanke, Überlegung und kann, wo sich widerstreitende Überlegungen aufdrängen, zum Zweifel führen (Rö 14, 1) oder aber zu bösen Überlegungen, die sich in Streitgesprächen äußern (Lk 5, 22; 9, 46(!); Phil 2, 14). Jakobus 2, 1—13 illustriert treffend, wie in einer Gemeindeversammlung böse Gedanken und Worte aufkommen. 2, 4: *dialogismos* = „Seid ihr denn nicht mit euch selbst in Widerspruch geraten und Richter mit bösen Gedanken geworden?“

baren Gewand und Gebaren[28]. Männer und Frauen sind berufen zum Gebet in der Gemeinde. — **Sich schmücken.** Das Bedürfnis, sich zu schmücken, wird weder in Frage gestellt noch unterdrückt oder gar verboten, sondern auf seinen Ursprung bezogen: wahrer Schmuck, wahre Schönheit kann nur in der Übereinstimmung von innen und außen bestehen. — **Schmucke Kleider:** Das Adjektiv „schmuck" wurde für die Übersetzung gewählt, damit die Beziehung zu schmücken auch in der deutschen Sprache erhalten bleibt; **schmuck:** kosmios, entspricht kosmeo als Verb. Der ursprüngliche Sinn: geordnet wie der Kosmos, die geordnete Schöpfung im Gegensatz zum ungeordneten Chaos; im übertragenen Sinn: wohl geordnet, geziemend, ehrlich, bescheiden. Luther übersetzt: „in zierlichem Kleid mit Scham und Zucht sich schmücken"[29] — **keusch**
k) wie Hb 12, 28 ist eigentlich Schamhaftigkeit, Scheu, Ehrfurcht k). — **verständig**
l) 2, 15; Apg 26, 25 **dig** e): eigentlich: mit Besonnenheit, Zurückhaltung. Beide Ausdrücke sind aus der hellenistischen Vorstellungswelt übernommen, wo sie die persönliche innere Haltung des einzelnen ausdrücken. Im Zusammenhang unserer Stelle aber erhalten diese griechischen Tugenden einen ganz neuen Sinn: Sie sind nicht mehr beschränkt auf das Verhalten sich selbst gegenüber, sondern auf das Zusammenleben mit der Gemeinde vor Gott.

Wie die Knechte durch ihre Treue in der Arbeit die Lehre
m) Tit 2, 1 des Erlösers zieren m), so können die Frauen durch ihre Art, wie sie sich selbst schmücken und verhalten, **die Gottseligkeit verkünden mit guten Werken — verkünden:** eine Botschaft

[28] Einige Handschriften beginnen Vers 9 mit *kai* = und; dadurch wird die Absicht noch mehr die, daß für Männer und Frauen inhaltlich einander entsprechende Aussagen gemacht werden sollen (ebenso = in gleicher Weise), wie auch in 1 Ko 11, 4 und 5: Jeder Mann, der betet oder weissagt ..., jede Frau, die betet oder weissagt. In Korinth stand die Frage der Kopfbedeckung zur Diskussion, in den Past geht es um Kleidung und Zurschaustellung des Reichtums, da Reiche in der Gemeinde sind. Diese sollen ihren Reichtum nicht für die Hoffart der Frauen, sondern zusammen mit den Frauen für gute Werke einsetzen (I 6, 17. 18).

[29] Wir übersetzen *katastole* mit „Kleider". Das Wort ist zusammengesetzt aus *kata:* herablassen, und *stole:* das lange Gewand; es ist das Kleid der Engel (Mk 16, 5), der verklärten Frommen (Offb 6, 11; 7, 9. 13; 22, 14); so wird auch das Gewand der Priester genannt: Stola. *katastole:* das Herablassen des Überwurfes, so daß der rechte Arm bedeckt bleibt; daraus entsteht dann im übertragenen Sinn: die äußere Haltung, die sich auch in der Kleidung ausdrückt. Vgl. lat. *habitus,* was sowohl Kleidung wie Haltung bedeutet. Haarputz: Josephus berichtet, daß Frauen ihre Haare mit Goldstaub bepudert haben, um ihnen Glanz zu verleihen. Die Bereitung der Haartracht war eine große Arbeit, von Sklavinnen ausgeführt. Hld 4, 1; 6, 5 rühmt die Schönheit, 7, 6 die Verführungskraft der Frauenhaare.

laut und deutlich aussagen und weitergeben; wie 6, 21. Die guten Werke sprechen eine deutliche Sprache, und sie erst machen das Bekenntnis mit dem Munde sinnvoll (A 3).

Nicht mit Haarputz, Goldgepränge, Perlen und aufwendigen 10
Gewändern. Die Frauen sollen nicht durch einen zur Schau getragenen Reichtum die ärmeren Frauen verletzen oder herausfordern zum Neid. Ebenso hat Paulus das Verhalten der Korinther gerügt, welche an den gemeinsamen Mahlfeiern die Armen durch ihr Verhalten beschämten n).

n) 1 Ko 11, 21—22; Lk 7, 25

Ihr Reichtum (oder der ihrer Männer) ist besser angewendet in guten Werken als in aufwendigem Schmuck und Gewand. Der wahre, **einer Frau geziemende** o) Schmuck besteht in guten Werken, das entspricht den reinen Händen der Männer und ihren Handlungen. „Ich kleidete mich in Gerechtigkeit und sie bekleidete mich." p) „Laß deine Priester bekleidet werden mit Gerechtigkeit und deine Frommen mit Jubel." q)

o) 1 Ko 11, 13 Eph 5, 3; Tit 2, 1; Hb 2, 10; 7, 26
p) Hio 29, 14
q) Ps 132, 9; Jes 61, 10

Man kann auch übersetzen, daß die Frauen sich durch gute Werke zur Gottesfurcht[30] bekennen, doch zielt die Aussage auf die aus der Gottesfurcht stammenden guten Werke. Im Gegensatz zu den (reichen?) Frauen, die müßig umhergehen und reden r), sollen sie Gutes wirken s).

r) I 5, 13
s) Tit 1, 16; 3, 8; I 6, 18

Die guten Werke sind Ausfluß wahrer Gottesfurcht, nicht Versuch, sich bei Gott Verdienste oder das Heil zu erwerben. „Das ‚Bekenntnis zu Gott' ist mehr als der Versuch, Gottesfurcht an den Tag zu legen oder zu versprechen. Die Art des Schmuckes ist eine besondere Form der Verkündigung."[31]

Eine Frau lerne t) **in Ruhe und Unterordnung.** — Der bescheidenen Kleidung und der verständigen inneren Haltung entspreche das Auftreten in der Gemeinde. A l l e sollen ein **ruhiges und stilles Leben** führen, die Männer nicht Wortgefechte führen u), die Frauen bei der Teilnahme am Lehrgespräch der Gemeinde den Männern nicht vorlaut dreinreden, sondern sich unterordnen. „Die Glieder des Leibes geben sich einer einträchtigen Unterordnung hin[32]". Die korinthische Gemeinde

t) wie 5, 4. 13 II 3, 7. 14; Tit 3, 14
u) 2, 2. 8

[30] *theo-sebeia* (syn zu eu-sebeia = Gottseligkeit): Gottesfurcht. Nur noch als Adjektiv in Jo, 31; aber auch 1 Mo 20, 11 (LXX).
[31] O. Michel, S. 90. s. A 6: gute Werke.
[32] Bauer, Spalte 1676, zitiert außerbiblische Literatur. Vgl. ebendort: „in einmütiger Unterordnung vollendet".

v) 2 Ko 9, 13

v) ordnet sich dem Evangelium von Christus unter, indem sie Gaben für die Bedürftigen[33] gibt.

w) 1 Ko 14, 33

In der Gemeinde sollen nicht Unfriede und Streit, sondern Friede und Unterordnung w) die Atmosphäre bestimmen, in der das Herrenmahl gefeiert, Gott angebetet, geweissagt und gebetet wird. Letztlich ist die innere Ruhe des Menschen eine Frucht seines Hörens auf Gottes Wort, die Unterordnung unter seinen Gnadenwillen.

11 **Öffentlich zu lehren, erlaube ich einer Frau nicht.** Der autoritive Ton ist derselbe wie in 1 Ko 14, 34, nur daß er dort, weil unpersönlich formuliert, noch härter erscheint als hier. **Lehren** ist in den ntl. Briefen, auch in den Past, in zweifachem Sinn zu verstehen. 1) Unterweisung, Lehrgespräch, Verkündigung. 2) Verpflichtende Weisung, autoritive Ausübung der Gemeindezucht gegen Irrlehre und unordentlichen Lebenswandel. Daß hier der zweite Sinn von Lehren zu verstehen ist, zeigt der nachfolgende Satz:

12 **Sie soll nicht (mit Worten) über einen Mann herrschen, sondern sich ruhig verhalten.** Die Frau soll ihre neue Freiheit, am Lehrgespräch teilzunehmen, nicht dazu mißbrauchen, um, wie die Irrlehrer, sich auf Gott berufend nun als Frau gebietende Aussagen über den Mann in der Gemeindeversammlung zu machen. Diese Weisung richtet sich wie alle andern gegen einen Mißbrauch. Was als Gebet und prophetisches Reden begann, konnte leicht als gebietendes Lehren enden. Eine Prophetin könnte sich in Anlehnung an die übergeordnete Stellung der

x) 1 Ko 12, 28—29

y) 1 Ko 12, 15—25; Lk 22, 24; Phil 2, 3; 4, 2; Rö 16, 17

Propheten x) den Lehrern überlegen vorkommen. Offensichtlich wurde ein solcher Kampf um Rangordnung und Geltung nicht nur in Korinth ausgefochten y). Gegenüber dieser Tendenz gebietet Paulus: Eine Frau soll nicht öffentlich lehrend und gebietend auftreten in der Absicht, sich dadurch über den Mann zu stellen. Es wäre verfehlt, aus dem Verbot der autoritativ gebietenden Lehrausübung umgekehrt schließen zu wollen: Vielmehr soll der Mann lehrend über die Frau herrschen. Auch läßt sich aus diesem Wort nicht ableiten, daß die Frau überhaupt nicht lehren soll. Das Lehren ist nicht nur in den frühe-

z) Tit 12, 3—5; II 4, 19; 1, 5; 3, 15

ren Briefen, sondern auch in den Past selbstverständlich Recht und Pflicht der Frau z). Wenn sie betet oder weissagt oder un-

[33] Auch die Frauen bekennen (verkünden) Gottesfurcht durch gute Werke in Unterordnung: beide Male sind 1) Bekenntnis 2) Evangelium 3) gute Werke 4) Unterordnung (Gehorsam) zusammen erwähnt.

terweist oder am Lehrgespräch teilnimmt, immer wird ihr ruhiger und stiller Geist a), ihr **ruhiges Verhalten** den Erweis erbringen, daß sie sich als Frau nicht behaupten will oder muß, sondern daß sie eine „heilige Frau" ist wie Sara, die als Herrin[34] ihren Mann Herr nannte b).

a) 1 Pt 3, 4

b) 1 Pt 3, 6

Denn Adam wurde zuerst geschaffen, dann Eva. Diese und die folgenden Aussagen erwecken den Eindruck, daß der Verfasser nicht etwas Neues, Unerhörtes oder Anstößiges formuliere, sondern sich selbstverständlich und nur andeutungsweise auf Bekanntes beziehe, das die Leser und Hörer ohne weiteres verstehen. Aus dem Schöpfungsbericht c) zieht Paulus zwei Folgerungen: 1) Die Frau ist vom Manne, darum ist sie ihm gleich, ihm zugeordnet. 2) Die Frau ist vom Manne, darum kann sie als ihm gleiche untergeordnet sein. Denn erst wo echte „Gleichwertigkeit" herrscht, kann von „Verschiedenrangigkeit" und d. h. echter Unterordnung die Rede sein: Der Mann ist hier gesehen als „primus inter pares", Erster unter Gleichen. Bildhaft ausgedrückt: Der Mann ist das Haupt der Frau. Die Frau ist die Herrlichkeit des Mannes. Die Frau sei der Liebe des Mannes untergeordnet; der Mann liebe die Frau als ihm gleiche, die „Miterbin der Gnade des Lebens" ist. In dieser Zuordnung werden „die Gebete nicht gehindert" (1 Pt 3, 7). Das höchste Beispiel und Vorbild der Unterordnung als freier Vollzug eines Gleichwertigen gibt Christus selbst d).

c) 1 Mo 2, 22—24

d) 1 Ko 15, 23

Und nicht Adam wurde verführt, sondern die Frau fiel in Übertretung, indem sie sich verführen ließ.

Dieser Vers ist nicht an Vers 13 anzuschließen, sondern an Vers 12. Die Verse 11 und 12 stehen in Parallele zueinander durch das in beiden vorkommende Wort vom ruhigen Verhalten. Vers 11 weist auf die sogenannte „Schöpfungsordnung" hin wie Vers 13; Vers 12 auf das Nichtbeachten dieser Ordnung, ebenso wie Vers 14. Wir lesen deshalb: Eine Frau lerne in Ruhe und Unterordnung, denn Adam wurde zuerst geschaffen, dann Eva. Öffentlich zu lehren, erlaube ich einer Frau nicht, noch über den Mann zu herrschen, sondern sie soll sich ruhig verhalten, denn nicht Adam wurde verführt, sondern die Frau wurde verführt und fiel in Übertretung.

Falsche Lehrer v e r f ü h r e n e) (wörtlich wie V. 14a) mit süßen Worten und schönen Reden die Herzen der Arglosen f).

e) Rö 7, 11; 1 Ko 3, 18; 2 Th 2, 3; 3 Mo 3, 13
f) Rö 16, 17—20

[34] Nach 1 Mo 17, 15 gebietet Gott dem Abraham, seine Frau fortan nicht mehr Sarai, sondern Sara, d. h. Fürstin oder Herrin, zu nennen. Vgl. auch 1 Mo 21, 12.

Wie Eva von Satan, so kann die ganze Gemeinde (Männer
g) 2 Ko 11, 3 f und Frauen) von falschen Aposteln verführt werden g). Die
falschen Lehrer versprechen den Frauen eine höhere Freiheit,
durch welche sie von der Ehe, der Geschlechtsgemeinschaft mit
h) I 4, 3; 3, 6 dem Mann und dem Kindergebären befreit werden h).

Die Würde des Menschseins ist für Mann und Frau völlig gleich, im Bilde Gottes schuf er sie beide, als Mann und Weib schuf er sie: Verantwortung und Schuld ist darum ebenso gleich, nur Verführungsart und Fall sind verschieden.

15 **Sie wird aber durch die Schmerzen der Geburt hindurch gerettet werden, wenn sie (alle gläubigen Frauen) in Glaube und Liebe und Heiligung mit Besonnenheit bleiben.**

Der Abschnitt über die betenden Frauen zielt auf diesen abschließenden Vers hin. Sieht man ihn in Verbindung mit dem Eheverbot der Irrlehrer i), so liegt es nahe, in 9—15 eine Entgegnung auf ganz bestimmte Ansprüche und Verirrungen in der Gemeinde zu sehen.

Eine Prophetin (und ihre Anhängerinnen) oder ein Irrlehrer und sein Kreis könnten aufgrund „göttlicher Weisung" behauptet haben: Durch Christus ist die neue Weltordnung schon verwirklicht. Er hat die Frau befreit von ihrer Jochgemeinschaft mit dem Mann, denn Gottes Geist spricht direkt zu ihr und befiehlt ihr, was sie zu tun und zu lehren hat. Die Prophetin ist Gott geweiht und darum erlöst von der Geschlechtlichkeit, vom Kindergebären und den häuslichen Lasten. Sie hat jetzt einen höheren Auftrag, der alles Bisherige übertrifft. Da sie, göttlich erleuchtet, in der Erkenntnis der Wahrheit nicht mehr irren und sie keine Macht mehr verführen kann, steht sie heilig da und gebietet Männern wie Frauen im Namen des Herrn, wie sie zu leben haben.

Die verheiratete Frau aber findet ihr Heil nicht dadurch, daß sie sich von ehelichen und mütterlichen Aufgaben löst, in der Meinung, eine höhere Freiheit zu erreichen. Mitten in ihren alltäglichen, irdischen und natürlichen Mühen und Schmerzen vermag sie die **Heiligung** in jeder Hinsicht zu verwirklichen, **Glauben und Liebe** zu betätigen und in allem die
k) Kol 1, 23; 1 Ko 3, 14; 7, 20. 24 wahre sittliche Kraft der Frau aufleuchten zu lassen. Wenn sie darin bleibt k) und sich nicht weglocken läßt, wird sie gerettet

werden, auch durch die Schmerzen der Mutterschaft hindurch[35].

Nicht anders lautet die Ermahnung und Verheißung an Timotheus: Wenn er in dem bleibt und verharrt, wozu er berufen ist, wird er sowohl sich selbst erretten als auch die, welche auf ihn hören l). l) I 4, 16

Der ganze Abschnitt gipfelt in einem zusammenfassenden Hinweis auf die „Erlösungsordnung“ wie entsprechend in 1 Ko 11—12. Dort steht „im Herrn“, hier „in Glauben und Liebe und Heiligung“. Glauben und Liebe sind aber dem Gebrauch in den Past gemäß immer nur „in Christus Jesus“ m) vorhanden und wirksam. m) I 1, 5—14; II 1, 13; 2, 1; 3, 12

Besonnenheit ist die Grundverfassung des Menschen, durch die Glauben, Liebe und Heiligung bestimmt werden[36].

Zuverlässig ist das Wort n). Der erste große Abschnitt des Briefes ist zu seinem Abschluß gelangt. Die Heilung der Gemeinde beginnt in der Mitte ihres Lebens: im Gebet vor Gott; in der Mitte ihrer Zellen und Häuser: der Haltung und Beziehung von Mann und Frau. Nicht die Diener der Gemeinde, nicht Ämter oder Stellungen sind die Mitte oder das Erste, sondern Glaube und Liebe in Christus und daraus die Liebe aller Glieder, die gute Werke tun läßt; der Glaube aller, der sie beten läßt für alle, da sie ihren Erlöser gegenwärtig wissen in ihrer Mitte und durch ihn Gott lobpreisen. n) 3, 12

[35] *dia tes teknogonias:* durch das Kindergebären hindurch; *dia* mit Genitiv zeigt den Zustand oder die Bedingung an, in welcher eine Person sich einem Geschehen hingibt: mitten in, mit, durch, hindurch. frz. au travers. Die Frau wird gerettet werden, nicht trotz des Geburtsvorganges, auch nicht kraft der Geburtsleiden (Verdienst), sondern in ihnen, in Erfüllung ihrer mütterlichen Aufgabe. 1 Ko 3, 15: gerettet, so wie d u r c h das Feuer hindurch; 2 Ko 2, 4; 6, 8: aus viel Trübsal und Herzensangst.

[36] Alle Frauen und alle Männer (heilige Hände I 2, 9!) sind zur Heiligung gerufen. Als Gereinigte sollen sie vor Gott treten zu den Gebeten und zum Mahl des Herrn. In der Didache (10, 6) wird das Herrenmahl eingeleitet durch die Worte: „Wer heilig ist, komme; wer es nicht ist, kehre um; maranatha. Amen.“ Das ist auch die Grundausrichtung von 2, 1—15!

3. Die Gemeinde und ihre Diener vor Gott
1. Timotheus 3, 1—16

a) Der Vorsteher im Gemeindedienst 3, 1—7

1 Wenn jemand einen Vorsteherdienst begehrt, so trachtet er
2 nach einem guten Werk. * Der Vorsteher nun soll unbe-
scholten sein, der Mann e i n e r Frau, nüchtern, besonnen,
3 würdig, gastfrei, lehrfähig, * kein Trinker, kein Schläger,
sondern freundlich, nicht streitsüchtig, nicht habsüchtig,
4 *der seinem eigenen Haus gut vorsteht, der seine Kinder
5 mit aller Würde in Gehorsam hält. * Wenn aber jemand sei-
nem eigenen Hause nicht vorzustehen weiß, wie wird er für
6 die Gemeinde Gottes sorgen können? * Nicht ein Neuer, da-
mit er nicht überheblich wird und dem Gericht des Teufels
7 verfällt. * Er muß aber auch ein gutes Zeugnis haben von
denen, die draußen sind, damit er nicht in böse Nachrede
und in die Schlinge des Teufels gerät.

Erst jetzt, nachdem der Apostel allen Gemeindegliedern ihre weltweiten und hausnahen Vorrechte und Verpflichtungen dargelegt hat, kommt er auch auf die Diener der Gemeinde zu sprechen. Diese Reihenfolge ist nicht ohne Bedeutung (E 1. 2). Von einer Überbewertung der Leiter oder gar eines einzelnen ist nicht die Rede[1]. Im Gegenteil, für den Vorsteherdienst bedarf man sogar einer ausdrücklichen Bestätigung und Ermutigung durch den Apostel. Wer danach trachtet, begehrt eine schöne und wertvolle Aufgabe, die nicht zu verachten ist a). Diese Diener stehen der Gemeinde „im Herrn" vor und weisen sie zurecht, darum sollen sie um ihres Werkes willen ganz besonders lieb und wert gehalten werden b).

a) 4, 12; 5, 17. 19
b) 1 Th 5, 12—13

Unter den Gnadengaben zählte der Apostel diejenige der Leitung zu den geringeren c). Noch der Letzte der Gemeinde sollte fähig sein, richterliche Entscheidungen zu fällen d). Es gilt vielmehr, nach den für die Gemeinde wichtigeren Gaben der Weissagung und der Lehre zu streben e). Während Paulus

c) 1 Ko 12, 28; Rö 12, 6—8
d) 1 Ko 6, 4
e) 1 Ko 14, 1

[1] Da ein tieferer Einschnitt zwischen Kap. 2 und 3 nicht anzunehmen ist, muß mit aller Deutlichkeit festgehalten werden, daß das Bischofsamt das Priestertum aller Gläubigen voraussetzt, ja ihm nachgeordnet ist, also ihm dienen soll. Eine eigene liturgische Funktion des Bischofs wird nicht einmal angedeutet. Sie wird sich in nichts von der aller männlichen Christen unterschieden haben.

den Korinthern gegenüber der Überbewertung des Sprachenredens wehren mußte, hat er jetzt einer Geringschätzung des Vorsteherdienstes zu begegnen[2].

Kap. 2 und 3 stehen in engem inneren Zusammenhang: a) der Mittelpunkt des Gottesdienstes, die Gegenwart des Herrn im Geist, im Wort, im Herrenmahl (1, 15; 2, 6; 3, 16); b) zu dieser Mitte hin versammelt war die Gemeinde, Männer und Frauen in weltumfassendem Gebet (2, 1. 8—15); c) ihrem Dienst zugeordnet sind Vorsteher und Diakone (3, 1—15).

Gegen die Tätigkeit der Irrlehrer, die nach dem Abscheiden des Paulus über die Herde herfallen werden, traf der Apostel nicht Maßnahmen kirchenrechtlicher oder organisatorischer Art, er vergrößerte auch nicht die Kompetenz der Vorsteher, sondern er ermahnte die versammelten Ältesten von Ephesus, sich ihrer Berufung durch den Heiligen Geist würdig zu erweisen, auf sich selbst achtzuhaben und auf die ihnen anvertraute Herde f). Nicht anders schreibt er an Timotheus: Er soll auf sich selbst achthaben und auf die Lehre, so wird er sich und die auf ihn Hörenden retten g). Entsprechend gilt es jetzt, die Vorsteher und Diakone auf ihr persönliches Leben und Dienen hin zu ermahnen.

f) Apg 20, 28—32
g) 4, 16

Vorsteherdienst. Die Mehrzahl der Ausleger stimmt darin überein, daß es sich hier nicht um das sogenannte monarchische Bischofsamt handeln kann. Nicht einmal die Einzahl für Vorsteherdienst (1) und Vorsteher (2) läßt den Schluß zu, daß nur

[2] In der „Zwölfapostellehre“ (genannt Didache, entstanden vor 120) behandelt das letzte Kapitel die Wiederkunft des Herrn. Erst im vorletzten Kapitel ist von den Bischöfen und Diakonen die Rede: „Erwählt euch daher Bischöfe und Diakone, die des Herrn würdig sind, gütige Männer, frei von Habsucht, wahrhaftig und bewährt. Denn auch sie (!) versehen für euch den Gottesdienst wie die Propheten und Lehrer. Deshalb sollt ihr nicht überheblich auf sie herabsehen (!), sondern sie sollen unter euch mit den Propheten und Lehrern in gleicher Weise in Ehren gehalten werden“ (XV, 1. 2). An dieser Mahnung ist zweierlei bemerkenswert: 1) Die Geringschätzung der Bischöfe und Diakone (sie werden zusammen aufgeführt) läßt noch nichts von der späteren Mächtigkeit und Herausstellung des Bischofs erkennen. 2) Die Propheten und Lehrer wurden „höher“ gestellt, wogegen sich die Didache wendet. Sie sollen alle gleich in Ehren gehalten werden, als Bruderschaft dienen sie der Gemeinde im Gottesdienst (leiturgia), aber sie übernehmen nicht den Dienst der Gemeinde. Das sollte erst einer späteren Fehlentwicklung vorbehalten bleiben; jetzt geben noch die Propheten den Ton an, zusammen mit den Lehrern, Vorstehern und Dienern: Die Gemeinde ist noch von der Mitte her charismatisch geordnet. „Der Bischof der Past hat erkennbar keinen liturgischen Dienst. Er wird ebenso still wie Phil 1, 1 eingeführt, wie dort ‚alle Heiligen‘ zuvor genannt sind und in einem Nachtrag die Bischöfe und Diakone mit (syn) eingeschlossen werden, so der Sache nach auch hier“ (Holtz).

ein einziger der Leiter einer örtlichen Gemeinde gewesen ist. In 5, 17 ist von mehreren Ältesten die Rede, die gut vorstehen. Sie tun das, was sowohl von den Episkopen (Vorstehern)
h) 3, 12 wie von den Diakonen h) erwartet wird.

Darum übersetzen wir besser mit „Vorsteher“ und seine Aufgaben mit „Dienst“, denn es handelt sich bei ihm eben nicht — noch nicht — um ein Amt mit Ehre und Würde oder um einen schönen Titel, sondern um ein „schönes Werk“ (E 25e).

Die Gemeinde an größeren Orten konnte aus mehreren Hausgemeinden mit ihren Vorstehern bestehen (V 4!) und ein Vorsteher verschiedene Aufgaben ausführen. Einige arbeiten
i) 5, 7 „in Wort und Lehre“ i), andere sehen zu, daß in der Gemeinde
k) 3, 5b alles geordnet vor sich geht k). Das Wort Vorsteher, Aufseher (**episkopus**) bezeichnet ursprünglich „jeden, dem innerhalb einer Gemeinschaft die Sorge für eine bestimmte Angelegenheit als dauernde oder zeitweilige Aufgabe anvertraut ist“[3].

Sich ausstrecken nach einem Vorsteherdienst und ihn begehren, darf man. Die Bibel verwirft das menschliche Streben nicht, Gott hat es dem Menschen gegeben. Man soll nicht nach Reichtum streben (6, 10 dasselbe Verb), wohl aber nach besse-
l) Hb 11, 16 ren Gütern l) und schönen Diensten m).
m) 3, 1 **Trachten:** verlangen[4]. Die Lust des menschlichen Herzens soll nicht unterdrückt werden, sondern gereinigt und ausgerichtet sein auf würdige Ziele, „so hast du deine Lust an dem Herrn, und er gibt dir, was dein Herz begehrt“.

Indem der Heilige Geist die Lust des Herzens weckt, Gottes Willen zu tun, leitet er den Glaubenden zu den Diensten und Aufgaben, die der göttlichen Berufung entsprechen und die darum des Menschen eigene Lust und Liebe werden können.
2 **Der Vorsteher nun soll unbescholten sein.** Diese Worte set-

[3] E. Lohmeyer, Die Briefe an die Philipper, Kolosser und an Philemon, S. 11; vgl. den atl Hintergrund: 4 Mo 4, 16; 1 Chro 24, 19; Apg 1, 15—26, wo unter Berufung auf Ps 109, 8 für Judas ein „Ersatzmann“ verlangt wird.

[4] trachten *(epithymeo)*, verlangen, sein Herz daran setzen, begehren: Jesus verlangt sehnlich, das Passamahl mit seinen Jüngern zu essen, bevor er den Kreuzestod erleidet (Lk 22, 15). Die Propheten verlangten zu sehen, was die Jünger sehen (Mt 13, 17). Der Apostel hat nicht Gold und Silber begehrt (Apg 20, 33). Luther übersetzt „den gelüstet eines guten Werkes“; die lateinische Übersetzung enthält das belastete Wort Konkupiszenz, das wir sonst nur für böse (geschlechtliche!) Begierden kennen: *si quis episcoptum concupiscit bonum opus concupiscit.*

zen den Vorsteher und seinen Dienst nicht ein, sondern voraus, und zwar ohne jede Betonung, wie Phil 1, 1. Zuerst war die Rede vom „Priestertum aller Gläubigen" (Kp 2) und jetzt von ihren Dienern, ganz in Übereinstimmung mit 1 Ko 3, 5. Wir können die nachfolgende Liste einen „Tugendkatalog" nennen im Gegensatz zu den sog. „Lasterkatalogen" n). Da fällt auf, daß mit Ausnahme vielleicht von „lehrfähig" keine besonderen Anforderungen gestellt werden. Vielmehr sind praktische und alltägliche Verhaltensweisen aufgezählt, die für jeden Christen als „elementar" zu gelten haben. Warum aber doch darüber schreiben? Man kann diese oder ähnliche Aufzählungen in den Past nur dann abschätzig als „bürgerliche Moral" oder „christliche Durchschnittsethik" abtun, wenn man übersieht, wie alles begründet ist und wie notwendig für den Glauben das Elementare ist und bleibt.

n) 1, 9—10; II 3, 2—5

Wo die Ausrichtung des Elementaren auf das Fundamentale (die Grundlage) und das Finale (das Ziel, die Vollendung, gr das Eschaton) nicht ständig erneuert und vollzogen wird, da werden schnell ebenso elementare Verstrickungen und Verirrungen auftreten und den einzelnen wie die Gesellschaft mit fortreißen. Vor dem Hintergrund eines wild aufgebrochenen Stromes der „Gesetzlosigkeit" in Gesellschaft und Gemeinde sind die Weisungen der Past zu sehen.

Unbescholten bedeutet nicht einfach, einen guten Ruf haben, sondern berechtigterweise ein gutes Zeugnis haben. Kritik und Vorwürfe sollen keine Blößen finden für ihren Angriff. Das Wort bezeichnet offenbar das umfassende Verhalten, grundlegend für alles Nachfolgende. Jesus betont die Bedeutung des guten Zeugnisses o); so auch überall im NT p).

o) Mt 5, 16; 10, 18

p) Apg 10, 22; 16, 2; 22, 15; I 5, 10; Hb 11, 2. 4. 39; 3 Jo 6. 12

Entscheidend ist dabei, daß das gute Zeugnis von denen erkannt und ausgestellt werden soll, die nicht zur Gemeinde gehören q). „Wandelt wohlanständig gegenüber denen, die draußen sind r)." Diese Mahnung aus dem ältesten Brief des Paulus stimmt ganz überein mit der Forderung nach einer Unbescholtenheit s), die auch von kritischen und feindlichen Beobachtern nicht in Frage gestellt werden kann. Eine solche Lebensweise ist nur möglich aus dem „Geheimnis des Glaubens, bewahrt in reinem Gewissen" t). Das ist der Ursprung und die Erneuerung aller echten Unbescholtenheit. Das ist das Gegenteil sowohl von asozialem Verhalten wie von biederer Überanpassung an alle und alles.

q) Apg 4, 13; 5, 14

r) 1 Th 4, 12

s) I 3, 7

t) s. I 3, 9

Mann e i n e r Frau. Der Vorsteher u) soll vorbildlich verhei-

u) 3, 13; 5, 9

ratet sein[5]. Nicht Ehelosigkeit, sondern volle Ehefähigkeit und Ehevorbildlichkeit darf von den Dienern der Gemeinde erwartet werden. Die beste „Eheschulung" geschieht durch „Ehe-Vorbilder" v). Vorsteher und Diakone sollen nur einmal verheiratet sein; das weist in 3 Richtungen:

v) I 4, 12; 1, 16

1. Von der Prophetin Hanna lesen wir w), daß sie Jungfrau gewesen war bis zu ihrer Ehe. Als ihr Mann nach 7 Jahren der Ehe starb, lebte sie fortan bis ins hohe Alter (84 Jahre) allein und diente Gott. Sie ist nach dem Prophetenwort x) dem „Bräutigam ihrer Jugend" treu geblieben[6].

w) Lk 2, 36—37; s. I 5, 5. 9

x) Joel 1, 8

2. Nach den Worten des Herrn y) ist die Einehe das ursprüngliche, von Gott gewollte Ziel der Beziehung zwischen Mann und Frau. Wenn schon bei den Heiden darauf gesehen wird und Christen nach Liebe und Treue in der Ehe trachten, wieviel mehr sollte das dann für diejenigen gelten, die sich „in allen Dingen" (also auch in der Ehe) als ein „Vorbild guter Werke darbieten" z).

y) Mt 19, 5. 6; Mk 10, 8; 1 Mo 2, 24; 1 Ko 6, 16; Eph 5, 31

z) Tit 2, 7

3. Die hier gegebene Auslegung hat ihre Bedeutung gerade im Blick auf die in jener Zeit stark um sich greifende Praxis der Ehescheidung und der damit verbundenen Wiederverheiratung Geschiedener, und das unter Griechen wie Juden.

Der eine Ausdruck kann darum so allgemein gehalten sein, weil er umfassend die eine Grundhaltung der Keuschheit in allen Situationen kennzeichnen soll[7]. Der Keusche hat seine Geschlechtlichkeit nicht unterdrückt, sondern integriert, denn

[5] Über den Sinn der Aussage „Mann einer Frau" ist viel gerätselt worden. Im AT wurden an den Priester strengere Anforderungen gestellt für seine Eheschließung (3 Mo 21, 14). Bezeichnend aber für die Grundhaltung des biblischen Zeugnisses ist, daß weder für den atl Priester noch für den ntl Vorsteher und Diakon die Ehelosigkeit gefordert wird. Die durch die Qumram-Texte besser bekanntgewordene Sekte der Essener kannte die Ehelosigkeit (Zölibat). Für die christliche Kirche jedoch ist erst um 250 der Satz bekannt: „Es ist gut, wenn der Bischof unverheiratet ist" (Apost. Konstitution XV, 2). Die griechische Kirche fordert vom Klerus die Ehe, gestattet aber kein Eingehen einer zweiten Ehe. Der meist aus dem Kreis der Mönche gewählte Bischof muß ehelos oder kann gelegentlich ein Witwer sein. Da die Heiden durch staatliche Gesetze verpflichtet waren zur Monogamie und die Juden dieser Zeit ebenfalls danach lebten, kann unser Wort kaum ein Verbot der Vielehe meinen (Polygamie). Doch konnten mit der Verachtung der Ehe als einer irdischen Bindung (4, 3) gleichzeitig schwärmerische, sich „freiheitlich" gebende Beziehungen zu mehreren Frauen oder Männern in die Gemeinden eingeführt worden sein, wie das in Offb 2, 14. 20 angedeutet ist. In ähnliche Richtung deutet schon 1 Th 4, 4—5.

[6] Heidnische Grabinschriften loben die Treue der einen Gattin. Plutarch wirft dem Cato vor, daß er sich nach dem Tode seiner ersten Frau zum zweitenmal mit einer befreiten Sklavin verheiratet hat.

[7] Zur Keuschheit s. 4, 12. NEB übersetzt in diesem umfassenden Sinn: faithful to his one wife = treu gegenüber seiner einen Frau.

Keuschheit ist Freude an der Geschlechtlichkeit in den Grenzen der Ehrfurcht.

nüchtern (nephalios) gilt ebenso für Frauen a) wie für alte Männer b). Das dazugehörende Tätigkeitswort verwendet Paulus schon in seinem ältesten Brief: „Laßt uns nicht schlafen wie die übrigen, sondern wachen und n ü c h t e r n sein c).“ Nüchtern sein gehört zum Beten und Wachen und meint ein endzeitlich ausgerichtetes Verhalten gegenüber aller Art von Schwärmerei, Trunkenheit, Ausschweifung im Denken, Fühlen und Verhalten[8].

a) 3, 11
b) Tit 2, 2
c) I Th 4, 5. 6. 8

Wer die Wahrheit in Gott erkennt, wird ernüchtert vom Taumel der Sünde zu einem rechtschaffenen Leben e).

e) 1 Ko 15, 34

besonnen (sophron): Wie „nüchtern“ kommt auch dieses Adjektiv nur in den Past f) vor, wird aber als Tätigkeitswort im Römerbrief g) angewendet: ein jeder soll darauf sinnen, b e s o n n e n zu sein, so wie Gott einem jeden ein Maß des Glaubens zugeteilt hat. Wer besonnen ist, hat ein rechtes Maß an Selbsteinschätzung, einen Sinn für das Gegebene. Er ist verständig. Der von der Besessenheit Geheilte sitzt ruhig da, er ist bekleidet und b e s o n n e n h). Der Besonnene ist geistlich, g e s u n d i). Das Ziel aller Dinge ist nahe, so seid nun b e s o n n e n und n ü c h t e r n zum Gebet!“ k) Beide Worte — nüchtern und besonnen — sind endzeitlich ausgerichtet, und ihre Zusammenstellung unterstreicht das. Wer trunken ist und frommen Träumen über sich selbst und die Welt nachsinnt, der kann nicht wirklich beten, denn beten heißt gerade nicht aus der sogenannten „Wirklichkeit“ in eine Traumwelt fliehen; das Umgekehrte ist wahr: der Beter erwacht für die wirklichen Zustände, und der Wachende betet mit offenen Augen. Daraus entstehen die guten Werke.

f) Tit 1, 8; 2, 2. 6. 12
g) Rö 12, 3
h) Mk 5, 15
i) 2 Ko 5, 13
k) 1 Pt 4, 7

würdig (kosmios): besonnen und würdig (wie 2, 9 für die Frauen!) kann hier den Sinn haben von höflich, gefällig, was aber nicht als künstliche, auf Schein bedachte Höflichkeit verstanden werden darf, denn das stünde zu nüchtern und besonnen in Widerspruch. Wahrhaftig gefällig ist, wer aus der besonnenen Einschätzung seiner selbst und aller Dinge in Gottes Sicht wach geworden ist für die Bedürfnisse derer, denen er dient.

[8] Man tut gut, diesen eschatologischen Unterton nicht zu überhören, wenn man versucht ist, die Past im Bürgerlichen anzusiedeln. Vgl. II 4, 5: Du aber sei nüchtern in allem, erdulde mit Beharrlichkeit, was auf dich zukommt an Leiden. Beten und nüchtern sein im Blick auf das Ende aller Dinge: 1 Pt 1, 13; 4, 7; 5, 8; Mt 26, 41; Mk 13, 33. 37; Lk 21, 36.

l) Rö 12, 13 **gastfrei:** Auch sonst l) mahnt Paulus die Gemeinden, sie sollen sich der Bedürfnisse der Heiligen annehmen und Gast-
m) Tit 1, 8 freundschaft pflegen m). In den ntl Schriften lesen wir von durchziehenden, auch handeltreibenden Christen; andere sind Verfolgte und müssen in andere Städte fliehen. Die Apostel und ihre Mitarbeiter zogen von Ort zu Ort und waren dabei auf hilfsbereite Aufnahme in den Häusern der Gläubigen angewiesen. Für die Gemeindezusammenkünfte wie für die Durchreisenden waren die Familienhäuser der Gläubigen die gegebene Unterkunft. All das macht die Mahnung nötig, die
n) Hb 13, 2; 1 Pt 4, 9 Gastfreundschaft nicht zu vergessen n). Später muß die Gastfreundschaft geschützt werden vor Mißbrauch durch umherziehende Wanderer und „fremde Brüder“[9].

Wer in unserer Zeit in Ländern reist, wo die Gläubigen verfolgt werden oder in der Minderheit sind, der weiß, was Gastfreundschaft bedeutet und kostet. Aber auch dort, wo die Christen zwar gesellschaftlich in der Mehrheit, die kirchlichen Formen aber nicht (mehr) ausgeprägt und gemeinschaftsbildend sind, ist die herzliche Freiheit der an Christus gläubigen Familien gegenüber Besuchern, Bekannten und Unbekannten der Lebensnerv für eine in die Welt ausstrahlende Gemeinde. Die Gastoffenheit ist ein Wort nicht für, sondern gegen die Bürgerlichkeit, denn der Bürger verschanzt und verschließt sich in seiner eigenen Burg, und wenn es nur eine kleine Mietwohnung ist im gleichen Haus mit 10 oder 100 anderen Mietern. Weder ist der Bürger selber gern unterwegs, noch möchte er von Unentwegten sich stören lassen. Das Gettoleben vieler Kirchengemeinden findet seine Entsprechung in der abgeschlossenen Häuslichkeit und Privatisiertheit ihrer Glieder. Die Gemeindediener aber sollen Vorbilder in Ehe und Familie sein, darin, daß sie offen sind, frei für den Gast.

lehrfähig (didaktikos): im ganzen NT nur hier und II 2, 24. Was darunter zu verstehen ist, beschreibt Tit 1, 9 ausführlich: Der Vorsteher soll „festhalten an dem der Lehre entsprechenden, zuverlässigen Wort, damit er imstande ist, aufgrund der gesunden Lehre sowohl zu ermahnen als auch die Widersprechenden zu überführen“. Er soll offen sein für Lehrfragen, fähig, sich selbst eine Meinung zu bilden und andere zu unterweisen. Er soll Wichtiges von Abwegigem, die wahre von der

[9] 3 Jo 5; Gäste, die dem Vorsteher nicht bekannt sind, müssen zuerst geprüft werden oder ein Empfehlungsschreiben vorweisen können (Didache XII).

falschen, die gesunde von der kranken Lehre unterscheiden und das jeweils Gemäße richtig lehren und weitergeben können.

Vom Vorsteher wird Lehrfähigkeit erwartet, vom Diakon nicht. Daraus kann man nicht folgern, daß Lehren ausschließlich Sache des Vorstehers ist, noch läßt sich hier ein Ansatz für das spätere katholische „Lehramt" gewinnen. Denn nach II 2, 2 soll Timotheus das Evangelium an „treue Menschen", nicht speziell nur Vorsteher, weitergeben, die fähig sein werden, wieder andere zu lehren. Alles Lehren durch einzelne Lehrer hat Sinn nur unter der Voraussetzung, daß alle fähig sind, sich g e g e n s e i t i g zu lehren und zu ermahnen o). Das o) Kol 3, 16
aber kann von ihnen nur dann erwartet werden, wenn und weil sie selber „von Gott gelehrt" sind[10]. Sodann ist nach I 5, 17 deutlich, daß nicht einer allein vorstand, und nicht alle, die vorstanden oder Älteste waren, auch lehrten.

Die Vorsteher mußten Vorbilder im Lehren sein, nicht den andern das Lehren abnehmen, sondern sie dazu befähigen. In der Schule soll der Mathematiklehrer die Schüler dazu anleiten, daß sie selber Rechenaufgaben lösen können; weder soll er für sie die Aufgabe lösen, noch sollen alle Schüler Mathematiker oder Mathematiklehrer werden.

Kein Trinker, kein Schläger, sondern freundlich, nicht streit- 3
süchtig, nicht habsüchtig.

In Korinth waren die Liebes- und Abendmahle der Gemeinde zu Freßgelagen entartet p). In ihrer Mitte lebten Men- p) 1 Ko 11, 17—34
schen, die sich Brüder nennen ließen, deren Gott aber in Wahrheit ihr eigener Bauch war q). Der Bauch war die letzte q) Phil 3, 19
bestimmende Macht über sie. Essen und Trinken und geschlechtliche Ausschweifung galten ihnen alles. Wer als Christ selber noch an solche Süchte versklavt war, konnte die Bekehrten aus der heidnischen Umwelt nicht gut hinführen zu neuen Lebensgewohnheiten. Daß für Vorsteher und Diakone r) überhaupt solche Weisungen gegeben werden mußten, r) 3, 8; Tit. 1, 7

[10] *theodidaktos:* 1 Thess 4, 9. Obwohl Paulus ihnen bestätigt hat, daß sie von Gott gelehrt sind, lehrt der Apostel sie und ermahnt sie; nur darum hat sein Lehren überhaupt einen Sinn: V. 10. Der Dienst der charismatisch begabten Lehrer soll die durch Gottes Geist selbst unterwiesenen Gläubigen dazu führen, daß sie selber wieder Lehrer werden können. Der Schreiber des Hebräerbriefes ist enttäuscht, daß die Hörer nicht imstande sind, selber Lehrer zu sein für andere (5, 12). Luther zur Stelle: „Damit wird gesagt, daß aus der Vernachlässigung der Schrift lauter Gestrüpp und Meinungen erwächst, ein Wirrwarr von Fragen und heißen Kämpfen, und daß sie vom ersten bis zum letzten Blatt ein entsetzlich ödes Aussehen bekommt."

läßt erkennen, daß zur Zeit der Briefabfassung die Gemeinde nicht in lebensfremder und unanfechtbarer „Bürgerlichkeit" dahinlebte: „Unzüchtige, Götzendiener, Ehebrecher, Lustknaben, Knabenschänder, Diebe, Habsüchtige, Trunkenbolde, Lästerer, Räuber", aus solchem Milieu stammte ein Teil der Gemeinde, nicht nur in Korinth s), und unter solchen Mitmenschen bewegten sich ihre Glieder im Alltag t). Wie sollten sie lernen, daß ein solches Leben für die Gemeinde unhaltbar, weil asozial und mit dem Reiche Gottes unvereinbar war u)? Nicht allgemeine Verordnungen und Verdammungen, sondern vorgelebte Modelle neuen Lebens konnten allein wirkliche Veränderung bringen. Darum soll der Vorsteher kein Trinker und das große Wort führender Streithahn, sondern ein freundlicher Anweiser zum wahren Leben sein. Eine entsprechende Liste müßte vielleicht für unsere Zeit lauten: kein Kettenraucher, kein Übergewichtiger, kein ans Zeitunglesen oder Fernsehen Gebundener, kein Polemiker.

s) 1 Ko 6, 9—10
t) 1 Ko 5, 9—13
u) Eph 5, 18

sondern freundlich: gütig, entgegenkommend, nachgiebig; das Gegenteil von unbeugsamer Strenge, die nur noch mehr zum Streit herausfordert. Dem heutigen Sprachgebrauch folgend, konnte man sinngemäß übersetzen: sachlich, frei von Aggression gegenüber den Aggressiven. In Tit 3, 2 v) ist „nachgiebig" mit „sanftmütig" verbunden, wie auch in 2 Ko 10, 1, wo Paulus schreibt, daß er gemäß der ihn bestimmenden Freundlichkeit (Nachgiebigkeit) und Sanftmut Christi die Gemeinde ermahnt. Auch in unserer Zeit der Brutalisierung zwischenmenschlicher Beziehungen, der weltweiten Proteste und Provokationen (Herausforderungen), da selbstbewußt gewaltsame (Über)Reaktionen in Worten und Taten hervorgerufen und dadurch entlarvt werden sollen, ist es für die Gemeinde Christi und ihre Diener unerläßlich, daß sie in der starken Sanftmut Jesu fest verwurzelt sind. Martin Luther King ließ keinen in den Protestmärschen mitgehen, der sich bei vorausgegangenen Prüfungen zu gewalttätigen Reaktionen hatte hinreißen lassen[11].

v) vgl. Tit 3, 9 mit II 2, 23

Auch in diesem Wort darf der endzeitliche Ton nicht überhört werden. Da der Herr nahe ist, sollen die Christen ihre

[11] Vgl. Coretta S. King, Mein Leben mit Martin Luther King, S. 106 f; S. 271 f. War King in einer bürgerlichen Frömmigkeit befangen? Wenn nicht, warum ruft er zum Bekenntnis für Gesetz und Ordnung auf? Wenn ja, warum widersteht er dem Bösen unter Einsatz des eigenen Lebens für andere?

F r e u n d l i c h k e i t allen Menschen w), auch den sie schmä- w) Phil 4, 5
henden und verfolgenden gegenüber, zum Ausdruck bringen[12].

nicht streitsüchtig: hier Streit um Worte, das große Wort
führen, im Gespräch unnachgiebig sein x). Im Unterschied zu x) 6, 4; II 2,
„kein Schläger“, der handgreiflich streitet, oft in Trunkenheit. 14—17. 23—25

nicht habgierig: Weil Jesus sagte, man könne nicht Gott und
dem Geld dienen, verhöhnten ihn die Pharisäer, weil sie hab-
süchtig waren y). Jesus erwartet vom guten Haushalter, daß y) Lk 16, 14
er mit dem ungerechten Geld treu umgeht. Nach Tit 1, 7 soll
der Vorsteher, der ein Haushalter (Oekonom) Gottes ist, nicht
auf schändlichen Gewinn aus sein z). z) 6, 5. 9—10

Luther: „nicht händelsüchtig, sondern gelinde, nicht zän-
kisch, nicht geldgierig.“

4 **der seinem eigenen Haus gut vorsteht, der seine Kinder mit
aller Würde in Gehorsam hält.**

5 **Wenn aber jemand seinem eigenen Hause nicht vorzustehen
weiß, wie wird er für die Gemeinde Gottes sorgen können?**

Wie das eheliche Verhältnis die Beziehung zwischen Christus
und der Gemeinde widerspiegelt a), so stellt der Familienver- a) Eph 5, 23—25
band in einem großen Hause das Abbild und die Urzelle der
Familie Gottes b) dar, von dem jede Vaterschaft im Himmel b) 3, 15; 5, 1; II 2, 20—21
und auf Erden ihren Namen hat c). Die Heiden sind durch
den Glauben an Christus „Hausgenossen Gottes“ geworden[13]. c) Eph 3, 14

Wie ein Vater den Kindern und allen im eigenen Haus, so soll
der Vorsteher der Gemeinde Gottes vorstehen e), seinen Dienst e) 1 Th 5, 12
mit Eifer, d. h. gut, ausführen f). Die Christen ließen im Ge- f) Rö 12, 8
gensatz zur griechischen Umwelt ihre Kinder nicht durch Pä-
dagogen-Sklaven erziehen, sondern sie übernahmen diese Auf-
gaben selber. Am echten Gehorsam (der das Gegenteil ist von
Zwang, denn echter Gehorsam ist Frei-willigkeit) und der dar-
aus entstehenden zuchtvollen Selbständigkeit der heranwach-
senden Kinder könnte man die Würde des freundlichen Va-
ters erkennen. Man kann es auch anders sagen: Nur wer wirk-
liche Autorität hat, kann den Gehorsam würdig fördern; wer
unfrei und unsicher ist, wird zu Gewaltmitteln greifen und
dadurch die Kinder zur Rebellion, nicht aber zur freien Un-
terordnung führen. „Mit aller Würde“ betont die innere Au-

[12] „Euer gütiges Wesen sollen alle Menschen erfahren. Der Herr ist nahe“ (H).
[13] Näheres zu Eph 2, 19—21 s. I 3, 14—15.

torität, die über dem Gegensatz autoritäre — antiautoritäre Erziehung steht[14].

Für die Gemeinde Gottes sorgen. Der Familien-Gemeinde-Vorsteher soll nicht willkürlich oder diktatorisch über sie herrschen, sondern auf ihr leibliches, gemeinschaftliches und geistliches Wohl bedacht sein. Die Gemeinde gehört nicht ihm,
g) 3, 15; Jo 21, 15 — sondern Gott g). „Laß dies deine Sorge sein", betont Paulus später h).

h) 4, 15; 4, 12—18 — Familie und Gemeinde können dann gesund wachsen, wenn sie in engster Wechselwirkung zueinander stehen. Gemeinden verlieren ihren Familiencharakter, wenn christliche Familien nicht mehr die wahren Gemeindezellen bilden. Wo die Familien, auch die Kleinfamilien unserer Zeit, nicht mehr geistliche Zentren und Übungsorte der von Gott erfahrenen Liebe sind, werden die Gemeinden bei aller Betriebsamkeit veröden. Für die Gemeinden sorgen heißt daher, zuerst und zentral für im Glauben gesunde Familien sorgen. Die rechte „Ehesorge" ist wohl noch immer die meist vernachlässigte „Seelsorge"[15]. Steht die Kirche als Familie Gottes im Blickfeld, so ist ihre Vorbildlichkeit in Ehe und Familie grundlegend wichtig. Wieder darf man darunter nicht eine heuchlerische fromme Fassade verstehen. Vorbild heißt nicht vorgeben, was nicht da ist. Auch die ängstliche Frage, was die andern sagen, darf das Familienleben der Gemeindediener nicht bestimmen und einengen.

6 **Nicht ein Neuer, damit er nicht überheblich wird und dem Gericht des Teufels verfällt.**

Da vom Vor-bilden und Vor-gehen des Vor-stehers einer Gemeinde so viel abhängt, kann sein Versagen nicht nur für ihn,

[14] seinem Hause vorzustehen wissen: vgl. die gleiche Formulierung in 1 Th 4, 4: sein Gefäß zu besitzen wissen (über die Geschlechtlichkeit in bezug auf den eigenen Leib oder den der Ehefrau gesagt). Der ganze Vers 5 ist nicht als späterer Einschub zu sehen, im Gegenteil, die in Klammern gesetzte Frageform ist typisch für Paulus; vgl. 1 Ko 14, 7. 9. 16; Rö 10, 14—15. Vgl. ferner den atl Bezug etwa in 5 Mo 32, 7: Frage deinen *Vater,* er wird es dir verkünden, deine *Ältesten,* sie werden dir es sagen.

[15] Typischer Bezug dafür: 1 Pt 3, 7; vgl. I 2, 8—15; 3, 4—5; Eph 5, 21. 31—32; Mt 18, 19—20. Wo, wenn nicht in der Ehe, kann und soll das Übereinstimmen der Zielsetzungen in den Gebeten eingeübt werden (1 Ko 7, 5)? Wo, wenn nicht in der Familie, sind die 2 oder 3 beisammen, zu denen Jesus kommt, wenn sie seinen Namen anrufen? Wenn es aber im ehelichen Gefüge, in der gegenseitigen Ehrerbietung, Liebe und Unterordnung, wenn es in den intimen und recht verwundbaren geschlechtlichen Beziehungen, die Ausdruck der Liebe sein sollten, zu Unstimmigkeiten kommt, dann werden die Gebete verhindert und der Geist der Liebe wird gedämpft: Nicht nur die Ehe leidet darunter, sondern auch die Familie, und unter den „verhinderten Familien" leidet die ganze Gemeinde.

sondern für viele verhängnisvoll sein. Er darf deshalb kein Neubekehrter sein. Als Neuer hatte er ja noch keine Gelegenheit, seinen Glauben im Alltag zu bewähren[16].
Nicht die Frage des Alters ist h i e r gemeint (im Unterschied zu 5, 1. 9. 17. 19), Timotheus selber war „jung" den Jahren nach, zu jung für seine Kritiker i); doch Paulus stellt ihm das Zeugnis aus, daß er bewährt ist im Glauben und in der sich selbst vergessenden Liebe, die die Bedürfnisse der andern sieht und ihnen beisteht k). Die Autorität des Timotheus konnte nur in der Bewährung und im Vorbild bestehen, nicht im Alter oder im machtvollen Auftreten, noch weniger in einem verliehenen amtlichen Titel.

i) 4, 12
k) Phil 2, 20—22

Wem als Neuem Einfluß zuwächst, der wird leicht von der Macht, die er zu haben scheint, berauscht; unnüchtern geworden, verliert er den Sinn für Unterschiede und Unterscheidungen.

überheblich: aufgeblasen, benebelt; durch den aufsteigenden Rauch ist die Sicht verdunkelt. Der Vorsteher ist von der gleichen Gefahr bedroht wie die Irrlehrer l), wie die Frauen m): sich an den gewonnenen Freiheiten und Einflußmöglichkeiten zu berauschen und dann zu fallen. Der Aufgeblasene schwebt wie ein Ballon erhaben über den Niederungen der „bürgerlichen Alltäglichkeit". In seinem Höhenflug verachtet er heimlich die Armen und Einfachen, die Geringen und Gewöhnlichen. Er sieht, redet, wirkt über die Gemeinde hinweg[17].

l) 6, 4; II 3, 4
m) 2, 4

Die Versuchung zur Überheblichkeit kann nicht einmal durch Jahre der Bewährung endgültig gebannt werden, für die Neuen aber wird sie fast unvermeidlich sein, für den länger Bewährten eine ständige Gefährdung. So bekennt Paulus von sich, daß ihm ein „Satans Engel" zur Züchtigung gegeben sei, damit er sich nicht überhebe n).

n) 2 Ko 12, 7

Dem Gericht des Teufels verfallen: in Korinth o) war eine ganze Gemeinde aufgeblasen. Sie rühmte sich ihrer „Freiheit",

o) 1 Ko 5, 1–5

[16] *neophytos* eigentlich ein Neugepflanzter. Paulus hat die Pflänzlinge des neuen Lebens eingepflanzt — ein bildhafter Ausdruck für die missionarische Tätigkeit —, Apollos hat begossen, d. h. gelehrt und unterrichtet, beide aber können der Pflanze weder Leben noch Gedeihen geben, das geschieht allein von Gott aus (1 Ko 3, 6; vgl. Rö 11, 17; Ps 144, 12).

[17] Die Frage, wie gemeindliche Mitarbeiter, Diakone, Evangelisten, Pfarrer und Prediger ausgewählt werden, gehört hierher. Wie lange noch sollen sie alle akademisiert und damit den Gemeinden entfremdet werden? Müßte nicht zu einer breiten Grundausbildung eine möglichst lange Lehrzeit bei einem erfahrenen Verkünder und Hirten hinzukommen? Ist einer, der immer in der Schulatmosphäre lebte, nicht ein Neuer, wenn er in eine Gemeinde berufen wird?

in der sie einem Gemeindeglied erlaubte, die Frau seines (verstorbenen) Vaters zu heiraten, d. h. seine Stiefmutter. Eine solche „Ehe“ war nicht einmal bei den Heiden gestattet, aber die Christen in ihrer Umnebelung fanden „nichts dabei“.

p) vgl. 1 Ko 5, 5 mit 11, 32

Paulus ordnet an, den Betreffenden dem zeitlichen Gericht des Satans zu übergeben p), damit er am Tage des Herrn gerettet werde. Es ist dies ein Ausdruck sowohl der inneren Züchtigung im Gewissen (Selbstanklagen, Selbstvorwürfe, Reue, Beschämung) als auch der äußeren Gemeindezucht. Paulus erwartet nicht moralische Unterstützung, sondern Trauer über die Mitschuld der ganzen Gemeinde in ihrem aufgeblasenen Zustand, der solche Sünden ermöglicht und in ihrer Mitte duldet[18].

7 **Er muß aber auch ein gutes Zeugnis haben von denen, die draußen sind, damit er nicht in böse Nachrede und in die Schlinge des Teufels gerät.**

q) 1 Th 4, 12
r) 1 Ko 10, 32
s) Phil 2, 15; vgl. II 3, 2—5
t) Mt 5, 16
u) Eph 5, 9—11
v) I 2, 1 f

Schon in seinem ältesten Brief ermahnt der Apostel die Gemeinde q), daß sie den Außenstehenden gegenüber einen „wohlanständigen (ehrbaren) Wandel führen“ sollen. Kein Ärgernis oder keinen Anstoß erregen! Diese Mahnung gilt für das Verhalten gegenüber allen: Juden, Griechen, Christen r). Das hat nichts zu tun mit einer falschen Anpassung an die Maßstäbe und Gebräuche der Welt, denn die Gemeinde soll untadelig und lauter sein mitten in einem verdrehten und verkehrten Geschlecht s). Ihre guten Werke sollen im Licht des Tages gesehen werden können t) und sich unterscheiden von den unbrauchbaren Werken der Finsternis u). Denn „während die Christen sich priesterlich um die Welt sorgen v), richtet die Welt das scharfe Auge der Feindschaft auf die Gemeinde, um Blößen zu finden. Es könnte sich darum nicht empfehlen, Männer, die wegen früheren Sünden oder Schwächen stadtbe-

[18] Vgl. W. Stb. 1 Ko S. 96—101; sodann S. 105, Anm. 5: „Freilich ist hier alles von der Grundstruktur der Gemeinde abhängig. Im volkskirchlichen Raum ‚Kirchenzucht‘ üben zu wollen, ist ein mißliches Ding, das nur zur Heuchelei und Verbitterung führen kann. Wo man aufgrund der Kindertaufe die volkskirchlichen Scharen zu ‚Gemeinden‘ im Sinne des NT erklärt und ntl Maßstäbe auf sie anwendet, gerät man in unlösbare Schwierigkeiten.“ Vgl. ferner Lk 10, 17—20: Die 70 Jünger kehren mit Freude zurück, sichtlich berauscht von der Erfahrung, daß ihnen die Dämonen untertan sind. Doch Jesus sieht darin die Urversuchung des Satan am Werk, der selber wie ein Blitz vom Himmel fiel. Die Jünger sollen sich wie Kinder einfältig freuen, daß sie ewig in Gott geborgen sind Wenn sie befreiende Vollmacht ausüben, so ist das nicht eigene Frömmigkeitswirkung, sondern Krafttat Jesu (Apg 3, 6. 12. 16). Der Schritt von der Freude am Herrn zur Freude am eigenen Einfluß ist sehr klein — und schnell getan.

kannt waren, auch nach ehrlicher Besserung an die Spitze der Gemeinde zu stellen"[19].

Diejenigen, **die draußen sind,** sind zwar außerhalb der Gemeinde, aber deshalb nicht außerhalb der Reichweite von Gottes Gericht und Gnade. Diejenigen, die außerhalb der Gemeinde sind, haben ein unerbittliches Gefühl und unbestechliches Urteil für die Sünden derer, die sich Christen nennen. Damit verurteilen sie sich zwar selbst, denn sie bekennen damit, daß sie genau wissen, was nicht recht ist und wie man leben sollte w). Damit aber ist die Gemeinde nicht entschuldigt; sie sollte selber ein waches Urteil haben über ihre eigenen Verfehlungen und darum mit Demut und Sanftmut denen begegnen, die „draußen sind" x).

w) Rö 2, 1

x) Rö 2, 4; II 2, 24—29; 1 Ko 5, 12—13

Bedenkt man, wie die Massenmedien das vergangene und gegenwärtige Leben politischer, wirtschaftlicher, religiöser Führer mit dedektivischer Findigkeit aufspüren und öffentlich bloßlegen (meist aus unlauteren Motiven des Machtkampfes), so wird die Forderung nach dem guten Zeugnis von draußen um so aktueller y). Wo nämlich anstatt des guten Zeugnisses die üble Nachrede umgeht, kann sie so grauenhaft auf den Betroffenen wirken, daß sie ihm den Glauben an Gottes Vergebung raubt und ihn in Verzweiflung stürzt. Wie eine Fliege im Netz der Spinne ist er dann in den Fanggarnen des Teufels, des Urverklägers, verstrickt[20].

y) 5, 14; 6, 1; Tit 2, 5. 8. 10 1 Pt 2, 12. 15; 3, 1. 16

Scheinbar harmlos beginnt die Liste der 16 „Tugenden" mit der Unbescholtenheit als grundlegender Voraussetzung für den Vorsteherdienst. Der Katalog endet mit der fast gleichlautenden Bedingung des guten Zeugnisses von außerhalb der Gemeinde und gibt überraschend die eigentliche Begründung und den ernsten Unterton der ganzen Aufreihung bekannt: Schlinge und Gericht des Teufels, das ist die eigentliche Bedrohung und Gefährdung dessen, der andern dienen will, indem er ihnen vorsteht. Indem damit der Blick freigegeben wird auf den Hintergrund der dämonischen Verführung, ver-

[19] Holtz 79.

[20] Die Damaskusschrift nennt 3 Netze des Teufels: Unzucht, ungerechten Reichtum und Befleckung des Heiligtums. Sprüche 7, 23: „Wer sich von der Frau eines andern zur Unzucht verführen läßt, der ist wie ein Vogel, der ins Garn eilt und merkt nicht, daß es sein Leben gilt." — Das Bild vom Netz des Vogelstellers begegnet häufig im AT: Netz Ps 9, 15; 10, 9; 25, 15; 31, 4; Spr 12, 13; Ps 18, 6. Schlinge Ps 38, 12; 91, 3; 119, 110; 124, 7; 140, 6; 141, 9; 142, 3. Vgl. Jes 58, 6; 1 Ko 7, 35; I 6, 9.

liert der Tugendkatalog seine hellenistische Begrenzung und den nur für oberflächliche Betrachtung spießbürgerlichen Geschmack z).

z) I 4, 1; 5, 15; II 2, 26

b) Die Diakone und die Diakonissen im Gemeindedienst 3, 8—13

8 **Ebenso sollen die Diakone würdig sein, nicht doppelzüngig,**
nicht unmäßig dem Wein ergeben, nicht ungerechten Gewinn
9 **suchend, * die das Geheimnis des Glaubens in einem reinen**
10 **Gewissen bewahren. * Auch sie sollen geprüft und erst dar-**
auf zum Dienst zugelassen werden, wenn sie unbescholten
11 **sind. * Ebenso sollen die Frauen würdig sein, nicht verleum-**
12 **derisch, nüchtern, treu in allem. * Die Diakone sollen jeder**
ein Mann e i n e r Frau sein, den Kindern und den eigenen
13 **Häusern gut vorstehen. * Denn die, welche gut gedient ha-**
ben, erwerben sich eine gute Stellung und viel Freimut im
Glauben an Jesus Christus.

8 Welches ist das Verhältnis der Diakone zu den Vorstehern? Manche Ausleger geben den Diakonen eine untergeordnete Stellung. Fest steht zunächst, daß beide Dienste zwar vorausgesetzt werden, ihre Beziehung zueinander aber gerade n i c h t geregelt wird. Von einer hierarchischen Unterordnung der Diakone unter einen „Bischof" ist nicht die Rede und kann nicht die Rede sein, wenn man die Aussagen des NT zur Diakonia berücksichtigt. In Rö 12, 6 führt Paulus nach der Prophetie sofort die Diakonie (Dienstleistung) auf, unter den Gnadengaben sogar noch vor der Lehrgabe.

a) Mk 10, 42—45 Mt 20, 20—28 Lk 22, 24—27 Jo 13, 4 f

Während die griechische und jüdische Umwelt vom „Amt" die Vorstellung des Herrschens hatte a), zeigte Jesus durch sein Leben und Sterben, daß er nicht gekommen war, um sich bedienen zu lassen, sondern um zu d i e n e n. Die Urchristenheit erkannte das Neue und Unvergleichliche, das in Jesus begonnen hatte. Sie führte mit diakonia ein Wort ein, das in dieser Bedeutung weder bei den Juden noch bei den Griechen bekannt war. Die Diakonie bezeichnet nicht einfach Armen- und Krankenpflege, wie man meint aus Apg 6, 1 schließen zu können. Die sieben Diakone sind nicht „Kirchendiener", sondern Gemeindeleiter der hellenistischen Judenchristen in Jerusalem. Die „Diakone" waren Evangelisten b), sie haben getauft c). Die von Stephanus berichtete Tätigkeit paßt nicht zu dem Bild, das man sich von einem Diakon als „Kirchen-

b) Apg 8, 5
c) Apg 8, 12. 26. 38

diener“ macht. Die Leitung der Gemeinde lag, so muß man aus den Spannungen schließen, zu ausschließlich in den Händen von palästinensischen Judenchristen. Da aber immer mehr Juden aus Rom und Kleinasien (in Jerusalem ansässig) Christen wurden, war es nötig, auch hellenistische Judenchristen mitverantwortlich in der Leitung zu haben.

Der Einfluß des Stephanus war in aller Öffentlichkeit so groß und seine Verteidigung des Evangeliums in Kraft des Heiligen Geistes derart überführend, daß die Widerstrebenden ihn beseitigen mußten. Hatte Stephanus etwa seinen Dienst bei Tisch zur Versorgung der Witwen vernachlässigt, um Evangelist zu werden — oder war er als mitverantwortlicher Gemeindeleiter berufen worden, der dafür zu sorgen hatte, daß die leibliche u n d die geistliche Speise ausgeteilt wurde?

Eines ist klar: der „Diakon“ Stephanus wurde zum ersten Blutzeugen (Märtyrer), den das NT erwähnt[21].

Die Voraussetzungen für den Auftrag des Diakons sind nicht „geringer“ als für den Vorsteher, eher kann man eine stärkere Betonung der geistlichen „Begabungen“ erkennen.

würdig: nur noch in Phil 4, 8, wo das Wort ebenfalls innerhalb einer Tugendliste[22] erscheint. In 2, 2 ist Ehrbarkeit mit Frömmigkeit zusammengestellt; „ehrbar“, „würdig“ bezeichnet eher das Gott zugewandte Verhalten, während „unbescholten“ (3, 2) mehr auf das Urteil der Welt bezogen ist.

nicht doppelzüngig[23] kann sowohl den Sinn haben von „nicht verleumderisch“ (V. 11) wie auch „unbestechlich“, „lauter“. Man soll und kann nicht allen alles so sagen, was man denkt; aber man soll nicht etwas anderes sagen, als man denkt.

nicht unmäßig dem Wein ergeben: Völlige Abstinenz ist weder hier noch für den Vorsteher d) gefordert. Wenn man jeden Genuß radikal ablehnen oder unterdrücken will, führt das noch nicht zur Befreiung vom süchtigen Übergenuß e). Ein Alkoholverbot würde sogar den asketischen Selbsterlösungstendenzen der Irrlehrer entgegenkommen, denen Timotheus selber ausgesetzt war f).

nicht ungerechten Gewinn suchend g): Sowohl der Vorsteher

d) 3, 3 vgl. 5, 23

e) vgl. 4, 3; Kol 2, 21—23

f) I 5, 23

g) 3, 3; Tit 1, 7

[21] „Stephanus und Philippus sind dem Namen nach Diakone, der Sache nach Evangelisten“ (Holtz, 82 f).

[22] Damit man über die Tugendlisten in den Past nicht vorschnell urteilt, ist ein eingehender Vergleich mit Phil 4, 8 angebracht.

[23] *dilogos:* eigentlich „zwiewortig“, vgl. Jak 1, 8: *dipsycho* = zwiespältig in der Seele.

h) Phil 2, 20—22
i) I 6, 9

wie auch der Diakon hat Geld und Gut zu verwalten. Obwohl Timotheus ein guter Diakon ist — er hat mit Paulus am Evangelium *gedient* h) und nicht seine eigenen Interessen gesucht —, bedarf auch er der wiederholten Mahnung, die Habsüchtigkeit zu fliehen i). Er kann vorgeben, andern zu dienen und sich an ihnen bereichern zu wollen, sei es an materiellen Gütern oder an Machtzuwachs.

9 **Die das Geheimnis des Glaubens in einem reinen Gewissen bewahren.**

k) Eph 3, 4; Kol 4, 3
l) Eph 6, 19
m) 1 Ko 2, 7; 4, 1; 13, 2; 14, 2; 15, 21
n) Hb 9, 14

Das Geheimnis (mysterion) des Glaubens oder der Frömmigkeit (3, 16) kann mit Geheimnis Christi k) oder Geheimnis des Evangeliums l) gleichgesetzt werden. Im Gegensatz zu den Mysterienkulten der hellenistischen Umwelt soll das Geheimnis Christi *nicht* vor der Allgemeinheit verborgen und nur wenigen Eingeweihten vorbehalten bleiben — es soll *allen* verkündigt werden. Allerdings kann der menschliche Verstand das Geheimnis Gottes nicht ergründen, sondern der Geist Gottes selber muß es dem Menschengeist offenbaren m). So kann das Geheimnis Christi nur in Kraft des Heiligen Geistes verkündet und erfaßt und nur in einem reinen Gewissen bewahrt werden[24]. Das **reine Gewissen** ist nicht einfach ein „gutes Gewissen“ im bürgerlich-oberflächlichen Sinn. Erst durch die Versöhnungstat des Gekreuzigten kann n) das Gewissen von den toten Werken[25] gereinigt werden. In Gottesdiensten und Mahlfeiern der Gemeinde sollen die Männer *heilige* Hände zum Gebet erheben (2, 8) und die Diener mit *reinem* Gewissen Gott dienen.

10 **Auch sie sollen zuerst geprüft und erst darauf zum Dienst zugelassen werden, wenn sie unbescholten sind.**

o) 2 Ko 8, 8

Paulus *prüft* (dasselbe Verb wie in V. 10) die Gemeinde in Korinth, ob ihre Liebe echt ist o). Er ermahnt die Christen,

[24] Ist der Abstand zwischen Past und 1 Ko im Gebrauch des Wortes „Geheimnis“ *(mysterion)* wirklich so groß, wie einige Ausleger meinen? Daß es sich hier gerade nicht um „abgegriffene Redensart“ (Schleiermacher), um den bloß „formelhaften Gebrauch solcher Termini in der Gemeindesprache“ (Dibelius) handeln kann, zeigt die Nähe zu 3, 16, wo das „Geheimnis der Gottseligkeit“ seine volle Entfaltung in einem Christushymnus findet. Ferner gilt es zu sehen, daß auch im Römerbrief die Verkündigung des Geheimnisses Christi durchaus wie I 1, 5; 3, 9 auf Gehorsam des Glaubens (Rö 16, 25—26), d. h. auf Gottseligkeit in der Praxis zielt.

[25] In II, 1, 3 (wie wörtlich in Hb 9, 14) sagt Paulus von sich selbst, daß er mit reinem Gewissen Gott diene. Gewissen bei Paulus: Rö 2, 15; 9, 1; 1 Ko 4, 4; 8, 7; 10, 25; 2 Ko 1, 12; 4, 2; 5, 11; in den Past: I 1, 5. 19; 3, 9; 4, 2; II 1, 3; Tit 1, 15; vgl. Apg 23, 1. 24, 16.

die zum Mahl des Herrn kommen, daß sie sich zuerst selber
prüfen sollen p), und schließlich sagt er ihnen: „Stellt euch p) 1 Ko 11;
selbst auf die Probe (prüft), ob ihr im Glauben seid“ q). Die 28
Prüfung der Diakone ist weniger als Examen oder Probezeit q) 2 Ko 13, 5
vor einer festen Anstellung auszulegen, eher ist in dem bei Paulus geläufigen Sinn an eine allgemeine Erprobung zu denken. Darauf weist die Wendung hin: „auch sie“, nämlich wie die Vorsteher, sollen ein gutes Zeugnis haben in und außerhalb der Gemeinde. Wir wissen nichts Genaues, wie das Prüfen vor sich gegangen sein mag[26]. Entscheidend ist, daß Erprobung überhaupt als unerläßlich für alle (Gemeinde, Vorsteher, Diakone) angesehen wird. Der Glaube m u ß erprobt
r) und geläutert werden. Der Sinn der Versuchung besteht r) 1 Pt 1, 7;
nicht darin, daß der Mensch zur Sünde verführt, sondern daß Jak 1, 3
er in der Versuchung erprobt und bewährt werde durch Ausharren[27]. Alle haben es mit Gott selbst zu tun, der die Herzen aller kennt und prüft, und der deshalb zu erkennen gibt, wen er wozu berufen hat[28].

**Ebenso sollen die Frauen würdig sein, nicht verleumderisch, 11
nüchtern, treu in allem.**

Handelt es sich in diesem Vers um die Ehefrau der Diakone oder um Diakonissen? Mehrere Gründe sprechen dafür, hier ein Wort an die Diakonissen zu sehen: 1. Vers 11 steht für

[26] Man kannte viele Formen von Examen in Griechenland für Soldaten, Beamte, Politiker, Priester. Wer sich um die Einweihung in die Eleusischen Mysterien bewarb, mußte vor allem auf zwei Dinge geprüft werden: Hat der Kandidat selber ein Verbrechen begangen? Versteht und spricht er die attische Sprache?

[27] Einige Ausleger meinen, daß für die Vorsteher höhere Anforderungen gestellt werden (kein Neuer), während die Diakone nur geprüft werden; andere ziehen den gegenteiligen Schluß: an den Diakon als den liturgisch-geistlichen Leiter seien höhere geistliche Anforderungen gestellt. Je nachdem, wie man Vorsteher und Diakon versteht, wird man das durch die entsprechende Auslegung der „Tugenden“ zu belegen suchen. Fest steht, daß zwar von zwei verschiedenen „Diensten“ (1 Ko 12, 5) die Rede ist, ihre inhaltliche Bestimmung aber nicht geregelt, sondern vorausgesetzt ist, und die Anforderungen an die Anwärter sich wenig unterscheiden. Die Unterscheidungen sind jedoch charakteristisch und in sich sinnvoll zusammenhängend, so daß sie nicht einfach übernommene Formulare darstellen. Es könnte sinnvoll sein, im Vorsteher den administrativen Leiter, der oft auch eine Lehrgabe hat, im Diakon den geistlichen Leiter, der auch praktische Dienste übernimmt, zu sehen. Daß die verschiedenen „Dienste“ so wenig festgelegt sind, fällt auf, sowohl dem Namen wie dem Inhalt und den Anforderungen nach (s. 5, 17).

[28] Apg 1, 24—25: „Und sie beteten und sprachen: Herr, der du die Herzen aller kennst, zeige, welchen von diesen beiden du erwählt hast, den Platz dieses D i e n s t e s *(diakonia!)* und A p o s t e l a m t e s zu empfangen“; vgl. Vers 20: „Sein V o r s t e h e r a m t soll ein andrer empfangen.“ Vgl. 6, 3; 15, 22. 25: Daß Gott zeigt, wen er erwählt, und daß die Gemeinde prüft und wählt, schließt sich nicht gegenseitig aus, sondern ein; vgl. 15, 28: „Denn es hat dem Heiligen Geist u n d uns gefallen ...“

sich. Vers 12 schließt an Vers 10 an[29]. 2. Über die Frauen der Vorsteher vernehmen wir nichts; doch wäre ein Hinweis auf sie mindestens so wichtig wie auf die Frau der Diakone. 3. Der Hinweis auf das eigene Haus und die Kinder erfolgt nicht in Vers 11 (hier hätte die Erwähnung der eigenen Frauen einen Sinn), sondern erst in Vers 12. 4. Das Wort „ebenso" in V. 11 gibt wie in V.8 einen Einschnitt an. 5. Die Aussagen über die Frauen sind zum Teil wörtliche (würdig) und zum Teil inhaltliche (nicht doppelzüngig = nicht verleumderisch) Wiederholungen; das Geheimnis des Glaubens . . . bewahren = Treue in allen Dingen. Diese Gleichheit hat eher Sinn, wenn sie nicht auf die Frauen, wohl aber auf den gleichen Dienst hinweist, den eine Frau ausübt: die Diakonisse. Das weibliche Wort für Diakon (Diakonisse) ist im NT unbekannt, darum mußte man, um Verwechslungen auszuschließen, hier den weiblichen Diakon mit „die Frau" umschreiben[30].

Ebenso sollen die Frauen würdig sein (in Tit 2, 3 von allen alten Frauen erwartet: in der Haltung würdig, nicht verleumderisch). Die Übersetzung „die Frauen" gibt die Möglichkeit, darunter sowohl Diakonissen wie auch im besonderen die Ehefrauen der Diakone und der Vorsteher zu sehen, die diakonisch tätig waren.

nicht verleumderisch (diabolous) ist ein stärkerer Ausdruck als doppelzüngig (dilogos), V. 8; bezeichnet ebenfalls den Miß-
s) II 3, 3 brauch s) des Wortes[31].

nüchtern: wie Vers 2 zum Vorsteher erwartet,

treu in allem: in jeder Hinsicht vom Glauben bestimmt, der Treue heißt und Treue wirkt. Vom Verwalter der Geheim-
t) 1 Ko 4, 2 nisse Gottes wird Treue t) verlangt, das gilt auch für die Diakonisse. Hatte die Diakonisse teil an der hohen Stellung des Diakons, so werden die Weisungen von 2, 9—15 in einer wei-

[29] Unmittelbar nach der Forderung, daß die Vorsteher unbescholten sein sollen, folgt der Hinweis auf die Ehe (Mann einer Frau). Das gleiche gilt für die Diakone: der Schluß von V. 10 (unbescholten) ist fortgesetzt in V. 12: (Mann einer Frau). V. 11 ist also eine Einheit für sich.

[30] Rö 16, 1—2: „Ich empfehle euch unsere Schwester Phöbe, die eine Dienerin (diakonos!) der Gemeinde in Kenchreä ist." Ihre große Selbständigkeit, die Beschreibung ihrer Tätigkeit paßt ganz zu dem Bild eines geistlich bedeutsamen Diakonats auch für die Frauen. (vgl. Exkurs 5). Albrecht übersetzt 3, 11: Auch die Diakonissen müssen achtbar sein.

[31] Aus den verschiedenen Worten in Vers 8 und 11 kann keine Diskriminierung der Frau abgeleitet werden, ebensowenig wie 2, 14 eine „ärgere" Verführung der Frau behauptet. Die Verführung ist nicht ärger, sondern anders, das gleiche gilt für den Mißbrauch des Wortes bei Mann und Frau.

teren Beziehung verständlich: Die verantwortliche und einflußreiche Diakonisse[32] durfte sich nicht überheben (wie auch der Diakon nicht, V. 6), sie sollte sich nicht dazu verleiten lassen, über den Mann, z. B. über den Vorsteher, und überhaupt über Mitarbeiter in der Gemeindeleitung zu herrschen. Wie der Vorsteher soll sie vielmehr nüchtern sein, ihr Maß erkennend und in ganzer Treue ihren Dienst ausrichten. Die bisherige Überprüfung der Aussagen ergibt eines gewiß: in den Past wie in den andern paulinischen Briefen sind die Dienste wenig fixiert und sehr beweglich in Einfluß und Umfang. Spätere Änderungen und Regelungen dürfen nicht in die Past hineingelesen werden, auch wenn man aus den Past die nachträgliche Begründung zu holen versuchte.

Die Diakone sollen jeder ein Mann einer Frau sein, den 12
Kindern und den eigenen Häusern gut vorstehen.

Die Anforderungen sind dieselben wie für die Vorsteher, nur knapper formuliert. Wichtig ist, daß auch von den Diakonen die Gabe des Vorstehens erwartet und deren Erprobung in der eigenen Familie vorausgesetzt wird[33]. Hier noch deutlicher (weil in Vers 11 ausdrücklich von den Frauen die Rede war) als in 3, 2 fällt auf, daß beide Male die Frauen nicht zusammen mit den Kindern aufgeführt sind. Die Männer sollen den Kindern und den eigenen Häusern gut vorstehen. Warum sind die Frauen nicht erwähnt? Eben hat Vers 11 die Mitarbeit der Frau betont. In 2, 11 war von Unterordnung die Rede, vor allem im Blick auf den Gottesdienst und das Verhalten in der Gemeinde. Das Verhältnis von Mann und Frau ist umschrieben in der Formel „Mann einer Frau", und das aber meint die eheliche Treue, das Einssein vor Gott. So ist auszulegen: die Diakone seien mit ihren Frauen in Liebe eins vor Gott; ihren Kindern und dem ganzen Haus samt Sklaven und Verwandten gegenüber aber seien sie gute Vorsteher.

[32] Die Diakonisse Phöbe war vielen ein Beistand geworden: *prostatis* hatte ursprünglich den Sinn für Vorsteher, Anführer, Oberhaupt, später: Fürsorgerin, Helferin. Wäre das Vorstehen irgendeiner Art völlig ausgeschlossen, würde Paulus das mißverständliche Wort *prostatis* vermieden haben. I 3, 12 zeigt, daß auch der Diakon vorsteht in irgendeiner Form. Wieder soll das Vorstehen des Mannes vom Vorstehen der Frau unterschieden werden; allen gemeinsam ist, daß ihr Vorstehen ein Dienen ist.

[33] Die Wiederholung des Wortes „Diakone" zeigt, daß der Schreiber nicht einfach in der Aufzählung fortfährt, sondern nachdem er in Vers 11 von den dienenden Frauen, den Diakonissen, geredet hat, knüpft er wieder an Vers 10 an.

13 **Denn die, welche gut gedient haben, erwerben sich eine gute Stellung und viel Freimut im Glauben an Jesus Christus.**

Soll man in der „guten Stellung" (Stufe, Rang) einen Hinweis darin sehen, daß der (niedrigere) Diakon bei gutem Verhalten zum ranghöheren Vorsteher befördert werden kann? Dem widerspricht, daß der Dienst des Diakons in sich selbst wertvoll und gut ist wie der des Vorstehers (3, 1); beide Dienste sind gleich eingestuft. Will „gute Stellung" den Einfluß des Diakons auf die Gemeinde und deren Wertschätzung ihm gegenüber anzeigen? Wenn Timotheus als ein Diakon Christi im Glauben lebt und dient, kann sein F o r t s c h r e i t e n von allen erkannt werden, und er wird sich selbst samt den Hörenden erretten u). Auch Paulus will nicht nur andere retten, sondern selber an der Rettung durch das Evangelium teilhaben v). Die gute Stellung kann, so gesehen, die Auswirkungen auf die Gemeinde und deren Antwort einschließen.

u) 4, 15—16; 1, 15
v) 1 Ko 9, 23—24

Viel Freimut im Glauben an Jesus Christus weist dann auf Ursprung und Ziel der guten Stellung in Jesus Christus hin[34].

Sich erwerben[35] hat mehr religiösen als moralischen Klang, besonders in Zusammenhang mit „Freimütigkeit" im Glauben[36]. Der gut versehene Dienst macht offenbar, daß die Werke Frucht des **Glaubens an Christus Jesus** sind, daher der **Freimut** w). Jede Werkgerechtigkeit wird abgelehnt, genauso wie jede Werknachlässigkeit. „Eine gute Stellung" weist auf die Verantwortlichkeit des Oekonoms, „viel Freimütigkeit im Glauben an Jesus Christus" weist auf die freie Annahme bei Gott. Wieder ist die charakteristische Spannung vorhan-

w) Jo 3, 21

[34] „Wer immer seinen Dienst recht verwaltet hat, gewinnt für sich selber ein hohes Ansehen und freien Zeugenmut für den Glauben an Jesus Christus." (W.) „Deacons with a good record of service may claim a high standing" (NEB) = Diakone mit einem guten Zeugnis ihres Dienstes können einer hohen Wertschätzung gewiß sein.

[35] *peripoieisthai* = sich erwerben; bei Paulus sonst *peripoiesis:* Erwerben; 1 Th 5, 9; Thess 2, 14; Eph 1, 14 = das Heil oder die Erlösung erlangen.

[36] Der Apostel begehrt für sich selbst, daß mit aller Freimütigkeit (= viel Zuversicht, *parresia)* Christus an seinem Leib verherrlicht werde, es sei durch Leben oder durch Tod (Phil 1, 20). Am Tage des Gerichts muß der Haushalter Rechenschaft ablegen. Wer über wenigem treu war (vgl. 3, 11c mit 1 Ko 4, 2), wird über viel gesetzt (Mt 25, 21. 23). Auch in diesem Gleichnis sind Stufen („Beförderungen") angeführt vom wenigen zum vielen und so verbunden mit der Freimütigkeit (dem „Eingang") am messianischen Freudenfest. Beides, Beförderung und Freimütigkeit, ist freie Gabe des Herrn, nicht Verdienst des Knechtes. In 1 Ko 4, 1—5 bezeichnet sich Paulus als Diakon Christi und Oekonom der Mysterien Gottes (vgl. nochmals I 3, 9: Geheimnis des Glaubens; 3, 11: treu in allem). Er erwartet das Urteil nicht von Menschen, sondern von Gott.

den und gewährt: Gottes Allmacht und menschliche Verantwortung.

Im Glauben an Jesus Christus (so die wörtliche Übersetzung); „in Christus Jesus" und „im Glauben" fast ausschließlich von Paulus verwendet; das doppelte „in" hingegen nur in den Past. „Im Glauben" ist kausal zu verstehen: „der Grund für" „Stellung" und „Freimut" liegen i m Glauben, und dieser Glaube hat sein Leben „in Christus Jesus". „Im Glauben" der bestimmende Grund und Ort für alle: Paulus 1, 14; 2, 7; Timotheus 1, 19; 4, 16; die Frau 2, 15; die Diakone 3, 13. Vgl dazu die guten Werke: der Frauen 2, 10; des Vorstehers 3, 1; der gut versehene Dienst der Diakone 3, 13; der Reichen 6, 18;

Eine gute Stellung bedeutet in den Geheimkulten „Stufe" als errungene Position auf dem Weg zum „Himmel"; hier aber soll das Gegenteil gesagt werden. Das geflügelte Wort, das auch in christlichen Kreisen aufgekommen sein mag, wird hier aufgenommen und gegen die Irrlehre der Selbsterlösung angeführt. Darum sollen die **Frauen** nicht in vermeintlich höheren Regionen (2, 15), die Diakone nicht in höheren Stufen (3, 13), die Reichen (6, 18. 19) nicht im Hoffen auf den Reichtum das Heil suchen, sondern **im Glauben** werden sie alle gerettet und erlangen das wahrhafte Leben; darum können sie in der Treue des Naheliegenden bleiben und dienen.

Vers 13 kann auch als Abschluß für 3, 1—13 gelten: Vorsteher, Diakone und Diakonissen sind dann eingeschlossen in die Mahnung zum guten Dienen und in die Verheißung der guten Stellung mit viel Freimütigkeit im Glauben. Ebenso kann 2, 15, die Anweisungen über das Gemeindegebet abschließend, Männer und Frauen umfassen und ermahnen: „Wenn sie (Männer und Frauen) bleiben in Glauben und Liebe und Heiligung mit Verständigkeit."

c) Die Gegenwart des Herrn im Geist 3, 14—16

14 Das schreibe ich dir, obwohl ich hoffe, in Kürze zu dir zu
15 kommen; * wenn sich aber mein Kommen verzögern sollte,
damit du weißt, wie man sich im Hause Gottes verhalten
soll, das ist die Gemeinde des lebendigen Gottes, Säule und
16 Fundament der Wahrheit. * Und, wie alle einmütig bekennen, ist groß das Geheimnis der Gottseligkeit: Er ist es, der offenbar geworden ist im Fleisch, der Recht bekommen hat im Geist, der geschaut worden ist von den Engeln, der ver-

kündet worden ist unter den Völkern, der Glauben gefunden hat in der Welt, der aufgenommen worden ist in die Herrlichkeit.

14 Obwohl Paulus hofft, daß er selber bald kommen und mit Timotheus sein kann (greift den Ausgangspunkt von 1, 3 wieder auf), muß er doch mit einer Verzögerung[37] oder mit einer Verhinderung a) rechnen. Während seiner ersten Gefangenschaft hatte er gehofft, die Gemeinde in Philippi bald besuchen zu können; trotzdem sandte er Timotheus voraus b). Das eine Mal sendet er einen Mitarbeiter voraus, das andere Mal einen Brief an seinen Mitarbeiter. Er hat schon mit Timotheus über die „Gemeindefragen“ gesprochen c) und hofft, weiter mit ihm sprechen zu können. Trotzdem will er das Gesagte und das zu Sagende schriftlich festhalten, denn er kennt Wert und Notwendigkeit der Wiederholung d): „Euch dasselbe zu schreiben, verdrießt mich nicht, euch aber macht es fest“ (E 25f).

a) 1 Th 2, 18
b) Phil 2, 19. 23. 24
c) I 1, 3
d) Phil 3, 1; 4, 4

Sich verhalten: sich benehmen, seine Aufgabe ausführen, seinen Wandel führen, auch sich verhalten gegeneinander. 2 Ko 1, 12: „Das Zeugnis unseres Gewissens, daß wir in Heiligkeit und Lauterkeit Gottes, nicht in fleischlicher Weisheit, sondern in Gottes Gnade und in der Welt g e w a n d e l t sind“, d. h. wie wir uns verhalten haben“[38].

Das christliche Verhalten, die wahre Frömmigkeit, liegt nicht im menschlichen Ermessen, nicht in bürgerlicher oder unbürgerlicher Sitte, nicht in der „Natürlichkeit“ begründet, sondern im Geheimnis Gottes e).

e) I 3, 16

Haus Gottes[39] bezeichnet im AT den Tempel, in dem Gottes Name wohnt. Der Beter möchte beständig im Hause Gottes wohnen und dort Gemeinschaft mit Gott haben f). Auffallend ist, daß nirgends „Haus Gottes“ mit „Haus Israel“ gleichgesetzt wird, wie das dann im NT geschieht: „Sein Haus sind w i r g)“.

f) z. B. Ps 23, 6; 26, 8; 27, 4; 52, 10; 84, 5. 11; 122, 1
g) Hb 3, 6

Offenbar war die Wirkung des sichtbaren, mit Händen gemachten Tempels so groß, daß der Gedanke eines „geistlichen

[37] Dasselbe Wort noch in 2 Pt 3, 9.

[38] vgl. Hb 13, 18, wie in 2 Ko 1, 12; 4, 2 wird das Gewissen zum Wandel in Beziehung gesetzt. „Wir sind der Zuversicht, daß wir ein gutes Gewissen haben, indem wir in allen Stücken würdig wandeln wollen.“ „Würdig wandeln“ entspricht der Redeweise der Past; „wissen, wie man . . . soll“ ist eine typisch paulinische Wendung: 2 Th 3, 7; Kol 4, 6.

[39] *oikus theou,* damit verwandt Haushalter = *oikonomos,* der „Oekonom“, Lk 12, 42; 1 Ko 4, 1. 2; Gal 4, 2; Tit 1, 7; 1 Pt 4, 10. Haus kann auch im übertragenen Sinn die Hausbewohner, d. h. die Familie, bedeuten: 3, 4. 15; 5, 4; II 1, 16; Tit 1, 11

Hauses“ h) nur schwer aufkommen konnte. Doch sind Ansätze da für das Wohnen Gottes unter den Menschen, das über ein sichtbares Heiligtum hinausgeht i). Der Prophet sieht eine Zeit kommen, da wird das Gesetz nicht mehr äußerlich auf steinernen Tafeln geschrieben, im mitwandernden Zelt oder im immobilen Tempel in Jerusalem aufbewahrt sein, sondern in das Innere des Hauses Israel gelegt werden, d. h. in sein Herz geschrieben sein k), und so wird Gott ihr Gott sein, und sie werden sein Volk sein. (A 5)

h) 1 Pt 2, 5
i) 3 Mo 26. 11. 12 4 Mo 5, 3
k) Jer 31, 33; 32, 38

Was im AT in Ansätzen erkennbar ist, daß nämlich die von Gott aufgebotene und herausgerufene Gemeinde (das ist die Bedeutung des Wortes „ekklesia“), daß das Volk Gottes auch **Haus Gottes** ist, in dem er wohnt, das steht im NT ganz im Mittelpunkt, nicht aber so, daß nun doch wieder der Tempel bzw. die Kirche in der Mitte stünde; ihre Mitte ist der Herr.

Wie sehen die Past das Haus Gottes? (A 5) Man soll in den eigenen Häusern l) diejenige Frömmigkeit erweisen, die dem Charakter des Hauses Gottes entspricht, in welchem Gott sich offenbart in Christus, dem Geheimnis der Gottseligkeit m). Nur in diesem Christus ist das gottselige Leben wirklich und möglich n). Jede Familie, die Christus in der Mitte hat, ist ein Haus Gottes. „Was von den Vorstehern und Diakonen als Väter ihrer Familie erwartet wurde, findet seine Begründung und Erfüllung in Gott, dem Vater, von dem jede Vaterschaft im Himmel und auf Erden ihren Namen hat“ o). Die Familie ist das kleine Haus (allerdings damals meist etwas anders als unsere Kleinfamilie, wenn man an die vielen Kinder, die mitlebenden Großeltern oder Verwandten, Knechte und Mägde, Sklaven, Verwalter und Aufseher denkt), die Gemeinde ist das große Haus p), in welchem der Hausherr die verschiedenen Gefäße zu seinem Dienst gebraucht[40].

l) 3, 4. 12; 5, 4
m) 3, 16
n) II 3, 12
o) Eph 3, 14; I 1, 2; II 1, 2. 16
p) II 2, 20. 21

Als familia Dei soll Timotheus die verschiedenen Gemeindeglieder ansehen und ermahnen q).

q) I 5, 1—2

Die Gemeinde[41] des lebendigen Gottes: eine Steigerung ge-

[40] Vgl. Eph 2, 19; 1 Pt 2, 5. Gott will mit den „Hausgenossen“ ein „geistliches Haus“ bauen. Der lebendige Gott ist der wahre Gott (Jer 10, 10), der Himmel und Erde gemacht hat (Apg 14, 15). Paulus zitiert das Prophetenwort (Hos 2, 1) in Rö 9, 26. „Kinder des lebendigen Gottes“, „Ihr seid der Tempel des lebendigen Gottes“, 2 Ko 1, 1; 3, 3; 6, 16; I 4, 10; Hb 3, 12; 9, 14 (vgl 1 Thess 1, 9); 10, 31; (A 5).

[41] Lukas verwendet das Wort Ekklesia (Gemeinde) im Evangelium nie, in der Apostelgeschichte 23mal, Paulus 50mal von den über 100 Stellen im NT; das Wort fehlt in II; Tit; 1 und 2 Pt. Vgl. 1 Ko 1, 2; 11, 16. 22; 15, 9; 2 Ko 1, 1; Gal 1, 13; 1 Th 2, 14; Phil 3, 6 etc.

genüber „Gemeinde Gottes" (V. 5). Der lebendige Gott[42] läßt sich nicht festlegen von menschlichen Wünschen und Vorstellungen, religiösen Übungen. Er gibt sich ganz für die Gemeinde hin und bleibt doch ganz ihr Herr.

Die Gemeinde ist von Anfang an und ihrem Wesen nach immer sowohl in der **Bewegung** des von Gott Gerufen- und
r) Apg 2, 4 — Gesammeltwerdens als auch im **Bleiben** und Verharren r) in dem großen Sammel- und Ruhepunkt Gottes: in Christus Je-
s) Eph 1, 10 — sus s).

Darum kann es uns nicht wundern, daß der Text eine dritte Bezeichnung anschließt:

Säule und Fundament der Wahrheit. Weil jeder Wiedergeborene eine Säule (oder ein Pfeiler) im Tempel seines Gottes
t) Offb 3, 12; 10, 1 — t) sein darf, darum können einzelne auch besonders starke Säulen werden u). Gott will einen lebendigen Tempel aus le-
u) Gal 2, 9 — bendigen Steinen und Säulen bauen[43].

Fundament der Wahrheit[44]. Haben wir hier nun doch eine bloß statische Auffassung von der Gemeinde vor uns? Bekommt die Gemeinde eine bisher nicht bekannte Eigenbedeutung als Fundament und Trägerin der Wahrheit? Gegen diese Vermutungen ist zu sagen: 1) Beide Worte, „Säule" und „Fundament", stehen ohne Artikel, also ist nicht die Kirche gemeint als eine Größe eigener Ordnung, sondern jede Versammlung von Christen, die sich auf das Wort Christi
v) 1 Ko 3, 10. 11 — gründen. 2) Paulus kann, ohne darin einen Widerspruch zu sehen, schreiben, er habe als Baumeister den Grund *gelegt*,
w) Rö 15, 20 vgl. Hb 6, 1; Eph 2, 20 — der schon gelegt *ist*: Jesus Christus v). Er legt den Grund, indem er Christus, den Grundstein, verkündet w). Zur Erkennt-
x) I 2, 4—7; 4, 3 — nis der *Wahrheit* kommt, wer den einen Mittler zwischen Gott und Menschen, Jesus Christus, erkennt x). Er hat das Wort
y) Eph 1, 13 I 2, 7; 2 Th 2, 13 — der *Wahrheit* gehört und glaubt ihm y). Die Gemeinde ist „Fundament der Wahrheit", insofern sie auf Christus gründet. 3) Ein Vergleich mit II 2, 19. 20 bestätigt, daß im Ver-

[42] Der Artemistempel in Ephesus mit seinen 127 Säulen galt als Weltwunder, aber er war mit Menschenhand gebaut. Wenn auch die Epheser wie von Sinnen schreien: „Groß ist die Artemis der Epheser" (Apg 19, 34), so wurde die Fruchtbarkeitsgöttin doch nicht *lebendig*, und sie brachte dem Volk nicht wahres Heil, höchstens den Händlern Gewinn (Apg 19, 24).

[43] *hedraioma,* nur hier, aber als adj *hedraios,* festgegründet im Herzen: 1 Ko 7, 37; im Werk des Herrn: 15, 58. Kol 1, 23: im Glauben ausharren, festgegründet, unerschütterlich.

[44] *themelios:* der Grund, das gleiche Wort wie in I 6, 19; Eph 2, 20; 1 Ko 3, 10. 11, vgl. 1 Ko 3, 16—17!

ständnis der Past Gott derjenige ist, der den festen Grund[45] legt, und daß bei Gott die letzte Entscheidung bleibt, wer zu ihm, wer zur Gemeinde gehört und wer nicht II 2, 19—20.

Der von Gott gelegte feste Grund bleibt, er hat ein doppeltes Siegel: a) Die Kenntnis Gottes derer, welche er berufen hat, b) auf Gott, der beruft und heiligt, antwortet der Mensch, indem er sich heiligen läßt, also von der Unheiligkeit absteht (siehe Auslegung zu II 2, 19—20). Die gleiche Spannung wie in der Tempelrede des Jeremia bleibt bestehen: Wer sich zum Tempel des Herrn bekennt, der untersteht dem Herrn des Tempels, dem heiligen und lebendigen Gott, der ein Leben in Heiligung ermöglicht und darum auch erwartet. 4) Die drei sich überschneidenden Bilder „Haus", „Gemeinde", „Grund" (Gottes, des lebendigen Gottes, der Wahrheit) stellen eine Bewegung dar, den Übergang vom einen zum andern, so das Bewegliche und das Bleibende, das Dynamische und das Beständige andeutend[45]. 5) Wie Paulus seine Aussagen über das Verhalten der Männer und Frauen im Gottesdienst der Korinther mit einem Hinweis auf die „Gemeinde Gottes" zum Abschluß bringt z), so auch hier. Wenn hier mehr Worte gehäuft werden, so ist das nicht ein Beweis dafür, daß die Gemeinde wichtiger genommen würde. Paulus hatte alle Ausdrücke und mehr noch als diese in den Briefen an die Korinther ebenfalls, wenn auch im Zusammenhang verstreut, gebraucht. 6) Entscheidend aber ist die Tatsache, daß das Kapitel eben nicht mit dem Blick auf die Gemeinde abschließt, sondern mit einem Hymnus auf Christus. Auf diesen Hymnus zielt alles hin; das Letzte oder Erste ist nicht die Gemeinde, sondern Christus, nicht der Leib, sondern das Haupt, beide aber sind so eins, wie sie Vers 15 und 16 verbindet. Eine Entwicklung und Verfestigung gegenüber früheren Darstellungen des Paulus läßt sich nicht erkennen, das Gegenteil trifft

z) vgl. 1 Ko 11, 2—16 a mit 16 b

[45] Ebenso in Eph 3, 19—20: „Ihr seid nicht mehr Fremde und Beisassen, sondern Mitbürger der Heiligen und Hausgenossen *(oikeios,* wie Gal 6, 10; I 5, 8) Gottes, aufgebaut auf den Grund (!) der Apostel und Propheten, wobei Jesus Christus sein Eckstein (!) ist, in (!) dem (nämlich in Christus, nicht in den Aposteln und Propheten) der ganze Bau zusammengefügt heranwächst (hier Übergang vom Bild statischen Baues zu dem des dynamischen Wachsens wie ein Baum) zu einem heiligen Tempel im (!) Herrn, in (!) dem auch ihr miterbaut werdet zu einer Wohnung Gottes im Geist." Vgl. auch die aus jüdischer Tradition stammende Aufzählung und Häufung von Bildern für das Wesen der Gemeinde in Hb 12, 22: „Ihr seid gekommen zu dem Berg Zion und zu der Stadt des lebendigen Gottes, dem himmlischen Jerusalem, und zu Zehntausenden von Engeln, zur Festversammlung und Gemeinde der Erstgebornen . . ."

zu. Ein Vergleich mit dem Christushymnus des Philipperbriefes legt das nahe. In Phil 2, 5—11 b e g r ü n d e t Paulus das Verhalten der Gemeinde (in Demut einer den andern höher achte) mit dem Hymnus auf die Demut Jesu. Christus ist nicht einfach das Vorbild zur sittlichen Nachahmung; seine Gesinnung und Tat b e g r ü n d e n Gesinnung und Tat der Philipper, so auch ist I 3, 16 Endziel und zugleich Begründung der Gottseligkeit, der heiligen Gesinnung und Tat in der Gemeinde.

Phil 2, 5 meint nicht eine „Gesinnung“, die sich am Ideal einer Tugend orientiert, sondern ein „Sich-Ausrichten-auf“, ein „Sich-Orientieren“ nach einer gegebenen und erfüllten Wirklichkeit, die in Christus Jesus beschlossen und eröffnet ist[46]. Genau in dieser Weise ist der Christushymnus von I 3, 16 eingebettet in den Zusammenhang des Briefes und seiner Anweisungen.

16 **Und wie alle einmütig bekennen, ist groß das Geheimnis der Gottseligkeit: Er ist es, der offenbar geworden ist im Fleisch, der Recht bekommen hat im Geist, der geschaut worden ist von den Engeln, der verkündet worden ist unter den Völkern, der Glauben gefunden hat in der Welt, der aufgenommen worden ist in die Herrlichkeit.**

a) Hb 1, 3; Phil 2, 6—11; Kol 1, 13—20
b) 1 Ko 14, 26; Eph 5, 19; Kol 3, 16 f
c) Phil 2, 10; Rö 10, 9; Hb 1, 4
d) wie Phil 2, 5 f; Hb 3, 1; 4, 14; 10, 19 f

Wir haben hier einen Christushymnus vor uns, der verwandte Züge aufweist zu andern Christushymnen im NT a). Die Urgemeinde hat Hymnen, d. h. Loblieder und Psalmen gesungen b) (E 25e). Die Gemeinde bringt Gott ein Lobopfer dar, indem sie mit dem Munde „den Namen“ bekennt c). Der Zusammenhang in Hb 13, 7—15, wo vom Lobopfer die Rede ist, legt den Schluß nahe, daß diese Dankeshymnen vor allem beim Herrenmahl gesungen wurden[47].

Wie alle einmütig bekennen[48]. Der Hymnus ist Zuspruch und Ermahnung d). Er ist gegen Irrlehren gerichtet, welche

[46] G. Bornkam, Zum Verständnis des Christushymnus; in: Studien zu Antike und Urchristentum, Bd I, S. 177.

[47] *„Eucharistie“* heißt Danksagung und wird zum kennzeichnenden Wort für das Herrenmahl. Die Evangelien berichten, daß Jesus den Lobgesang anstimmte nach dem Mahl (Mk 14, 26). Es handelt sich um das sog. „Hallel“ (Ps 115, 18).

[48] *homologoumenos* nur hier; doch *homologein,* übereinreden, bekennen in Rö 10, 9—10 an entscheidender Stelle: Jesus als Herrn bekennen, mit dem Munde wird das Bekenntnis abgelegt. *homologia* (Bekenntnis): I 6, 12. 13; 2 Ko 9, 13; Hb 13, 10; Jo 9, 22; 1 Jo 4, 2; 2, 23; vgl. 2 Ko 9, 13: „Unterordnung eures B e k e n n t n i s s e s zum Evangelium“ (siehe Auslegung und Exkurs zu I 2, 11). Bauer: „Euer Bekenntnis zum Evangelium äußert sich in gehorsamer Unterwerfung unter dessen Forderungen“; in der gleichen Weise will I 3, 16 verstanden sein, das macht auch ein Vergleich mit I 6, 12 und mit Tit 1, 16 deutlich: sie bekennen Gott in falscher Weise, in ihren Werken leugnen sie Gott.

die Menschwerdung Christi leugnen und das Evangelium mit andern Heilslehren verquicken; doch leitet der Hymnus die Gemeinde zum Lobpreis Gottes an, woran sie gesunden kann, anstatt daß sie sich in Wortkriege verwickelt e). e) II 2, 23

Das Geheimnis der Gottseligkeit ist nicht ein „es", nicht eine Sache, nicht einmal eine Lehre oder ein Bekenntnis oder ein Verhalten, **er ist es** (E 15). Der Text sagt nicht, wie zu erwarten wäre, „das Geheimnis, d a s offenbart worden ist", sondern „das Geheimnis, d e r offenbart worden ist"[49] (E 7).

Zu der zurückhaltenden Art, wie „er", der Grund und Mittelpunkt der Gemeinde, eingeführt wird, gehört auch das schlichte „und", das den Vers 16 einleitet. Das Geheimnis ist groß, das sagt Paulus in bezug auf die eheliche Verbindung von Mann und Frau, und gleichzeitig deutet er es auf die Beziehung zwischen Christus und der Gemeinde f). Das Geheimnis besteht letztlich in einer B e z i e h u n g: der zwischen Gott und Mensch bestehenden Liebe. Sie ist allein auf Gottes Initiative begründet und erwirkt so die liebende Antwort des Menschen: Wir lieben, weil er uns zuerst geliebt hat g). Der Mittler Jesus Christus, der sich selbst als Lösegeld gab h) aus Liebe, offenbart und verwirklicht das Geheimnis der Liebe zwischen Gott und Mensch.

f) Eph 5, 32 vgl. I 3, 9

g) 1 Jo 4, 19. 10. 11

h) I 2, 4—6

Der Hymnus ist in drei Strophen gegliedert. Jede Strophe hat zwei Verben in der passiven Form. Die griechische Zeitform (aorist pass) drückt das Entstehen einer Tatsache, den Fortgang eines in der Vergangenheit begonnenen Geschehens und nicht eine allgemeine Idee aus. Die passive Form der Verben bezeugt das überwältigende Handeln Gottes[50] und verdeutlicht das Geheimnis der Gottseligkeit: er ist in der Gemeinde offenbart und doch jedem menschlichen Begreifen und Zugreifen entnommen. Je zwei Aussagen stehen sich gegenüber, zugleich bilden die drei Strophen parallele Aussagen[51].

[49] Dieser Wechsel vom unpersönlichen „es" zum persönlichen „er" ist in Jo 1, 9—10 besonders eindrücklich: „D a s wahre Licht, d a s jeden Menschen erleuchtet, kam in die Welt. E s war in der Welt, und die Welt ist durch i h n geworden, und die Welt erkannte i h n nicht. E r kam in d a s S e i n e, und die S e i n e n nahmen i h n nicht an." In I 3, 16 mag ein Grund für den Wechsel auch darin liegen, daß ein Bruchstück eines Hymnus eingefügt wird. Einige vermuten, daß Eph 5, 14 dazu gehöre oder gar den Beginn darstelle von I 3, 16. Beide Bruchstücke waren der Gemeinde in Ephesus bekannt, und durch die Vermittlung von Timotheus spricht der Hymnus neu in die Gemeindesituation hinein.

[50] Vgl. I 1, 13. 16: Mir ist Erbarmung widerfahren = Gott hat sich meiner erbarmt.

[51] Parallelismus und Antithese sind sowohl in der semitischen wie in der griechischen Literatur bekannt. Vgl. Mt 6, 9; Jes 37, 17.

Alle sechs Hauptwörter ohne Artikel erhalten elementare und umfassende Bedeutung, welche die himmlische und die irdische „Seinsweise“ angeben. Der Hymnus beginnt im Irdischen (offenbart im Fleisch; das „offenbart“ weist zugleich auf den verborgenen, im Hymnus nicht angedeuteten Ursprung), führt zum Himmlischen (bestätigt im Geist), bleibt in der zweiten Strophe im himmlischen Bereich (geschaut von den Engeln) und kehrt ins Irdische zurück (verkündet den Völkern). Die dritte Strophe wieder bleibt im Irdischen (geglaubt in der Welt) und endet schließlich im Himmlischen (aufgenommen in Herrlichkeit). Der irdische Bereich: offenbart im Fleisch, verkündet den Völkern, geglaubt in der Welt. Der himmlische Bereich: bestätigt im Geist, geschaut von den Engeln, aufgenommen in Herrlichkeit.

Schon die grammatikalische Struktur verdeutlicht damit das Geheimnis: **Er,** in dem Himmel und Erde umfaßt sind, den Himmel und Erde bekennen i) als den einen Mittler und Mittelpunkt[52].

i) 1 Ko 8, 5—6; Eph 4, 10; Kol 1, 16. 20

Alle Christushymnen im NT haben kosmische Perspektive k). Ein weltweiter Lobgesang umfaßt himmelweite Unterschiede. Auch die Verben, die den himmlischen Bereich betreffen, führen vom Engsten und Verborgenen in die größte Weite und Höhe. Gerechtfertigt im Geist ist sozusagen innergöttliches, trinitarisches Ereignis l), dann das Schauen der Engel m) und wieder zuletzt die Auswirkungen bis in alle Fülle n) der Herrlichkeit hinein.

k) Rö 8, 38. 39. 19

l) Jo 13, 31

m) 1 Pt 1, 12; 3, 22

n) Eph 3, 18—19

Ursprung und Ziel, Fleisch und Herrlichkeit umspannen das gewaltige Geheimnis[53]. Offenbart wude e r aus der himmlischen Herrlichkeit, dorthin ist er wieder erhöht worden. Aber er hat nicht eine vergehende Spur hinterlassen. Der wirkliche Christus wurde ein wirklicher Mensch, offenbart im Fleisch, er offenbarte sich in seiner irdischen Wirklichkeit: seinen Jüngern und Aposteln, die ihn wirklich gesehen haben und ihn verkündeten, und er fand wirklichen Glauben bei Menschen

[52] „In aller Weisheit und Einsicht hat er uns das G e h e i m n i s seines Willens mitgeteilt. So wollte es sein Heilsratschluß, den er durch ihn vollstrecken lassen wollte, um den Lauf der Zeiten so auf ihre Erfüllung hin zu ordnen, daß alles im Himmel wie auf Erden in Christus einheitlich zusammengefaßt werde“ (Eph 1, 9—10. W).

[53] Auch der Christushymnus von Phil 2 umspannt eine unerhörte Gegenüberstellung: Gott gleich — den Menschen gleich; in Gottes Gestalt — in Knechtsgestalt; erniedrigt bis zum Kreuzestod — erhöht über jeden Namen.

aus Fleisch und Blut, in aller Welt. Das ist seine Gemeinde, die Herausgerufene.

offenbart im Fleisch. Fleisch als irdische endliche Existenz im Gegensatz zur Existenz Gottes: „Die Ägypter sind Menschen und nicht Gott, und ihre Rosse sind Fleisch und nicht Geist o).“ „Das Wort wurde Fleisch“ p), lebte ein leibliches q) Leben aus Fleisch und Blut[54]. In diesem Menschen ist die Gnade, die Güte und Menschenfreundlichkeit Gottes r) leibhaftig erschienen, sichtbar und erfahrbar geworden allen Menschen[55]. „Das Ziel aller Werke Gottes ist die Leiblichkeit.“ Gott wohnt in Christus „leibhaftig“ s). Vom Erlösertod spricht I 1, 15; 2, 3—6. Hier in I 3, 16 ist primär die Inkarnation (Menschwerdung) Gottes in Christus gepriesen (E 9).

o) Jes 31, 3
p) Jo 1, 14
q) Jo 2, 21
r) Tit 2, 11; 3, 4
s) Kol 1, 22

der Recht bekommen hat im Geist[56]. Besungen im Lobpreis ist hier nicht die Rechtfertigung des Sünders auf Erden, sondern die Bestätigung des Sohnes in Herrlichkeit. In diesem Sinne zitiert Paulus in Rö 3, 4 aus Ps 51, 6: „Damit du gerechtfertigt werdest in deinen Worten und den Sieg behaltest, wenn man mit dir rechtet.“ In einen ähnlichen Zusammenhang weist Rö 1, 3—4: „Dem Fleische nach aus Davids Geschlecht, dem Geiste nach eingesetzt in die Machtstellung des Sohnes, eingesetzt kraft der Auferstehung von den Toten“; dazu ist zu vergleichen II 2, 8: „Jesus Christus, von den Toten auferweckt (der Erweis der Sohnschaft in Kraft des Geistes), aus dem Geschlecht Davids (dem Fleische nach).“

Nicht Fleisch und Geist des Menschen im Menschen stehen im Gegensatz, sondern der Armut und Hinfälligkeit des menschlichen Fleisches steht die Fülle und Mächtigkeit des göttlichen Geistes gegenüber. Der in voller Menschlichkeit

[54] Vgl. 1 Pt 3, 18, ebenfalls in passivischer Form: Christus, der getötet wurde nach dem Fleische, lebendig gemacht wurde nach dem Geiste.

[55] Christus ist nicht ein vom Himmel gefallener Stein (Ursprung und Zentrum des Artemis-Kultes in Ephesus ist ein vom Himmel gefallener Stein, ein Meteorit), sondern ein vom Himmel her offenbarter, lebendiger Mensch aus Fleisch und Blut.

[56] „Offenbar ward er in einem armen Menschenleben — sein Recht ward ihm im Machtbereich des Geistes Gottes.“ Auffallend in den Evangelien ist „das sachliche Nebeneinander von Hoheits- und Niedrigkeitsaussagen“ (F. Neugebauer, Jesus der Menschensohn; S. 22), das diesen Christushymnus nahe zu den Evangelien stellt. Wie Paulus verschiedene Denkweisen nebeneinander fügt, ohne sie streng logisch zu verbinden, so tun das auch die Evangelisten, damit geben nicht nur die 3 Evangelien gemeinsam eine Zusammenschau (Synopsis), sondern innerhalb jedes Evangeliums durchdringt Hoheit die Niedrigkeit, Offenbarung die Verborgenheit Jesu und gibt so den Blick des Glaubens frei auf den Herrn, der sich allen zum Diener macht.

offenbarte Sohn Gottes[57] wird durch den Geist Gottes als Gottes- und Menschensohn bestätigt: „Du bist mein geliebter Sohn, an dir habe ich Wohlgefallen gefunden t).“ Einige Ausleger denken darum auch an die Taufe Jesu, in der es darum geht, „alle Gerechtigkeit zu erfüllen“ u). Somit beugt sich Jesus stellvertretend unter die Sünde des Volkes und der Welt. Nach der Taufe empfängt er die Bestätigung durch den *Geist*, und die *Engel* dienen ihm v). Doch der Aufbau des Hymnus, der dreimal den menschlichen und den göttlichen Bereich gegenüberstellt, spricht gegen diese Auslegung. In der ersten Zeile würde die Offenbarung im *Fleisch* und die Bestätigung durch den Geist in der *Taufe* beide Male vom irdischen Geschehen handeln. Wilckens übersetzt verdeutlichend die Gegenüberstellung: „Offenbar ward er in einem armen menschlichen Leben / sein Recht ward ihm im Machtbereich des Geistes Gottes.“

t) Mk 1, 11; Lk 9, 35
u) Mt 3, 15—16
v) Mt 4, 11 b; Mk 1, 13

Der Tod Jesu ist die Bestätigung seines wahren Menschseins, die Auferstehung in Kraft des göttlichen Geistes die Bestätigung seines wahren Gottseins. Nicht menschliche Wunschträume haben den Menschen Jesus zu einem Gott gemacht, einzig die Auferstehung hat ihn gegen alles menschliche Erwarten und Begreifen als das erwiesen, was er ist. Der Auferstandene aber wird nicht mit menschlichen Mitteln bewiesen und erkannt; Engel haben ihn *geschaut* — den Völkern ist er *verkündet* worden.

geschaut von den Engeln. Da Engel auch mit „Bote“ übersetzt werden kann, wollten einige Ausleger hier Zeugen und Boten der Auferstehung sehen. Doch wieder gibt hier der Aufbau des Hymnus den Ausschlag, bestätigt durch eine ähnliche Beziehung im Christuslied des Hebräerbriefes w).

Die Past wie die Hebräer- und Kolosserbriefe weisen Irrlehren ab, in denen Engelmächte eine vorherrschende Stellung einnehmen[58]. Doch Christus ist erhöht über alle, auch und besonders über die unsichtbaren Mächte x).

w) Hb 1, 4 f; 2, 7. 8. 16
x) Gal 4, 3. 9; Kol 2, 8. 20; Phil 2, 9. 10; Rö 8, 38. 39

[57] Christus *war* Gottes Sohn und wurde zum Gottes-Sohn *eingesetzt,* das NT sagt beides, und das Zeugnis des Geistes verbindet beides (Mk 1, 11). Vgl. Rö 8, 3; Gal 4, 4; Phil 2, 5—11 (er war Sohn) mit Apg 2, 22—36; Hb 1, 2f; 5, 5f (er wurde zum Sohn eingesetzt).

[58] Das ganze NT lehnt einmütig die Vormachtstellung der Engel ab, wie sie in den synkritischen, teils jüdisch-, teils hellenistisch-gnostischen Irrlehren herrscht. Das hindert die biblischen Autoren aber nicht daran, das Leben des irdischen und des erhöhten Herrn im Zusammenhang mit Engelmächten zu bezeugen (Lk 2, 13; 24, 33; Mk 1, 13; Jo 1, 51; Rö 8, 37—39; Kol 2, 15; 1 Ko 4, 9; 2 Th 1, 7). Bedeutsam ist die klare Unterordnung

Weder das Leben des Christus noch das der Gemeinde spielt sich nur im Bereich irdischer Mächte ab — das ist die zentrale Aussage des Bekenntnisses „geschaut von den Engeln" y).

y) 1 Ko 4, 9; 11, 10

verkündet den Völkern[59]. Weil das Heil für alle Menschen gilt z), darum soll die frohe Kunde auch alle erreichen. Zum Geheimnis des Christus gehört, daß es allen Völkern, nicht nur dem einen Volke Israel, kund werden soll. Paulus schreibt, ganz entsprechend der Aussage hier, daß das Evangelium an alle Völker *kundgemacht worden ist* a), also eine geschichtliche Tatsache geworden ist. Doch die besondere Zeitform drückt zwar ein Geschehen in der Vergangenheit aus, betont aber seine Fortsetzung in die Gegenwart hinein. „Das Evangelium ist in der gesamten Schöpfung unter dem Himmel verkündet worden b)."

z) I 2, 4. 6; Tit 2, 11
a) Rö 16, 25—26
b) Kol 1, 23 wie Mk 16, 15

Wie das wortlose Lob der Schöpfung in allen Landen Gottes Ehre verkündet, wie die Sonne freudig ihre Bahn zieht c), so durchläuft das Evangelium ungebunden von menschlichen Fesseln, Schwächen und Sünden die ganze Welt d). An dem von Jesus selber begonnenen und von Jesus angeführten Siegeszug des Evangeliums möchte Paulus teilhaben e). Gott ist der Urheber allen Heils, er offenbart das Heil in Christus allen, er läßt den Wohlgeruch seiner Erkenntnis über alle Welt verströmen f). Nicht Paulus hat das Evangelium geschaffen, ist er doch nicht für andere den Erlösertod gestorben, niemand ist auf seinen Namen getauft worden: Von Anbeginn ist Christus Inhalt und Ziel, Beweggrund und Beweger des Evangeliums an alle Völker. So rühmt der Hymnus sein Geheimnis: „Er verkündet den Völkern." Das mußte deutlich herausgestellt werden. Die passive Verbform ist auch in dieser Aussage nicht nur um des strengen Aufbaus der Strophen, sondern um der inhaltlichen Bedeutung willen durchgehalten: Gott ist in allem der Handelnde.

c) Ps 19, 1—7
d) II 2, 9; 2 Th 3, 1; Apg 6, 7; 12, 24; 19, 20; Kol 1, 6
e) 1 Ko 9, 23; Kol 2, 15
f) 2 Ko 2, 14

Diese Grundrichtung des Hymnus, von dem der ganze Brief geprägt ist, zu betonen, ist nicht überflüssig in einer Zeit, da die Manipulation des Menschen durch den Menschen ins Ungeheuerliche anwächst. Auch Christen rufen und werden gerufen zu Aktionen, Mobilisationen, Missionen, Evangelisa-

aller himmlischen Wesen unter den Christus (s. Erich Schick, Die Botschaft der Engel im Neuen Testament, 1963²); ferner vgl. 1 Pt 1, 12, wo auch der Heilige Geist und die Engel zusammen erwähnt werden.

[59] *ethne* (Ethnologie = Völkerkunde), „Heide" ist mißverständlich, weil negativ belastet, ebenso „Nationen", darum übersetzen wir „Völker".

tionen. Propaganda, Programme, Konzeptionen, strategische Pläne treiben zu Einsätzen, zum Engagement, zur Tat.

Alle Dringlichkeit — davon sind auch die Propheten erfüllt, ebenso lassen die Past sie spüren — will gemessen sein am Evangelium. Niemand kann dringlicher sein als Gott selber. Doch seine Dringlichkeit ist nicht treiberischer Art. Gerade weil er den Menschen nicht manipuliert, sondern ihn zur Freiheit und Gnade ruft, vermag der so gerufene Mensch — aus Gnade — kräftiger, anhaltender und unermüdlicher zu wirken als allein aus menschlichen Entschlüssen. Aus welchen Beweggründen (Motiven) werden wir zu „Aktionen“ bewegt? Was geschieht nach den „Einsätzen“, sind die eingesetzten Kräfte aufgebraucht oder werden sie erneuert und verstärkt? Was bleibt von den „Evangelisationen“? Werden Menschen in Christus gewurzelt und gegründet, die wachsen und Frucht bringen ein Leben lang, oder verschwinden die „Resultate“ in Kürze?

Das Maß des Evangeliums kann im Zusammenhang des Christushymnus ganz klar angelegt und überprüft werden: Führt der Lobpreis des Geheimnisses Christi, **verkündet den Völkern,** zur Verkündigung und Mission? Und mündet alle Evangelisation in den Glauben, der Gottes Gnade rühmt?

hat Glauben gefunden in der Welt. Die Sprachform „geglaubt“ erscheint nur hier im NT, angepaßt an dieselbe Gestalt der fünf anderen Verben. **Kosmos** (Welt) ist hier als Erweiterung und Steigerung zu **Ethnos** (Völkerwelt) zu sehen. Von Bedeutung ist dabei die Formulierung „geglaubt i n der Welt“, und nicht „geglaubt v o n der Welt“. Es geht hier um die wahre Universalität des Heils in Christus, um die „Anbetung des Vaters im Sohn“ in aller Welt. Die Epheser behaupten, daß die Göttin Artemis „von aller Welt verehrt“ werde. Demgegenüber bezeugt der Hymnus, daß und warum Christus wirklich in aller Welt geglaubt wird.

Die Welt kennt Gott nicht, sie kennt die in Gott begründete Frömmigkeit (Gottseligkeit) nicht, sie kennt den Lobgesang auf den Erlöser nicht. Wie denn kann gesungen werden „geglaubt in der Welt“?

Das Wunder des Glaubens ist nicht minder groß als das Wunder der Verkündigung, weil beide leben aus dem Wunder des Evangeliums.

Wie kann Christus i n d i e W e l t gekommen sein, um Sünder zu retten g)? In dieser Frage verborgen liegen Fragen, die alle

g) I 1, 15

einander zugeordnet sind: Wie kann Gott Mensch geworden, gestorben und auferstanden sein? Wie kann Gott überhaupt eine Schöpfung ins Dasein rufen? Wie kann Gott eine neue Schöpfung mitten in der alten beginnen und vollenden? Das NT gibt darauf e i n e Antwort: in, durch und mit Christus.

Daß in der Welt Menschen sind, bei denen er Glauben findet, ist von gleicher „Größe" wie alle anderen „Teile" des Hymnus; gehört wesenhaft zur „Ganzheit" des Evangeliums; ohne das „**geglaubt in der Welt**" ist das große Geheimnis nicht vollständig. Die glaubende Gemeinde besingt mit diesem Satz das Wunder des Glaubens, das in ihrer Mitte aufleuchtet wie am ersten Schöpfungstage.

verkündet — geglaubt. Der Hymnus, auf den der vorangegangene Teil des Briefes hinzielt, läßt ohne allen Zweifel das ganze und wahre Evangelium aufleuchten: Weder menschliche Sonderlehren noch menschliche Sonderleistungen bringen das Heil. Das Evangelium kann nur verkündet und geglaubt werden, weniger oder mehr ist nicht mehr Evangelium, sondern eine „fremde Lehre".

Und schließlich ist aus diesem Teil des Hymnus die kosmische Bedeutung zu bedenken: geglaubt im Kosmos. Die Schöpfung selbst soll von der Versklavung an die Vergänglichkeit befreit werden zur Freiheit und Herrlichkeit, wie sie den Kindern Gottes gegeben ist h). Gott will die ganze Schöpfung erneuern durch erneuerte Menschen. Die Leiden der vergehenden Welt sind zugleich Geburtsschmerzen der neuen Welt, die mitten in der Welt erglaubt und erhofft wird „durch das Evangelium".

h) Rö 8, 19—22

aufgenommen in Herrlichkeit. Herrlichkeit ist die „Seinsweise" Gottes, Gottes Art und „Ausstrahlung", Herrlichkeit (**doxa**) ist überirdischer Lichtglanz, heiliges Feuer der Liebe Gottes. Jesus betet als Mensch um die Verherrlichung seines Wesens in Gott. „Jetzt verherrliche du mich, Vater, bei dir selbst mit der Herrlichkeit, die ich bei dir hatte, ehe die Welt war" i). Jesus erschien den Jüngern auf dem Berg der Verklärung im Lichtglanz (**doxa**) k). Er ist der H e r r d e r H e r r l i c h k e i t, den die gekreuzigt haben, die ihn mit ihrer Weisheit nicht erkannten l).

i) Jo 17, 5
k) Lk 9, 31
l) I Ko 2, 8

aufgenommen ist eine feste Redewendung für die Rückkehr des Sohnes zum Vater m). Diese sog. „Himmelfahrt" ist nicht ein Schweben auf Wolken in einen lokalisierten Himmel hinein, sondern ein Aufgehobenwerden in eine andere, in die

m) Mk 16, 19 Apg 1, 2. 11. 22

göttliche Seinsweise hinein, ein Eingehen in das Unsichtbare. Die Himmelswelt ist der Ort Gottes, ein Ort aber nicht in unserem menschlich begrenzten Verständnis von Raum und Zeit.

Auch den abschließenden Satz des Hymnus hat Paulus vorher eingeführt, wie überhaupt jeder Teil in den Past ausdrücklich entfaltet und vom Hymnus geprägt ist[60].

„Das Evangelium von der Herrlichkeit des seligen Gottes", deren Verkündigung ihm anvertraut worden ist. Er, der aus der Herrlichkeit in die Welt kam, ist aufgenommen in Herrlichkeit; nur der steigt hinauf, der hinabgestiegen ist n).

n) Jo 3, 13; vgl. Eph 4, 8—11 mit Rö 10, 6; Ps 68, 19

In diesem Christushymnus besingt die Gemeinde das große Geheimnis der Gottseligkeit, das Evangelium von der Herrlichkeit des seligen Gottes. Durch diesen Hymnus gibt der Apostel seinem Brief die bestimmende Mitte für Lehre, Mahnung, Warnung und Abwehr der Irrlehrer.

Der in die Welt Gekommene und in ihr Gestorbene und Auferstandene ist gleichzeitig der Verherrlichte, der in der Welt offenbart, verkündet und geglaubt wird. Der Hymnus ist im Geist empfangen, und im Geist o) lobpreist die Gemeinde ihren Schöpfer, Erlöser und Vollender; im Lobpreis wird sie des Geheimnisses inne, das Gott und den Menschen in Christus versöhnt und vereinigt. Ja, Er ist

o) Eph 5, 18—21; Apg 4, 31. 24—30; Jo 4, 23—24; 5, 23

geoffenbart im Fleisch — gerechtfertigt im Geist
geschaut von den Engeln — verkündet den Völkern
geglaubt in der Welt — aufgenommen in Herrlichkeit.

4. Die Gemeinde in der Welt

1. Timotheus 4, 1—11

a) Der Geist offenbart die falsche Enthaltsamkeit, 4, 1—5

1 Der Geist aber sagt ausdrücklich, daß in den letzten Fristen gewisse Leute vom Glauben abfallen werden, indem sie ach-
2 ten auf verführerische Geister und Lehren von Dämonen, * die von heuchlerischen Lügnern ausgehen, deren Gewissen

[60] Wieweit Paulus selber im Heiligen Geiste Christushymnen schrieb oder umgestaltete, läßt sich im einzelnen nicht ausmachen. Sicher dürfte sein, daß er, der sowohl im Geiste wie mit dem Verstande singen wollte, auch Lobgesänge empfangen hat (1 Ko 14, 15 b. 18). Das sogenannte Hohelied der Liebe (1 Ko 13, s. E 14) hat in seiner Schlichtheit hymnische Kraft, und eben das gilt auch von der dreigliedrigen Strophe des Christushymnus in I 3, 16.

3 **gebrandmarkt ist. * Sie verbieten zu heiraten und bestimmte**
Speisen zu essen, die Gott geschaffen hat zum Genuß mit
Danksagung für diejenigen, die glauben und die Wahrheit
4 **erkannt haben. * Denn alles, was Gott geschaffen hat, ist**
gut, und nichts ist verwerflich, wenn es mit Danksagung
5 **empfangen wird, * denn es wird durch Gottes Wort und Ge-**
bet geheiligt.

Wann und wo immer „die Gemeinde des lebendigen Gottes" das Geheimnis der wahren Frömmigkeit, die Gottseligkeit in Christus, gläubig preist und auslegt, treibt auch die falsche, von Gott gelöste Frömmigkeit ihr trügerisches Spiel. Das Offenbarwerden des Christus drängt das Gegenbild, den Antichristus, zur Enthüllung[1].

Derselbe Geist, der das Geheimnis der Gottseligkeit offenbart, der enthüllt auch die Gegenmacht der verführerischen Geister. Den prophetischen Aussagen über Timotheus, kraft derer er ein wahrer Lehrer gesunder Worte sein kann und soll a), entsprechen die prophetischen Aussagen über die falschen Lehrer b), deren Worte wie ein Krebsgeschwür um sich greifen c). Wo das Geheimnis des Glaubens und der Gottseligkeit aufleuchtet d), enthüllt es den dunklen Hintergrund des Unglaubens und der Gottlosigkeit. Auch dieser Hintergrund wird Geheimnis genannt e), weil er dem menschlichen Erkennen und Verstehen nicht zugänglich ist f).

a) I 1, 18
b) I 4, 2
c) II 2, 17
d) I 3, 9. 16
e) 2 Th 2, 7
f) Offb 2, 2. 9. 10. 13. 24

Die betende und dienende Gemeinde, die sich der rettenden Wahrheit öffnet g), ist in dem Wahrhaftigen geborgen h) und doch gleichzeitig und erst recht der Macht der Lüge und Ver-

g) I 2, 1—3
h) 1 Jo 5, 18—20

[1] „Christus ermöglicht den Antichristus. Der Antichristus ist die Macht in der Geschichte, welche die lieblose Erkenntnis zur Vernichtung der Liebe ins Feld führt. Sie ist freilich auch die Macht, die sich durch ihren Sieg selbst vernichtet. Dieser Kampf ist noch nicht ausgetragen. Wir stehen in ihm an einem Ort, den wir nicht gewählt haben und an dem wir uns zu bewähren haben" (Carl Friedrich von Weizsäcker, Die Geschichte der Natur, S. 126). In „Weltbild der Natur" schreibt er: „In einigen großen Gestalten (z. B. Kepler) ist das Bewußtsein deutlich geblieben, daß diese Welt, die wir lieben, eine Welt des Widerspruchs ist, und daß darum die Lehre von der Göttlichkeit der Welt ein Geheimnis und eine unendliche Aufgabe enthält. Wo man hingegen den Widerspruch umging und sich an die Welt verlor, da enthüllte die Liebe zur Welt mehr und mehr einen *dämonischen* Charakter. Sehnsucht schlägt um in Gier, Erfüllung in Sattheit . ." (2 1944, S. 143). Und der Atheist Max Horkheimer schreibt: „Ich sage jetzt etwas sehr Gewagtes: Ohne jede theologische Basis ist der Satz, daß Liebe besser sei als Haß, nicht zu begründen. Warum sollte sie besser sein? Die Erfüllung des Hasses macht doch manchmal mehr Vergnügen als die der Liebe. Deshalb ist es notwendig, sich über die Konsequenzen, die durch den Prozeß der Liquidation der Religion zustande kommen, ernsthafte Gedanken zu machen" (Verwaltete Welt? Ed. „Arche Noah" 1970, S. 36).

i) I 2, 13—14 führung ausgesetzt, und zwar nicht nur die Frauen i), sondern
k) I 1, 6 alle Gemeindeglieder, von denen schon manche vom Glauben
l) I 4, 1 abgefallen sind k) und noch manche abfallen werden l).

1 **Der Geist sagt ausdrücklich, daß in den letzten Zeiten gewisse Leute vom Glauben abfallen werden, indem sie achten auf verführerische Geister und Lehren von Dämonen.**

Der Heilige Geist offenbart durch Prophetenmund mit klar und deutlich verstehenden Worten, nicht in Rätselworten oder durch Gesichte, deren Sinn erst gedeutet werden muß, was jetzt der Gemeinde zu sagen ist (E 13). Man kann dabei an eine konkrete, in der Vergangenheit ergangene Weissagung über den Charakter der Endzeit denken, die zwar allgemeine Gültigkeit hatte, die jedoch den Umständen einer Gemeinde oder eines einzelnen entsprechend durch denselben Geist erneut und unmittelbar „zur Lage" sprach und sie beleuchtete[2].

Der Geist der Weissagung offenbart sowohl das Geheimnis
Gottes wie die Lügenmacht des Bösen. Prophetie gehört mit
m) 1 Ko 12, 7. 10 Unterscheidung der Geister unauflöslich zusammen m). Die Ur-
christenheit wußte, durch eben diesen Geist unterwiesen, wie
unauflöslich das Kommen des Reiches Gottes verknüpft ist mit
Trübsal, Leid, Anfechtung und Kampf, hervorgerufen durch
den Widerstand und die Verlockung des Geistes der Verfüh-
rung. Die Evangelien bezeugen übereinstimmend, daß von An-
fang an damit zu rechnen war, daß mit dem wahren Messias
viele falsche Messiasse und im Namen des wahren Propheten
n) Mk 13, 22; Mt 24, 5 (Jesus) viele falsche Propheten auftreten werden n). Ebenso
weissagte Paulus schon früh, daß nach ihm falsche Lehrer auf-
o) 2 Th 2, 1—12; Rö 16, 18; Apg 20, 29; treten werden o), ja bereits aufgetreten sind p). Der Apostel
lehrte die Gemeinde, die Geister der Propheten zu prüfen,
denn auch die falschen Lehrer erheben den Anspruch, vom
p) 2 Ko 11, 1—15; Phil 3, 18—19 Geist inspiriert zu sein q). Darum darf den mit Gelehrsamkeit,
Wortgewalt oder Begeisterungsfähigkeit auftretenden Lehrern
nicht ohne prüfendes Unterscheiden geglaubt werden r). Denn
q) 1 Ko 12, 3; 2 Th 2, 2 wer **verführerischen Geistern und Lehren von Dämonen** arg-
los Gehör schenkt, wer auf sie seine Aufmerksamkeit richtet
r) Rö 16, 19. 20; Gal 1, 6—9; 1 Th 5, 20. 21; 1 Jo 4, 1—6 und sich ihren listigen Einflüsterungen hingibt, der wird **vom
Glauben abfallen.** Was Paulus hier schreibt, ist weder im Zu-
sammenhang seiner übrigen Briefe noch in dem vorliegenden
neu und überraschend; immer ist bei ihm Irrlehre mit satani-
scher Verführung und Verblendung im Zusammenhang gese-

[2] An einen einzelnen: Apg 20, 10—11; an eine Gemeinde: Offb 2, 7. 11. 17. 29; 3, 6. 13. 22; 14, 13; 22, 17: „Der Geist sagt"

hen s). Die in 1, 3. 6 erwähnten Irrlehrer und der durch ihr Auftreten schon eingetretene Glaubensabfall sowie die besondere Verführung der Frauen in der Gemeinde von Ephesus (2, 14) sind nur der Anfang dessen, was in der kommenden Zeit noch offensichtlicher hervortreten wird (4, 1).

s) Rö 16, 19. 20; 2 Ko 4, 3—4; 11, 13—15; 2 Th 2, 2. 9—12

Die Anknüpfung an 3, 16 ist nicht zufällig: Das geistgewirkte Bekenntnis zu dem, der offenbart wurde im Fleisch, bewirkt durch eben denselben Geist die Warnung vor den Irrlehrern[3].

In den letzten Fristen kann sowohl spätere wie auch letzte Frist bedeuten; ein gewichtiger Unterschied zwischen I 4, 1 und II 3, 1 besteht nicht. Die Zeit ist spät und auf das Letzte hin ausgespannt t). „Die Frist ist knapp bemessen."

t) Rö 13, 11—12; 1 Ko 7, 29—31

Zunehmender Widerstand und Abfall sind Zeichen der Endnähe. Wenn auch der Geist der Weissagung einen Bereich aufdeckt, in dem Gegenwart, Vergangenheit und Zukunft eins sind, so bleibt doch die Spannung zwischen der Jetztzeit als Endzeit und dem Abschluß der Endzeit wie auch sonst im NT u) in den Past bestehen.

u) I 4, 8; 6, 17 Tit 2, 12. 13 vgl. Eph 1, 21 Mk 10, 28—31

Vom Glauben abfallen: das Verb hier bezeichnet den willentlichen und bewußten Abfall, stärker also als 1, 6. 19; vgl. Lk 8, 13—14: Menschen, die „im Augenblick der Versuchung abfallen werden"; Hb 3, 12: „vom lebendigen Gott abfallen durch ein böses Herz der Glaubenslosigkeit." Das Wort kann auch den Sinn haben von „weichen": Die Witwe weicht nicht vom Tempel v). Timotheus soll nicht weichen, sondern ausharren, bleiben w).

v) Lk 2, 23

w) II 3, 13. 14

Verführerische Geister[4]: Irren ist nicht — wie das Sprichwort sagt — menschlich, sondern letztlich — wie die Bibel betont — dämonisch, denn hinter dem Irrtum steht die Macht der Verführung. Nirgends ist der Irrtum verhängnisvoller als im religiösen Bereich. Man meint, Gott zu dienen, und ist in Wahrheit den Dämonen verfallen x).

x) 1 Ko 10, 20

Lehren von Dämonen. Die Gemeinde ist einer systematischen Beeinflussung unter organisierter Aufsicht ausgesetzt. „Satan schafft eine neue Religion! Das ist d i e Versuchung der letzten Zeit[5]." Dem e i n e n h e i l i g e n G e i s t y) stehen die

y) I 3, 16; 4, 1; II 1, 7. 14

[3] „Nicht nur der bekennende Hymnus ist geistgewirkt, also prophetisch, sondern auch die Entschleierung der kirchlichen Zukunft" (Holtz, 99).

[4] *pneumasin planois; planos* in 2 Ko 6, 8 von P verwendet: auch wenn er unter der böswilligen Verleumdung leidet, er sei ein Verführer und Betrüger, so ist er doch wahrhaftig.

[5] J. Jeremias, S. 23.

z) I 1, 10; 6, 3; II 4, 3 — vielen unheiligen Geister, der einen gesunden Lehre z) die vielen verderblichen Lehren gegenüber.

2 **Die von heuchlerischen Lügnern ausgehen, deren Gewissen gebrandmarkt ist.** Grammatikalisch könnte „Heuchelei" zwar auf „Dämonen" bezogen werden, aber es ist naheliegender, an die von ihnen beeinflußten, gegenwärtig in der Gemeinde wirkenden Lügenredner zu denken. Heuchelei: Verstellung, angeben oder sein wollen, was man nicht ist a). Die Falschredner **(pseudologoi)** sind falsche Apostel **(pseudo-apostoloi).** Die häufige Zusammensetzung von Worten mit dem auch in der deutschen Sprache gebräuchlichen **„pseudo"** (falsch)[6] zeigt die verfälschende Lüge, die täuschende Ähnlichkeit, ja schließlich die behauptete Echtheit an, die der Pseudoreligion mit ihrer Pseudoreligiosität entspricht. Es ist eine Frömmigkeitsform ohne die Kraft der von Gott gewirkten Wahrheit und Wirklichkeit b). Wo der auf der Wahrheit Gottes ruhende Glaube verlassen und verleugnet wird, da treibt der Aberglaube der Lüge sein Unwesen. Lüge ist aber nicht nur falsches Reden, die Macht der Lüge durchdringt alle Bereiche des Lebens, das Leben selbst wird verlogen. Die Lebenslüge verfälscht alles, noch bevor und ohne daß ein unwahres Wort über die Lippen kommen muß. Die Pseudopropheten, deren Wesen reißenden Wölfen gleicht, erscheinen in Schafskleidern als harmlose und unschuldige Beglücker c). Die Gemeinde soll sich vor ihnen hüten; den echten d) Dienern sollen die listigen Anschläge des Satans, der „Vater der Lüge" genannt wird e), nicht unbekannt f) sein. Abgesehen davon, daß eine sich aufgeklärt vorkommende Mentalität alles „Dämonische" als veraltet oder unwirklich abtut, könnte gegen Paulus auch der Vorwurf erhoben werden, er verteufle seine Gegner. Die Dimension des Dämonischen kann hier nicht näher erörtert werden. Der Hinweis darauf, daß diese Kategorie zum unabdingbaren Bestand der biblischen Offenbarung gehört, muß genügen[7]. Zum Vor-

Tit 1, 9; 2, 1. 8
a) Mt 23, 28; Mk 12, 15; Lk 12, 11; Sach 2, 13; Jak 5, 12
b) II 3, 5
c) Mt 7, 15
d) I 1, 2
e) Jo 8, 44. 45
f) 2 Ko 2, 11

[6] Vgl. dazu *pseudoprophetai* (2 Pt 2, 1); *pseudochristoi* (Mt 24, 24); *pseudodelphoi* (falsche Brüder: 2 Ko 11, 26; Gal 2, 4); *pseudodaskoloi* (falsche Lehrer: 2 Pt 2, 1); *pseudapostolo* (falsche Apostel: 2 Ko 11, 13); *pseudonymou gnoseos* (die fälschlich so genannte Erkenntnis: I 6, 20).

[7] Man vergleiche den atl Bericht über die Auseinandersetzung zwischen König und Prophet (1 Kön 22, 22 f) mit der ntl Vision in Offb 16, 13—14. Die fremd wirkende Bildsprache sollte uns nicht davon abhalten, die Wirklichkeit des nur in Symbolen Andeutbaren zu bedenken. Zur Lektüre: C. S. Lewis, Die große Scheidung oder zwischen Himmel und Hölle; Anweisungen an einen Unterteufel; Bernhard Welte, Über das Böse (Quaestiones Disputatae 6); Joseph Bernhart, Chaos und Dämonie; Von den göttlichen Schatten der

wurf der Verteufelung ist im übrigen zu sagen: Wir haben es hier nicht mit einer ungerechtfertigten Verketzerung Andersdenkender zu tun, die dem menschlichen Hang zum raschen Aburteilen Vorschub leisten oder ihn gar rechtfertigen würde. Läßt man freilich die ausdrückliche Beziehung auf die prophetische, d. h. geistgewirkte Redeweise außer acht oder nimmt man sie nicht ernst, so ist kein Verständnis für den geistlichen Kampf möglich. Dieser gute Kampf des Glaubens streitet eben **n i c h t** gegen Fleisch und Blut (sichtbare Menschen), sondern gegen geistige Mächte der Bosheit in der unsichtbaren Welt g). g) Eph 6, 12

Die verführten Verführer, die an der Verführung der Menschen ihre Lust und ihren Gewinn gefunden haben h), sind in h) II 3, 13
ihrem **Gewissen gebrandmarkt.** Vielleicht wirkt hier der Gedanke mit, daß diese Menschen dämonisch gezeichnet sind. Ihr Gewissen ist derart gelähmt i), daß sie keine Scham oder i) I 1, 19
Reue mehr empfinden können über ihr Tun; „sie haben alles Schamgefühl[8] verloren k).“ k) Eph 4, 19

Gegen die Irrlehrer soll nicht angegangen werden, nicht durch Verleumdung und noch weniger gewalttätig, sondern vor ihnen ist zu warnen, ihr Lehren und Tun ist als verderblich zu entlarven.

Sie verbieten zu heiraten und bestimmte Speisen zu essen. 3
Kann denn der Ruf zur Enthaltsamkeit verführerisch sein? Bei Verführung denkt man meistens zuerst an Verlockung zu Ausschweifung und nicht an Askese. Und doch besteht zwischen Verbot menschlicher Grundbedürfnisse und hemmungsloser Ausschweifung ein enger Zusammenhang. Der maßlose Mißbrauch von Gottes Gaben führt zu Unlust, Leere, Ekel. Wer sich an einer Speise „überessen“ hat, findet an ihr für lange Zeit keinen Geschmack mehr.

Verbieten zu heiraten. Nicht eine freiwillige Enthaltsamkeit, sondern eine für alle verpflichtende Menschensatzung soll das Heiraten verhindern. Dem Judentum war das Eheverbot fremd; allerdings ist bekannt, daß die Essener die Eheabstinenz freiwillig praktizierten, ebenso religiöse Kreise in Ephesus, die von orientalischen Kulten und magischen Praktiken

Schöpfung; Denis de Rougement, Der Anteil des Teufels; franz. Original: La part du diable.

[8] Simpson 65: s h a m e p r o o f e d, wörtlich: schamdicht; vgl. wasserdicht. „Sie handeln mit heiligen Dingen ohne Gefühl“ (Bacon).

beeinflußt waren[9]. Die Ursprünge des von Irrlehrern eingeführten Eheverbotes in den Gemeinden können verschieden sein: 1) Reaktion gegen die heidnischen Ausschweifungen, in
l) 1 Ko 6, 9—11 denen man selber vorher gelebt hatte l). 2) Falsche Auslegung und Anwendung der Lehre von der Auferstehung: „In der Auferstehung heiraten sie nicht und werden nicht verheiratet,
m) Mt 22, 30 sondern sind den Engeln gleich m).“ Wenn die Irrlehrer behaupten, die „Auferstehung sei schon geschehen“, zerstören sie
n) II 2, 18 den Glauben mancher Leute n). Die Gemeindeglieder konnten oder mußten sich jetzt (als Auferstandene) wie Engel ansehen. Offenbar war die Verführung zu einem „engelhaften“ Leben schon in Korinth groß. Paulus muß betonen, daß geschlechtliche Enthaltsamkeit in der Ehe nur für begrenzte Zeit und
o) 1 Ko 7, 5 nur nach Übereinkunft richtig sei o). 3) Paulus selber mochte Anlaß gegeben haben zu Mißverständnissen, wie denn auch andere seiner Worte mißbraucht und verdreht ausgelegt wor-
p) Rö 6, 1—2; 7, 7 vgl. 2 Pt 3, 15—16 den sind p). Zwar schrieb er vom guten Heiraten, aber doch auch vom besseren Ledigsein und vom glückseligeren Nichtwiederheiraten q), doch hatte er daraus niemals ein Ehever-
q) 1 Ko 7, 38. 40 bot abgeleitet, sondern zur Freiheit in jeder „Berufung“ aufgerufen r). Doch seine Worte konnten leicht dahingehend um-
r) 1 Ko 7, 18. 23. 24 gedeutet werden, daß das Bessere des Guten Feind ist. 4). Für die zu „Engeln“ Gewordenen kam es nicht mehr darauf an, was in oder mit ihrem Leib geschah. Der Geist wurde ja davon nicht berührt. Der Umgang mit einer Tempeldirne in Korinth war somit gerechtfertigt, denn dem Freien ist „alles erlaubt“. Diesen angeblichen Pneumatikern[10] hält Paulus entgegen, daß die neue Freiheit in Christus bestimmt und begrenzt ist durch drei Maßstäbe: Erlaubt ist nur, was 1. zur Reifung des ganzen Menschen führt (was „heilsam“ ist; man vgl. dazu die „gesunden Worte“ in den Past); 2. den befreiten Menschen in der Freiheit erhält (ich will mich von nichts beherrschen lassen) und 3. das mitmenschliche Zusammenleben im Heil und in der Freiheit fördert (was aufbaut) (1 Ko 6, 12; 10, 23!).

„Jungfräulich“ als Bruder und Schwester zusammenzuleben und sich der Ehe zu enthalten, erschien manchen Korinthern
s) 1 Ko 6, 15 vereinbar mit Geschlechtsverkehr bei Tempeldirnen s) und
t) 1 Ko 5, 1 ehebrecherischen Verhältnissen t). Offenbar sind auch in Ko-

[9] Josephus, Jüdischer Krieg, II 8, 2.

[10] Vgl. die falsche Ausdeutung von 1 Jo 1, 8; 3, 9: Wer den Geist hat, kann nicht sündigen; sowie „den Reinen ist alles rein“; Tit 1, 15; vgl. I 4, 2.

rinth Ehe- und Speisefragen im Zusammenhang mit der Fröm-
migkeit aufgeworfen worden u). u) 1 Ko 7 u. 8

Sie verbieten ... bestimmte Speisen zu essen[11]. Die Form
des Verbotes ist gemildert; nicht (alle) Speisen überhaupt,
sondern (ohne Artikel) gewisse Speisen gelten als unrein. Tit
1, 10—15 legt den Zusammenhang mit jüdischen Speise- und
Reinigungsgeboten nahe; auch das Verbot des Weingenusses
könnte eingeschlossen sein. Danach wäre Timotheus selbst in
Gefahr, von den Irrlehrern zu falscher Askese verführt zu
werden (E 31 f) v). Die vier Beweggründe, die zu einem Ehe- v) Rö 1, 5, 23
verbot geführt haben mochten, könnten auch für die Speise-
vorschriften in Frage kommen. Wieder könnte ein Wort des
Paulus verdreht und verabsolutiert worden sein: Ich will „in
Ewigkeit kein Fleisch essen w).“ w) 1 Ko 8, 1—13; Rö 14, 1 f; Kol 2, 20—22

**Speisen, die Gott geschaffen hat zum Genuß mit Danksa-
gung für die, welche glauben und die Wahrheit erkannt
haben.** Was Gott für alle Menschen geschaffen hat, kann für
diejenigen, welche gläubig geworden sind und die Wahrheit
erkannt haben (2, 4!), nicht verwerflich sein oder werden, viel-
mehr werden erst sie angemessen auf die Schöpfungsgaben
Gottes antworten können. Der Mensch wird nicht *von* der Ge-
schöpflichkeit, sondern *zu* ihr erlöst, nicht von der Schöpfung
entfernt, sondern als mit dem Schöpfer Versöhnter ihr zuge-
führt.

Genuß mit Danksagung. Wie der Bauer an den Früchten
teilhat x), so darf der Christ an den Gaben des Schöpfers teil- x) II 2, 6
haben, indem er Gott dafür dankt. Denn „solange uns das
Ziel unseres Lebens verhüllt, die Schuld unversöhnt und der
innere Lebensstand in Verwirrung ist, kann an der auswendi
gen Gabe kein dankbarer Sinn entstehen“ (Schlatter). In 6,
17 lesen wir noch einmal von dem Gott, der den Menschen
„alles reichlich darreicht zum Genuß“. Wo jedoch die Men-
schen auf die Gaben, die sie genießen, nicht mit *Dank* ein-
gehen, indem sie nicht des Gebers *gedenken* (das ist der
sprachliche und geistige Zusammenhang zwischen danken und
denken), da verkehren sie den dankbaren Genuß in ein Ge-

[11] Im Griechischen steht wörtlich: Sie verbieten zu heiraten (und gebieten) Speisen zu essen. „Und gebieten“ steht nicht da, sondern muß ergänzt werden. Man nennt diese abgekürzte Schreibweise lat. Zeugma: Für zwei Gegenstände trifft nur ein Verb genau zu. Bei Paulus ist dieser „stenographische“ Wortgebrauch auch sonst bekannt; vgl. 1 Ko 3, 2: Milch habe ich euch zu trinken gegeben, nicht feste Speise (man muß ergänzen: zu essen).

nießenwollen aus eigenem Recht, suchen den „flüchtigen Genuß der Sünde[12] und werden süchtig.

4 **Denn alles, was Gott geschaffen hat, ist gut.** Das ist der Grundton der atl Frömmigkeit, der auch für das NT unvermindert gilt. Wichtig ist, daß die Schöpfung nicht nur „vor dem Fall" gut war, sondern sie i s t noch jetzt gut und schön **(kalos)**, wie die Speisen bzw. die Früchte der Erde, die gedeihen und jetzt mit freudigem Dank genossen werden können, gut sind. Ebenso gilt ja auch für den gefallenen Menschen noch immer, daß er im Bilde Gottes geschaffen ist y). Wer seine Herkunft verleugnet, wer das Urheberrecht Gottes über sein Leben und dessen Erhaltung durch das tägliche Brot leugnet, verweigert Gott den Dank und gibt sich selbst und seiner Tüchtigkeit die Gott entzogene Ehre. Da sie dem Schöpfer nicht danken, machen sie aus dem Geschöpf ein Werkzeug der Sünde z).

y) Jak 3, 9

z) Rö 1, 18—32

Und nichts ist verwerflich[13]. Wer dem Schöpfer wieder danken kann, weil sein Herz aus der danklosen und gedankenlosen Selbstherrlichkeit erlöst worden ist, der wird befreit von den Tabus alter und neuer, religiöser und säkularer Art. Dankbar darf er empfangen, teilhaben und genießen: Speise, Geschlechtlichkeit, Schöpfung, Gemeinschaft der Menschen, ja das Leben. Dieser ganz paulinische Grundton des zur Geschöpflichkeit, weil zum Schöpfer befreiten Menschen erhält im Korintherbrief wie hier in den Past seinen vollen Klang in der Auseinandersetzung mit gesetzlichen Einschränkungen und Verboten: „Alles ist euer, ... es sei Welt oder Leben oder Tod, Gegenwärtiges oder Zukünftiges, alles ist euer, ihr aber seid Christi. Christus aber ist Gottes a)." Diese frohe Botschaft von der in Christus aus allen Tabus befreiten Menschlichkeit darf nicht verschwiegen werden, auch wenn sie ständig von Mißbrauch und Verkehrung ins Gegenteil bedroht ist b). Jesus „erklärt alle Speisen für rein c)", indem er die Verunreinigung zurückführt auf das von Gott abgewandte Herz, aus dem alle bösen Gedanken und Taten entspringen.

a) 1 Ko 3, 22—23

b) Gal 5, 1. 13; I 6, 17

c) Mk 7, 19 c

5 **Wenn es mit Danksagung empfangen wird, denn es wird durch Gottes Wort und Gebet geheiligt.** Einzelne Ausleger denken an das Schöpfungswort (Schlatter), andere an Schrift-

[12] Hb 11, 25 dasselbe Verb wie I 6, 17.

[13] *apobletos:* weggeworfen werden; religiös: von der Gottheit verworfen werden; Moffatt übersetzt: „nothing is tabood", nichts ist tabuisiert, was eine hilfreiche Übersetzung in den heutigen Sprachgebrauch ergibt.

verlesung, wieder andere an den Wortlaut des Tischgebetes in traditioneller Form. Der Dank bei der Mahlzeit liegt nahe, da hier gegen die Enthaltsamkeit von Speisen geschrieben wird, doch wird diese jüdische Sitte (verbreitet durch den Einfluß der Diaspora-Synagoge auf die heiden-christlichen Gemeinden) vom Schöpferwort Gottes und seinem Auftrag an den Menschen d) abgeleitet.

d) 1 Mo 1, 28—31

Danksagung (Eucharistia), durch die Wiederholung in V. 3 und 4 besonders betont, kann den Sinn haben von: dankbare Gesinnung hegen (Paulus dankt für seine Rettung und Berufung I 1, 12), Dankgebete sagen oder einfach beten e) (vgl. 1 Ko 14, 6. 17; 2 Ko 9, 12) und schließlich das Abendmahl feiern: „Der Kelch der Danksagung **(eucharistias),** über dem wir danken **(eucharisteo) f).**" Brot und Wein sind die Urgaben der Schöpfung. Christus hat sie durch die Hingabe seines Fleisches und Blutes von allem Mißbrauch des selbstherrlichen Menschen befreit und sie neu geheiligt. So ist das Herrenmahl „die Danksagung" des neuen Menschen schlechthin, Teilhaben am Leben und an den Gaben Gottes. Jede Mahlzeit wird so zum Vorzeichen des neuen Mahles. Darum kann Paulus schreiben: „Wer ißt oder nicht ißt, sagt Gott Dank, wer den Tag hält oder nicht hält, sagt Gott Dank; möget ihr nun essen oder trinken oder sonst etwas tun, so tut alles zur Ehre Gottes g)."

e) I 2, 1

f) 1 Ko 10, 16

g) Rö 14, 6; 1 Ko 10, 31; Phil 4, 6

Darum ist das Dankgebet nicht einfach eine fromme Sitte, die man leichthin fallen lassen könnte, sondern in ihm antwortet der Christ auf die Bitte um das tägliche Brot. Und aus dem Dank für die empfangene Güte soll er sich verpflichtet wissen und tätig einsetzen für diejenigen, die deshalb hungern müssen, weil die Ungerechtigkeit der Menschen ihnen das Brot vorenthält h) (E 25 e).

h) 1 Jo 3, 16. 17

Durch Gottes Wort[14] bedeutet also: das Tatwort des Schöpfers, das gesprochene Wort beim Herrenmahl, das die Gegenwart des Erlösers verheißt, das Wort des Tischgebetes und das Wort, das alles Geschaffene zum Lobpreis aufruft. Der Zusammenhang von 1, 12; 2, 1; 3, 16; 4, 3—5 ist nicht nur der

[14] „Denn dies Wort Gottes *katexochen* (1 Mo 1, 28—31) hat das Natürliche geheiligt für immer und wehrt seinem gottlosen Gebrauch durch den Menschen" (Holtz 103, der auch Did. 10, 3. 4 zitiert). „Du, allmächtiger Herrscher, hast alles geschaffen um deines Namens willen, Speise und Trank hast du den Menschen gegeben zum Genießen, daß sie dir danken ... Dir sei Ehre in Ewigkeit." Ferner Just. apol. 67: „Über allem, was wir an Opfergaben herzubringen, loben wir den Schöpfer des Alls."

von Dank und Lob **(eucharistias)**, sondern er zeigt die Gottes Liebe bejahende Überwindung aller verführenden und gottverneinenden Selbstherrlichkeit des Menschen an. Der Dankende bekennt, daß das Natürliche nicht durch sich selbst heilig ist. Wenn er aber dankt, ist alles geheiligt: er selbst, die Gaben und deren Genuß, weil mit Gott, dem Urheber und Geber, verbunden.

i) Rö 1, 25

k) Mk 14, 22. 23; 6, 41; 8, 67; Lk 24, 30

Der Undankbare ist der Unnatürliche und Verkehrte i). Auch darin ist Jesus wahrer Mensch, daß er der Dankende ist k). Die christliche Ethik ist eine Ethik der Dankbarkeit. Alltag und Ruhetag, Schlafen und Wachen, Essen und Trinken, Leib und Geschlechtlichkeit können in der Dankbarkeit zu Gott empfangen, genossen und gefeiert werden. Wenn nach katholischem Dogma Mann und Frau sich gegenseitig das Sakrament der Ehe spenden, so kommt darin zum Ausdruck, daß sie ihr Einswerden mit Danksagung zu Gott feiern, d. h. es ist zu seiner Ehre getan.

Die Frömmigkeit, die in der Eucharistie (dem Lobpreis des Menschgewordenen; 3, 16) ihren Ursprung und ihr Ziel hat, wächst und weitet sich aus im dankbaren Genießen alles Geschaffenen. Der innere Zusammenhang zu 3, 16 bleibt deutlich, der Höhe- und Mittelpunkt des Christushymnus ist nochmal aufgenommen und überhöht hinein in den Lobpreis der ganzen Schöpfung auf den Schöpfer hin: die Eucharistie alles Geschaffenen im Schöpfer, die Heimholung des Kosmos in Christus zu Gott.

b) Die rechte Übung in der Gottseligkeit, 4, 6—11

6 **Wenn du dies den Brüdern darlegst, wirst du ein guter
Diener des Messias Jesus sein, der sich nährt mit den Worten des Glaubens und der guten Lehre, welcher du genau**
7 **gefolgt bist. * Die gottlosen und unsinnigen Fabeln weise ab,**
8 **hingegen übe dich in der Gottseligkeit, * denn die leibliche
Übung ist nur beschränkt nützlich, die Gottseligkeit aber
ist zu allem nütze, sie hat die Verheißung für das jetzige**
9 **und für das zukünftige Leben. * Zuverlässig ist das Wort**
10 **und aller Annahme wert. * Denn auf dieses Ziel hin mühen
wir uns und kämpfen, weil wir unsere Hoffnung auf den
lebendigen Gott gesetzt haben, der Retter aller Menschen**
11 **ist, erst recht der Gläubigen. * Dies gebiete und lehre.**

6 Wenn Timotheus selber von der wahren Speise des Wortes

sich nährt und der guten Lehre folgt, wird er imstande sein, der Gemeinde das Ja Gottes glaubhaft darzulegen, und das wird die wirksamste Art sein, um den Einfluß der Irrlehrer zu überwinden. Gewisse Ausleger haben behauptet, daß in diesem Brief keine Rede mehr sei von einer apologetischen Aufgabe an den Irrlehrern. Während im Kolosser-Brief noch eine Annäherung gesucht werde, gehe es in den Past nur noch um Verketzerung. Die Verse 3b—5 sind aber positive Darlegung, apologetische Begründung der in 3a verneinten Irrlehren. Die Anweisung an Timotheus in II 2, 24—26 macht vollends deutlich, daß die Grundeinstellung zu den Irrlehren dieselbe geblieben ist. Ja, wenn man die verschärfte Auseinandersetzung des 2. Briefes bedenkt, so überrascht die Aufforderung, gegen jedermann liebreich zu sein und Widerspenstige mit Sanftmut zurechtzuweisen, den unvoreingenommenen Leser[15]. Gott kann den Widerspenstigen noch immer Sinnesänderung, Besinnung und Befreiung geben. Nur dort, wo man unveränderbare „Gegner" vor sich zu haben meint, da macht sich der polemische Schimpfton breit, der den anderen nicht ändern, sondern verstoßen will. Eine Beobachtung bleibt zu Recht bestehen, man hätte durch die Jahrhunderte der kirchlichen Streitereien gut daran getan, darauf zu achten: Timotheus soll sich auf die Stärkung der Gemeinde konzentrieren und weder Kraft noch Zeit verlieren im Streit mit dem „Gegner". Lege den Brüdern a) das Ja Gottes in Christus ans Herz, so werden sie in ihrer bejahenden Dankantwort das Nein der Irrlehrer und überhaupt alle böse Verneinung überwinden.

a) I 5, 1; 6, 2 II 4, 21 vgl. Rö 16, 14 1 Th 5, 26; 1 Ko 16, 20; Phil 4, 21

Darlegen: In Erinnerung bringen, nahelegen, ans Herz legen. Paulus verwendet dieses Wort in Rö 16, 4 in einem anderen Zusammenhang (sonst nirgends im NT!), der aber deutlich macht, daß hier wirklich „ans Herz legen" gemeint ist, ein liebendes Nahelegen im Unterschied zu bloßem Gebieten. Nicht mit falschem Autoritätsanspruch wie die Irrlehrer, nicht als amtlich befugter Bischof, sondern als **guter Diakon Christi Jesu** soll er der Gemeinde[16] nahetreten und ihr nahelegen, wovon und wofür er selbst lebt. Schon in seinem ersten uns erhaltenen Brief hatte Paulus genau diesen Auftrag für Timotheus umschrieben: Wir entsandten Timotheus, „unseren Bruder und Gottes Mitarbeiter am Evangelium Christi, damit er

[15] Vgl. II 2, 24—26 mit Gal 6, 1: Die Begründung für das sanftmütige Zurechtbringen.

[16] Der Gebrauch des Wortes *Brüder* für die Gemeinde und ihre Glieder spricht gegen die Behauptung, daß sich in den Past ein „früher Kurialstil" entfalte.

euch stärke und ermuntere im Glauben, auf daß keiner sich in diesen Bedrängnissen zum Wanken bringen lasse“ b). Timotheus ist ein Diener des Christus und d e s h a l b Diener der Gemeinde c), ein „treuer Mitknecht“ d). Er ist ein **Diakon,** der das Geheimnis des Glaubens in einem reinen Gewissen bewahren soll e), im Gegensatz zu dem Irrlehrer, der im Gewissen gebrandmarkt ist. Die Irrlehrer wollen nicht Mithelfer an der Freude der Gemeinde sein, sondern Herren über ihren Glauben f).

b) 1 Th 3, 2—3
c) Phil 2, 20—21 vgl. 1 Ko 3, 5; 2 Ko 11, 23
d) Kol 1, 7
e) I 3, 9
f) 2 Ko 1, 24

Sich nährend, part. praes., ein ständiger Prozeß; bedeutet auch: in einem Gymnasium e r z o g e n werden. Chrysostomus zur Stelle: wiederkauen, zurückkehren zu denselben Dingen, sie ständig meditieren, denn es ist nicht eine gewöhnliche Speise. Ein Diener Christi lebt wie sein Herr nicht aus den Lügenreden des Versuchers, sondern er nährt sich aus der Offenbarung Gottes g). Seine Speise ist es, den Willen Gottes zu tun h).

g) Mt 4, 4;
h) Jo 4, 31 f

Worte des Glaubens sind die Worte des Evangeliums, die Glauben wirken. Sie verbinden den Hörenden mit Jesus Christus, denn „das Wort ist in deinem Munde und in deinem Herzen, nämlich das Wort, das wir verkündigen“ i). Diese Worte des Glaubens, die den Geist des Menschen beleben, erfüllen und nähren können, stehen im Gegensatz zu den Mythen k), welche den daran Festhaltenden leer lassen. Worte des Glaubens kann aber auch den Sinn haben von zuverlässigen Worten, Treuworten, im Gegensatz zu den Lug- und Trugworten der Irrlehrer h) im Sinn des für die Past bezeichnenden Ausdruckes „zuverlässig ist das Wort“ m).

i) Rö 10, 8
k) I 4, 7 II 4, 4
l) I 4, 2
m) I 1, 15; 3, 1; 4, 9; II 2, 11; Tit 3, 8

Der guten Lehre n), **der du nachgefolgt bist, folgen:** befolgen aufgrund eines geistig-geistlichen Erfassens, also nicht nur eine äußere Beobachtung, sondern untersuchen, genau erkennen und folgen; wie II 3, 10: Du bist mir nachgefolgt in der Lehre o) etc. Wie Lk 1, 3: Der Verfasser ist den Ereignissen genau nachgegangen, Punkt um Punkt, er hat sich damit bekanntgemacht, ist ihnen auf die Spur gekommen. Wir übersetzen deshalb „der Lehre nachfolgen“, was deutlich macht, daß die Lehre ein Weg ist, den man im Gehorsam geht, auf dem man dem Herrn nachfolgt p).

n) I 1, 10; II 3, 10
o) 4, 1. 6. 13. 16; 6, 1. 3 II 3, 16; Tit 2, 7. 10
p) Apg 16, 17; 18, 26; 22, 4; 2 Pt 2, 2. 15. 21 Jo 14, 6

Lehre: Wieder ist zuerst der Gegensatz der guten Lehre zu den verderblichen Lehren der Verführer zu sehen. Lehre bezeichnet die Gesamtheit dessen, was Jesus den Menschen von Gott offenbart hat. Zum verstandesmäßigen Erfassen muß das geistlich erleuchtete Erkennen, zum Erkennen die herzliche Hingabe und darin der „Gehorsam von Herzen" hinzukommen q).

q) Rö 6, 17; 12, 1

Die gute Lehre ist mehr als die Summe einzelner Lehrsätze, obwohl sie auch aus Sätzen besteht und in Sätzen formuliert werden kann. Die Lehre ist eine ganzheitliche Wirklichkeit, die Vollgestalt des Evangeliums[17]. Daß „Lehre" auch in den Past in diesem umfassenden Sinn zu verstehen ist, zeigt einmal der Zusammenhang zwischen Nahrung und Nachfolge in diesem Vers, sodann die wiederholte und ausführliche Darlegung im 2. Brief, wo Lehre ebenso eng mit Lebensführung verknüpft ist r). Wer sich aus den Worten des Glaubens nur nähren will ohne Bereitschaft zur gehorsamen Tat, wird bald in frommer Selbstgenügsamkeit versinken und versanden. Wer nur „entschieden" gehorchen, lehren und kämpfen will, ohne sein Herz im Wort Gottes zu stillen und zu nähren, der wird bald austrocknen, zum harten Streiter werden und mitten im christlichen Dienst verarmen und schließlich geistlich absterben. Nahrung und Nachfolge gehören für den Diakon Christi zusammen. Die Bedeutung der Meditation von Gottes Worten ist weitgehend verlorengegangen, sowohl in der Gemeinde wie unter deren Dienern. Wo tägliches oder gelegentliches Bibellesen einzeln oder in Gruppen und Familien überhaupt noch geübt wird, bleibt es meist bei einem schnellen und nur verstandesmäßigen Erfassen, aber das Wort kann nicht mehr klärend und befruchtend in die unbewußten Bereiche des Lesers eindringen, weil die Bereitschaft zum Schauen weitgehend fehlt oder verlorengegangen ist. Was dann zu Entschlüssen und Taten führt, stammt meist aus dem eigenen (vielleicht religiösen) Willen und ist nicht der von Herzen kommende Gehorsam, der aus der befolgten Lehre zur Nachfolge führt. Das gleiche gilt auch für fachtheologischen Umgang mit der Bibel. Alles methodisch noch so gründliche Analysieren der Heiligen Schrift kann die persönliche Ernährung des Geistes aus ihrer Fülle und den praktischen Gehorsam ihren Weisungen gegenüber nicht ersetzen. Nur wer vom Brot der Glaubensworte wirklich **lebt** und der gesunden Lehre auch **folgt,** erfährt das Evangelium als Kraft Gottes zum Heil, das Leben aus Glauben zu Glauben s), und darum kann er die heillosen Mythen erkennen und zurückweisen.

r) II 3, 10

s) Rö 1, 16. 17

[17] Vgl. Rö 6, 17: „Der Gestalt *(typos)* der Lehre", von Herzen gehorsam werden; „der ganze Ratschluß Gottes" (Apg 20, 27).

7 **Die gottlosen und unsinnigen Fabeln weise zurück, hingegen übe dich in der Gottseligkeit.**

Heillos: eigentlich für jeden betretbar oder zugänglich (Heiligtum). Die Erzähler von Mythen tasten eigenmächtig das Geheimnis Gottes an, indem ihnen die Scheu vor Gottes Heiligkeit fehlt[18].

Unsinnig: Wörtlich altweibermäßig — nur hier im NT, aber in der Auseinandersetzung unter heidnischen Philosophen bekannt. Man darf aus dem Gebrauch dieses Wortes keinen frauenfeindlichen Zug ableiten wollen; eher ist an eine Anspielung auf schwarze Künste, von Frauen betrieben, zu den-
t) I 5, 13 ken t). Magische und abergläubische Praktiken sind in Ephe-
u) Apg 14, 19 sus, der Hauptstadt der okkulten Künste, weitverbreitet u).

Weise zurück: starke Abweisung, ebenso in II 2, 23: Streitfragen; Tit 3, 10: ketzerische Menschen. Die Fabeln müssen entschieden abgelehnt, die Verbreiter der Fabeln sollen mit Sanftmut überführt werden. Das ist eine klare Unterscheidung und Anweisung.

Hingegen übe dich in der Gottseligkeit. Dieser Satz stellt den direkten Zusammenhang zum Geheimnis der Frömmigkeit (3, 16) wieder her, von dem die Irrlehrer abgewichen sind zu den heillosen Mythen, welche das göttliche Geheimnis eigenmächtig erkunden und für ihre Zwecke gebrauchen wollen (E 15).

Übe dich[19]**:** im sportlichen Wettkampf, gilt aber übertragen auch für die Übung der geistigen und seelischen Kräfte, im Hellenismus häufig verwendet, bei Paulus nur hier; das kann aber nicht gegen seine Verfasserschaft angeführt werden, denn in V. 10 verwendet Paulus das Wort vom (Wett-)Kampf ebenso wie in 1 Ko 9, 24—27, und zwar im gleichen Sinn wie hier[20]: Es geht um die rechte Enthaltsamkeit um eines Zieles willen[21]. Der Übende will in Form sein und Fortschritte machen.

18 Vgl. Apg 21, 26; 24, 6: Eine heilige Stätte entweihen. Man darf nicht vergessen, daß diese „Fabeln" durchaus immer in einem religiösen Zusammenhang stehen und vorgeben, mehr über das Heilige zu wissen als das gewöhnliche Evangelium; doch in ihrem Wesen sind sie unheilig; sie gehören in den Bereich der Nachahmung, der Pseudoreligion, der Magie.

19 *gymnazein:* sich stählen (wörtlich: nackt üben, wie es in Griechenland Sitte war). Gymnasium ist der Raum für Leibesübungen, Versammlungsraum für Philosophen, Schule; vgl. Gymnastik: Leibesübungen.

20 *Agonizo menos:* Wettkämpfer (vgl. unser Wort Agonie).

21 Vgl. auch die anderen Stellen, in denen P Gleichnisse aus dem Sportleben anwendet: Phil 3, 12 f; Eph 6, 10 f; II 2, 5.

Die Kräfte des Leibes oder die Gabe des Geistes sollen entfaltet werden.

Aus Angst und Abwehr vor falsch verstandener Mystik hat man weithin den biblischen Sinn der Meditation verloren und damit die Gemeinde der geistlichen Unterernährung ausgesetzt; in gleicher Weise konnte der Sinn der Übung im Glauben dort nie überzeugend deutlich gemacht und dazu nicht angeleitet werden, wo man falsche Sicherheit, falsches Besitzen und Verfügen des Glaubens fürchtete. Doch der Übende hat nie ausgeübt, sein „Pensum“ nie abgeschlossen. Üben heißt: wiederholen! (E 15 d).

Denn die leibliche Übung ist nur beschränkt nützlich, die 8
Gottseligkeit aber ist zu allem nütze, sie hat die Verheißung für das jetzige und für das zukünftige Leben.

Leibliche Übung[22]: Die Übung des Leibes ist hier im buchstäblichen Sinn verstanden. Die leibliche Askese der Irrlehrer konnte nicht vollständig verworfen werden. Enthaltsamkeit im Geschlechtlichen kann um der Gebetsübung willen v) ebenso sinnvoll sein wie das Sich-Enthalten von „allen Dingen“, wenn es um einen Kampf geht, der alle Kräfte fordert w), und Paulus weiß von der Bedeutung und Notwendigkeit der körperlichen Zucht und Übung. Sagt er doch von sich: „Ich züchtige meinen Leib und zähme ihn[23] x).“ 1 Ko 9, 27 heißt sinngemäß übertragen: Ich halte meinen Leib durch ein gezieltes, die besonderen Schwächen berücksichtigendes Training fit (oder in Kondition), damit ich ihn beherrsche und meinen Aufgaben als Herold des Evangeliums keine Nachteile und Behinderung erwachsen durch einen zuchtlosen oder verweichlichten Leib[24].

v) 1 Ko 7, 5
w) 1 Ko 9, 24 II 2, 4
x) 1 Ko 9, 27

[22] *Somátike gymnasia:* Damit sind vielleicht nicht die isthmischen Spiele gemeint, auf die Paulus sich sonst bezieht, sondern die heiligen Spiele von Ephesus, die jährlich für die Stadt und alle vier Jahre für die ganze römische Provinz stattfanden.

[23] Auch dieser Satz ist schwer mißdeutet worden. Aus dem Zusammenhang herausgelöst, wurde er den Denkformen einer grundsätzlich leibfeindlichen Askese eingefügt. Doch Paulus beschreibt hier den Faustkämpfer, der nicht in die Luft schlägt, wenn er Gegnern ausweicht, sondern der genau zielt und „unter das Auge schlägt“, so ist wörtlich zu übersetzen. „Kasteien“ bedeutet etwas ganz anderes (abtöten, mortifier); ebenso das zweite Verb heißt nicht versklaven, knechten, im Sinne von unterdrücken oder verneinen, sondern beherrschen. „Die schonungslose Härte gegen den Leib“ (Kol 2, 23) hingegen kennzeichnet das Vorgehen derer, die durch eigene Vernichtung selig werden wollen.

[24] Vgl. 1 Ko 6, 12: „Alles ist mir erlaubt, ... aber ich darf mich von nichts beherrschen lassen.“ Paulus konnte freiwilliges Fasten, Hunger, Durst, schlaflose Nächte, Schläge und Körperhaft ertragen (2 Ko 6, 4—5; 11, 23—25). Sein Leib war gestählt, wir würden heute sagen: trainiert.

Nur beschränkt nützlich[25]: Der geringe Nutzen der leiblichen Übung darf nicht abschätzig verstanden oder dahin ausgelegt werden, als ob eigentlich gesagt sei, die Schulung des Leibes sei überhaupt zu nichts nütze oder gar unnütz. Das wenige gehört zum Vergänglichen y) und steht im Vergleich zu „allen Dingen", die Vergängliches und Unvergängliches z) umfassen[26].

y) 2 Ko 4, 17
z) 2 Ko 4, 18 b

Die Gottseligkeit ist zu allem nütze[27]. Der Hinweis auf die alle Gebiete des Lebens bestimmende Frömmigkeit entstammt nicht einem verflachten Utilitarismus (Nützlichkeitsdenken) oder Pragmatismus (aus der reinen Zweckhaftigkeit gültige Normen und Verhaltensweisen ableiten), denn Übung und Nutzen der Frömmigkeit sind nur deshalb sinnvoll, weil sie **Verheißung**[28] hat. Die Verheißung Gottes kann sich der Mensch weder verdienen noch erzwingen. Den Heiligen Geist a) wie die Frömmigkeit kann er nur im Glauben empfangen, was nicht im Widerspruch steht dazu, daß man durch ausdauernde Übung im Tun des Willens Gottes die Verheißung b) wirklich erlangt[29].

a) Gal 3, 14. 22
b) Hb 10, 36; 9, 15

Für das jetzige und das zukünftige Leben. Das Bewußtsein einer Frömmigkeit, die den großen Unterschied zwischen Gegenwart und ewiger Zukunft und zugleich die spannungsreiche Beziehung zwischen dem „Jetzt" und dem „Einst" kennt, ist unvermindert lebendig in den Past (E 10). Nicht anders lesen wir in den Evangelien, wo die Jünger in dieser Zeit ein Hundertfaches empfangen c), und für das kommende Leben ist ihnen die Vollendung in Gott verheißen d). Da das Sinnen und Trachten auf das Reich Gottes und seine Gerechtigkeit gerichtet ist, kann dem Menschen das Irdische hinzugegeben werden, ohne daß er das Geschenkte in eigenmächtigen Besitz verkehrt und davon besessen wird e). Wer Lust oder Macht oder Besitz oder Freude direkt anstrebt, geht leer

c) Mk 10, 30
d) Lk 18, 30
Mt 19, 29
e) Mt 6, 33

[25] oligos: wenig, gering an Zahl; 2 Ko 8, 15; von kurzer Dauer: Jak 4, 14.
[26] wie 1 Ko 9, 25; vgl. 2 Ko 4, 17; Rö 8, 18; Phil 3, 7—8. Eine für P typische Weise des Vergleichs: gemessen an der zukünftigen Herrlichkeit ist das Leiden wie Nichts (das, für sich allein gesehen und erlebt, übermächtig sein kann, auch für Paulus: 2 Ko 1, 8); nütze *(ophelimos):* nur noch II 3, 16; Tit 3, 8, sonst aber als Verb „nützen" *(ophelein):* Rö 2, 25; der Nutzen: Rö 3, 1.
[27] *pros panta:* in alle Richtungen nützlich, auf das Zeitliche und das Ewige hin für alles gut.
[28] *epangelia:* Ankündigung, Zusage, Versprechen, Anerbieten.
[29] Eph 6 f; 6, 2: „Das erste Gebot, das eine Verheißung hat", die gleiche Formulierung wie I 4, 8; 2 Ko 1, 19—20; vgl. II 1, 1; 1 Jo 2, 25; Rö 4, 13. 16; 9, 9; Apg 2, 39; 13, 32.

aus und verfällt der Süchtigkeit[30]. Das Wichtigste, das das Leben erst lebenswert sein läßt, kann weder gemacht noch gewollt werden; es fällt denen zu, die der Verheißung Gottes trauen und sich in diesem alle Angst und Gier überwindenden Vertrauen üben.

Der Mensch lebt vom Brot und von jedem Wort, das aus dem Munde Gottes hervorgeht. Erst wenn zum irdischen Brot das ewige Wort Gottes hinzukommt, hat der ganze Mensch seine ganze Nahrung. So soll sich Timotheus von den Worten des Glaubens nähren, der Lehre im Gehorsam folgen, für das Wachstum in der Gottseligkeit sich üben, dann wird ihm auch das alles zufallen, wonach die Heiden umsonst trachten f).

f) Mt 6, 32

Zuverlässig ist das Wort und aller Annahme wert. Einzelne 9
Ausleger wollen diese Bekräftigung auf Vers 8 beziehen, den sie als eine weithin anerkannte Redeweise oder als ein Zitat auffassen. So wäre Vers 9 ein abschließendes Amen. Wir sehen ihn auf den folgenden Satz bezogen, wie es auch in II 2, 11 der Fall ist. Dann können wir die Verse 9—11 als eine den ersten Hauptteil des Briefes abschließende Einheit auffassen.

Denn auf dieses Ziel hin mühen wir uns ab und kämpfen, 10
weil wir unsere Hoffnung auf den lebendigen Gott gesetzt haben, den Retter aller Menschen, besonders der Gläubigen. Dies gebiete und lehre.

Ohne anstrengende Mühe und der ihr nachfolgenden Müdigkeit kann weder der Athlet seinen Sieg noch der Diakon sein Ziel der Frömmigkeit erreichen.

Sich mühen: Müde werden, sich erschöpfen, sich abmühen, plagen, gilt für körperliche und geistig-seelische Anstrengung g); es zeigt deutlich, daß der „Dienst an den Heiligen" Arbeit und Mühe erfordert h), durch das Wort angestrengt wirken i); sich im Herrn mühen k); sich um Menschen mühen l).

Dafür mühen wir uns ab. Paulus weist auf sein eigenes Vorbild hin m), wie in I 1, 15. 16 und schließt gleichzeitig Timotheus und wohl alle, die in Glauben und Lehre zuverlässige Mitarbeiter sind, mit ein. Sie mühen sich gemeinsam im Einsatz aller Kräfte um die Verwirklichung der Gottseligkeit im eigenen Leben und in der Gemeinde. Das ist die Summe des

g) Mt 6, 28; Lk 5, 5. 12. 27 1 Ko 4, 12. 16
h) II 2, 6; Eph 4, 28
i) I 5, 17
k) Rö 16, 12 a
l) Gal 4, 11 vgl. Jes 49, 1; 53, 11
m) Kol 1, 29

[30] Phil 3, 19: „deren Abgott ihr Bauch ist (*koiléa:* Bauch, hier für geschlechtliche Ausschweifung und Schwelgereien im Essen) und deren Ehre in ihrer Schande besteht (weil sie den Schöpfer aller Gaben nicht ehren), die (einzig) auf das Irdische sinnen". Da sie nur auf das Irdische sinnen, unter Verleugnung des Ewigen, können sie das Irdische nicht mit Dankbarkeit genießen, sondern werden vom Irdischen beherrscht und aufgesogen.

ersten Hauptteils, der in 3, 16 gipfelt, dem Ursprung und Ziel des seligen Lebens für diese und die zukünftige Welt.

n) I 6, 12; II 4, 7; 1 Ko 9, 25
o) Kol 4, 12; Phil 1, 30

Kämpfen, in den öffentlichen Spielen um den Preis laufen n). Das in unserer Sprache bekannte Wort Agonie o) ist hiervon abgeleitet und spricht von einem unerhörten Einsatz aller Kräfte.

p) Kol 2, 1

Mühen und kämpfen im vorliegenden Text entsprechen sprachlich und der Sache nach Kol 1, 29. Die Vorstellung von einer Gnade, die jeden menschlichen Einsatz ersetzt oder gar unmöglich macht, ist unbiblisch und verführt zu verhängnisvollen Mißverständnissen. Paulus arbeitet und kämpft den „großen Kampf" p) „gemäß der Wirksamkeit, die sich in mir wirksam erweist in Kraft". Für ihn schließt die Gnade den Kampf und die Verantwortung nicht aus, denn erst die volle Erfahrung der Gnade führt zum vollen Einsatz aller menschlichen Kräfte. Am deutlichsten bringt er dieses Verständnis in 1 Ko 15, 10 zum Ausdruck: „Durch Gottes Gnade bin ich, was ich bin, und seine Gnade gegen mich ist nicht vergeblich gewesen, sondern mehr als sie alle habe ich *gearbeitet*, doch nicht ich, sondern die Gnade Gottes mit mir. Was Paulus ist und was er tut, ist durch Gnade bestimmt und ermöglicht. Selbst daß er die Gnade mehr gebraucht, besser angewendet hat zu vermehrter Arbeit als die anderen, ist für ihn wieder Gnade. Das besagt mit anderen Worten dasselbe wie I 4, 3—5, wonach alles Gottes Gabe ist für den dankbaren Menschen, der nicht sich selbst, sondern den Geber preist. Ebenso soll Timotheus sich aus der Gnade nähren und stärken q) für die Nachfolge und den damit verbundenen Kampf r).

q) I 4, 6
r) II 2, 1

s) 3, 15
t) Phil 1, 6

Weil wir unsere Hoffnung auf den lebendigen Gott gesetzt haben. „Die Gemeinde des lebendigen Gottes" s) und seine Diener haben ihre Hoffnung ganz auf den *lebendigen* Gott gesetzt[31]. Wegen dieser Hoffnung arbeiten und kämpfen sie, denn der lebendige Gott vollendet, was er beginnt t). Darum hat die Frömmigkeit die Verheißung nicht nur des jetzigen, sondern des kommenden Lebens, d. h. sie ist Frömmigkeit in der Hoffnung. Wer nicht nur in diesem und für dieses Leben auf Christus hofft, der kann arbeiten und kämpfen, weil seine Mühe *nicht* vergeblich ist; die lebendige Hoffnung befreit ihn von der geheimen Resignation, die sich lähmend über das meiste Tun der Menschen legt, wenn sie auch noch so geschäf-

[31] *elpikamen* bezeichnet einen fortwährenden Zustand der Hoffnung; stärker als Vertrauen.

tig sich geben u) und sich viel vergebliche Mühe machen; denn ihr Treiben ist Lärm um ein Nichts. Sie häufen zusammen und wissen nicht, wer einsammeln wird. Wer aber auf Gott seine Hoffnung setzt, ist frei zum Tun v). Die Hoffnung umfaßt Vergangenheit, Gegenwart und Zukunft; der Mensch wird von dem Gott aller Hoffnung umfaßt w).

u) 1 Ko 15, 19. 58
v) Ps 39, 5—8
w) 2 Ko 1, 10

Retter aller Menschen, besonders der Gläubigen. Retter: Der Schöpfer ist der Erhalter alles Geschaffenen, „Menschen und Tiere erlösest du, Herr" x). Hier ist Rettung im Sinn von erhalten, helfen gesehen. Aber Rettung kann nicht allein auf das bloße Erhalten von Leben begrenzt werden, denn die ganze der Vergänglichkeit unterworfene Schöpfung harrt und hofft auf die Erlösung vom Vergehen y). Für alle Menschen darf die Gemeinde danken (2, 2), denn Christus hat sich für alle als Erlöser hingegeben (2, 6). Im Gebet um die Rettung aller Menschen macht sie sich eins mit Gottes Willen (2, 4). Und um diesen in seinem Heilswillen und Heilshandeln unbegrenzten und unerforschlichen Gotteswillen gibt sie sich hin in Mühe und Kampf. Wenn der lebendige Gott ein **Retter, besonders der Gläubigen**[32], ist, so heißt das gerade nicht, daß er nur i h r Heiland sei, vielmehr wird sein universaler Retterwille an „der Gemeinde des lebendigen Gottes" b e s o n d e r s und bahnbrechend für alles Geschaffene deutlich. Was an den Söhnen Gottes geschehen ist und geschieht, danach sehnt sich die ganze Schöpfung z). Was die Gemeinde als Erstlingsgabe empfängt, Gottes Geist a), soll zuletzt, d. h. in den letzten Tagen, über alles Fleisch ausgegossen werden b).

x) Ps 36, 7
y) Rö 8, 19—22
z) Rö 8, 19
a) Rö 8, 23
b) Joel 2, 28—32; Apg 2, 17

Die berechtigte Abwehr einer Allversöhnungslehre, durch die die für uns Menschen unaufhebbare Spannung zwischen dem universalen Retterwillen Gottes und der menschlichen Verantwortung aufgehoben wird, darf die Glaubenden nicht daran hindern, das Menschenunmögliche von dem Gott zu erwarten, bei dem alle Dinge möglich sind c), eine lebendige Hoffnung zu hegen, die sie nicht und nirgends erfüllt sehen d), ja gegen alle Hoffnung zu hoffen e) und darum für **alle Menschen** zu kämpfen.

Für die Jünger ist der Gedanke entsetzlich f), daß Menschen, die nicht glauben, verlorengehen g). Es ist darum nahe-

c) Mk 10, 26—27; Mt 19, 26; Lk 18, 27
d) Rö 8, 25
e) Rö 4, 18
f) Mk 10, 26
g) Jo 3, 16. 36; Mk 16, 16

[32] *malista* = am meisten; für P typisch und an keiner Stelle ausschließend, sondern immer einschließend zu verstehen: Grüßet a l l e Heiligen, ganz b e s o n d e r s die Hausgenossen: Phil 4, 22; lasset uns das Gute vollbringen gegen j e d e r m a n n, a m m e i s t e n a b e r gegen die Genossen des Glaubens: Gal 6, 10.

liegend, dieses Entsetzliche, weil Unbegreifliche, dialektisch auflösen zu wollen: Alle Menschen sind verloren (Gericht), alle Menschen werden gerettet (Gnade), darum führt Gott aus Erbarmen alle Menschen durch Gericht und Gnade zu einem Zustand ewigen Heils. So zum Verwechseln ähnlich dieser Gedankengang übereinstimmen mag mit Rö 11, 32, so weit entfernt ist er von der Schlußfolgerung des Apostels, der ein geschlossenes System menschlichen Wissens nicht zuläßt, sondern fortfährt: „Wie u n e r f o r s c h l i c h sind seine Entscheidun-
h) Rö 11, 33 gen (Gerichtsurteile) und u n a u s d e n k b a r seine Wege h)."
Erst in diesem Halt vor dem letzten Geheimnis Gottes und der Tiefe seines Reichtums, erst im Eingeständnis des Nichtwissens darf dann bekanntwerden: „Denn aus ihm und durch ihn und
i) Rö 11, 36 zu ihm hin sind alle Dinge. Sein ist die Ehre in Ewigkeit i)."
Wobei der Anbetende nicht meint oder vorgibt, dieses Geheimnis eigentlich doch gelüftet zu haben. Das genau ist die Versuchung der religiösen Mythen.

11 **Dies gebiete und lehre.** Schon der Vergleich von Vers 10 mit Rö 11, 33—36 läßt erkennen, daß hier wie dort ein Hauptabschnitt zu Ende geführt wird, in dem der Blick sich weitet zu dem Gott aller Hoffnung für alles Geschaffene. Vers 9 hat sowohl diesen Ausblick bestätigt wie auch das ganze bisherige zusammengefaßt. Vers 11 weist noch einmal auf den Anfang des ersten Teils in 1, 3 hin. Wie Paulus bei seiner Abreise den Timotheus beauftragte, in Ephesus zu g e b i e t e n, so schreibt
k) Rö 1, 5. 18 er jetzt noch einmal: Dies gebiete und lehre k). Der Gemeinde muß mit Vollmacht geboten werden, wie Sünde und Irrlehre abzuweisen sind. Die Unterweisung im Ja Gottes soll ihr ans Herz gelegt werden (4, 6). Mit Geduld unter Einsatz aller Kräfte aus Gnade soll sie belehrt werden, damit sie sich in der Gottseligkeit üben kann. Die Mitte bleibt in allem das Geheimnis der Gottseligkeit: E r, der offenbart ward im Fleisch und sich im Leben der Gemeinde als der Erhöhte und Gegenwärtige ständig offenbart.

II. TEIL: DER WAHRE DIENER DES HERRN FÜR DIE GEMEINDE

1. Timotheus 4, 12—6, 19

A. TIMOTHEUS ZUM VORBILD FÜR DIE GEMEINDE BERUFEN

1. Timotheus 4, 12—16

1. Vorbildlich leben und dienen

1. Timotheus 4, 12—13

12 Niemand soll dich verachten wegen deiner Jugend, sondern
werde ein Vorbild der Gläubigen im Wort, im Wandel, in
13 der Liebe, im Glauben, in der Keuschheit. * Bis ich komme,
halte an in der Schriftlesung, in der Ermahnung, in der
Unterweisung.

Vorbilden ist die beste Bildung. Das gelebte Vorbild kann 12
durch keinen größeren oder wirksameren, den Menschen bildenden Einfluß ersetzt werden. Autorität, das heißt Urheberschaft und Mehrung des Lebens im umfassenden Sinn, setzt zwar ein Mindestmaß an Jahren voraus, ist aber nicht an eine bestimmte Altersgrenze gebunden. Wir können keine genauen Altersangaben geben, weder für Paulus noch für Timotheus. Paulus ist mit Gewißheit mehr als 60 Jahre alt. Im Brief an Philemon bezeichnet er sich als einen alten Mann. Timotheus dagegen ist wahrscheinlich zwischen 30 und 40. Wenn man die Vorherrschaft, um nicht zu sagen Alleinherrschaft der „Ältesten" in Judentum und Antike kennt, wird man sich nicht wundern, daß ein Mann zwischen 30 und 40 seiner „Jugend" wegen verachtet werden kann[33]. Der Gemeinde in Korinth gegenüber muß Paulus seinen „jungen" Mitarbeiter in Schutz nehmen a). Er soll ohne Furcht bei ihnen sein können, „niemand soll ihn verachten" b) (E 31 c). Paulus erwähnt weder dort noch in den Past das Amt oder die Stellung als einen Grund für die Achtung, die ihm gebührt, sondern beide Male

a) 1 Ko 16, 10—11
b) I 6, 2; Rö 2, 4; 1 Ko 11, 22

[33] Jugend *(neotes)* gilt bis zu vierzig Jahren. Soldaten werden noch als Junioren bezeichnet bis zum Alter von vierzig Jahren (Aulius Glius x, 28); Josephus nennt Agrippa (ca. 40) einen Junior (Antiqu. 18, 6); der Einwand des Propheten, der bei seiner Berufung sagt, ich bin zu jung, muß also nicht bedeuten, daß Jeremias noch ein Jüngling gewesen sei (Jer 1, 4—10). Albrecht macht folgende Schätzungen und Altersangaben: Im Jahre 49 war Timotheus 25 Jahre alt (Apg 16, 1—3); also war Timotheus um 62/63 (Abfassung des ersten Timotheusbriefes) etwa 38 Jahre alt.

gilt das, was einer tut: „Er treibt das Werk des Herrn wie ich." Paulus stellt seine Mitarbeiter sich selbst gleich. Sie beide arbeiten und kämpfen für den Aufbau der Gemeinde und die Verbreitung des Evangeliums.

c) I 4, 6; Rö 6, 17

Vorbild: Abbild, Gestalt c), Muster, Modell; im heutigen Sprachgebrauch eher: Leitbild. Alle Briefe des Paulus, vom ersten bis zum letzten, alle Evangelien, Synoptiker und Johannes, das ganze NT ist geprägt durch die Erfahrung des Vorbildes. Jesus, das Urbild Gottes, ist ihnen zum Vorbild des Menschseins überhaupt geworden. Man muß sich fragen, wieso dieses zentrale Thema fast völlig vergessen werden konnte. Sicher ist schon früh das moralistische Mißverständnis eingetreten, das nur eine äußerliche Angleichung an das Vorbild kannte. Aus der Nachfolge wurde die Nachahmung. Aus den „Begegnungen mit dem Vorbild" das bloße Kopieren von Verhaltensweisen.

Tatsächlich wird mit dem Ausdruck „Begegnung mit dem Vorbild" ein Maßstab gegeben, der uns wahre und verlogene Vorbildlichkeit — im Geben und Annehmen — unterscheiden läßt. Nur wenn Menschen sich begegnen, von Angesicht zu Angesicht, werden sie im Gegenüber und Miteinander auch den Spielraum finden und wahren, der vor sklavischer Nachahmung oder Abhängigkeit bewahrt; nur wenn das Vorbild über sich hinausweist zum Urbild, kann es befreiendes Leitbild werden[34].

d) Jo 1, 23

Johannes der Täufer war der Vorläufer d) und darum das Vorbild auf Jesus hin. Er selber war völlig auf das Urbild ausgerichtet und konnte darum die Augen der anderen dorthin lenken, wohin er selbst blickte[35].

e) 1 Ko 11, 1

Nicht anders versteht und verhält sich Paulus, wenn er die Gemeinde der Korinther auffordert: Ahmet mein Vorbild nach, wie auch ich das Vorbild Christi nachahme e). Seine Vorbildlichkeit besteht darin, daß er vorbildlich das Vorbild Christi vor Augen und im Herzen hat. Als von Christus Ergriffener ergreift er Christus, sein Vorbild, und jagt ihm nach. Er ist nicht der einzige, er versteht sich nicht als alle anderen überragendes und erdrückendes (moralisches) Vorbild. Andere sind gleichgesinnt wie er. Die Gemeinde soll diesen Vorbildern nachfolgen f).

f) Phil 3, 12—17

[34] Eine heute noch bedenkenswerte Meditation über das zentrale Thema des Vorbildes im Neuen Testament ist: Erich Schick, Begegnungen mit dem Vorbild, 1943.

[35] „Hinblickend auf Jesus", *part praes;* Jo 1, 29. 36; 13, 12—17.

Die Christen in Thessalonich sind den übrigen Gemeinden ein Vorbild geworden g). Indem sie den Apostel und seine Mitarbeiter nachgeahmt haben, sind sie dem Beispiel des Herrn gefolgt. Besonders lehrreich ist der Hinweis im zweiten Brief an die Thessalonicher. Offenbar bestand in jener Gemeinde eine Neigung zu „unordentlichem Wandel": einige wollten nicht mehr arbeiten, sondern sie trieben sich unnütz herum. Ihnen kann Paulus deshalb gebieten und sie ermahnen h), weil er selber sich nicht unordentlich verhalten hat, als er unter ihnen war. Er selber hat sich sein Brot verdient, obwohl er das Recht gehabt hätte, „vom Evangelium zu leben". Bestimmte Schwächen können nur durch den Einfluß vorbildhafter Gegenbilder überwunden werden. Alles Gebieten und Ermahnen im Herrn erhält seine Beglaubigung und seine Autorität (das heißt seine Ermächtigung, Neues hervorzurufen und zu vermehren) durch das stellvertretende Vorangehen in Tat und Wort. Ganz eindeutig bleiben die Past im Zentrum der paulinischen Auffassung und Begründung von apostolischer und diakonischer Autorität und damit auch in der Mitte der von Jesus selbst ganz neu vorbildlich und vollmächtig gesetzten Norm: nicht herrschen, sondern dienen i). Wenn je, dann wäre jetzt der Augenblick gegeben, um eine kirchenrechtliche Autorität für Timotheus einzuführen. Aber nichts dergleichen geschieht. In Vers 14 ist zwar die Rede von der Verleihung der Gnadengabe durch Weissagung, aber die Betonung liegt auf Vers 12: Sei ein Vorbild! Autorität ist mit Charakter, aber nicht mit Alter oder Amt verbunden. Charakter aber ist nicht eine erstarrte Form ohne Bewegung, sondern ein ständiges Fließgleichgewicht zwischen Gestalt und Bewegung[36].

g) 1 Th 1, 7

h) 2 Th 3, 12

i) Mt 20, 25—28

Werde ein Vorbild! Worin er Vorbild sein und werden soll, das ist nicht einfach von einem hellenistischen Tugendschema übernommen, sondern ganz auf die Bedürfnisse des Timotheus und den Zustand der Gemeinde zugeschnitten. Was ihnen fehlt, wo sie von falschen Leitbildern verwirrt sind, da soll Timotheus eine neue Gestalt sichtbar werden lassen: die lebendige Einheit von Wort und Wandel, Liebe und Glaube in Transparenz (Durchsichtigkeit). „Durch innerlich begründete Autorität, nämlich durch Vorbildlichkeit im Ernst der Verkündigung, in der Lauterkeit des Wandels, in der Innigkeit

[36] Vgl. H. Bürki, Im Leben herrschen, S. 25 ff, Bewegung und Gestalt des Glaubens.

der Liebe, in der Festigkeit des Glaubens und in der Keuschheit des Herzens soll er zu ersetzen suchen, was ihm an Alter fehlt[37]."

k) wie 1 Th 1, 5. 6; 2, 13; 2 Th 2, 17; I 4, 12; 5, 17; II 4, 2; Apg 2, 41; Eph 1, 13; Kol 4, 3

l) 2 Ko 5, 19

m) 1 Ko 4, 19. 20; vgl. II 3, 5; Tit 1, 16

Im Wort: bedeutet hier missionarische Verkündigung des Evangeliums k). Sie gehört zum ersten und innersten Aufgabenkreis des Timotheus. Das hat er an Paulus gesehen und gelernt. Gott hat „das Wort der Versöhnung in sie gelegt l)." Ist er vorbildlich in der Verkündigung des Evangeliums, dann werden die Gläubigen durch ihn ermutigt und angeleitet, selber das Lebenswort festzuhalten und in Kraft m) weiterzugeben.

n) Gal 1, 13; Eph 4, 22 vgl. Jak 3, 13; 1 Pt 1, 15. 18; 2, 12

o) Tit 1, 16

Im Wandel: Betragen, Lebensart, Lebensführung, Benehmen, gehört zum Wortschatz des Paulus n). Hier ist das vor Menschen sichtbare Erscheinen und Benehmen gemeint, das dann die Bedeutung von W e r k annehmen kann. Der Wandel wird das Wort (der Verkündigung und des Zeugnisses) entweder **unter**streichen oder aber **durch**streichen. Wer nur mit dem Munde Gott bekennt, ihn aber mit seinen Werken verleugnet o), der trägt dazu bei, daß „der Name" gelästert wird unter den Heiden. Wer jedoch Gott nur mit seinen Werken bekennen will, ganz ohne Worte, der will zu viel. Ein wortloses Menschenleben kann nicht bestehen. Es würde an seinem eigenen Verstummen ersticken. Ein wortloser Christ ist genauso unmöglich wie ein glaubensloser und ein tatenloser Christ.

p) 1 Ko 13, 1. 3

q) 1 Jo 4, 19

r) I 1, 5

s) II 1, 7; Rö 5, 5

t) vgl. I 6, 11; II, 22 vgl. mit 1 Ko 14, 1

In der Liebe: Lieblose Worte können so wenig überzeugen wie lieblose Werke p). Die Liebe erst gibt den Worten des Glaubens die rechte Wärme, dem Auftreten das Gewinnende und Befreiende[38]. Wir lieben, weil er uns zuerst geliebt hat q). Unsere Liebe entzündet sich am Vorbild der Liebe Gottes.

Weil diese Liebe Wirkung und Frucht des Heiligen Geistes ist s), kann sie auch erstrebt t) und geübt werden (E 14).

Im Glauben: Weil die Liebe nicht einfach als menschliches Vermögen und Ideal gilt, darum bedarf sie des Glaubens: „Wir

[37] Jeremias, S. 27.

[38] In 1 Pt 3, 1 ist davon die Rede, daß die ungläubigen Männer o h n e W o r t e gewonnen werden sollen durch den Wandel ihrer gläubigen Frauen. Das setzt voraus, daß die Männer überhaupt wissen, was ihre Frauen glauben. Ohne klare Umkehr und ohne öffentliches (Tauf-)Bekenntnis konnte es gar nicht zum Glauben der Frauen kommen. D a n a c h aber ist es von großer Bedeutung, daß bei einem so nahen und täglichen Zusammenwohnen der dem Glauben gemäße Wandel den Vorrang hat vor vielen Worten über den Glauben. Durch viele Worte kann und soll der Mann nicht „überredet" werden. Er würde nur abgestoßen, nicht gewonnen. Das Vorbild aber kann gewinnen; das gilt ebenso für die Beziehungen zwischen Eltern und Kindern und umgekehrt.

haben erkannt und geglaubt die Liebe, die Gott zu uns hat u)." Für die Past ist charakteristisch, daß Glaube und Liebe miteinander verbunden sind v), denn der Glaube wird erst durch die Liebe wirksam, die Liebe aber hat im Glauben ihren Ursprung und Bestand w).

u) 1 Jo 4, 16
v) I 2, 15; II 1, 13; 3, 10
w) Gal 5, 6

In der Keuschheit: Reinheit, reine Gesinnung, Lauterkeit, Keuschheit, Züchtigkeit. Keusch x) ist „alles, was der Persönlichkeit eine lautere, reine Art verleiht" (Schlatter). Bezeichnend für das auf Timotheus und seinen Auftrag bezügliche Leitbild ist die an den Schluß gestellte und dadurch betonte Keuschheit, die zur Liebe gehört. In I 5, 2, wo es für den unverheirateten Timotheus um die Beziehung zu jüngeren Frauen geht, steht die Bedeutung der geschlechtlichen Reinheit eindeutig im Vordergrund. Sie ist nicht eine negative Tugend, die den Umgang mit dem anderen Geschlecht vereitelt oder unterbindet. Wer die Gabe der Geschlechtlichkeit weder verleugnet noch mißbraucht, wer vielmehr in Ehrfurcht und Dankbarkeit zu Gott die Geschlechtlichkeit und ihre Grenzen bejaht, der ist keusch. Reinheit umfaßt jedoch nicht nur die Geschlechtlichkeit des Menschen, sondern seine ganze Person und Gesinnung. Der Diakon Christi empfängt seinen Dienst in Reinheit der Beweggründe und Ziele seines Kampfes y). Er gibt nicht vor, das Beste der andern zu wollen, während er sein eigenes sucht. Er sucht Christus um seiner selbst willen und nicht um des Gewinnes an Ehre, Einfluß oder Selbstbestätigung willen. Wie der Diakon in Christus ist, so soll die Gemeinde seinem Vorbild gemäß werden: aufrichtig, lauter gegen Christus; wie eine Jungfrau z). Timotheus gehört zu den wenigen, die nicht sich selbst suchen, sondern Christus und darin das Wohl der Gemeinden a).

x) I 5, 2. 22; Tit 2, 5; 2 Ko 7, 11 vgl. 1 Pt 3, 2
y) 2 Ko 6, 6
z) 2 Ko 11, 1—3
a) Phil 2, 20—21

Werde ein Vorbild für die Gläubigen im Wort, im Wandel, in der Liebe, im Glauben, in der Keuschheit!

Ohne Vorbilder vor sich kann niemand Vorbild werden. Ohne Leitbilder von Familiengruppen und Gemeinden können auch Gemeinden nicht zum Vorbild und ein Anreiz werden für andere „Körperschaften". Das Vorbild der Liebe Gottes, das Geheimnis der Gottseligkeit, das uns zuerst in ebenso knappen Leitworten vorgestellt wurde, ermöglicht es der Gemeinde des lebendigen Gottes und ihren Dienern, zu Vorbildern für alle Menschen zu werden — genauso wie die Errettung des Paulus zum Vorbild geworden ist für das, was Gott an andern tun will b). Erst in diesen Zusammenhang ge-

b) I 1, 16

stellt, erhält das biblische Verständnis vom Vorbild seinen universalen Horizont.

13 **Bis ich komme, halte an in der Schriftlesung, in der Ermahnung, in der Unterweisung.** Dem Fünfklang des vorbildlichen Lebens, der durch keinen Mißklang gestört werden soll, folgt der Dreiklang vorbildlichen Wirkens als Diakon Christi: im Vorlesen, im Ermahnen, im Lehren.

Bis ich komme: läßt Timotheus erneut wissen, daß er nicht allein gelassen ist[39].

Halte an: Sorgsam achten auf, sich befassen mit. Anstatt auf die Irrlehren zu achten oder Süchtigkeiten zu verfallen, soll Timotheus sich ganz einlassen auf seinen Auftrag. Wenn er sich dem „guten Kampf" widmet und von ihm in Beschlag genommen ist, wird er vor den negativen Einwirkungen bewahrt bleiben.

Im Vorlesen: Gemeint ist das laute Vorlesen aus vorhandenen Schriften vor der versammelten Gemeinde. 2 Ko 3, 14; Lk 4, 16; Apg 13, 15 beziehen sich auf das in der Synagoge geübte Vorlesen aus dem Alten Testament, das jedem Mann zustand, der des Lesens kundig war. Nach I 5, 18 (AT und NT-Zitate), I Th 5, 27; Kol 4, 16; Offb 1, 3 kann das Vorlesen sowohl aus dem AT wie aus Teilen der schon vorhandenen neutestamentlichen Schriften bedeuten. Hier liegt der Akzent wohl auf dem Vorlesen apostolischer Schriften, was aber die bekannte Praxis der alttestamentlichen Lesung nicht ausschließt. „Ich beschwöre euch beim Herrn, daß der Brief allen Brüdern vorgelesen werde. Und wenn dieser Brief bei euch vorgelesen ist, dann sorgt dafür, daß er in der Gemeinde von Laodicea vorgelesen wird und daß ihr ebenso den von Laodicea zu lesen bekommt c)." Einen Unterschied zu diesem mit apostolischer Autorität veranlaßten Vorlesen seiner Sendschreiben lassen die Past nicht erkennen (E 21. 25e).

c) 1 Th 5, 27; Kol 4, 16

Im Ermahnen[40]: Im Synagogen-Gottesdienst wurde das vorgelesene Wort frei ausgelegt d). „Nach der Vorlesung aus dem Gesetz und dem Propheten aber sandten die Vorsteher der

d) Lk 4, 20—22

[39] Das Verb steht nicht im fut. P rechnet fest damit, daß er kommen wird (I 1, 3; 3, 14).

[40] *paraklesis:* im freien Mahnwort (W) wie 1 Th 2, 3; 1 Ko 14, 3; Phil 2, 1; 2 Ko 1, 4—7; 7, 4. 13. Das Verb *parakalein* hat die gleiche Vielfalt von Bedeutungen je nach dem Zusammenhang; freundlich zureden: 1 Ko 4, 13; 1 Th 2, 12; I 5, 1; aufrufen, auffordern, ermahnen: 2 Ko 10, 1; 1 Th 2, 2; 5, 11, 14; 1 Ko 4, 16; Rö 12, 1; 15, 30; 16, 17; Phil, 4. 6; auffordern: I 2, 1; 6, 2; II 4, 2; Tit 1, 9; bitten, ersuchen: 1 Ko 16, 12; 2 Ko 12, 18; Phil 10 (!); ermuntern, zusprechen, trösten: 2 Ko 1, 4; 7, 6; vgl. 2 Ko 7, 7 mit 2 Th 3, 2. 7; 4, 18.

(jüdischen) Synagoge zu ihnen und ließen ihnen sagen: Ihr Brüder, habt ihr ein Wort des Zuspruchs an das Volk, so redet e)!" Nach dieser Aufforderung steht Paulus auf und evangelisiert. Das ist nicht dasselbe wie lehren. Auch in Rö 12, 7. 8 unterscheidet er deutlich zwischen ermahnen und lehren als zwei verschiedenen Gnadengaben f). Gott selber ist der Gott alles Trostes, Christus der Parakletos, der den anderen Parakletos sendet, den Heiligen Geist g). Wir stehen hier vor einem Schlüsselwort der ntl Offenbarung, das die Past aufs engste mit allen übrigen paulinischen Briefen und den johanneischen Schriften verbindet. Der Messias ist der Trost Israels, der am Ende der Zeit offenbar werden wird und auf den die Stillen im Lande warten h). Die Reichen, die sich durch ihren Reichtum in ihrer menschlichen Leere beschwichtigen wollen, haben „ihren Trost dahin" i). In diesem Zusammenhang ist auch „der Trost der Schriften" zu verstehen, weil sie auf den Gott der Hoffnung hinweisen k). Aus der Schrift und ihrer Lesung kommt der rechte Trost und die rechte Ermahnung.

e) Apg 13, 15
f) vgl. 1 Kol 14, 31
g) 2 Ko 1, 3; Jo 14, 16. 26; 15, 26; 16, 7; 1 Jo 2, 1 b
h) Lk 2, 25 vgl. Jes 40, 1; 61, 2
i) Lk 6, 24; 16, 25; Mt 5, 4
k) Rö 15, 4

Ermahnen heißt, aufgrund der Schriften l) und in prophetischer Bevollmächtigung durch den Heiligen Geist auf das einzelne, den einzelnen und die einzelne Gemeinde in ihrer gegenwärtigen Bedürftigkeit, Not und Gefahr eingehen, durch freundlich ernsten Zuspruch an Gewissen und Herz der Hörenden. „Paraklese" hat immer den Doppelsinn von Ermahnen und Ermuntern, von Zuspruch und Anspruch, von Trost und Stärkung. Ermahnen zielt auf den gegenwärtigen aktuellen Zustand, ist darum persönliche, wenn man will, subjektive, das heißt auf das Subjekt ausgerichtete Anwendung der Heiligen Schrift.

l) 1 Ko 14, 31

In der Lehre[41]: Lehrtätigkeit, Unterricht, Unterweisung m). Lehren ist etwas anderes und mehr als einen Bibelvers herausnehmen und daran erbauliche Betrachtungen knüpfen. Es geht um das Gesamte des christlichen Glaubens und die Heilsgeschichte: um „die Gestalt der Lehre" n). Wer unterweist, der legt den Ratschluß Gottes aus und zeigt die Gaben und Pflichten, die daraus folgen; er spricht die Erkenntnis an und fordert zum gehorsamen Vollzug auf. Wer ermahnt, der nährt und stärkt das Herz der Hörenden mit dem Wort Gottes; er stellt sie samt ihrem Versagen vor den, der vergibt und

m) I 1, 10; 4, 16; 5, 17; 6, 1, II 3, 10. 16; Tit 1, 9; 2, 1. 7; Rö 15, 11; Eph 4, 14
n) Rö 6, 17

[41] *didaskalia,* davon das Wort Didaktik, Unterrichtslehre.

wiederherstellt; er spricht ihr Gewissen an, damit sie erwachen aus der Gleichgültigkeit.

o) I 4, 6

Timotheus soll sich selber *nähren* mit den Worten des Glaubens und der Lehre *folgen* o), dann wird er imstande sein, die Gemeinde aus der Schrift zu *ermahnen* und zu *lehren*. Das Leben in der Schrift und das Vorlesen aus ihr ist die Grundlage für die beiden Haupttätigkeiten des Dieners am Wort: Ermahnen und lehren, auf den einzelnen zugehen, ihn von Gott her ansprechen und in den Gesamtzusammenhang des Ratschlusses Gottes mit der Gemeinde und der Welt hineinstellen, das Subjektive und das Objektive, das kleine Alltägliche und das große Weltumspannende und Überweltliche der Gedanken und Absichten Gottes. Beides muß miteinander im Gleichgewicht und in der Spannung bleiben. Wo die Lehre überbetont wird und die Ermahnung fehlt, kommt es zu einem Kopfwissen, das losgelöst ist vom täglichen Leben und Tun. Wo das Ermahnen das Übergewicht hat, verliert sich der Mensch im Subjektiven, in der Selbstbetrachtung und letztlich in der Selbstheiligung, im Kleinlichen, die Frömmigkeit wirkt dann muffig und eng; es fehlt der Bezug zum Großen und Ganzen des Ratschlusses Gottes. Darum ist beides nötig, so wie es der Geist für die jeweilige Situation deutlich macht.

2. Die Geistesgabe bestätigen

1. Timotheus 4, 14—16

14 Vernachlässige nicht die Gnadengabe in dir, welche dir
aufgrund prophetischer Aussagen gegeben wurde unter
Handauflegung, die zum Ältestendienst bevollmächtigt.
15 * Dieses bedenke sorgfältig, darin lebe, damit dein Fort-
16 schreiten allen sichtbar sei. * Habe acht auf dich selbst und
auf die Lehre und sei beharrlich darin; denn wenn du dies
tust, wirst du sowohl dich selbst erretten wie auch die,
welche auf dich hören.

Indem Timotheus vorliest, ermahnt, lehrt, übt er die empfangene Gnadengabe aus und macht Gebrauch von ihr, anstatt sie zu **vernachlässigen.** Wieder ist das Zueinander von Gnade und Verantwortung, Gnadengabe und Gnadenaufgabe zu sehen. Eingeschüchtert durch die Herablassung oder Verachtung der Ältesten, bedrängt durch die Irrlehrer, kleinlaut gemacht durch eigene Zweifel und Ängste, steht Timotheus in Gefahr, das empfangene Charisma (Gnadengabe) zu vernachlässigen (E 31 d), die Gnade Gottes umsonst zu empfangen. (Man vergleiche die Parallele in 1 Ko 15, 10; 2 Ko 6, 1: Gnade und Dienst empfangen = arbeiten damit; umsonst empfangen = vernachlässigen.)

Gnadengabe (Charisma): Handelt es sich um eine bei der „Ordination" empfangene geistliche Ausrüstung? Ist hier die Rede von „Amtsgnade"? Die Auslegung des ganzen Satzes muß hierauf eine Antwort geben. Für Paulus steht das Charisma am Anfang und im Zentrum allen Dienstes und des ganzen Gemeindelebens. Das Charisma ist nicht etwas, das erst zum Amt noch hinzukommt, oder gar etwas, das nur am Rande der eigentlichen Gemeindeordnung auch noch mehr oder weniger Berechtigung hat. Gnadengaben sind allen für alle gegeben, wenn auch nicht alle die gleichen empfangen. In 1 Ko 12—14 spricht Paulus nicht gegen die Gnadengaben, sondern nur gegen deren Mißbrauch. Timotheus steht nicht in der Gefahr der Geistbegabten von Korinth, im Gegenteil: ihm muß der Apostel sagen: **Vernachlässige[42] nicht die Gnadengabe in dir.** Gott selbst hat sie dir verliehen, nicht eine menschliche Instanz, darum nütze diese Gabe, übe dich darin, gebrauche sie fleißig!

Durch Weissagung: durch ein Prophetenwort; Weissagungen, die auf Timotheus hinweisen p); sie sprechen von seiner Berufung. Aus diesem Ruf Gottes kommt ihm Kraft zu für seinen Kampf. Am Anfang des Dienstes steht nicht das Amt, sondern das Charisma. Am Anfang des Charismas steht nicht die Ordination, sondern die Berufung durch Gott selber. Sowohl das AT wie das NT machen unmißverständlich deutlich, daß die zu einem besonderen Dienst bestellten Diener die Gabe des Geistes empfangen, bevor sie Gaben des Geistes für den Dienst empfangen q).

p) I 1, 18

q) Apg 6, 3. 5 13, 1

Unter Handauflegung[43]: Das Auflegen der Hände bestätigt, was geschehen ist, nämlich die vorangegangene und prophe-

[42] *amelein,* außer acht lassen, sich nicht kümmern um, mißachten; Hb 2, 3; 8, 9. Geht nicht achtlos um (W). Denke nicht gering von (B). Versäume nicht, die Gnadengabe zu betätigen (A).

[43] *meta epitheseos ton cheiron,* unter Auflegung der Hände. Zur Praxis der Handauflegung im Urchristentum: Empfang des Heiligen Geistes: Apg 8, 17; 9, 17; 19, 6; Heilung: Apg 28, 8; Mk 6, 5; 7, 33; 8, 23—25; Segnung: Mk 10, 16; Mt 19, 13—15; Lk 24, 50; Sendung: Apg 6, 6; 13, 2. 3. Heiliger Geist, Segnung, Heilung ist aber auch ohne das Zeichen der Handauflegung empfangen worden.

tisch bekannt gemachte Berufung durch Gott. Die Praxis der Handauflegung gehört in den Bereich der sichtbaren Zeichen, die den Glauben begleiten.

Die zum Ältesten-Dienst bevollmächtigt: Wie ist dieser Genitiv zu verstehen? Als Gen. Subj. müßte man übersetzen: Der Ältestenrat legt die Hände auf. Das könnte wohl, müßte aber nicht im Widerspruch zu II 1, 6 stehen, wo Paulus schreibt, daß er dem Timotheus die Hände aufgelegt habe. Entweder handelt es sich um zwei verschiedene Gelegenheiten[44], oder Paulus hat ihm zusammen mit den Ältesten die Hände aufgelegt (E 30). Nimmt man aber einen Gen. Finalis an, der das Ziel anzeigt, was nicht nur naheliegend, sondern im Zusammenhang wohl das Gegebene ist, so lautet die Übersetzung: Unter Handauflegung, die zum Ältesten macht[45]. So wie Titus von Stadt zu Stadt Älteste einsetzen soll r), so hatte Paulus selbst den Timotheus eingesetzt zum Ältesten. Das Einsetzen zum Ältesten war nicht ein eigenmächtiges Tun des Apostels, sondern er erkannte im Geiste, daß Gott schon seine Hand auf den Jüngling gelegt hatte: entsprechend handelte der Apostel. Obwohl Timotheus an Jahren jung war, hatte Gott ihn berufen zum „Ältesten" und tat das kund durch Weissagung. Er schenkte ihm den Heiligen Geist s), legte das Charisma zu seinem Dienst in ihn hinein, bestätigte ihm die Berufung durch Handauflegung des Paulus vor vielen Zeugen.

r) Tit 1, 5; I 5, 17

s) II 1, 7

Welches besondere Charisma hatte nun Timotheus empfangen? War er Hirte oder Lehrer oder Evangelist? („Tue das Werk eines Evangelisten!" II 4, 5). Es würde ebenso schwierig sein, Paulus auf eine bestimmte Geistesgabe festzulegen. Die allgemeine „Wortgabe", das heißt die Berufung zum „Dienst am Wort", konnte Verkündigung, Mahnung, Lehre und Evangelisation umfassen, war aber in den verschiedenen Dienern verschieden akzentuiert; und auch je nach den Zuständen, die sie antrafen, konnte der eine oder andere Dienst mehr in den Vordergrund treten. Daß jeder der Ergänzung bedarf, ist das Wesentliche für alle Geistesgaben. Sie mögen noch so umfas-

44 Bei jeder Abordnung zu einer Reise wurden die Hände aufgelegt (Apg 13, 3). Weder das AT noch das NT kennen eine sakramentale Priesterweihe, die man durch Handauflegung (Ordination) erhält. Der urchristliche Brauch ist etwas viel Bescheideneres und Wirklicheres: die ständig neu geschenkte Bevollmächtigung durch Gott zum Lehren und Dienen, bezeugt durch die Handauflegung der Brüder.

45 „Die Deutung als Gen. suj. ist möglich, aber nicht unbestritten und gilt heute weithin als überwunden" (Holtz, 111).

send sein, so sind sie doch in jedem nur begrenzt und bedürfen der ständigen Ergänzung durch andere.

Dieses bedenke sorgfältig, darin lebe, damit dein Fortschreiten allen sichtbar sei. 15

Als Vorbild der Ältesten und der Gemeinde die empfangene Gnadengabe a u s ü b e n im Dienst, d i e s soll seine Sorge sein.

Bedenken: Kann bedeuten nachsinnen (meditieren) oder betreiben, sich befleißigen, üben (praktizieren). Wirkt das Bild vom sportlichen Wettkampf nach, so steht hier die Übung im Vordergrund. Aber sinnvoll ist es auch, über die empfangene Gabe n a c h z u d e n k e n[46], sie durch das neue Bewußtwerden wieder fleißiger auszuüben.

Darin lebe: Sein Geist soll eingetaucht sein in Gottes Geist. Hier ist an die Verwurzelung des Lebens im göttlichen Geber und seinen Gaben zu denken. Noch einmal wird deutlich, daß die persönlichen Anweisungen an Timotheus nicht in einer kirchengerechtlich verliehenen „Amtsgnade" gipfeln, vielmehr soll er mit seinem ganzen Wesen sich in den Dienst hineinbegeben, in den Auftrag einleben, **damit sein Fortschreiten allen sichtbar werde.** Phil 1, 12.25: Förderung des Evangeliums geht mit Förderung der Glaubensfreude Hand in Hand. Wenn Timotheus an innerer Festigkeit wächst, wird das zur Erstarkung der Gemeinde dienen.

Habe acht auf dich selbst und auf die Lehre und sei beharr- 16
lich darin. Timotheus soll sich selbst im Auge behalten t). Paulus als Herold des Evangeliums hat sich selbst unter Kontrolle u). Viele sind so sehr mit der rechten Lehre beschäftigt, daß sie das rechte Leben, ihr eigenes Leben vor Gott vernachlässigen.

t) wie Phil 2, 16

u) 1 Ko 9, 27

Wieder andere denken, wenn sie erst tätig und mit Aufgaben überhäuft sind, werden sie sich selbst vergessen können, oder es werden sich ihre ungeordneten eigenen Verhältnisse von selbst ändern. Doch kein noch so starker Aktivismus kann das Achthaben auf das eigene Leben ersetzen. Hier ist nicht die Rede von frommem Egoismus, von selbstsüchtiger Seelenpflege um des eigenen Wohlseins willen; unmißver-

[46] Das Verb erscheint sonst nur noch in Apg 4, 25 und dort als atl Zitat (Ps 2, 1: sinnen, d. h. eigentlich leise vor sich hinmurmeln, nämlich das Psalmgebet, das Wort Gottes. Nachsinnen, meditieren ist ein Grundwort der Psalmen; siehe Ps 119!). In der Zusammensetzung mit „*pro*" auch in Lk 21, 14: „Darum prägt es euren Herzen ein, nicht zum voraus darauf zu *sinnen,* wie ihr euch verantworten sollt." Das Nachsinnen soll ganz Vergegenwärtigung sein. Der Aufruf an Timotheus ist im atl Licht zu sehen; vgl. II 3, 14—15!

ständlich steht jedoch fest, daß das Wächteramt über das eigene Herz vorgeordnet ist und bleibt gegenüber dem der Lehre. Es ist Mode geworden, gegen die persönliche Frömmigkeit und „Innerlichkeit" zu Felde zu ziehen, doch tut man gut daran, diese Stimmen an der Schrift zu prüfen. Jesus vernachlässigte nicht den persönlichen Umgang mit Gott in der Stille und Abgeschiedenheit. Vor, mitten in und nach allem Dienst für andere zog er sich zurück, oft auch abgesondert von seinen Jüngern, und war allein mit Gott.

Wer aufmerksam vor Gott steht, der ins Verborgene sieht, der vermag auch über die **Lehre** im rechten Sinn zu wachen.

Sei beharrlich = bleibe darin[47]!

Wenn Timotheus im Glauben und in der Liebe bleibt (wie die Frauen in 2, 15!), **wird er sowohl sich selbst erretten wie auch die, welche auf ihn hören.** Sich selbst retten — ist damit Gottes Gnade ungültig gemacht? Doch weder hier noch in I 2, 15 denkt der Apostel an Synergismus (ein gleichwertiges und gleichartiges Zusammenwirken von Gott und Mensch), denn den Philippern schreibt er, daß sie ihr Heil mit Furcht und Zittern erwirken sollen, weil Gott Wollen und Vollbrin-
v) Phil 2, 12. 13 gen bewirkt v): eben deshalb haben sie keine Entschuldigung, als fehlten ihnen die Kräfte zum Heil; Gott hat ja alles getan und alles bereitet, so daß sie ihrerseits jetzt alles tun können aus Gottes Tun heraus. Ebenso lesen wir, daß die Gläubigen errettet werden sollen, w e n n sie im Glauben gegründet bleiben und daran festhalten (dabei bleiben, dasselbe Verb wie
w) Kol 1, 23 hier) und sich nicht von der Hoffnung abbringen lassen w). Das Heil ist nicht an eine Bedingung der Menschen gebunden: durch ihr Bleiben können sie das Heil nicht bewirken, aber durch ihren Abfall könnte die Gnade vergeblich gewesen sein. Paulus selber gibt acht auf sich, damit er nicht unbewährt dasteht, sondern am Evangelium und seiner Erlösung teil-
x) 1 Ko 9, 27 hat x).

Alle praktischen Anweisungen in den Past haben als Grundlage und Ziel das Heil, das Gott allen Menschen zukommen lassen will. Die Rettung hat Paulus an sich selbst erfahren, zum Vorbild für viele (I 1, 15. 16). Für die Rettung der Menschen soll die Gemeinde beten (2, 1. 4). Die Retterliebe Gottes in Christus soll sie als Mittelpunkt ihres Gottesdienstes und

[47] *epimenein,* verbleiben, festhalten; bekannt bei P in Rö 11, 22. 23: bei der Güte Gottes verharren.

Lebens preisen (3, 16), und dieses Heil sollen die Diener Christi für sich selbst und für die Gemeinde wirksam werden lassen (4, 16).

B. TIMOTHEUS ALS DIENER DER GEMEINDE

1. Timotheus 5, 1—6, 2

1. Die Gemeinde als Familie Gottes

1. Timotheus 5, 1—2

1 Einen älteren Mann fahre nicht hart an, sondern ermahne
2 ihn wie einen Vater, jüngeren begegne wie Brüdern, * älteren Frauen wie Müttern, jüngeren Frauen wie Schwestern in aller Keuschheit. *

Die Ermahnung soll ins einzelne gehen, jeden einzeln erreichen, im Herzen, in der Mitte seiner Person. Das ist nur möglich, wenn alle „g e e h r t" werden; das ist das Wort und die bestimmende Haltung für die Zuordnung aller Glieder untereinander. Dieses Wort zeigt die Einheit des ganzen Abschnittes an: 5, 3. 17; 6, 1; dabei ist besonders 6, 1 aufschlußreich, denn hier bedeutet „Ehre geben" offensichtlich nicht, materielle Unterstützung gewähren. Witwen und Älteste „ehren" darf darum nicht zu einseitig in diesem Sinn ausgelegt werden[1]. Jede Ermahnung, die zu Herzen gehen soll, wird ihr Ziel verfehlen, wenn sie nicht von einem großen Respekt, einer tiefen Achtung vor der geschöpflichen Einmaligkeit des andern ausgeht; sie wird den andern vergewaltigen, erdrücken, in Zwänge hineintreiben oder knechten, anstatt ihn zu befreien. Jeder ist der Liebe würdig, und nur aus dieser Würdigkeit und um dieser Liebe willen kann er richtig ermahnt werden. „Ehre Vater und Mutter", das Gebot mit Verheißung, ist in seiner weitesten Bedeutung zu sehen: im Familienkreis, in der Familie Gottes kann die gegenseitige Rücksichtnahme geübt und erfahren werden.

[1] Vgl. Eph 5, 21: „Seid einander untergeordnet in der Furcht vor Christus" mit Vers 33: „daß sie den Mann fürchte"; 6, 1: „Ehre" mit 6, 5: „in Furcht und Zittern als dem Herrn". 6, 9 an die Herren gerichtet: „tut dasselbe gegen sie", d. h. es gilt kein Ansehen der Person, alle sind zu ehren; 1 Pt 2, 17: „erweist allen Ehre": ihr Hausknechte (2, 18), gleicherweise ihr Frauen (3, 1), „ihr Männer den Frauen Ehre gebend" (3, 7). Rö 12, 10: „in der Ehrerbietung einer dem anderen vorangehend"; Phil 2, 3: „einer den andern höher achten als sich selbst".

Es ist hier nicht von einer Kasuistik (einer klug ersonnenen Anweisung im einzelnen) die Rede, sondern von dem aus Liebe und Ehrfurcht vor Gott stammenden Zuspruch an den je einzelnen in seiner besonderen Verfassung und Lebenslage.

Es kommt nicht nur darauf an, **was** gesagt wird, sondern **wie** es gesagt wird: aus welcher inneren Haltung dem gegenüber, dem etwas zu sagen ist. So vieles kommt deshalb nicht an, weil es von oben herab kommt, von weit weg oder daneben und darüber hinweg geht, aber nicht zu Herzen. Wie lebensrichtig ist die Redewendung „jemandem zu Herzen reden". Wo wirklich zum Herzen geredet wird, kann dann auch „ins Gewissen geredet werden". Wer zu Herzen redet, ist offen und frei, dadurch aber gefährdet und gefährdend in der verwundbaren menschlichen Nähe. Darum muß jedes Alter und jedes Geschlecht in besonderer Weise mahnend angesprochen werden.

Einen älteren Mann fahre nicht hart an, sondern ermahne ihn wie einen Vater. Älterer Mann **(presbyteros)** meint hier ohne jeden Zweifel eine Altersbezeichnung[2] und nicht einen mit dem Alter verbundenen Würdetitel oder gar ein festes Amt.

Fahre nicht hart an, auch schelten, tadeln. Timotheus soll einem alten Mann nicht Vorwürfe machen, ihn aber auch nicht sich selbst überlassen, wenn er der Ermahnung bedarf. Das Vorbild der Familie für die Gemeinde steht hier bestimmend im Vordergrund. Wenn es möglich ist, daß ein junger Seelsorger einen alten Mann **wie einen Vater** ermahnt, so fällt damit ein neues Licht durch das Evangelium auf das Verhältnis Vater—Sohn. In Ehrfurcht und Liebe ist es möglich und kann es nötig werden, daß ein Sohn seinen Vater ermahnt, und das nicht nur in der Gemeinde.

Wieso aber muß der eher zaudernde, schwache Timotheus ermahnt werden, einen Alten nicht hart anzufassen? Es ist die Versuchung des Schwachen, daß er in übertriebener Reaktion stark erscheinen will und darum hart auftritt; daß der Diener Christi, der sich seiner Jugend fast schämt, plötzlich Macht
a) I 4, 12 ausüben anstatt Vorbild sein will a), daß der Schüchterne un-
b) II 2, 24 erwartet zum Streiter wird b), der Zaghafte vorschnell die

[2] *Presbytes:* der Greis, Lk 1, 18; Philem 9; Tit 2, 2. *Presbyteros:* ebenfalls als natürliche Altersbezeichnung, Jo 8, 9; Apg 2, 17; 1 Pt 5, 5; Lk 15, 25; *presbyteros* kann sowohl Dienstaufgabe wie Altersbezeichnung bedeuten: Apg 14, 23; 17, 20—38; 2 Jo 1; 3 Jo 1; 1 Pt 5, 1.

Hände auflegt c) (E 31 f). Hier greift die einfache Regel verändernd ein: Ermahne ihn, wie wenn es dein Vater wäre.

c) I 5, 22

Sondern ermahne ihn (parakaleo): zusprechen, ermahnen, trösten. Die Ermahnung und die Anleitung zum Ermahnen verbinden die Pastoralbriefe als M a h n b r i e f e d) aufs engste mit den anderen paulinischen Briefen. Schon im ältesten Brief, den wir von Paulus haben, klingt dieser Grundton an und bleibt bis zum letzten deutlich hörbar: „Ihr wißt, daß wir einen jeden von euch wie ein Vater seine Kinder ermahnten und ermunterten und beschworen ..." e). Schon in diesem ersten Brief schreibt Paulus davon, daß er Timotheus gesandt habe, damit er die Gemeinde stärken und e r m a h n e n solle f). Dieses Mahnen ist nicht ein Befehlen und Gebieten, sondern ein Bitten um der Liebe willen g), ein Bitten an Christi Statt h). Gott selber in seiner Barmherzigkeit ermahnt die Gemeinde durch den Ruf seiner Diener i). Ja, der Mahner und Tröster schlechthin ist der Paraklet, der Heilige Geist, durch den der Gott alles Trostes tröstet und ermahnt k). Die Gabe des Ermahnens ist ein Charisma des Heiligen Geistes l), sehr oft verbunden mit der Gabe der Weissagung m), mit dem Blick, der ins Herz sieht, die verborgene Not und Sehnsucht erkennt und von Gott her darauf eingeht.

d) I 1, 3,; 2, 1; 4, 13; 5, 20; 6, 17; II 2, 25; 3, 16—17; 4, 2
e) 1 Th 2, 11—15
f) 1 Th 3, 2; 4, 10
g) Phlm 8—10
h) 2 Ko 5, 20
i) Rö 12, 1
k) 2 Ko 1, 4—7
l) I 4, 13; vgl. Rö 12, 8
m) 1 Ko 14, 1—3

Timotheus soll nicht kraft seines „Amtes" auftreten, sondern kraft der in dem e i n e n Meister, Christus, gestifteten Brüderlichkeit. Die Sehnsucht des Menschen nach „Freiheit, Gleichheit, Brüderlichkeit" ist schon früh von der Kirche verraten worden. Daran ändert auch nichts, daß die Reformation zwar das Priestertum a l l e r Gläubigen wieder deutlich aus der Bibel erkannte und lehrte, es aber doch nicht auf der ganzen Linie zum Durchbruch brachte. Neue Versuche und Ansätze zum Verständnis der Gemeinde als gegenseitiger brüderlicher Vermahnung und Tröstung (consolatio fratrum) brechen aber immer wieder verheißungsvoll auf. Wie ein Bruder **die jüngeren** (Männer) **wie Brüder** ermahnt, das ist nicht „frühkatholische Tendenz", sondern im Gegenteil, das ist Ruf zum Anfang in Jesus: „Ich bin unter euch wie ein Dienender, ich habe euch Freunde genannt, ihr seid meine Freunde, gehe und sage meinen Brüdern ..." „Einer ist euer Meister, ihr alle aber seid Brüder n)".

n) Mt 23, 8

Ältere Frauen wie Mütter. Die vierfache Aufzählung — Väter, Brüder, Mütter, Schwestern — ist nicht überflüssig oder pedantisch. Durch sie wird erst das Prinzip ganz deutlich, daß der Mahner nicht von sich ausgehen, sondern sich anpassen soll. Andere Menschen fördern und schützen in ihrem Eigentlichen und Eigenen, das ist das Wesen der Autorität. Der älteren Frau soll wie einer Mutter begegnet werden, damit sie in ihrer Mütterlichkeit bestätigt und bestärkt werde. Jesus stiftet neue Beziehungen, neue Verhältnisse.

Jüngere Frauen ermahne wie Schwestern in aller Keuschheit. Timotheus soll sich nicht nur mit den Männern befassen, sein persönliches Wort der Ermahnung, sein Zu-Herzen-Reden gilt auch den Frauen, den alten wie den jungen. Durch die in Jesus neu begründete Vater-, Mutterschaft, durch die in ihm bestehende neue Verwandtschaft, wird nicht nur die Vorherrschaft der durch Zeugung und Geburt abgeleiteten Familienansprüche gebrochen, auch die Vorherrschaft der Geschlechtsunterschiede, der Kampf der Geschlechter, die gegenseitige Verführung und Herrschaft wird gebrochen.

Deshalb kann und darf Timotheus den gleichaltrigen und jüngeren Frauen wie Schwestern begegnen. Was dies bedeutet, bringt die deutsche Sprache im Wort „Krankenschwester“ zum Ausdruck, ein Berufsbild, das ursprünglich ganz eindeutig von Jesus her geprägt war. Wo der Staat oder nichtchristlich bestimmte Gesellschaftsordnungen das Berufsbild und den Dienst der Krankenschwester bestimmen, da steht entweder das Unpersönliche und damit Unweibliche oder das Geschlechtlich-Erotische mehr oder weniger im Vordergrund. Der Schwesternberuf hat in solchen Ländern einen schlechten Klang, weil die kranken Männer eine Pflegerin nicht primär als Schwester, sondern als Geschlechtswesen sehen, und weil auch sie selber trotz weißer Haube und Schürze sich nicht zuerst als Schwester zu verstehen vermögen. Das gilt auch zunehmend von den sogenannten christlichen Ländern, in denen das christliche Verständnis der Familienbeziehungen abnimmt. Wie stark die Auflösung des christlichen Familienbildes (und seiner den Verfall mitbewirkenden Deutung durch Sigmund Freud) „fortschreitet“, ist noch gar nicht abzusehen. Es entsteht eine Gesellschaft nicht nur ohne Väter (A. Mitscherlich), sondern auch ohne Mütter, ohne Brüder und Schwestern. Für Menschen, welche die Vaterschaft Gottes nicht mehr erfahren durch den Glauben an die Sohnschaft Jesu, kann es kaum mehr gefühlsmäßig starke und zugleich keusche Beziehungen geben zwischen Eltern und Kindern wie unter Geschwistern. Es ist nicht zufällig, daß der heidnische Mythos von Ödipus, der den Vater tötet, weil er die Mutter begehrt, das Urbild für S. Freud geworden ist, aus dem er nicht nur alle mitmenschlichen Beziehungen, sondern auch die Religion schlechthin erklärt.

Der ungebrochene Familienbann und Geschlechterzwang, das Netz aus Angst und Wollust, eben die „Heidenangst", ist von Jesus grundsätzlich und ein für allemal durchbrochen worden. Aber die Kirche hat nur zu eilfertig das Evangelium der Freiheit vertauscht mit der angsterfüllten Abwehr heidnischer Ängste.

„Keuschheit" wurde zur Abwehr des Geschlechtlichen. („Sie verbieten zu heiraten.") Keuschheit aber ist das große Zeichen und Wort für die wahre Befreiung, eben weil durch sie nicht mehr alles immer zuerst und zuletzt geschlechtlich, d. h. sexuell oder erotisch gesehen und erlebt werden muß. Darum kommt das Geschlechtliche durch die Keuschheit erst richtig und ganz zu seiner Bestimmung. Keuschheit hat nichts zu tun mit Ängstlichkeit oder Prüderie, es bezeichnet genau das Hauptthema des Abschnittes: Ehret einander, hier angewendet auf den geschlechtlichen und leiblichen Bereich.

In aller Keuschheit. Keuschheit ist nicht Unterdrückung, Verachtung oder Leugnung des Geschlechtlichen. Keuschheit kann völlig und umfassend sein („in aller Keuschheit"), wenn sie eine Ausstrahlungskraft des Herzens geworden ist: Wenn dein Auge unbefangen ist, so ist dein ganzer Leib licht, so siehst du auch den fremden Leib licht o). Im Herzen wächst die wahre Keuschheit p). Gott ist es, der ein reines Herz schafft. Sein Schöpfungsakt ist ständig neues Schaffen q).

o) Mt 6, 22
p) Mt 5, 28
q) Ps 51, 12

Timotheus soll den jungen Frauen so in Keuschheit begegnen, daß sie in ihrer Schwesterlichkeit bestätigt und bestärkt werden, daß Frauen ihrer Gabe des Frauseins froh werden und angstfrei darin dem Ganzen, der Gemeinde, dienen.

In diesem Wort an Timotheus ist auch eine Warnung enthalten. Der geistliche Dienst der Seelsorge kann schnell ins Fleischliche umkippen. Wesley schreibt den Predigern: „Nicht zuviel mit jungen Mädchen." Er spricht aus eigener Erfahrung seiner jungen Jahre. Wenn man glaubt, besonders dazu bestimmt zu sein, als junger Mann unter jungen Frauen Seelsorge zu treiben, muß man sich nach den Beweggründen fragen lassen. „In aller Keuschheit" kann auch heißen „in aller Lauterkeit". Sind die Beweggründe lauter? Für alle Ermahnung (das ist das biblische Wort für Seelsorge) gilt, daß sie entbindende Seelsorge sein soll. Oft aber führt sie zur Bindung an den Seelsorger. Ermahnung aber soll allein auf den Herrn ausrichten und zu ihm hin befreien r).

r) Eph 6, 4

2. Die Sorge um die Witwen

1. Timotheus 5, 3—16

3 **Ehre die Witwen, die wirklich Witwen sind. * Wenn aber**
4 **eine Witwe Kinder oder Enkel hat, sollen diese zuerst ler-**
nen, in bezug auf das eigene Haus gottselig zu sein und
den Vorfahren die empfangenen Wohltaten zu vergelten,
5 **denn dies ist wohlgefällig vor Gott. * Die wirklich allein-**
stehende Witwe aber hat ihre Hoffnung auf Gott gesetzt
6 **und verharrt in Gebet und Fürbitte Tag und Nacht. * Die**
7 **aber ein ausschweifendes Leben führt, ist lebendig tot. ***
8 **Gebiete ihnen, daß sie untadelig bleiben. * Wenn aber je-**
mand seine Angehörigen und besonders die in Hausgemein-
schaft mit ihm Lebenden nicht versorgt, so hat er den Glau-
ben verleugnet und ist schlimmer als ein Ungläubiger. *
9 **Eine Witwe soll in das Verzeichnis aufgenommen werden,**
wenn sie nicht weniger als sechzig Jahre alt ist, eines Man-
10 **nes Frau war, * ein Zeugnis hat in guten Werken, wenn**
sie Kinder aufgezogen, Fremde beherbergt, den Heiligen
die Füße gewaschen, Bedrängten geholfen hat, wenn sie
11 **jedem guten Werk nachgegangen ist. * Jüngere Witwen**
aber weise ab, denn wenn ihre Leidenschaft sie in Wider-
spruch gegen Christus bringt, begehren sie zu heiraten *
12 **und fallen unter das Urteil, daß sie die erste Treue gebro-**
13 **chen haben. * Zugleich gewöhnen sie sich an den Müßig-**
gang, laufen von Haus zu Haus, sind faul, geschwätzig, vor-
14 **witzig und reden, was sich nicht geziemt. * Ich will nun,**
daß jüngere Witwen heiraten, Kinder gebären, das Haus
verwalten und dem Widersacher keinen Anlaß geben zu
15 **übler Nachrede. * Denn schon haben sich etliche abgewen-**
16 **det dem Satan nach. * Wenn eine gläubige Frau Witwen**
hat, so soll sie diese unterstützen, und die Gemeinde soll
nicht belastet werden, damit sie den wirklichen Witwen
helfen kann.

Manche Ausleger sehen in diesen Versen eine „Witwenregel" oder die Ausbildung eines eigentlichen „Witwenamtes". Andere fragen, ob unter dem Eindruck der nachpaulinischen Entwicklung dieser Text wie auch 2, 9 f im Sinne einer Einschränkung des allgemeinen Priestertums der Frau und der Erstarkung christlicher Rechtsformen verstanden werden muß. Die Beschränkung der weiblichen Mitarbeit auf Gebet und Liebeswerke sei dringlich geworden im Kampf der Kirche gegen gnostische und montanistische Prophetinnen und andere Kultpriesterinnen.

Ein unvoreingenommenes Studium der Einzelheiten in diesem Abschnitt läßt den Schluß auf eine feste Witwenregel nicht zu. Das Ganze, obwohl ausführlicher[3] als die vorangehenden und nachfolgenden Anweisungen, steht einheitlich unter seelsorgerlichem Aspekt. Die Witwen (3) wie die Ältesten (17) und die Vorgesetzten (6, 1) sollen geehrt, alle sollen unter den ihnen entsprechenden Umständen e r m a h n t werden.

In Ephesus bestand damals eine der größten Gemeinden, in der auch entsprechend viele Witwen lebten. Die Kirche in Rom unterstützte im 3. Jahrhundert 1500 bedürftige Witwen. Zur Zeit des Chrysostomus sollen 3000 christliche Witwen im kirchlichen Dienst gestanden haben. Wie schon früh in Jerusalem, so waren auch in Rom und Ephesus gewisse Regelungen unumgänglich geworden a). Bedenkt man, daß noch Hippolyt von Rom (gest. 235), ein rigoroser Bekämpfer der Irrlehrer und strenger Asket, sich gegen die Ordination der Witwen wendet, so ist schwer ersichtlich, wie unser Text schon eine kirchliche Regelung des Witwendiakonats enthalten soll.

Im AT stehen Witwen, Waisen und Fremdlinge unter besonderem Rechtsschutz. Sie sollen weder verachtet noch ausgebeutet, sondern geehrt und ernährt werden b).

Die wirkliche[4] Witwe ist ohne eigene Mittel und Verwandte. Als Verlassene vertraut sie dem Gott der Witwen und Waisen c).

Ehren d): Der Ausdruck ist bewußt bezogen auf das Gebot „Ehre Vater und Mutter“. Das Judentum zur Zeit Jesu deutete dieses Gebot auf die Pflicht des erwachsenen Sohnes, die alten Eltern zu sich zu nehmen und für ihren Unterhalt aufzukommen. „Ehre die Witwen“ steht somit ganz im Zusammenhang

a) Apg 6, 1—4

b) 2 Mo 22, 22—24; 5 Mo 10, 18; 14, 29; 16, 11; 24, 17—22; 26, 12—13; Jes 1, 17. 23; Jer 7, 6; 22, 3; 29, 11; Hes 22, 7. 25; Mal 3, 5; Mk 12, 40; Lk 20, 47

c) Jer 49, 11

d) wie Mt 15, 4—6

[3] Derartige Exkurse sind bei Paulus nicht ungewohnt: I Ko 7, 12—17; 8, 9—11; ebenso im Brief an Philemon.

[4] Bei Paulus bekannte Wendung; I Ko 14, 25: daß Gott *wirklich* in euch ist; Gal 3, 21: die Gerechtigkeit käme wirklich aus Gesetz.

der Verse 1—2, welche als Grundmuster für alle seelsorgerliche Mahnung die Familienbeziehungen haben.

Das Wort „ehren" kann auch den Sinn von Ehrensold haben (heute noch gebräuchlich als Honorar; lateinisch). Für Besoldung und Ernährung aufkommen ist eine Ehrensache. Praktische Ehrerweisung aus Liebe wird die wirklichen Witwen wie Familienglieder so unterstützen, daß sich diese nicht abgespeist, sondern geehrt fühlen können. Alle Wohltat steht ständig in Gefahr, den Empfänger zu erniedrigen und zu verletzen, wenn sie nicht von Liebe ausgeht und auf Wertschätzung beruht.

Wenn aber eine Witwe Kinder oder Enkel hat, sollen diese zuerst lernen, in bezug auf das eigene Haus gottselig zu sein und den Vorfahren die empfangenen Wohltaten zu vergelten, denn dies ist wohlgefällig vor Gott.

Das eigene Haus = die eigene Familie. Gottselig sein, hier als Verb **(eusebein)**: so nur noch in Apg 17, 23, auf die Frömmigkeit der Athener ihren Göttern gegenüber bezogen (E 15 d).

Vorfahren: Eltern und Großeltern, vgl. II 1, 5.

Empfangene Wohltaten vergelten: das leisten, wozu man verpflichtet ist; genau in diesem Sinn verwendet in Rö 13, 7; I Ko 7, 3.

Wohlgefällig vor Gott: vgl. 2, 3: Wo die Hausgemeinschaft für ihre gegenseitigen Verpflichtungen der Ehrung, der Liebe und des Dankes wach ist, kann ein ruhiges und stilles Leben geführt werden.

Sollen die Witwen (Übergang von Einzahl in Mehrzahl) oder die Kinder **zuerst lernen?** Grammatikalisch ist beides möglich. Die Witwe muß ähnlich wie der Vorsteher sich erst im Hause der Familie bewähren, bevor sie in der Gemeinde dienen kann. Doch der Zusammenhang legt nahe, an die Kinder zu denken, welche die tatkräftige Hilfe und Ehrerweisung nicht geringschätzen, sondern darin ihre Frömmigkeit und Dankbarkeit zeigen sollen[5]. Der Tod des Ehegatten bringt für die Frau eine ganz neue Lebenslage mit sich, der sich die Kinder zu wenig oder zu wenig schnell bewußt werden. Sie müssen jetzt erst lernen, auf die neuen Bedürfnisse einzugehen. Hier ist die

[5] Schlatter denkt an die Witwen u n d die Kinder. „Er hat der Mutter, die die häusliche Gemeinschaft aufgeben und einzig in der Gemeinde leben möchte, und den Kindern, die bereit wären, den Unterhalt der Mutter auf die Gemeinde zu übertragen, gesagt: Euer erster Gottesdienst ist die Bewahrung der häuslichen Gemeinschaft, und eure erste Dankespflicht ist es, die ihr den Vorfahren zu erstatten habt" (139).

seelsorgerliche Mahnung an erwachsene Kinder und Großkinder gerichtet.

Die wirklich alleinstehende Witwe aber hat ihre Hoffnung auf Gott gesetzt und verharrt in Gebet und Fürbitte Tag und Nacht.

Die wirkliche Witwe hat niemanden, der für sie sorgt, sie ist ohne Familienzusammenhang, sie steht allein. Sie hofft weder auf einen neuen Mann noch auf die Hilfe von Kindern oder auf die Gemeinde. Ihre Hoffnung ist in einem festen Entschluß des Herzens ein für allemal auf Gott gestellt[6]. Diese ihre innerste Blickrichtung läßt nicht zu, daß ihre Einsamkeit zur Vereinsamung werde, denn in ihrer Hoffnung auf Gott ist sie nicht alleingelassen, sondern sie **verharrt in ihren Bitten und ihren Gebeten Tag und Nacht.** Das Vorbild der Prophetin Hanna ist hier vor Augen e), aber auch das der unverheirateten und verwitweten Frauen, „die heilig an Leib und Geist, für die Dinge des Herrn besorgt" sind f), und nicht zuletzt die Erfahrung des Paulus selbst, der „Nacht und Tag aufs Inständigste betet g)." Darum kannte er auch für die Witwe „ein ununterbrochenes Gespräch des Herzens mit Gott, sei es in Bitte, sei es in Anbetung, das nicht zum leeren Geplapper entartet, sondern den vollen Ernst des Gebets besitzt und doch nicht auf Seufzer und einzelne stoßweise Regungen der Seele beschränkt ist, sondern ihre bleibende Beschäftigung werden kann" (Schlatter) (E 25 e).

e) Lk 2, 37

f) 1 Ko 7, 34

g) 1 Th 4, 10

Eine solche Beterin lebt wirklich, wenn sie auch für weltlich und religiös Betriebsame untätig, ja nutzlos erscheinen mag. Man muß dieses Bild der wirklichen Witwe und ihr Verankertsein im wirklichen Umgang und Gespräch mit Gott vor Augen haben, damit man nicht der Versuchung vieler Ausleger erliegt, welche die Anweisungen zur Häuslichkeit, Wohlanständigkeit, Frömmigkeit vorschnell und einseitig auf eine bürgerliche Christlichkeit festgelegt haben. Und dann: Welche Hochachtung gegenüber der menschlich-geistlichen Berufung der Frauen kommt in diesen Worten zum Ausdruck!

Die aber, welche ein ausschweifendes Leben führt, ist lebendig tot. Die Atmosphäre der ausschweifenden und vergnügungssüchtigen Weltstadt Ephesus klingt hier an. Auf einem Dorfe würde es einer Witwe schwerer fallen, ihren Kummer durch ein genußsüchtiges Treiben zu vergessen. Der Süchtige

[6] Wie I 4, 10, eine ein für allemal geschehene Handlung; vgl. I 6, 17; Rö 15, 1.

gibt sich und andern den Anschein, als ob er besonders lebendig, tätig, spontan und „mitten im Leben" sei; in Wahrheit aber ist er tot. Je größer seine nach außen gekehrte Aktivität erscheint, um so gelähmter ist sein innerer Zustand.

Lebendig tot[7]**:** Die Zeitform zeigt eine vollendete Tatsache an.

Die wirkliche Witwe ist lebendig, weil sie wach ist in Gott; die in Leichtsinn lebende ist schon gestorben. Auch dieser scharf herausgestellte Gegensatz läßt nicht an eine Anpassung an die Sitten der Umwelt denken. Wie I 2, 9—15 sprechen auch diese Worte in einen ganz konkreten Gemeindezusammenhang hinein.

Gebiete ihnen, daß sie untadelig bleiben.

Wenn aber jemand seine Angehörigen und besonders die in Hausgemeinschaft mit ihm Lebenden nicht versorgt, so hat er den Glauben verleugnet und ist schlimmer als ein Ungläubiger.

Der Vorsteher, die Witwen und schließlich alle Gemeindeglieder sollen unanfechtbar sein in den Augen der kritischen, heidnischen Umgebung (3, 2).

Angehörige müssen nicht unbedingt im gleichen Haus wohnen, im Unterschied zu den H a u s g e n o s s e n, mit denen man in engster Hausgemeinschaft zusammenlebt.

Versorgen: bedacht sein auf, Vorsorge treffen[8]. Wenn erwachsene Kinder aus Nachlässigkeit die Bedürftigen im eigenen Hause nicht versorgen, wenn Witwen nicht auf ein untadeliges Verhalten bedacht sind, dann geben sie den Ungläubigen Anlaß zur Lästerung des Namens Gottes. Diejenigen, die sich gläubig nennen, verleugnen mit ihrem Verhalten den Glauben h). Sie erregen dabei mehr Ärgernis als die Ungläubigen. Dieses scharfe Urteil fällte Paulus schon in bezug auf die Christen in Korinth, wo eine Art von Unzucht getrieben wurde, wie sie selbst „auch unter Heiden nicht vorkommt i)." V. 7 und 8 sehen wir am besten als eine Einheit an, welche das in den V. 4 und 6 Gesagte zusammenfaßt. V. 9 greift V. 3 und 5 wieder auf. Wahrscheinlich hat das Wort von der ausschweifend lebenden Witwe Mahnung, Urteil und Kommentar von V. 7 und V. 8 hervorgerufen.

h) II 3, 5; Tit 1, 16; Mt 10, 33; Jak 2, 15
i) 1 Ko 5, 1

[7] Rö 7, 9. 10; vgl. Rö 6, 10; 2 Ko 5, 15: als Gestorbene d e m leben, der für uns gestorben ist. Offb. 3, 1: Du hast den Namen, daß du lebest, aber du bist tot. Lk 15, 24: Der verlorene Sohn war tot in seinem Sündenleben und fern vom Vaterhaus. Vgl. Mt 8, 22: Laßt die Toten ihre Toten begraben; II 3, 4—5; Eph 2, 1. 5.

[8] wie Rö 12, 17; 2 Ko 8, 21: P ist auf das Gute bedacht vor Gott u n d Menschen; derselbe Zusammenhang wie V. 8.

Eine Witwe soll in das Verzeichnis aufgenommen werden, wenn sie nicht weniger als sechzig Jahre alt ist, eines Mannes Frau war, * ein Zeugnis hat in guten Werken, wenn sie Kinder aufgezogen, Fremde beherbergt, den Heiligen die Füße gewaschen, Bedrängten geholfen hat, wenn sie jedem guten Werk nachgegangen ist.

Ins Verzeichnis eintragen nur hier im NT: „katalogisieren", listenmäßiges Erfassen[9]. Bei den alten Männern werden diejenigen hervorgehoben, welche einen besonderen Dienst in der
Gemeinde tun k). Warum ist dort nicht die Rede von einer k) I 5, 17
Liste? Vielleicht machten die große Zahl und die verwirrenden Unterschiede der verwitweten Frauen eine stärkere Regelung nötig. Schon früh treffen wir auf die Witwen als einer besonders gekennzeichneten Gruppe in der Gemeinde[10]. Von Bedeutung ist, daß die alten Frauen (ebenso wie die alten Männer) eine Ehrenstellung in der Gemeinde innehaben. Sie
lehren, sie leiten an, sie führen das Haus l). Die hier aus- und l) Tit 2, 3—5
aufgezeichneten Witwen „waren wahrscheinlich dem weiblichen Teil der Gemeinde in ähnlicher Weise vorgesetzt wie die Ältesten den Männern[11]".

Sechzig Jahre gilt in der Antike allgemein als Altersgrenze. 9
Paulus nennt sich selbst einen alten Mann m). Diese Alters- m) Phlm 9
angabe läßt erkennen, daß hier nicht allein der Lebensunterhalt für Witwen gemeint sein kann, denn aus welchem Grunde sollten Witwen erst von einem bestimmten Alter an unterstützt werden, anstatt vom Zeitpunkt an, da sie dieser Hilfe wirklich bedurften? Offensichtlich sollten aus dem großen Kreis der wirklichen Witwen diejenigen besonders gestellt werden, welche eine bestimmte und verantwortliche Aufgabe innerhalb der Gemeinde ausübten. Die spätere Kirche kannte ausdrücklich den Dienst der Presbyterinnen in der Kirche.

Eines Mannes Frau: Die gleiche Voraussetzung, die für Vorsteher und Diakone gilt: I 3, 2. 12. Der Ausdruck ist hier in erster Linie wie an den andern Stellen gegen die Wiederverheiratung Geschiedener gerichtet, denn ein allgemeines Ver-

[9] Katalego, nur hier im NT; sonst bekannt für Soldaten-Listen: kann aber auch bloß bedeuten: rechnen mit, gelten als, auswählen.

[10] Paulus „rief die Heiligen und die Witwen". Apg 9, 39. 41. 39 b: „Alle Witwen traten zu ihm". Den „Unverheirateten und den Witwen" sagt Paulus: „Es ist gut für sie, wenn sie bleiben wie ich" (1 Ko, 7, 8).

[11] Schlatter, 98. Auch der katholische Ausleger Spicq ist der Auffassung, daß die vorliegende Aufzählung noch weit von einer festen Regel oder gar einem ordensmäßigen Stand entfernt ist (166).

bot einer zweiten Eheschließung kann für die Witwen nicht gemeint sein, legt doch Vers 14 jüngeren Witwen eine neue Eheschließung nahe. Freilich sagt Paulus auch den Witwen in Korinth, wahrscheinlich dort schon die älteren ins Auge fassend, es sei besser, wenn sie nicht wieder heiraten, sondern in

n) 1 Ko 7, 8

dem Stand bleiben n), in dem sie jetzt sind[12].

10 **Ein Zeugnis o) guter Werke:** 3, 1; 5, 25; 6, 18; II Ko 9, 8.

o) Rö 10, 2; Gal 4, 15

Gute Werke sind nicht verdienstliche Werke aus eigener moralischer Leistung, es sind Liebeswerke, die aus Dank und zum Zeugnis für die Liebe Gottes getan werden. Die Ältesten sollen nicht als besondere Leistung oder gar stellvertretend, sondern vorbildlich zur Anreizung der Gemeinde in guten Werken vorangehen, in der Liebe ihren Glauben erweisen; ebenso die wohlhabenden Glieder: 6, 18; die Frauen: 2, 10; und die Witwen: 5, 10. Im Zeugnis guter Werke erweist sich die Witwe nicht als besonders tugendhaft, sondern einfach als Vorbild der Gemeinde (vgl. I 2, 9! A 3).

Kinder aufziehen: Hier können sowohl eigene Kinder wie auch adoptierte Waisen gemeint sein.

p) 3, 2; Hb 11, 31; Jak 2, 25; Lk 10, 38; Rö 12, 13; 16, 1. 2; Apg 16, 15

Fremde gastlich aufnehmen p): Die Reihenfolge, in der die Liebeswerke aufgezählt werden, ist nicht unwichtig: Zuerst soll sich die Liebe im naheliegendsten Kreis, in der Auferziehung der eigenen oder anvertrauten Kinder erweisen, erst dann hat es Sinn, auch Fremde als Gäste zu beherbergen.

q) Rö 1, 7; 1 Ko 1, 2

Heiligen die Füße waschen: Wie sonst bei Paulus sind hier unter Heiligen die Erlösten gemeint q). „Füße waschen" kann vielleicht, Johannes 13, 4 folgend, buchstäblich verstanden werden als zeichenhaftes Handeln. Auf alle Fälle ist hier ein sehr praktischer und demütiger Dienst der Erfrischung gemeint r).

r) Mk 1, 7

Bedrängten Hilfe leisten: Den Menschen, die bedrückt und von Not heimgesucht sind, von außen Verfolgten oder Vertriebenen, von innen Geängsteten s) soll die Witwe Hilfe leisten (nur noch I 5, 16); sie steht den durch schwere Krankheit, Todesfall, Verlust oder Bedrohung Belasteten bei.

s) 2 Ko 7, 5; 1, 6

Jedem guten Werk nachgehen: Vielleicht ist hier daran gedacht, daß die Witwe über ihren Dienst im Haus hinaus im Eifer der Liebe noch weiteren Werken außerhalb des eigenen Hauses nachgehen kann, im Gegensatz zu den jüngeren Wit-

[12] Vgl. Judith 16, 22: „Viele wollten sie heiraten. Doch durfte kein Mann mehr sie berühren ihr Leben lang ... seitdem ihr Mann Manasse gestorben war." Siehe auch Kommentar zu I 3, 2.

wen, welche die Ordnung des Liebesdienstes „von innen nach außen“ überspringen und, ohne das eigene Haus zu beachten, müßig in fremden Häusern umherlaufen (V. 13).

Den hier aufgezählten guten Werken liegt ein klares Bild der Liebestätigkeit in der urchristlichen Gemeinde zugrunde: Hungrige und Durstige versorgen t), Gastfreundschaft üben u), Kleider spenden v), Besuchsdienst w), Erziehung von Waisen x).

t) Mt 25, 35; 10, 42; Jak 2, 15
u) Mt 25, 35; 11
10, 40; 1 Pt 4, 9; 3 Jo 5—8
v) Mt 25, 36; Apg 9, 39; Jak 2, 15
w) Mt 25, 36; Jak 1, 27; II 1, 16—18
x) Mt 9, 37

Jüngere Witwen aber weise ab: wie 4, 7; nimm sie nicht ins
Verzeichnis auf. Witwen konnten noch sehr jung sein, wurden 11
in Palästina doch die Mädchen im allgemeinen mit 12 Jahren
verlobt und mit 13 verheiratet. Im Unterschied zum Vorsteherdienst, der wenig begehrt war, bestand in Ephesus ein Andrang bei den Witwen auf Betätigung in der Gemeinde.

Denn wenn ihre Leidenschaft sie in Widerspruch gegen Christus bringt, begehren sie zu heiraten. Unter dem Eindruck des Trennungsschmerzes und der Verlassenheit beim Abscheiden des Mannes haben sie sich Christus geweiht, um ihm ganz zu dienen, doch konnten sie sich der wiedererwachenden und jetzt ungebundenen Sinnlichkeit nicht erwehren und lehnten sich so gegen Christus auf.

Widerspruch[13]**:** Nicht der Abfall vom Glauben, sondern die Untreue gegen Christus ist hier gemeint, wie 2 Ko 11, 2. Ausschweifend werden[14] wie junge Ochsen, die vom Joch loskommen wollen.

**Und fallen unter das Urteil, daß sie die erste Treue ge- 12
brochen haben.**

Urteil[15]**:** Man kann hier an das Urteil des Widersachers denken (V. 14) oder des göttlichen Gerichts (24; vgl. I Ko 11, 29) oder an die Anklagen des eigenen Gewissens y). Sie haben den festen Witwenstand und den Treuebund mit Christus für gut geachtet, müssen sich jetzt aber verurteilen, weil sie in ihrem Herzen gespalten sind und heiraten wollen.

y) Rö 14, 1. 2. 22. 23

[13] das dem Wort „Widerspruch“ entsprechende Verb bei P in Gal 2, 21; 3, 15 (verwerfen, als ungültig im Gebrauch erklären).

[14] *kata-straeviasosin:* nirgends sonst im NT oder in der Umwelt bekannt; eine eigene Wortbildung von Paulus wie Rö 11, 18: *kata-kauyaomai.* Das einfache Verb bedeutet: sich dem Luxus hingeben (Offb 18, 3. 7. 9) oder hochmütig sein, groß tun; dieser Prahlerei folgt das Gericht. Vgl. 2 Kön 19, 28: dein Toben wider mich (Widerspruch gegen Gott) und dein Übermut oder dein Großtun (wollüstig werden) und das entsprechende Gericht.

[15] *krima:* Gerichtsurteil; 1 Ko 11, 29; Rö 13, 2; gesteigert: kata-krima: Rö 5, 16; 8, 1.

Die erste Treue[16]: „Glaube" (pistis) hat hier noch nicht den Sinn von „Gelübde". Erst viel später wurde aus dieser Stelle die Berechtigung oder Notwendigkeit für ein Gelübde der Nonnen abgeleitet. Noch ist die ganze Gemeinde und jeder einzelne als Glied in ihr dem Herrn Jesus geweiht als Braut z). Im Abendland ist das Gelübde der Jungfräulichkeit für eine Nonne erst bezeugt bei Cyprian (gest. 304).

z) 2 Ko 11, 2

Brechen: wegwerfen, als ungültig erachten, annullieren, wie Gal 3, 15. Offenbar steht hier im Hintergrund die Treue der Witwe, die als wirkliche Witwe Nacht und Tag Gott dient, die zwar freiwillig, aber grundsätzlich auf eine Wiederverheiratung verzichtet hat (V. 5). Gewisse junge Witwen vermochten diesen einmal gefaßten Entschluß zur Treue nicht aufrechtzuerhalten; sie haben „die Treue" gebrochen. **Außerdem a) gewöhnen sie sich an den Müßiggang b), laufen von Haus zu Haus, sind faul, geschwätzig, vorwitzig und reden, was sich nicht geziemt.** Sie sind geschäftig und tätig in ihren Haus- und Krankenbesuchen wie die wirkliche Witwe, aber hinter der Maske der christlichen Liebestätigkeit sind sie müßig, der Sinn zum Dienen ist ihnen abhanden gekommen, weil sie das Joch Christi abgeschüttelt haben[17]. Diese Frauen haben ihren Beruf vertauscht: anstatt mit Liebeswerken zu dienen, lernen sie den Müßiggang, anstatt mit Worten der Liebe und des Glaubens aufzurichten, schwatzen sie.

a) Phlm 22
b) Tit 1, 12

Vorwitzig: buchstäblich: Werke außerhalb der Werke treiben, also Überflüssiges tun, unnütze Dinge treiben n); ist aber auch gebräuchlicher Ausdruck für die magischen Künste, „Vorwitz" im Sinne des Wissens, das man normalerweise nicht wissen kann. Die vorwitzigen Künste, Magie und Zauberei, waren hoch im Schwange in Ephesus. Krankenheilungen mit magischen Gesängen waren sehr verbreitet c). Die verdrängte Wollust drängt zu großer Betriebsamkeit, indiskreter Neugier, abergläubischen und magischen Praktiken unter dem Deckmantel christlicher Liebestätigkeit. Unter diesen Umständen ist es verständlich, daß der Apostel kategorisch zur Wiederverheiratung aufruft, denn für jemand, der sich nicht enthal-

c) Apg 19, 19

[16] *ten proten pistin,* wie *agape prote.* Das Gerichtswort des erhöhten Herrn an die Gemeinde in Ephesus: „Ich habe wider dich, daß du deine erste Liebe verlassen hast" (Offb 2, 4. 5).

[17] Sie gewöhnen sich, eigentlich: sie lernen; das Verb bedeutet in der Fachsprache „einen Beruf lernen"; anstatt einen Beruf lernen sie den Müßiggang. W: „Außerdem sind sie dann ohne geregelte Arbeit und gewöhnen sich schnell daran, von Haus zu Haus zu laufen." Im Franz. 'des femmes desoeuvrées = Frauen ohne sinnvolle Aufgaben.

ten kann, ist es besser zu heiraten, als sich in Begierde zu verzehren und die Gemeinde zu verwirren. Verliert man den Hintergrund in Korinth und Ephesus nicht aus dem Auge, so erscheint die Anweisung des Apostels in ihrer Direktheit weder anstößig noch etwa erst jetzt in den Past auf gutbürgerliche Sittsamkeit ausgerichtet. Die stärkere Betonung der Wohlanständigkeit muß nicht zusammenhängen mit einer Anpassung der Gemeinde an den jetzigen Weltzustand und einem Verlust der Ewigkeitsnähe und -ausrichtung; hatte doch der Apostel unter ausdrücklichem Hinweis auf die gedrängte Zeit und das Vergehen dieser Weltgestalt die Verheiratung für diejenigen angeordnet, die sich nicht enthalten können (I Ko 7, 9). Die stärkere Betonung wahrer Gottseligkeit kann durchaus mit der zunehmenden Verwilderung der Sitten in der heidnischen Umwelt und dem entsprechend bedrängenden und verführenden Einfluß auf die Gemeinde zusammenhängen.

Ich will nun, daß jüngere Witwen heiraten, Kinder gebären, 14
das Haus verwalten und dem Widersacher keinen Anlaß geben zu übler Nachrede.

Ich will nun: wie 2, 4. 8. Deutlich spricht hier die apostolische Autorität durch das seelsorgerliche Anliegen hindurch. Die Anweisung steht n i c h t im Gegensatz zu I Ko 7, 32. 40, denn die Ehrung der wirklichen Witwe, die ganz auf Gott ausgerichtet lebt und n i c h t wieder heiratet, steht im Vordergrund des Textes (5, 3. 16 b).

Kinder gebären: hier im Plural dasselbe Wort wie 2, 15. An beiden Stellen sind nicht einfach die Frauen oder Witwen schlechthin gemeint: dort waren es Frauen, die sich um einer höheren Geistlichkeit willen von Mann und Kind lösen wollten, hier sind es junge Witwen, die das ungebundene Leben vorziehen und im Dunkeln (Okkulten) wirken wollen. Die seelsorgerlich-apostolische Weisung zielt auf ganz konkrete Umstände in Korinth wie in Ephesus hin.

Den Haushalt führen: wörtlich Herr sein über das Haus, einen Haushalt regieren[18]. Dieser Ausdruck erscheint zwölfmal im Mt; Mt 13, 27; 20, 1. 11: Hausherr (im Gleichnis erscheint Gott als Hausherr), entsprechend hier d i e F r a u a l s H a u s h e r r i n. Die Verwaltung des Hauses setzte die Gabe der Leitung und Übersicht, die Fähigkeit, anzuordnen und nach

[18] *oiko-despoteo.*

dem Rechten zu sehen, voraus. Darum mußten Mann und
Frau eins sein, und ihre Einmütigkeit mußte geschützt wer-
den, damit nicht das Haus wider sich selbst in Streit geriet
d) Lk 11, 17 — und zerfiel d). In diesem Zusammenhang gesehen erhält I 2,
10—15 noch eine zusätzliche Erklärung. Als Hausherrin soll
die Frau nicht zugleich auch Herr des Mannes sein und über
ihn herrschen wollen. Sie soll sich aber auch nicht von ihm
lösen, sondern mit ihm zusammen in aller Unterordnung dem
Hause vorstehen.

Der Widersacher wird hier im Zusammenhang Satan sein.
Anlaß geben: Gelegenheit, Vorwand, ein militärischer Aus-
druck: einen Brückenkopf darstellen; beliebt als Bild bei Pau-
e) Rö 7, 8. 11; 2 Ko 5, 12; 11, 12; Gal 5, 13 — lus e).

Die Lage der Gemeinde ist gerade nicht beruhigt und be-
ruhigend, sondern aufs Schwerste angespannt und dem Spür-
sinn des Widersachers ausgesetzt, der jede Gelegenheit sucht,
f) 3, 7; 1 Pt 3, 9; 1 Ko 4, 12 — um den Namen Gottes zu lästern f) und die Christen, vor
allem die exponierten, zu Fall zu bringen. Wie die Neulinge
im Glauben, so sollen auch die jungen Witwen nicht zu Dien-
g) vgl. 3, 6—7 mit 5, 14 b — sten zugelassen werden, durch die sie verfrüht den Listen des
Teufels ausgesetzt sind g).

15 **Denn schon haben sich etliche abgewendet** h) **dem Satan**
h) 1, 6; 6, 20; II 4, 4 — **nach:** hinter dem Satan her, im Gegensatz zur Nachfolge hin-
ter Jesus her i) und im Gegensatz zur wirklichen Witwe, die
i) Mt 4, 19; 10, 38; 16, 24; 24, 18 — auf Gott gerichtet hinter den guten Werken her ist (V. 10).
Schon sind etliche — und hier dürften nicht nur die jungen
müßiggehenden Witwen gemeint sein — in die satanische
Nachfolge geraten, zu Wegbereitern der satanischen Gegen-
k) Offb 2, 9 — kirche, der „Synagoge des Satans" k), geworden. Nimmt man
das dämonische Gefälle, dem dieser Text gegenübersteht, nicht
ernst, wird man in der Ausführlichkeit der Weisungen nur
l) 2 Ko 1, 8; 5, 4; 11, 9; 12, 16; 1 Th 2, 9; 2 Th 3, 8 — bürgerliche Ratschläge zu geruhsamem Familienleben erken-
nen und den hier gegebenen Alarmruf zu ganzem Wachen
und letztem Wagen verkennen.

16 **Wenn eine gläubige Frau Witwen hat, so soll sie diese unter-
stützen, und die Gemeinde soll nicht belastet** l) **werden, damit
sie den wirklichen Witwen helfen kann**[19].

[19] Die ungewöhnliche Länge des Abschnittes über die Witwen zeigt, daß wir nicht ein wohlabgewogenes Dokument von kirchenrechtlichen Paragraphen vor uns haben, sondern einen Brief, der auf eine konkrete Situation eingeht. Die Frage der Witwen ist in Ephesus so akut geworden, daß vom Evangelium her dringend geantwortet werden muß. Wir können wichtige Hinweise dafür gewinnen, was es bedeutet, vom Evangelium her neuen Aufgaben,

Die Weisung, daß Familienangehörige für ihre Witwen aufkommen sollen, gilt auch dann, wenn mehrere Witwen in einer Familie sind (verwitwete Schwestern oder Schwiegertöchter)[20]. Der Schluß des Abschnittes wiederholt und betont dadurch die Aufgabe der Gemeinde: sie soll denjenigen „wirklichen" Witwen helfen, die niemand anders unterhalten kann. Dadurch ehrt sie die Witwen und hält sie für die von Gott gegebenen Aufgaben in der Gemeinde offen.

3. Verhalten gegenüber den Ältesten
1. Timotheus 5, 17—25

17 **Die Ältesten, die gut vorstehen, laßt doppelter Ehre würdig**
geachtet werden, besonders die, welche in Wort und Lehre
18 **arbeiten. * Denn die Schrift sagt: „Du sollst dem Ochsen,**
wenn er drischt, das Maul nicht verbinden", und „der Ar-
19 **beiter ist seines Lohnes wert". * Gegen einen Ältesten**
nimm keine Klagen an außer auf Aussage von zwei oder
20 **drei Zeugen. * Haben sie aber wirklich gesündigt, so über-**
führe sie vor allen, auf daß auch die übrigen Furcht be-
21 **kommen. * Ich bezeuge ernstlich vor Gott und Christus Je-**
sus und den auserwählten Engeln: tue das alles ohne Vor-
22 **urteil und Parteilichkeit. * Lege niemandem übereilt die**
Hände auf und habe nicht teil an fremden Sünden. Be-
23 **wahre dich selbst keusch. * Trinke nicht länger nur Wasser,**
sondern genieße ein wenig Wein wegen deines Magens und
24 **deiner häufigen Erkrankungen. * Die Sünden gewisser**
Leute sind vorher offenkundig und gehen ihnen voran auf
25 **dem Weg zum Gericht, etlichen aber folgen sie erst nach. ***
So sind auch die guten Werke vorher offenbar, und wo es
sich anders verhält, können sie nicht verborgen bleiben.
So ist es auch mit den guten Werken, einige sind ganz

die sich der Gemeinde stellen, zu begegnen, etwa: Was tun die Kirchen für die Gastarbeiter? oder: Wie begegnen sie den Hippies, denjenigen „Blumenkindern", die bezeugen, daß sie Christus begegnet sind? Als zur Zeit John Wesleys eine Erweckung unter den Arbeitern in England ausbrach, hatte die anglikanische Kirche keinen Raum für sie und konnte sich nicht einstellen auf die neuen Scharen von Arbeitern und Bauern. Ist das heute anders?

[20] Holtzmann zitiert eine christliche Grabinschrift aus Rom: „Errichtet von ihrer Tochter, der guten Regina, ihrer verwitweten Mutter, welche sechzig Jahre als Witwe lebte und nie der Kirche zur Last gefallen ist."

offenkundig, doch auch solche, mit denen es sich anders verhält, können nicht verborgen bleiben.

17 Wie Vers 3 die in der Gemeinde dienenden Witwen aus der Gruppe der alten Frauen (Vers 2) heraushebt und die ihnen gebührende Ehrerweisung betont, so werden jetzt (Vers 17) die leitenden Männer unter den Alten[21] und das ihnen gegenüber gebotene Verhalten erörtert a).

a) vgl. Apg 15, 22 c

b) wie I 3, 4. 5. 12

Gut vorstehen b): zuerst für die Haushalterschaft in der eigenen Familie und dann sowohl von den Vorstehern wie von den Diakonen erwartet; hier von allen Alten, die irgendeinen verantwortlichen Dienst in der Gemeinde tun, sei es wirtschaftliche Verwaltung oder, besonders hervorgehoben, der missionarische und lehrmäßige Dienst. Von ihnen allen erwartet die Gemeinde, daß sie **gut vorstehen,** das heißt: Nicht schon der Dienst (das Amt!) als solcher, sondern wie er ausgeführt wird, ist wichtig (E 12).

c) 1 Th 5, 12

Doppelte Ehre: Das Wort Ehre greift deutlich das Thema von Vers 3 wieder auf, wo schon ersichtlich wurde, daß damit nicht allein der Unterhalt oder der Lohn gemeint sein konnte. Einen Menschen ehren heißt ihn anerkennen c), ihm die Wertschätzung geben, die ihm gebührt. Timotheus selber hatte die ihm gebührende Ehre und Anerkennung nicht erhalten. Anstatt sie für sich zu fordern, soll er diesem Mangel mit vorbildlichem Leben begegnen. „Doppelte Ehre" geben kann entweder bedeuten, einen Alten, weil er ein Greis ist[22] u n d weil er als Greis in der Gemeinde arbeitet, ehren, oder die der Gemeinde vorstehenden Alten über den materiellen Unterhalt hinaus, den alle bedürftigen Greise erhalten, auch um ihres Dienstes willen (geistig) in Ehren halten. Die Gemeinde soll freigebig und großzügig im Unterhalt der alten Männer und Frauen und erst recht nicht zurückhaltend sein, wenn diese einen guten Dienst für die Gemeinde tun.

d) 1 Ko 4, 12; 15, 10; 16, 16; Rö 16, 6; Eph 4, 28; Phil 2, 16; Kol 1, 29; in den Past: I 4, 10; 5, 17; II 2, 6 vgl. 1 Th 5, 12

Besonders die, welche in Wort und Lehre arbeiten: etwas leisten, sich anstrengen[23], oft bei Paulus d).

Wort: wie 4, 12. 16; I Ko 1, 5; allgemein die Verkündigung der Christusbotschaft.

Lehre: Anweisung zum Leben aus dem Glauben. Nach 3, 2

[21] so Schlatter, Jeremias, Holtz.
[22] Vgl. 6, 1: die Herren ehren kann nicht bedeuten, daß die Sklaven sie unterhalten müssen.
[23] Siehe den gleichen Ausdruck in Mt 11, 28: mühselig und abgearbeitet sein; Lk 5, 5: Der Dienst am Wort ist wirkliche Arbeit.

und Tit 1, 9 gehört das Lehren zu den Aufgaben des Vorstehers. Demnach ist hier von mehreren Vorstehern in Ephesus die Rede, ebenso wie das in der Gemeinde in Philippi der Fall ist e). Die Familienvorstände, in deren Häusern die ersten Hausgemeinden entstanden, waren auch die gegebenen Vorsteher für die Gemeinden, sofern sie sich bewährten.

e) Phil 1, 1

Entgegen der oft wiederholten Behauptung, daß die Past Amtstitel bevorzugen, ohne deren Funktion zu beschreiben, während Paulus selber kaum Amtstitel gebrauche, dafür aber den Inhalt der verschiedenen Dienste angebe, steht dieser Vers: „Besonders die, welche in Wort und Lehre arbeiten.“ Von einer hierarchischen Ordnung der Ämter ist weder hier noch in 3, 1 f die Rede[24]. Darum kann auch der jüngere Timotheus zum „Ältesten“ berufen werden, weil letztlich nicht das Alter, noch das Amt als solches, sondern der Dienst am Evangelium, das Mühen und Arbeiten darin den Ausschlag gibt (4, 14).

18 **Denn die Schrift sagt** ist eine von Paulus oft verwendete Formel, um ein Zitat anzuführen f). Das atl Zitat steht in 5 Mo 25, 4: **„Du sollst dem Ochsen, wenn er drischt, das Maul nicht verbinden.“** Paulus hat es schon in I Ko 9, 9 a zitiert und dort ausführlich kommentiert: 9, 9 b—13. Das Gebot gilt ursprünglich dem Verhalten gegenüber einem arbeitenden Tier, dem der Israelit keinen Maulkorb umbinden soll. In der Fürsorge für das Tier unterschied sich der Jude von den andern Völkern. Aus diesem materiellen Gebot wurde durch symbolische Auslegung eine moralische Vorschrift für den arbeitenden Menschen. Das hatte seine Berechtigung, weil in der ursprünglichen Gesetzessammlung auch der Tagelöhner seines vollen und schnell bezahlten Lohnes wertgeachtet und vor der Ausbeutung durch den Arbeitgeber geschützt war. (3 Mo 19, 13) Auch I Ko 9 verbindet das atl Zitat mit einem Herrenwort (V. 14), das jedoch nicht wörtlich, sondern nur in seiner praktischen Anwendung angeführt wird. In Lk 10, 7 finden wir das Wort: **„Der Arbeiter ist seines Lohnes wert.“** Paulus

f) Rö 9, 17; 10, 11; 4, 3; 11, 2; Gal 4, 30

[24] „Später wurde es zur feststehenden Meinung, daß hier neben Episkopat und Diakonat von einem dritten kirchlichen Amt die Rede sei, und so entstand eine Stufenleiter von Ämtern, die an die Rangordnung, die zwischen den staatlichen Ämtern und Würden bestand, angeglichen wurde. Dabei erhielt der Presbyter seinen Platz unter dem Bischof über dem Diakon. Es war aber schwer für den Presbyter, einen abgegrenzten Tätigkeitsbereich zu finden, wenigstens solange noch jede örtliche Gemeinde ihren Bischof oder gar mehrere Bischöfe, Phil 1, 1, besaß. Mit dieser Deutung wurde aber die Vorschrift des Paulus unverständlich“ (Schlatter, 148).

also bezeichnet dieses Wort aus dem Lukas-Evangelium als
„Schrift“ und stellt es selbstverständlich neben die alttesta-
mentliche „Schrift“. Verschiedene Ausleger meinen, daß die-
ses Zitat als spätere Glosse anzusehen sei, weil es ein Jesus-
wort als Schriftwort bezeichne. Dem halten andere zu Recht
g) 1 Ko 7, 10; entgegen: a) Paulus zitiert öfters Herrenworte g). b) Das Zitat
1 Th 4, 15; muß noch nicht dem Lukas-Evangelium entnommen sein, es
auch Apg 20, 35 kann aus einer Spruchsammlung von Worten Jesu stammen.
c) Es kann ebensogut dem Lukas-Evangelium entnommen sein.
Ein nicht unbedeutender Hinweis dafür ist der Unterschied
des Zitates zum Matthäus-Evangelium. Dort heißt es: „Der Ar-
h) Mt 10, 10 beiter ist seiner Speise (!) wert h).“ Es ist naheliegend, daß
Paulus die Version seines Mitarbeiters Lukas übernimmt.
d) Gleichsetzung von Herrenworten mit der Schriftautorität
des AT muß nicht ein spätes Datum für die Abfassung des
Briefes voraussetzen. Schon in seinen ersten Briefen bean-
i) 1 Th 5, 27; sprucht Paulus die Autorität des Herrn für das, was er
2 Th 3, 14 schreibt i).

19 **Gegen einen Ältesten nimm keine Klage k) an außer[25] auf
k) Tit 1, 6; Aussage von zwei oder drei Zeugen.** Timotheus soll die Alten
Jo 18, 39; nicht hart anfahren, sondern sie in der Wertschätzung, die
Lk 6, 7 einem Vater gilt, ermahnen (5, 1). Entsprechende Klagen über
das Versagen alter Männer und insbesondere von leitenden
und in der Gemeinde arbeitenden Ältesten soll er aus dem
gleichen Grunde nicht rasch und ungeprüft annehmen, son-
dern durch zwei oder drei Zeugen erst bestätigen lassen.

Unberechtigte Klagen gegen Alte, sei es aus Eifersucht,
Klatschsucht oder Argwohn, können dadurch, daß ein Seelsor-
l) 5 Mo 19, 15 ger immer nur zwei oder drei l) gemeinsam anhört, am be-
sten verhindert oder durchschaut und abgewiesen werden. Dieser
durch Jesus ausdrücklich bestätigte Schutz eines Angeklagten
m) Mt 18, 16; m) gehört wie der Tierschutz zum besonderen der jüdisch-
Jo 8, 17 christlichen Tradition. Auch Paulus beruft sich gegenüber den
n) 2 Ko 13, Korinthern ausdrücklich darauf n), hier allerdings in dem
1—3 Sinn, daß der Kläger, Paulus selber, dreimal zu den Korin-
o) vgl. Tit 3, 10 thern kommt und seine Klage vorbringt o).

20 **Haben sie aber wirklich gesündigt, so überführe sie vor
allen, auf daß auch die übrigen Furcht bekommen.** Sind die
Verse 20—25 als ursprünglich selbständiges Stück einer Buß-
Zucht zu sehen? Der Bezug auf die alten Männer und beson-

[25] „außer“ = *ektos ei me:* (eine im NT nur von Paulus gebrauchte Wendung): Rö 13, 1; 1 Ko 1, 14; 3, 11; 2 Ko 11, 28; Gal 1, 8. 19.

ders die leitenden unter ihnen ist naheliegender. Genau wie bei den Witwen können auch bei ihnen Verirrungen vorkommen. Die Alten sollen zwar geehrt, aber nicht, weil sie alt sind, in falscher Weise geschont werden, wenn sie in Sünde geraten, darin leben[26] und anderen durch ihr Verhalten zum Ärgernis werden.

Überführen vor allen. I Ko 14, 24: Der Hereinkommende
wird von allen überführt p), von allen erforscht. Steht diese p) Tit 1, 9;
Anweisung im Widerspruch zu Mt 18, 15—17, wo das „ans 2, 15
Licht bringen" vor der Gemeinde erst den dritten Schritt darstellt, nach dem Gespräch unter vier Augen und dem Versuch, in der Gegenwart zweier oder dreier Brüder mit dem Betreffenden zu reden? Doch I 5, 1 setzt die persönliche Ermahnung durch den Seelsorger voraus. Hier ist an einen Men-
schen zu denken, der nach mehrmaligem Zureden q) nicht von q) Tit 3, 10
der Sünde weicht.

Auf daß auch die übrigen Furcht bekommen: Es liegt nahe, an die übrigen Alten zu denken, von denen vorher die Rede war. Sie sollen Furcht[27] bekommen, wenn sie erkennen, daß auch ein alter und erfahrener Christ zu Fall kommen kann. „Am Fall des andern sieht jeder, wogegen er selbst zu kämpfen hat" (Schlatter, 106).

Ich bezeuge r) ernstlich vor Gott und dem Messias Jesus und 21
den auserwählten Engeln: tue das alles ohne Vorurteil und Par- r) 1 Th 4, 6
teilichkeit. Der Ernst der Lage im Kampf gegen Verirrungen in Lehre und Lebensführung, der sich verhärtende Widerstand der
ketzerischen Menschen s) können den Apostel bewogen haben, s) II 4, 1
diesen ganz eschatologisch, das heißt auf das Ende aller Dinge ausgerichteten beschwörenden Ton anzuschlagen. **Der Engel**[28] repräsentiert bei Paulus die Gegenwart Gottes sowohl im Ge-
meindegottesdienst t) wie beim Martyrium u) als auch am t) 1 Ko 11, 10
eschatologischen Gerichtstag (I 6, 3). So verstanden, will der u) 1 Ko 4, 9
Apostel seinen Mitarbeiter nicht nur vor und mit menschlichen Zeugen (19) seinen Dienst tun lassen, sondern er stellt ihn vor das Angesicht des gegenwärtigen und lebendigen Gottes selbst. Vielleicht schreckt Timotheus vor dieser schwersten Aufgabe des Seelsorgers zurück: einen Sünder und besonders einen in Ansehen und Verantwortung stehenden öffentlich zu

[26] Tit 3, 10—11; sich versündigen: part. präs. = die Sündigenden.
[27] *phobos,* ohne Artikel, wie II Ko 7, 11.
[28] Auserwählte Engel: im Gegensatz zu den gefallenen Engeln: 2 Pt 2, 4; Jud 6.

überführen[29]. Was immer der Sinn dieser Worte sein mag, das eine ist klar: auch die Gemeinde der Past ist in ihrer Blickrichtung nicht einseitig auf die sichtbare Welt ausgerichtet, um sich darin einzurichten. Sie weiß sich — und wenn sie es vergißt, soll sie daran erinnert werden — machtvoll, heilig und barmherzig von der unsichtbaren Welt Gottes und seiner Engel umgeben, nicht anders als die Gemeinde der Korintherbriefe. Ohne Ansehen der Person, ohne den Starken auszuweichen und ohne den Schwachen Gunst[30] zu erweisen, wenn sie sündigen, so soll Timotheus seinen seelsorgerlichen Auftrag ausführen.

22 **Lege niemandem übereilt die Hände auf v) und habe nicht**
v) II 1, 6 **teil an fremden Sünden. Bewahre dich selbst keusch.** Das beschwörende Wort zur Zurechtweisung der Fehlenden scheint an einen zögernden und unsicheren Timotheus gerichtet, während jetzt plötzlich Zurückhaltung geboten ist. Soll hier vor einer zu schnellen Zulassung reuiger Sünder gewarnt werden? Im NT ist solches Handeln zwar bekannt, aber nicht mit Handauflegung verbunden bezeugt. In den Past steht die Einführung und Anleitung bewährter Männer für den Gemeindedienst im Vordergrund. Was könnte den eher zögernden und zaghaften Timotheus veranlassen, hier zu rasch zu handeln? Vielleicht ist es das Bedürfnis nach fähigen Mitarbeitern, das nicht nur ihn, sondern schon manche Gemeinde und manches christliche Werk zu übereilten Berufungen verführt hat.

Darum sollen neue Diakone und Vorsteher nur nach gründlicher Abklärung berufen, bestätigt und gesegnet werden. Timotheus also darf andern die Hände auflegen, das ist nicht nur den Aposteln oder besonders berufenen Menschen vorbehalten. Der sonst unbekannte Jünger Ananias aus Damaskus legte dem späteren Apostel die Hände auf und sprach ihm dadurch die Vergebung der Sünden und die Berufung zum Verkündiger im Namen Jesu zu, so daß er sein Augenlicht zurückerhielt und mit dem Heiligen Geist erfüllt wurde.

Und habe nicht teil an fremden Sünden: Timotheus und die

[29] „Wenn Timotheus schwankt, ob er den, der schon oft mit ihm zusammengearbeitet hat und in der Gebets-, Glaubens- und Liebesgemeinschaft mit ihm steht, offensichtlich vor der Gemeinde auf eine Sünde hin befragen und zurechtweisen soll, dann soll er sich an dieses feierliche Wort des Paulus erinnern“ (Schlatter, 107). „Die Zucht in der Gemeinde ist zerbrochen, wenn ihre Übung nicht bei den angesehenen und den Amtsträgern einsetzt“ (Jeremias, 34). Vgl. die Tat Johannes des Täufers und den Preis, den er dafür zu bezahlen hatte: **Lk 3, 19—20; Mk 6, 17—29.**

[30] *proskisis*, wörtlich: Zuneigung.

ihm anvertrauten Gemeinden sollen wohl an den Bedürfnissen der Alten, nicht aber an ihren Sünden teilhaben[31]. Wenn er einen Unwürdigen in den Dienst aufnimmt, nimmt er teil an seinen bösen Werken[32].

Bewahre dich selbst rein w). Die Korinther haben durch w) Jak 3, 17; I 4, 2
ihre Reue bewiesen, daß sie „rein sind in der Sache“, das
heißt, sie haben nicht (mehr) teil an fremden Sünden x). Die x) 2 Ko 7, 11
Ermahnung zur persönlichen Lauterkeit, diesmal im Blick auf
Anwärter zum Dienst in der Gemeinde, greift den Anfang dieses Abschnittes wieder auf, wo es um eine durchsichtige und
aufrichtige Gesinnung des Herzens ging im Umgang mit allen
Gemeindegliedern, um die Keuschheit den jungen Frauen gegenüber im besonderen y). Wenn lebenserfahrene Männer feh- y) I 5, 2
len können, so muß auch Timotheus selber auf der Hut sein
und über sich selbst wachen z). Nicht eine ermüdende Wieder- z) I 4, 16
holung, sondern der Wechsel der Blickrichtung führt den Apo-
stel dazu, dasselbe nochmals zu sagen a), denn dadurch wird a) Phil 4, 4
Timotheus in seiner Berufung fest werden b): Sei lauter und b) Phil 3, 1
wachsam in deinem eigenen persönlichen Leben, in allen Lehrfragen (4, 16), im Umgang mit Jungen und Alten (5, 1—2), im Umgang mit gegenwärtigen und zukünftigen verantwortlichen Männern der Gemeinde (5, 22).

Trinke nicht länger nur Wasser, sondern genieße ein wenig 23
Wein wegen deines Magens und deiner häufigen Erkrankungen.

Dieser direkte Herzenston mitten in der Korrespondenz ist bei Paulus bekannt. Vielleicht ist Timotheus in der persönlichen Askese zu weit gegangen. Den Juden und Griechen galt der Genuß von Wasser anstatt Wein als Askese. Das „frühere Gelöbnis“ der noch jungen Witwen (5, 12) kann entsprechende Entschlüsse bei jungen Männern wie Timotheus haben: Vielleicht entschied er sich, nie mehr Wein zu trinken. Im alten Bund tranken die „Gottgeweihten“ keinen Wein noch irgend
ein berauschendes Getränk c). c) 4 Mo 6, 1—4

Der Wein gilt aber als klassische Medizin im Altertum. Plutarch verschreibt Wein für den Magen[33]. Hippokrates

[31] *koinoneo:* Anteil nehmen oder haben, gemeinschaftliche Sache machen, vgl. Phil 4, 14; Rö 12, 13; 15, 27; Gal 6, 6; Eph 5, 11; *koinonia:* Gemeinschaft; als Substantiv: Apg 2, 42; 2 Ko 8, 4; Gal 2, 9.

[32] Vgl. 2 Jo 10—11: Wer einen Irrlehrer ins Haus aufnimmt oder ihn als Bruder begrüßt, nimmt teil an seinen bösen Werken.

[33] Symposium: 3, 5. 2.

spricht von einem Kranken, der nur Wasser trinkt und dadurch schwere Unannehmlichkeiten auf sich nimmt. Er rät ihm deshalb, ein wenig Wein zu trinken.

Wegen deiner häufigen Erkrankungen: (astheneia) kann Krankheit d), auch allgemeine körperliche Schwachheit bedeuten. Paulus selbst hat „in Schwachheit des Fleisches“, körperlich geschwächt, das Evangelium den Galatern verkündet e). Vers 23 b ist vielleicht mit „häufige Schwächeanfälle“ zu übersetzen. Oft ist nicht auszumachen, wo Schwäche des Körpers und des Gemütes ineinander übergehen. **astheneia** (der Astheniker ist ein zart gebauter Mensch) kann auch den Sinn der menschlichen Schwäche und Zerbrechlichkeit annehmen f). Aber keine dieser Schwächen in der psychosomatischen (leib-seelischen) Verfassung des Menschen ist für Gottes Wirken ein Hindernis. Christus selber war mit Schwachheit behaftet g). Weil der Heilige Geist der Schwachheit des Menschen aufhilft h), weil Christus seine Kraft gerade in den Schwachen zur Vollendung bringt i), darum ist es möglich, die Schwachheit anzunehmen, sich ihrer nicht zu schämen, sondern sogar sich ihrer zu rühmen k). Paulus verdeckte seine Schwäche nicht, die Gemeinden wußten davon, ja, nahmen sogar Anstoß daran. Er stand nicht als der Große, Starke und Unverwundbare dem schwachen und zaghaften Timotheus gegenüber.

d) Apg 28, 9; Jo 5, 5; 11, 4; Lk 8, 2; 13, 11
e) Gal 4, 13
f) 1 Ko 15, 43; 2 Ko 11, 30; 12, 5. 9
g) Hb 5, 12; 4, 15; 2 Ko 13, 4
h) Rö 8, 26
i) 2 Ko 12, 9
k) 2 Ko 12, 5. 10

Wer selber durch Schwachheit versucht ist und darin Gottes Erbarmen und Durchhilfe erfährt, vermag herzliches Mitgefühl mit den Schwachheiten der andern zu haben l). Wie Paulus während des Schreibens seines Briefes sich selbst die verantwortungsvolle Aufgabe des Timotheus neu ins Bewußtsein bringt, erinnert m) er sich auch an dessen Schwachheiten, und so ermuntert er ihn, für seinen Leib mehr Sorge zu tragen.

l) Hb 4, 15
m) II 1, 4

Die Frage könnte auftauchen: Ist denn hier die Möglichkeit der Krankenheilung durch Glaubensgebet übersehen, vergessen oder verlorengegangen? Bedenkt man das über Paulus Gesagte, so läßt sich zweierlei erkennen: Paulus scheint während seines ganzen Lebens körperliche und seelische Schwächen gekannt zu haben, die ihn in seinem Dienst jedoch nicht hindern konnten n). Bei einer ihn besonders störenden und quälenden Krankheit oder Plage bat er um Befreiung, erhielt aber die göttliche Weisung, daß diese nicht von ihm genommen werde, damit er sich nicht überhebe und damit Gottes Kraft gerade in seiner Schwachheit zum Durchbruch komme o).

n) Gal 4, 13—16; 5, 17
o) 2 Ko 12, 8—10

Wenn auch ein Mensch von Krankheiten geheilt werden kann durch das Gebet des Glaubens, wenn auch Gott die Gnadengabe der Heilung schenkt, so bleibt der Geheilte doch menschlichen Schwachheiten ausgesetzt; eine kleine Schwachheit kann ihn lahmlegen oder zur Sünde verführen. Auf der anderen Seite aber kann Jesus schwere Krankheiten seiner Jünger benützen, um sich zu verherrlichen[34].

Die Sünden gewisser Leute sind vorher offenkundig und 24
gehen ihnen voran auf dem Weg zum Gericht, etlichen aber folgen sie erst nach. Die Klammer von Vers 23, ausgelöst wahrscheinlich durch die Mahnung zur persönlichen Reinheit, ist zu Ende; Vers 24 setzt die Erörterung über *Sünden* fort (V. 20 und 22) und erweitert sie, so daß das Gesagte für *alle* und nicht nur für die Alten gilt.

Die den Menschen offenkundig gewordenen Sünden gehen zum Gericht Gottes voran, sie haben, wie das Sprichwort von der Lüge sagt, kurze Beine. Überall, wo der Sünder hinkommt, weiß man schon von seiner Tat, ist er schon gerichtet von allen, die darum wissen. Es ist deshalb offensichtlich, daß eine Witwe oder ein alter Mann, deren Sünden bekannt sind[35], nicht zu einem Dienst in der Gemeinde zugelassen und bestätigt werden sollen. Aber schwierig ist es dort, wo Sünden und Fehler verborgen sind, wenn etwa einer gierig ist und heimlich sich bereichert aus der Gemeindekasse, wie das von Judas berichtet ist p) und wie das der Zusammenhang in den Past nahelegt q); aber auch an *heimliche* Zauberei-Sünden ist zu denken r); Hochmut s), Habsucht, Unzucht sind Sünden, die lange unter einem frommen Mantel t) verborgen bleiben können, und doch gehören gerade sie für einen Diener in der Gemeinde Gottes zu denjenigen Verfehlungen, die ihn um so sicherer zu Fall bringen werden, je verborgener sie unscheinbar langsam aber sicher sich entfalten können.

p) Mt 26, 14—16; Jo 12, 4—6; Lk 22, 5; Jo 13, 2. 29
q) I 3, 3 c; 6, 5; Tit 1, 7 c. 11; vgl. 1 Pt 5, 2
r) I 5, 13; II 3, 6—7

So sind auch die guten Werke vorher offenbar, und wo es 25
sich anders verhält, können sie nicht verborgen bleiben. Timotheus soll sich so der Gnade hingeben und befleißigen, daß sein Fortschreiten allen *offenbar* wird u). Die guten Werke sollen und werden, wenn sie wirklich gut, d. h. in Gott und seiner Gnade getan sind, nicht den Menschen, sondern den

s) 1 Pt 5, 3. 5—8
t) II 3, 5
u) I 4, 15

[34] Was sollte einen P bewegen, diese Krankheit des Timotheus zu „erfinden"? Warum gerade diese und an dieser Stelle erwähnen? Für Paulus aber war es das Natürlichste, davon zu schreiben, denn er kannte seinen Mitarbeiter wohl.

[35] Sie leben darin und lassen sich nicht überführen; I 5, 12—15. 19—20; Tit 3, 10—11.

v) Mt 5, 16

Vater im Himmel preisen v). Welches sind nun die Werke, bei denen es sich anders verhält? Die meisten Ausleger nehmen an, daß auch hier gute Werke gemeint sind, die im Gegensatz zu den offenbaren kaum, erst allmählich oder nie zu Lebzeiten des Täters bekannt werden. Die Gefahr für Timotheus würde dann darin bestehen, daß er einen zum Dienst in der Gemeinde geeigneten Menschen übersieht, weil dessen Qualitäten und Taten verdeckt und nicht ohne weiteres erkennbar sind. Die Schwierigkeit des Beurteilens von Menschen enthebt den Diener der Gemeinde nicht seiner Verantwortung, sondern vergrößert sie. So mag Timotheus in seine Schwachheit und Verzagtheit wohl zurückfallen, wenn er sich diesen Anforderungen gegenübergestellt sieht. Darum wird er die feierlich bezeugte Mahnung vor Gottes Angesicht nötig haben: Tue alles, was dir aufgetragen ist, ohne Vorurteil und Parteilichkeit! (21)

4. Mahnung an die Sklaven

1. Timotheus 6, 1—2

1 Alle, die als Sklaven unter dem Joch sind, sollen ihre eige-
nen Herren aller Ehre würdig halten, damit nicht der Name
2 Gottes und die Lehre gelästert werden. * Die aber, welche
gläubige Herren haben, sollen sie nicht verachten, weil sie Brüder sind, sondern ihnen um so mehr dienen, weil es Gläubige und Geliebte sind, die sich des Wohltuns befleißigen. Dies lehre und ermahne!

Im Mittelpunkt dieser Anweisungen stehen nach wie vor Fragen der Seelsorge, die dringend geworden sind[1]. Da der Sklave zur Großfamilie des Hauses gehörte, wurde seine soziale Stellung, das Leben „unter dem Joch", von manchem als nicht mit dem neuen Glauben vereinbar empfunden. Jeden-

[1] Durch übertriebene und unsachgemäße Anwendung formgeschichtlicher Kategorien und Gattungen hatte man die sogenannten „Haustafeln" viel zu starr in ein Schema gepreßt und deren schematische Übernahme überall, auch hier „gesehen". Die Haustafeln sind keine festgeprägten literarisch-ethischen Gattungen; sie wurden ständig weiter- und umgebildet. In Kapitel 5 haben wir es überhaupt nicht mit dem Schema der Haustafeln zu tun, Kinder und Eheleute werden nicht angesprochen, sondern in Anlehnung an das vierte Gebot von der Elternehrung werden die aktuellen Probleme in der Gemeinde behandelt. Zur Kritik der formgeschichtlichen Kategorien vgl. D. Schröder, Die Haustafeln des Neuen Testamentes, 1959.

falls brachte der Glaube die Frage nach der Stellung der Frauen wie der Sklaven in Fluß. Denn religiös gesehen wurde der Sklave zum gleichgestellten Bruder, die Frau zur Miterbin der Gnade a). Der griechische Sklave hatte ja weder zivile noch religiöse Rechte. Er erhielt keinen Zutritt zu den Kultversammlungen der religiösen Gruppen. Hier brachte das Evangelium eine entscheidende Änderung, welche durchaus dazu angetan war, die ganze Sklavenfrage von innen heraus zu revolutionieren. Der neue Glaube änderte und verbesserte von Grund auf die menschlichen und religiösen Beziehungen zwischen Herr und Sklave b); aber er verändert nicht *die soziale Struktur*. So ist es nicht verwunderlich, daß die ersten Jahrhunderte nach Christus das gesellschaftliche Grundgefüge unverändert ließen und daß die sozialen Folgerungen aus der religiösen Befreiung und Gleichstellung mehr als anderthalb Jahrtausende ausblieben. Wahrscheinlich spielt hier das Bündnis zwischen Christentum und Herrschaft des Staates mit eine Rolle. Christus hatte sich selbst zum Sklaven aller gemacht und das Dienen als Gegensatz zur Herrschaft der Könige und Kaiser seiner Zeit dargelegt c). Paulus hatte sich freiwillig zum Sklaven aller gemacht und als freier römischer Bürger sich selbst einen Sklaven Jesu Christi genannt d).

a) Gal 3, 28
b) 1 Ko 7, 22
c) Mk 10, 42—45
d) 1 Ko 9, 19 Phil 1, 1; Paulus u. Timotheus

Alle, die e) **als Sklaven unter dem Joch sind** bezeichnet in 1
Gal 5, 1 die Abhängigkeit vom alttestamentlichen Gesetz f). Ein fremdes Joch, die Unterjochung unter eine „Besatzungsmacht", wurde besonders hart empfunden. Jesus ruft zu einer freiwilligen Jochgemeinschaft mit ihm auf; dieses Joch ist nicht hart, denn der Mensch, der sich ihm anvertraut, erfährt Liebe und Achtung und lernt Mensch zu sein g).

Sollen ihre Herren aller Ehre würdig halten h): Hier ist ganz deutlich, daß Ehre geben nicht als Entlöhnung oder wirtschaftliche Sicherstellung des Herrn verstanden werden kann, sondern als umfassendes Verhalten der Wertschätzung i). Es ist anzunehmen, daß in gnostischen Kreisen, ähnlich wie in den Fragen der Frauenemanzipation, auch für die Sklaven eine totale „Befreiung" propagiert wurde. Man übersah damals und übersieht heute, daß die äußere Befreiung von ungerechten und unwürdigen Verhältnissen zwar mit allen Mitteln des Rechts und der Liebe angestrebt werden soll, daß sie allein aber keine Befreiung des ganzen Menschen mit sich bringt, denn der von Selbstsucht beherrschte Mensch wird seine Mitmenschen auch unter freiheitlichen Verhältnissen in

e) wie Rö 2, 1 Gal 3, 10
f) 1 Mo 27, 14; 1 Kö 12, 14; 3 Mo 16, 13; 5 Mo 28, 48; Jes 9, 4; 10, 27; 14, 25; Jer 30, 8; Jes 30, 18; Nah 1, 13
g) Mt 11, 29—30
h) I 5, 17
i) vgl. Rö 13, 7. 8

neue Gefangenschaft bringen und obendrein selber von sich aus ein Sklave von Menschen werden k).

k) 1 Ko 7, 22—23; Gal 5, 1. 13

Die Sklaven, die unter einem heidnischen Herrn Christen geworden sind, haben es nun besonders schwer, da sie in der Gemeinde die Gleichstellung im Glauben erfahren, in ihrer sozialen Beziehung aber die Herrschaft des Herrn jetzt um so drückender empfinden. Doch sollen sie sich als Menschen ansehen, durch die Gott auch Herz und Haus der Herren mit dem Evangelium erreichen kann. Das Leben der gläubigen Sklaven ist eine Predigt l), darum sollen sie sich so verhalten, daß der Name Gottes m) und die Lehre, das heißt das Evangelium n), **nicht gelästert werde.**

l) 1 Pt 3, 1. 2; Mt 5, 16; 2 Ko 3, 2
m) Rö 2, 24; Jes 52, 5

Durch Christus sind die sozialen Verhältnisse zwar relati-
viert o), aber nicht aufgehoben. Haben Herr und Knecht beide
2 den Weg zu Jesus gefunden, dann werden sie nebeneinander
in der Gemeinde sitzen und zusammen zum gleichen Herrn
beten; sie sind Brüder, die sich nicht mehr voreinander zu
fürchten brauchen. Wie aber stehen sie sich in der Welt der
Arbeit gegenüber? Verleugnen sie jetzt ihren Glauben? Nein,
der Sklave beweist seine Freiheit darin, daß er seinem vorge-
setzten Bruder um so mehr p) dient, weil er in ihm den
Gläubigen und Geliebten sieht q), der sich des Wohltuns be-
fleißigt. Diese Aussage kann einen doppelten Sinn haben: Wenn
die Sklaven ihren Dienst nicht vernachlässigen, sondern ver-
bessern, kommt diese Wohltat ihren gläubigen Herren zugute;
wenn die Herren in ihren Sklaven Brüder sehen, werden sie
das beste ihrer Untergebenen suchen. Vielleicht ist der Doppel-
sinn gewollt und soll die Ermahnung zum gegenseitigen Wohl-
tun an beide gerichtet sein r). Doch der Stachel in der Frage
bleibt: Warum hat die Erfahrung der Herren, die in den gläu-
bigen Sklaven „geliebte Brüder" sehen, nicht schon früher
zur Veränderung der sozialen Verhältnisse geführt? Wenn es
auch eindeutig christliche Impulse und Christen waren, die
schließlich zur Sklavenbefreiung führten[2], warum mußte das
so lange dauern?

n) I 1, 19—20; 3, 7; 5, 14; Tit 2, 10
o) 1 Ko 7, 22
p) wie 1 Ko 14, 5. 18
q) Kol 4, 9; 1 Ko 4, 17; Phlm 16; wie Rö 11, 28
r) vgl. Phlm 16

[2] Von Konstantin dem Großen an verbesserte sich die Rechtsstellung der Sklaven unter dem Einfluß des Christentums. Europa kennt seit dem 13. Jahrhundert keine Sklaven mehr, während die Sklaverei in der islamischen Welt bis ins 19. Jahrhundert hinein herrschte. Um so verabscheuungswürdiger war darum der Rückfall in den furchtbaren Sklavenhandel, der von „christlichen" Nationen betrieben wurde. Zwischen 1517 und 1860 wurden 30 Millionen Neger zur Arbeit in den Kolonien nach Süd- und Nordamerika transportiert. Weitere 30 Millionen starben bei den Sklavenjagden und während der Überfahrten. Die katholische Kirche verbot zwar schon 1537 die Sklaverei, aber für die Kolonien galten

Dies lehre und ermahne weist auf I 5, 1 zurück s), einen größeren Abschnitt abschließend und zugleich als Übergang zum nächsten dienend. Das L e h r e n richtet Blick und Aufmerksamkeit auf den Zusammenhang und die Begründung des Glaubens; das M a h n e n gilt dem einzelnen in seiner gegenwärtigen Lage als Christ. Das ausgewogene Verhältnis von Lehre und Mahnung ist für die paulischen Briefe charakteristisch. Wenn die Kirche die Lehre überbetont, so führt das zu toter Orthodoxie, weil der Anschluß zum täglichen persönlichen und sozialen Leben fehlt. Steht die Mahnung allein im Vordergrund, so führt das leicht zu einem starren Moralismus, da der große Zusammenhang des Lebens verlorengeht und das liebende Erbarmen Gottes in Christus verdunkelt wird. Immer muß die Begründung für das praktische Verhalten in Gottes Handeln verankert sein, wenn Weisung und Zuspruch wirklich helfen und befreien soll: Die Sklaven sollen die gläubigen Herren nicht geringachten, w e i l sie Brüder sind, sondern ihnen noch besser dienen, w e i l sie Gläubige und Geliebte Gottes sind t). In den Past ist die Lehre meistens vorausgesetzt und darum nur in knappen Zusammenfassungen („Kurzformeln") und Teilen von Hymnen oder Bekenntnissen mit den Mahnungen theo-logisch, das heißt im Sinnzusammenhang des Evangeliums, verbunden.

s) I 4, 13

t) I 6, 2

C. WAHRE UND FALSCHE FRÖMMIGKEIT
1 Timotheus 6, 3—19

1. Gegen Streitsucht und Habgier
1. Timotheus 6, 3—5

3 Wenn jemand anderes lehrt und nicht festhält an den ge-
sunden Worten unseres Herrn Jesus Christus und der Lehre,
4 die der Gottseligkeit entspricht, * der ist aufgeblasen, ohne
Einsicht und erkrankt an Streitfragen und Wortgezänken,
aus denen Neid, Streit, Lästerungen und böse Verdächtigun-

andere Gesetze. 1807 verbot das englische Parlament den Sklavenhandel. Völkerrechtlich gilt der Sklavenhandel heute als Verbrechen. Der Handel ist zwar unterbunden worden, aber der Hochmut und die Verachtung gegenüber anderen Rassen, gegenüber dem anderen Geschlecht und Stand, gegenüber dem Fremdling steckt tief im menschlichen Herzen. Dem kann mit Verboten allein nicht begegnet werden. Wo aber das Evangelium nicht verleugnet wird, da hat es die Kraft, aus Feinden und Fremden „geliebte Brüder" zu machen.

5 gen entstehen; * ständige Reibereien von Menschen, die in ihrem Verstand verdorben und der Wahrheit beraubt sind, die meinen, die Gottseligkeit sei ein Mittel zum Gewinn.

a) I 1, 3—11; 4, 1—11

Zum dritten Mal a) tritt die den Brief bestimmende Auseinandersetzung mit den eifrig tätigen Irrlehrern in den Vordergrund. Die eindringliche Mahnung zur Frömmigkeit, Gesundheit, Ehrbarkeit entspringt nicht dem Wunsch nach einem geruhsamen bürgerlichen Leben, sondern ist bestimmt vom Kampf gegen die Infektion der Irrlehren, die weite Gebiete der jungen Gemeinde bereits verseucht haben.

3 **Wenn jemand[3] anderes lehrt:** wie 1, 3. Das Fremde ist das, was nicht zur gesunden Lehre gehört und trotzdem ihr beigemischt wird (E 15 b. c).

b) vgl. I 1, 10; II 1, 13; 4, 3; Tit 1, 9. 13; 2, 1. 8
c) 1 Th 1, 8

Gesunde Worte b) **unseres Herrn Jesus Christus:** Im Unterschied zur Kurzformel „das Wort des Herrn" c) steht hier der Plural mit einem feierlichen attributiven Genitiv, so daß hier ähnlich wie Apg 20, 35 an eine buchstäbliche Bedeutung zu denken ist. Eine Sammlung von Jesusworten wird schon für die Zeit um 40 angenommen[4]. Das Aufkommen der Irrlehren machte es notwendig, die gesammelten Jesusworte zu betonen und vorzulesen (4, 13; E 25 e).

d) vgl. Hb 4, 16; 10, 22; 12, 18

Festhalten an der Lehre: Das uns bekannte Wort Proselyt ist aus dem hier verwendeten Verb **(proserchomai)** abgeleitet d). Das Verb bedeutet, sich Gott und seiner Gegenwart nähern. Das Festhalten an dem Jesuswort und die Vertiefung in der Lehre sollen dazu führen, daß das Herz sich Gott nähert.

e) 1 Ko 15, 3; Rö 2, 16

Das ist der Gottseligkeit gemäß e): Die Lehre, das heißt die Entfaltung und Anwendung des Evangeliums auf neue Fragen und Umstände des Lebens (z. B. wie soll man sich als Witwe, als Alter, als Sklave verhalten? Wie sollen sich die Gemeinden ihnen gegenüber benehmen?). Zu solchen Fragen existierten keine bestimmten Jesusworte. Hier war die Lehre notwendig. Was ist nun „der Frömmigkeit gemäß"? (E 15). Sie hat nicht sich selbst im Mittelpunkt, sondern das Lob und die Ehre Gottes (3, 16). Sie sucht nicht den eigenen Vorteil, sondern den der andern. In diesem Spannungsfeld von Got-

[3] „jemand" ist polemisch gemeint wie in I 1, 6; 4, 1; 5, 24.
[4] Feine/Dehm, Einleitung in das NT, 36.

tes Ehre und des Menschen Förderung muß auch heute die Lehre entfaltet werden in den Fragen unserer Zeit[5].

Der ist aufgeblasen[6]: In I 1, 9 f war der Lasterkatalog auf 4
den Dekalog und die Gesetzeslehre der Irrlehrer bezogen; jetzt werden die v e r f ü h r e r i s c h e n Lehren und Lehrer zurückgewiesen, im Grunde nicht anders als schon in Phil 3, 2 f: Die Feinde des Kreuzes Christi . . . deren Gott der Bauch ist und
deren Ehre in ihrer Schande besteht . . f). Hier wie dort geht f) Phil 3, 19
es um die unbestechliche „Aufdeckung des Pseudoevangeliums vgl. Gal 5, 12;
als Frucht falscher Theologie". 6, 12

Ohne Einsicht: Vergleiche I 1, 7: Die Irrlehrer verstehen nicht, was sie sagen und zuversichtlich behaupten. Schon in 1 Ko 8, 1 hat Paulus den Hochmut derer gebrandmarkt, die sich als Wissende ausgeben und doch nichts verstehen.

Erkrankt an Streitfragen: Wer den gesunden Worten nicht anhängt und sich nicht von ihnen nährt, der wird wortkrank; er wird diskussionssüchtig, „krank in seinem Hang zu spitzfindigen Untersuchungen und Wortkämpfen" (Jeremias). Die Irrlehre greift wie eine Krankheit, ein Krebsgeschwür, um
sich g). g) II 2, 17

Streitfragen: Streitpunkte unter den Juden, betreffend ihre eigene Religion und einen „gewissen verstorbenen Jesus, von dem Paulus sagte, er lebe".

Wortgezänke[7]: Im Zeitalter der Massenmedien, durch die Propaganda, Schlagworte und Reklame nicht nur auf das Bewußtsein, sondern auch in die Tiefenschichten des Menschen wirken, können wir wieder deutlicher wissen, wie sehr die geistige Gesundheit oder Krankheit des Menschen abhängt von den Worten und Bildern, die auf ihn eindringen oder denen er sich ausliefert. Wie verheerend die religiösen Wortspaltereien gewirkt haben, haben die vergangenen Jahrhunderte zur Schande der Christenheit und zur Verunehrung Gottes deutlich genug gezeigt. „Liebe aus reinem Herzen und gutem Gewissen und ungeheucheltem Glauben" (1, 5), das ist die Frucht
gesunder Worte. Streitfragen und Wortgezänk aber bringen h) Rö 1, 29; Gal 5, 21;
nur Neid h) hervor. Phil 1, 15

[5] z. B. viele Fragen nicht nur der Individual-, sondern auch der Sozialethik; Autorität-Gehorsam-Freiheit, seelisch und körperlich krank machende Lebensverhältnisse, Diskriminierung (und deren Überwindung) von Rasse, Geschlecht, Alter, Stand, Partei, Religion; Atomkrieg, Anwendung von Gewalt, Revolution, Hunger; Wirtschaftssysteme etc.

[6] Hochmut stand im frühen Mittelalter am Beginn der Lasterverzeichnisse.

[7] *logomachiai*, „a morbid craving for arguments" = eine krankhafte Sucht nach Argumenten (II 2, 14).

i) Rö 1, 29

Streit (Hader) oft mit Neid zusammen genannt i). Aus den Wortstreitereien entstehen Feindschaften zwischen den Menschen: **Lästerungen (blasphemia)**: Lästern ist das abfällige Urteilen über andere und über Gott k).

k) I 1, 20; Rö 2, 24; 3, 8; 14, 16; 1 Ko 10, 30; Kol 3, 8

Böse Verdächtigungen: Einbildung, Argwohn. Der Wort- und Streitsüchtige sieht überall Feinde.

5 **Ständige Reibereien**[8]: „Verhetzungen, wie sie Menschen anrichten, die am Verstand verdorben und der Wahrheit beraubt sind" (Schlatter).

l) Rö 1, 21—22

m) wie 1 Ko 6, 7; 7, 5; Tit 1, 14

Von Menschen, die in ihrem Verstand verdorben l) **und der Wahrheit beraubt sind** m): Die Wahrheit verloren haben; vom Glauben abgekommen sein.

n) 1 Ko 7, 26. 36

o) 1 Th 2, 5; Tit 1, 11

Sie meinen n), **die Gottseligkeit sei ein Mittel zum Gewinn:** Es scheint, daß das materielle Gewinnstreben von Anfang an eine Versuchung für die Gemeinde gewesen ist o). Weil die neue Freiheit, das Recht des Arbeiters auf Lohn (5, 18!), für viele eine Versuchung zum Mißbrauch wurde, darum enthielt sich Paulus dieses Rechts und arbeitete für seinen eigenen Unterhalt p).

p) 1 Th 2, 9; 2 Th 3, 10; 1 Ko 9, 1 a. 4—6. 12. 18

Der blühende Handel, den Vertreter der katholischen Kirche mit dem Sündenablaß betrieben, wurde mit zu einem entscheidenden Anstoß, der die Reformation auslöste. In unserer Zeit sind die Millionen-Beiträge an Steuergeldern, die der Staat für die Kirchen auch von Ungläubigen und ihr völlig Entfremdeten einzieht, zu einem ähnlichen Ärgernis geworden.

2. Für Gottseligkeit in Genügsamkeit

1. Timotheus 6, 6—8

6 **Die Gottseligkeit ist wirklich ein großer Gewinn, wenn sie**
7 **mit Genügsamkeit verbunden ist. * Denn wir haben nichts**
in die Welt gebracht, wir können auch nichts hinausbringen.
8 *** Wenn wir aber Nahrung und Kleidung haben, so wollen**
wir uns daran genügen lassen.

6 Die ironische Wendung ist für Paulus typisch: Die Irrlehrer haben ganz recht. Die Frömmigkeit ist wirklich ein großer Gewinn, sie ist zu vielem nützlich; aber freilich nicht so, wie jene sich das vorstellen (E 15 d). Die Begründung ist in diesem Ab-

[8] *diaparatribe,* eigentlich: fortwährende Reibereien; sonst nirgends im NT. Luther: Schulgezänk. Das Wort ist eine Steigerungsform von *paratribe:* Gezänk.

schnitt nicht moral-philosophisch[9], sondern vom biblischen
Denken geprägt. Paulus kennt den Begriff der Genügsamkeit
durchaus als eine Folge des göttlichen Gnadenüberflusses, der
durch die materielle Freigebigkeit der Christen für andere ent-
steht a). Autarkie bedeutet nicht den unabhängigen Selbstver- a) 2 Ko 9, 8
sorger der historischen Philosophie, sondern jene Genügsam-
keit, die reich (überreich) macht zum Geben, die befähigt, sich
der Bedürftigen anzunehmen. In gleichem Zusammenhang ver-
wendet Paulus dasselbe Wort als Adjektiv b). Er kann sich b) Phil 4, 11
genügen lassen, nicht weil er an Gütern reich und dadurch von
Menschen unabhängig geworden ist, sondern weil er durch die
Kraft Christi *beides* vermag: arm und abhängig, ebenso wie
reich und für andere *gebend* (nicht unabhängig!) zu sein. Die
Genügsamkeit ist nicht das Resultat menschlicher Weisheit und
Selbstsorge, sondern ganz und gar die Frucht der Gnade: Laß
dir an meiner Gnade *genügen* c). Der gleiche Sachverhalt lau- c) 2 Ko 12, 9
tet in den Past: Genügsamkeit ist Frucht der Gottseligkeit.
Frömmigkeit ist wirklich ein großer Gewinn[10], denn sie lebt
aus dem großen Geheimnis des sich schenkenden Gottes d). d) vgl. 3, 16 mit 4, 6
Der Gewinn ist deshalb groß, weil er die Verheißung des jetzi-
gen und des zukünftigen Lebens hat (4, 8)[11].

Wir haben nichts in die Welt gebracht; wir können auch 7
nichts hinausbringen: „Nackt bin ich aus meinem Mutterleibe
gekommen, und nackt werde ich dahin zurückkehren e)." Auch e) Hio 1, 21; Pred 5, 15
dieser Vers zeigt, daß die „Genügsamkeit" stark aus biblischem

[9] *Genügsamkeit (autarkeia):* Selbstgenügsamkeit, ein Begriff der hellenistischen Moral-Philosophie, aber in der LXX bedeutet das Verb *autarkein* gerade nicht die stoische Selbstgenügsamkeit, nicht das Streben nach Unabhängigkeit von äußerer Hilfe, sondern im Gegenteil: „sich seiner annehmen." Vergleiche V. 10 in 5 Mo 32, 10—15.

[10] Lat. *lucrum,* von da das gebräuchliche Wort: ein lukratives Geschäft; vgl. Phil. 1, 21! negativ: Tit 1, 11. Vgl. ferner Phil 4, 11—13 mit I 6, 6: der veränderte Wortgebrauch in der gleichen Sache spricht nicht gegen, sondern für die Echtheit der Past.

[11] Der Kulturgeschichtsschreiber J. Huizinga wurde gefragt, wie der Zerfall einer Kultur aufgehalten werden könne. Er antwortete: durch „Beschränkung, Vereinfachung, Verzicht." Dazu aber bedürfte es einer grundlegenden Wandlung des Menschen in seiner innersten Einstellung zum Leben. Wo aber dieses Leben das Letzte ist, das ein Mensch zu erwarten hat, wird er sich auf eine wirkliche Beschränkung nicht einlassen wollen und können. Das Wort vom „Konsumverzicht" ist schnell in Umlauf gebracht. Zur Verwirklichung aber bedarf es einer Veränderung in den Grundlagen der menschlichen Erwartungen. „Genügsamkeit" verliert jeden naiven Anstrich, denn ohne praktische Beschränkung gehen die Lebensbedingungen auf unserem Planeten schnell einem unumkehrbaren Ende entgegen. Das entscheidend Christliche an der Genügsamkeit ist ihre Ehrfurcht vor den Gaben der Schöpfung (Umweltschutz) und die wachsende Fähigkeit, Bedürftigen das Ihrige zukommen zu lassen. (Überwindung von Hunger und Elend im einzelnen, in der Gesellschaft und in den armen oder verarmten Völkern).

Denken geprägt ist: Die in den Evangelien bekannte Armut und Mittellosigkeit des Herrn, die Geburt des Königs im Stall f) und sein Tod am Kreuz, wo er aller Kleider beraubt wird g), — das zeigt den Menschen, der nicht vom Überfluß der Güter lebt h), sondern von der Gnade i).

f) Lk 2, 16
g) Mt 27, 28. 35; Mk 15, 24; Lk 23, 34
h) Lk 12, 15
i) vgl. 1 Ko 4, 11—13

Der bürgerliche Mensch läßt sich diese Entäußerung im Leben und Handeln nicht gefallen. Ihn verlangt danach, sich mit Gütern und Ehren einzukleiden und abzusichern gegen den Tod. Nichts haben wir hineingebracht, nichts können wir hinausnehmen; das ist nicht nur philosophische Weisheit[12], sondern letzte Ernüchterung des Menschen, der vor Gott steht (Vers 11).

8 **Wenn wir aber Nahrung und Kleidung haben, so wollen wir uns daran genügen lassen:**

Kleidung: wörtlich alles zum *Bedecken*; kann auch den Sinn von Dach haben; „ein Dach über dem Kopf". Nahrung und Kleidung zusammen bedeuten „das Unerläßliche" k).

k) 5 Mo 10, 18; Jes 3, 7; Mt 6, 25

Sich genügen lassen: kann übersetzt werden: Laßt uns zufrieden sein, oder: wir werden zufriedengestellt sein. Die Gedankengänge dieser Verse erscheinen nur dann hausbacken und banal, wenn sie nicht in der Spannung zur Praxis der Irrlehrer und nicht vom Leben aus Gott her gesehen werden. Die Kirche hätte gut daran getan, gerade diese Mahnung ganz ernst zu nehmen.

Die Erlösung in Christus bringt für den einzelnen und die Gemeinde eine Befreiung von der Vergeudung körperlicher, geistiger und materieller Kräfte und Mittel. Bei seinem Namen gerufen wird er Person, mit Liebe und Würde begabt. Sein Leben bekommt ein Ziel. Von Süchten und falschen Zielen befreit, kann er „vernünftig" leben. Auf dem sozialökonomischen Gebiet heißt das: Der Mittellose wird ein guter Arbeiter, Verdiener und Sparer. Er steigt auf in die Mittelklasse, spätestens in der zweiten Generation. Er verfügt jetzt über Mittel, und spätestens hier entscheidet sich auch das Schicksal seiner Frömmigkeit: Sein Glaube wird Mittel zum Erwerb, er wird vermögend, reich. Behält er das Erworbene als Eigentum für sich, oder aber setzt er seine Mittel ein für die andern?

l) Lk 12, 15

„Der Mensch lebt *nicht* vom Überfluß der Güter l)." Das harmlos scheinende Wort trifft den Lebensnerv der Kirche. Der Protest gegen die Verschwendung der reichen Industrie-

[12] bekannt bei Horaz, Seneca etc.

länder auf Kosten der hungernden Entwicklungsländer kann zwar ideologisch mißbraucht werden, ist aber der Sache nach berechtigt. Nur helfen hier weder Protest noch Gewalttat weiter, sondern wahre Sinnesänderung und entsprechende Taten.

Hat die Gemeinde das eingesehen und handelt danach, dann hat sie auch ein prophetisch kritisches Wort mit Vollmacht an die Welt zu richten. Denn eine Menschheit, die nicht in Gott ihre Seligkeit sucht, vermag und will nicht an der Genügsamkeit Geschmack finden. Sie wird ihr leeres Leben mit Gütern überhäufen, dabei die Welt ausbeuten und ihr eigenes Lebenselement buchstäblich zerstören. Genügsamkeit ist nicht eine biedere Zufriedenheit, ein spießbürgerliches Sattsein, sondern reifste Frucht der Menschlichkeit, die in Gott ihr wahres und wirkliches Genüge sucht und findet.

3. Gegen die den Glauben zerstörende Geldgier
1. Timotheus 6, 9—10

9 **Die aber reich werden wollen, fallen in Versuchung und in**
die Schlinge vieler unvernünftiger und schädlicher Begierden, welche die Menschen in Untergang und Verderben
10 **stürzen. * Denn die Geldgier ist die Wurzel alles Bösen,**
und etliche, die sich ihr ergeben haben, sind vom Glauben abgeirrt und haben sich selbst mit vielen Schmerzen gepeinigt.

Die aber reich werden wollen d): Die Irrlehrer stehen nicht 9
allein, alle sind gefährdet. Der Wille zum Reichtum (und zur Macht) stammt aus der verkehrten Richtung des menschlichen Strebens[13]. Die Angst, zu kurz zu kommen, zu wenig vom Leben zu haben, läßt das Vertrauen in das Leben nicht aufkommen. Der verderbliche Einfluß des Reichtums beginnt nicht erst, wenn man ihn hat. Die fortwährende Bemühung um den „Trug des Reichtums" schafft eine Unruhe, welche die Entfaltung des wahren Lebens hindert. Nicht erst von einer gewissen

a) I 2, 8; 5, 14

[13] Die Philosophen verkauften ihre Vorlesungen: Seneca Op. CV III. Für die Boten des Evangeliums war es ein Zeichen ihrer Autorität, daß sie keine finanziellen Ansprüche und Interessen hatten (Didache XI, 6, 12). Christus sagt allen seinen Dienern: „Umsonst habt ihr empfangen, umsonst gebt" (Mt 10, 8). Dieses Wort steht nicht im Widerspruch zu dem anderen Herrenwort: „Der Arbeiter ist seines Lohnes wert." Der Lohn ist freie Gabe für den Lebensunterhalt, aber nicht gefordertes Entgelt zur Bereicherung.

Höhe des Vermögens oder von einer bestimmten Größe des Besitzes an verdirbt das Verlangen nach „mehr" die Gesinnung des Menschen. Schon im Kinde kann diese Verdrehung beobachtet werden: Nach einer freiwilligen Hilfeleistung wurde es durch ein Geschenk überrascht. Bald fängt es an, nur noch im Blick auf weitere Geschenke zu helfen. So ist der Trieb der falschen Lebenseinstellung schon früh mächtig und tyrannisch tätig bei den Kleinen und den Großen, die von wenig und die von viel Reichtum oder dem Streben danach besessen sind, „die in Sorgen und Reichtum und den Genüssen des Daseins dahinleben und darunter erstickt werden und bringen die (wahre) Frucht nicht zur Reife" (Lk 8, 13).

b) I 3, 7; II 2, 26; vgl. Lk 8, 13. 14
c) 1 Th 4, 5; Gal 5, 16; Rö 6, 12 II 2, 22 etc
d) I 4, 3—5
e) I 6, 16; 2, 10

Sie fallen in Versuchung und in die Schlinge b) **unvernünftiger und schädlicher Begierden** c). Die Lösung von der falschen Begehrlichkeit ist nicht möglich durch falsche Askese; vielmehr ist es die wahre Dankbarkeit für Gottes Gaben d), die zum wahren Dienst am Nächsten befreit e).

Welche den Menschen in Untergang und Verderben stürzen. Wer der Versuchung nachgibt, verfällt der Begierde, und wenn sie vollendet ist, stürzt sie den Menschen in den Abgrund[14]. Nicht naiver Eudämonismus (Glücksstreben), nicht nützliche Lebensregeln führen die Feder des Briefschreibers, sondern das klare Wissen von der äußersten Gefährdung der Gemeinde, wenn sie erst einmal angesteckt ist von dem Wahn der Bereicherung.

10 **Denn die Geldliebe[15] ist die Wurzel alles Bösen:** Handelt es sich hier um ein Sprichwort der Antike und (oder) des Judentums, das den Irrlehrern entgegengehalten wird? Dann wäre es in Anwendung auf die G e m e i n d e bedeutsam: Wer sich der Geldliebe ergibt, der **irrt vom Glauben ab.**

Und etliche, die sich ihr ergeben haben: nach etwas trachten wie I 3, 1 und Hb 11, 16. Ihr Gott ist der Mammon; nach dem Geld und seiner Ungerechtigkeit trachten sie; weil sie an die Macht des Geldes glauben[16], darum müssen die den Glauben an Gott fahren lassen: **sie sind vom Glauben abgeirrt.**

[14] Vgl. Jo 17, 12: Judas, der Sohn des Verderbens; Apg 8, 20: Dein Geld fahre mit dir ins Verderben.

[15] *phil-argyria* buchstäblich: Geldliebe; nur hier im NT; vielleicht aus einem Zitat übernommen? sonst *pleonexia* (Habsucht): Lk 12, 15; Rö 1, 29; 2 Ko 9, 5; Eph 4, 19; 5, 3; Kol 3, 5; 1 Th 2, 5; 2 Pt 2, 3. 14; Mk 7, 22.

[16] Doppelsinnig ist die Aufprägung auf der amerikanischen 1-Dollar-Münze „in God we trust = auf Gott setzen wir unser Vertrauen." Man kann das als ständige Mahnung verstehen, daß auf diesen Dollar nicht zu trauen sei; sondern allein auf Gott. Öfter aber

Und haben sich selbst mit vielen Schmerzen gepeinigt, wörtl. durchbohrt: Man kann hier an die bohrende Qual des Gewissens denken (1, 19), das den von der Begierde Besessenen anklagt, weil er sein Herz vor den Armen verschlossen und allen die Aufmerksamkeit der wachen Liebe schuldig geblieben ist[17]. Paulus kennt die aus der Begierde kommenden Anklagen und die Selbstverteidigung des menschlichen Gewissens f). Das prophetische Wort von der zerstörenden Wirkung der Geldliebe trifft jede Art von Bürgerlichkeit im Zentrum. Noch einmal gilt es deutlich zu sagen, daß hier nicht die Rede ist von der Größe des Reichtums oder des Besitzes, sondern von der Begierde nach etwas, das man horten und hüten will. Das ist das Verkehrte, und das macht den Menschen verkehrt. Niemand ist von diesem selbstzerstörerischen Trieb ein für alle Mal frei, darum müssen wir ermahnt werden, dem Sog dieser Besessenheit zu entfliehen.

f) Rö 2, 15; 7, 7—24

4. Für den guten Kampf des Timotheus

1. Timotheus 6, 11—16

11 **Du aber, o Mensch Gottes, fliehe dies alles! Jage aber der**
Gerechtigkeit nach, der Gottseligkeit, dem Glauben, der
12 **Liebe, der Geduld, der Sanftmut. * Kämpfe den guten**
Kampf des Glaubens; ergreife das ewige Leben, dazu du
berufen worden bist, als du das gute Bekenntnis vor vielen
13 **Zeugen bekannt hast. * Ich gebiete dir vor Gott, der alles**
ins Leben ruft, und vor dem Messias Jesus, der vor Pon-
14 **tius Pilatus das gute Bekenntnis bezeugt hat, * daß du den**
Auftrag makellos und untadelig bewahrst, bis zur Erschei-
15 **nung unseres Herrn Jesus Christus, * die zu seinen eigenen**
Fristen sehen lassen wird der selige und alleinige Herr-
scher, der König der Könige und Herr der Herren, * der
allein Unsterblichkeit hat, der in unzugänglichem Lichte
wohnt, den kein Mensch gesehen hat noch sehen kann. Ihm
gebührt Ehre und ewige Macht! Amen.

Wie steht dieser Abschnitt im Textzusammenhang? Die prophetische (4, 1 a) Kennzeichnung der Irrlehrer hat ihre

wird der Dollar selber zum Gott gemacht, auf den der Besitzer baut. Das gilt nicht nur für die Dollarwährung.

[17] Die ganze Stelle erinnert an Jesus Sirach: 7, 1—3. 18; 11, 25—28; 31, 1—11.

äußerste Schärfe und Konkretisierung erreicht. Doch der Schreiber bleibt sich bewußt, daß die strengste Verurteilung der Geldgier noch keine Änderung in den von der Begierde Besessenen erwirken kann. Ohne das konkrete Gegenbild, nämlich das Vorbild der überfließenden Genügsamkeit, und ohne die praktische Hingabe des Timotheus im unermüdlichen Dienst der Ermahnung werden selbst die „Hirtenbriefe" eines Paulus nichts ausrichten. So wußte Paulus auch in seiner intensiven Korrespondenz mit den Korinthern, daß nur sein eigener Besuch oder der anderer Mitarbeiter das im lebendigen „Gegenüber" ausrichten konnte, was die Briefe anzeigen und wofür sie den Grund legen.

Darum, angesichts schwerster Einbrüche des Irrglaubens in die Gemeinde, wendet sich der Blick auf den, der sich in seiner Person eben als „Mensch Gottes" — im Gegensatz zu den „Geld-
a) II 3, 8 menschen" — trotz den in der Gesinnung Verdorbenen a) jetzt im Glaubenskampf bewähren soll als lauterer Diener Christi an der Gemeinde. Paulus ist persönlich erschüttert, ihn trifft das Schicksal derer, die, von Schmerzen durchbohrt, sich selbst und andere in den Untergang mit hineinziehen[18]. Mit Timotheus soll und darf es nicht soweit kommen, darum der flammende Aufruf: **Du aber!** Du, fliehe diese Versuchungen, denn versuchlich bist auch du (E 31 f). Jage vielmehr dem unvergänglichen Preis nach. Jede betonte direkte Zuwendung und Anrede an Timotheus steht im unmittelbaren Zusammenhang mit der Darstellung der Irrlehrer und drängt den Apostel gleichzeitig auch zu einer ebenso unmittelbaren Zuwendung des Lobpreises an Gott oder aber zu einer bekräftigenden Erinnerung an seine unmittelbare Nähe. Denn Gott, die untreuen und die treuen Mitarbeiter werden gleichzeitig gegenwärtig [19]

[18] P betrachtet die Irrlehrer nicht als seine Feinde und Gegner, weder hier noch in den früheren Briefen. Von den Feinden des Kreuzes Christi kann er nur unter Tränen sprechen oder schreiben (Phil 3, 18). Ein Vergleich mit II 3, 24—26 und Gal 6, 1 (Sanftmut!) zeigt keine veränderte oder verhärtete Position eigener Sicherheit und Unversöhnlichkeit gegenüber Irrenden und in der Schlinge des Teufels Gefangenen an: vergleiche II 3, 26 mit I 6, 9; ebenso Tit 3, 2: Alle Sanftmut gegen alle Menschen erweisen. 1 Ko 4, 21: Was wollt ihr? Soll ich mit der Rute zu euch kommen oder mit Liebe und dem Geist der Sanftmut?

[19] Erstens: I 1, 17: Gott; V. 18: Mein Kind Timotheus; V. 19—20: Die Schiffbrüchigen. Zweitens: 3, 16: Offenbarung Gottes; 4, 1: Prophetische Offenbarung des Glaubensabfalls; 4, 6—16: Dreimaliges du! Drittens: 6, 9—10: Die vom Glauben Abirrenden, mit Schmerzen Durchbohrten; V. 11—12: Du aber, o Mensch Gottes; V. 13—16: Lobpreis Gottes. Viertens: 6, 20: O Timotheus; als Abschluß des Ganzen; 6, 21: die vom Glauben Abgeirrten; 6, 21: Gottes unmittelbare Gegenwart (Gnade); vergleiche Rö 8, 39: Der

vollbewußt geschaut in prophetischem Durchblick und mit persönlich erschüttertem Herzen. Im Schmerz über die verführten Verführer und in Sorge um den der Versuchung ausgesetzten Timotheus reißt Paulus ihn mit hinein in den Lobpreis des seligen Gottes.

O Mensch Gottes: Bevor man hellenistische Parallelen herbeizieht, muß bedacht werden, daß der Ausspruch in der griechischen Übersetzung des AT bekannt ist: für Mose b), einen unbekannten Propheten c), für David, den gesalbten König d). Der Mensch Gottes ist der **„pneumatikos“**, der mit dem Geist Gottes Erfüllte. Ein Vergleich mit II 3, 17 legt nahe, im „Gottesmann“ das Vorbild aller zu sehen, die als Geistbegabte ebenfalls „Gottesmenschen“ sind[20]. Mensch Gottes (E 31 a) steht im Gegensatz zu Menschen des „Mammon-Gottes“[21], zu Menschen des Bauch-Gottes[22], vergleiche auch „Mensch der Gesetzesfeindlichkeit“ e), „Sohn des Verderbens“ f).

Fliehe dies g): Vielleicht sind alle in 6, 4—5 aufgezählten Laster gemeint oder im besonderen die Geldliebe h). Fliehen, entfliehen, das Heil in der Flucht suchen scheint feige und unheldisch zu sein. So handelten die Jünger, als sie Jesus verließen und flohen i): Der falsche Hirte flieht vor den reißenden Wölfen k). Doch anders ist die Situation im sittlichen Bereich. Hier setzt Flucht äußerste Entschiedenheit voraus. Jesus entflieht vor denen, die ihn zum König machen wollen l). Fliehen erhält den Sinn: Distanz schaffen, meiden, sich zurückhalten, zurückziehen, sich scheuen vor. Götzendienst m), Habgier n), Unzucht o) sind Mächte, deren dämonischem Sog man nur widerstehen kann durch entschiedene Flucht ohne Blick zurück p). Nur in der Flucht zu Gott und im Unterwerfen der eigenen Ohnmacht und aller Mächte unter Gottes gewaltige Hand ist es möglich, im Glauben dem Teufel zu widerstehen q). Aus einem brennenden Haus fliehen, ist nicht Feigheit, sondern erfordert sofortiges und mutiges Handeln r). Flie-

b) 5 Mo 33, 1 Ps 90, 1
c) 1 Sam 2, 27
d) 2 Chron 8, 14
e) 2 Th 2, 3
f) 2 Th 2, 3 b; Jo 17, 12; Apg 8, 20
g) II 2, 22
h) 1 Ko 6, 18
i) Mt 26, 56; Mk 14, 50—52
k) Jo 10, 12
l) Jo 6, 15
m) 1 Ko 10, 14
n) I 6, 11 vgl. Eph 5, 5
o) 1 Ko 6, 18
p) Lk 17, 28. 29. 32; 1 Mo 19, 22. 26
q) 1 Pt 5, 6—9
r) Jud 23

Lobpreis Gottes in seinen unausforschlichen Wegen und mitten in diesem Lobpreis das Gewahrwerden des unablässigen Schmerzes um diejenigen, welche für die barmherzigen Wege Gottes blind sind: Rö 9, 1 f. „Nun wird der Bewegung, die die ganze Kirche erschüttert, wieder Timotheus entgegengestellt ... wie 4, 6—16“ (Schlatter, 166).

20 Nicht aber „Gottmenschen“! Lediglich auf heidnisch-griechischem Boden begegnet *„theos anthropos“* (und „theos aner“) für den Inspirierten und auch in schmeichlerischer Rede für den Kaiser oder große Männer: *theiotatos Pythagoras* = der göttliche Pythagoras.

21 Mt 6, 24; Lk 16, 13. Das dem Aramäischen entlehnte griechische Wort bedeutet Reichtum, Besitz.

22 „Deren Ende Verderben, deren Gott ihr Bauch ist“ (Phil 3, 19).

he — jage nach! So schreibt nicht, wer auf Anpassung bedacht ist. Heilige Dringlichkeit treibt zur Entscheidung.

s) Phil 3, 12. 14; 1 Th 5, 15; Rö 9, 30; 14, 19; 1 Ko 14, 1

Jage nach s)!

Abschnitt um Abschnitt des Briefes widerlegt die unhaltbare Behauptung, daß in den Past ein „gemütlicher Unterton“, ein „Erschlaffen der Glaubensenergie“ zu erkennen sei. Ganz im Gegenteil: Der Brief sagt uns, daß entschiedene[23] Flucht aus dem zerstörenden Sog[24] und Bannkreis dämonisch gesteigerter Mächte und ebenso entschiedene Jagd nach dem Guten nötig ist; neutrales Dazwischenbleiben und Sicheinrichten ist ausgeschlossen. Die Nachfolge ist nicht zu einem gemütlichen Spaziergang, sondern vielmehr zu einem den äußersten Einsatz erfordernden Nachjagen geworden (E 15 d).

t) Apg 10, 35

Nach Gerechtigkeit: Im weitesten Sinn verstanden, was Recht ist vor Gott und den Menschen t), aber nicht als vom Menschen selbst produzierte Tugend, sondern die Erziehungsfrucht der Gnade an denen, die zum Eigentumsvolk erlöst sind[25]. Dieses Wort Gerechtigkeit an die Spitze gestellt hat durchaus den bei Paulus üblichen unbedingten Sinn der von Gott geschenkten und gewirkten Gerechtigkeit aus Glauben[26].

u) I 2, 2; 3, 16; 4, 7; 6, 3. 5. 6

Nach Gottseligkeit u): Die Frömmigkeit ist nicht ein fester, ein für allemal erworbener Besitz. Nur der sich ständig in ihr Übende (4, 7), der ihr Nachjagende wird von ihr mit hineingenommen in das Zeit und Ewigkeit umfassende Geheimnis Gottes (3, 16), in die wahre Autarkie (6, 6), das heißt in das überströmende Leben der Liebe (E 15).

Glaube, Liebe, Geduld: Ein Vergleich mit 1 Th 1, 3 zeigt,

[23] Im gleichen Sinne die Jesusworte vom Abhauen und Ausreißen der eigenen Glieder, wo es um das Letzte geht: das ewige Leben (Mt 5, 29. 30).

[24] Die Wasserstoffbombe reißt über ihren unmittelbaren Zerstörungskreis hinaus einen viel weiteren Bezirk durch eine ungeheuere Druckwelle in den Untergang.

[25] so in Tit 2, 11—14 verleugnen — nachjagen; hier: fliehen — nachjagen; beide Male ist es die Gnade, die dazu unterweist und die Verwirklichung ermöglicht. Vergleiche auch II 3, 16: Erziehung in der Gerechtigkeit; der Mensch Gottes ist der durch das Wort Gottes und den Geist Gottes zur Gerechtigkeit Erzogene. Einige Ausleger sehen hier einen Zusammenhang zu Taufe und Abendmahl: Mt 3, 15; 21, 32; Lk 7, 29; Tit 3, 5—7; 2, 12; 1 Ko 6, 11; Rö 6, 7. 13. 16. 18. 19. 20. Gerechtigkeit ist Freiheit von Sünde. „Als einer, der tot ist in Sünde, steigst du herab (ins Wasser); du steigst empor, lebendig gemacht in Gerechtigkeit“ (Cyrill von Jerusalem). „Das Sakrament garantiert nicht das Heil, aber es begründet die Möglichkeit und die Notwendigkeit des Gehorsams“ (E. Käsemann). Fliehen, jagen, kämpfen würden demnach Worte sein, die zu einer Taufparänese gehören (so Holtz 140). Sollten hier Beziehungen bestehen, würde das die gefüllte Bedeutung von „Gerechtigkeit“ nur noch mehr unterstreichen.

[26] Tit 3, 5: „errettet ... nicht aufgrund von Werken in Gerechtigkeit, die wir getan hätten ..“

daß „Geduld“[27], im Zusammenhang mit Glaube und Liebe erwähnt, die Blickrichtung und Erwartung der **H o f f n u n g** in sich schließt[28] (E 14).

Sanftmut[29]: Jesus preist die Sanftmütigen selig und nennt
sich selbst sanftmütig v)[30]. Der aller Versklavung Entfliehende v) Mt 5, 5; 11, 29
kann in rechter Freiheit menschenwürdigen Zielen nachjagen.
Der Sanftmütige kann recht kämpfen. Die „Tugendliste“ ist
nicht beliebig übernommen oder zusammengestellt, denn Gerechtigkeit und Gottseligkeit, Glaube, Liebe, Hoffnung (Geduld) und die aus der Hoffnung auf Gottes Macht und Eingrei-
fen lebende Sanftmut w) ist ganz auf Timotheus gezielt. Wenn w) II 2, 25 vgl. I 5, 1 a
er dieser von Gott bestimmten Lebenswirklichkeit nachjagt,
wird er den Untugenden der Irrlehrer begegnen und für die
Gemeinde aufbauend wirken können. Anstelle von unnützen
Spekulationen, verstiegener und verlogener Frömmigkeit x) x) II 3, 5
sollen die elementaren, zur Gesundung führenden Lebensworte
des Herrn in Timotheus verwirklicht werden und durch ihn in
der ihm anvertrauten Gemeinde.

Kämpfe den guten Kampf des Glaubens: Nur auf Grund der 12
aus dem Geist geschehenen Weissagung und durch ständig ge-
schehende Kraftmitteilung y) kann der Kampf ein guter sein, y) I 1, 18
weil es kein sinnloser, kein zur zeitlichen oder ewigen Niederlage führender ist. Vom Glauben her und nicht um den
Glauben ringt der Kämpfer z). Ob im sportlichen Wettkampf z) II 4, 7
oder im Krieg, nur der in der Zucht lebende Kämpfer hat
teil am Sieg a). a) Kol 1, 29; 2, 5; II 2, 4. 5

Ergreife das ewige Leben: Als Kampfpreis der Berufung
ergreifen: erfassen, um sich anzueignen b). Als ein mit dem b) vgl. I 6, 19; 4, 8 c; II 4, 8
Geist Begabter und zum ewigen Leben Berufener soll er es
im Glauben kämpfend ergreifen. Ergreife das ewige Leben!
Ein Imperativ von höchster Kraft, ein Aufruf zu männlicher
Tat. Ergreife jetzt das wirkliche und volle Leben, wozu Gott
dich berufen hat! Wann, wenn nicht heute! Jage nicht einem
Trugleben nach. Sei nüchtern: Ergreife das wahre Leben; Gott

[27] *hypomone* — darunterbleiben; Beharrlichkeit, Standhaftigkeit; vgl. II 1, 3; 3, 5.

[28] Vgl. II 3, 10; Tit 2, 2; Rö 5, 1. 4. 5 (Glaube, Geduld = Hoffnung, Liebe); Rö 8, 25; Kol 1, 4—5. 8. 11. Gegen den Einwand, daß die Verwendung von Glaube und Liebe im Zusammenhang mit anderen Tugenden nicht paulinisch sei: Gal 5, 22 — wo Glaube, Liebe u. a. im Zusammenhang mit Geduld und Sanftmut erwähnt werden.

[29] Das Wort *praypatheia* wird nur hier verwendet, sonst *praytes:* Sanftmut, Freundlichkeit, Milde: 2 Ko 10, 1; Tit 3, 2; Gal 5, 23.

[30] Vgl. Phil 4, 5: Die Hoffnung auf die Nähe des Kommenden läßt die Sanftmut gegen alle Menschen aufblühen (Tit 3, 2).

hat es dir gegeben; es ist da. Werde das was du bist — ein Mensch Gottes!

Zu dem du berufen worden bist: Passive Form, eine semitische Redeweise, um den Namen Gottes zu vermeiden, also um

c) 1 Ko 1, 9; 1 Th 2, 12; II 2, 14

nicht zu schreiben: Wozu G o t t dich berufen hat c). Weder kämpfen noch nachjagen macht für das ewige Leben würdig.

Als du das gute Bekenntnis vor vielen Zeugen bekannt hast: Das Bekenntnis ist nicht ein Akt der Vergangenheit, sondern es soll gegenwärtig und bis zur letzten Stunde neu bekannt werden. Der Kampf des Glaubens ist gut, weil das Bekenntnis gut ist, auch wenn die Welt verächtlich davon denkt. Die Christen mußten über ihren Glauben Rechenschaft geben vor den weltlichen Richtern. Theoretische Spekulationen und Spitzfindigkeiten waren da nicht am Platz, es ging um Leben und Tod. Wer sich zu Jesus als dem Herrn bekannte, stellte die Herren dieser Welt in Frage, die göttliche Autorität beanspruchten. Darum ist hier nicht von einem traditionellen und billigen Bekenntnis ohne Folgen die Rede; der Blick auf Jesus, der vor Pilatus stand, verbietet jede Leichtfertigkeit.

13 **Ich gebiete dir** d) **vor Gott, der alles ins Leben ruft:** feierliche Betonung der Gegenwart Gottes[31]. Mit diesem Wort „wird nicht nur die Schöpfertat des Anfangs angerufen, sondern auch die Auferstehung verkündet“ (Schlatter, 168). Der Wahrheitszeuge, der dem Tode gegenübersteht, soll den Gott vor Augen haben, der alles ins Leben ruft und am Leben erhält, damit er diejenigen nicht fürchte, die nur den Leib töten können und keine Gewalt haben über den ganzen Menschen und sein ewiges Schicksal.

d) I 1, 3. 5

Christus Jesus, der vor Pontius Pilatus das gute Bekenntnis bezeugt hat: Bedeutsam ist, daß hier auf das irdische Leben Jesu Bezug genommen wird: auf den Menschen Jesus (I 2, 5), der vor dem menschlichen Gerichtshof Bekenntnis ablegt[32]. Alles, was in den Past von Lehre, Glaube, Bekenntnis ausgesagt ist, muß auf diese „Urszene“ bezogen werden. Der zweite Brief an Timotheus macht den Ernstfall des Bekenntnisses vollends deutlich und unterstreicht ihn: das Martyrium.

14 **Bewahre den Auftrag makellos und untadelig bis zur Erscheinung unseres Herrn Jesus Christus:** Der Auftrag, entwe-

[31] Vielleicht Anspielungen an eine Schwurformel (Mt 26, 63. 64: Ich beschwöre dich bei dem lebendigen Gott, daß du uns sagst, ob du der Messias bist, der Sohn Gottes. Jesus antwortete: (sein Bekenntnis) Du hast es gesagt.

[32] P ruft oft Gott zum Zeugen an: 1 Th 2, 5. 10; Rö 1, 9; 2 Ko 1, 23; Phil 1, 8.

der zu verstehen als Gottes offenbarter Wille, oder hier kon-
kret die apostolische Anweisung dieses Briefes, die in den Ver-
sen 11—12 zusammengefaßte Beauftragung, die genügend fei-
erlich hingestellt ist, um als „Gebot" gelten zu können e). e) 1 Ko 14, 37

Makellos: unbefleckt; „ein reiner und unbefleckter Dienst
vor Gott" f). f) Jak 1, 27; 1 Pt 1, 19; 2 Pt 3, 14

Untadelig: unantastbar, unbescholten; nicht nur die Män-
ner und Frauen, die in der Gemeinde vorstehen g), sondern g) I 3, 2; 5, 7
Timotheus selber soll unbescholten sein in der Verwirklichung
dessen, was ihm aufgetragen ist vor Gottes Angesicht.

Bewahren: Steht am Anfang des Satzes, also betont. Wenn
auch hier nicht wörtlich erwähnt, so ist doch in den Past klar,
daß dieses Bewahren nur möglich ist in der Kraft des Heiligen
Geistes, der in Timotheus wohnt h). h) II 1, 14

**Bis zur Erscheinung unseres Herrn Jesus Christus (epipha-
neia):** nämlich sein Erscheinen zum Gericht und zur Vollen-
dung[33]. Bei Paulus ist der „Tag des Messias" i) das alles über- i) 1 Ko 1, 8; Phil 2, 15. 16
strahlende Ereignis, auf das hin der Glaubende untadelig be-
wahrt werden soll k). k) 1 Th 3, 13; 5, 23

Die Past stehen im selben Spannungsfeld wie die übrigen
ntl Schriften (E 8). Sie wissen von dem Erscheinen Jesu als
des leidenden Gottesknechts, als des Blutzeugen vor Pilatus
(V. 13), als des Gekreuzigten, der sein Leben gab zum Löse-
geld für alle (2, 6), und als H e r r n **(kyrios),** der jetzt in Herr-
lichkeit erhöht ist (3, 16), den jetzt die Blutzeugen erhöht se- l) Apg 7, 55
hen l). Gleichzeitig wissen die ntl Zeugen von dem bevorste- m) I 6, 4; vgl. II 4, 8
henden Erscheinen m) des wiederkommenden Herrn, den sie
mit Liebe und Sehnsucht erwarten n). n) Tit 2, 13

Die zu seinen eigenen Fristen sehen lassen wird der selige und 15
alleinige Herrscher: Die Fristen sind allein von Gott gesetzt
und nicht von einem allgemeinen (griechischen) Schicksal. Die
Heilszeit ist durch den Versöhnungstod des Mittlers (2, 5)
schon angebrochen o) und wird in letzter Vollendung kommen. o) Mk 1, 15; Tit 1, 3
Gott wird das **offenbaren,** eigentlich zeigen, schauen lassen;
gehört der Offenbarungssprache an p). Daß Gott die Zeiten p) Apg 10, 28 Offb 1, 1; 17, 1
festsetzt, ist nicht eine fromme Umschreibung und Entschuldi-
gung dafür, daß der Schreiber und die adressierte Gemeinde
bereits die sogenannte Naherwartung aufgegeben hätten. Jede
prophetische Offenbarung weiß um die andringende Nähe

[33] Schon in 2 Th 2, 8, wo die Begriffe „Epiphanie" und „Parusie" miteinander verbunden sind: „Erscheinung seiner Ankunft"; Tit 2, 12; II 1, 10; 4, 1. 8.

Gottes und lebt deshalb aus dem, was immer „bald" geschehen wird q).

q) vgl. Offb 1, 1; 22, 6

Der unsichtbare Gott wird sich im Erscheinen des Herrn Jesus Christus sehen lassen, denn wer ihn gesehen hat, hat den Vater gesehen[34]. Gott ist der **Selige** r). Er und die im Ende lebende Gemeinde der Seligen gehören zusammen. Die Herrlichkeit des Vaters führt schließlich zur Verherrlichung seiner Kinder im Sohn s).

r) vgl. Rö 6, 4 mit I 1, 11

s) Rö 8, 18. 21; 5, 2; 3, 23

Im Gegensatz zu den vielen irdischen kleinen und großen Machthabern ist Gott **der alleinige Herrscher (dynastes).** Gott als der alleinige Machthaber stürzt Gewaltige von ihrem Thron t). Der Titel ist auch im jüdischen Umkreis bekannt u).

t) Apg 8, 27

u) 2 Makk 13, 4

Der König der Regierenden und Herr der Herrschenden: Eigentlich: Der König derer, die regieren; der Herr derer, die Herrschaft ausüben (part. präs.)[35].

16 **Der allein Unsterblichkeit hat**[36]: Die Unsterblichkeit des Menschen ist keine in ihm wohnende Mächtigkeit. Er ist so sterblich wie seine Götter. Nur der lebendige Gott hat allein und einzigartige Unsterblichkeit. Das Leben, das er den Menschen gibt, ist Leihgabe, nicht Recht oder Macht. Genauso ist es mit der Unsterblichkeit der menschlichen Seele oder des Menschen überhaupt[37]. Sie ist nur geschenktes Teilhaben an Gottes Unsterblichkeit, an seiner Herrlichkeit und seinem wunderbaren Licht v). Anfang und Schluß des Briefes stehen im Zeichen des Gotteslobes, der Doxologie, wobei der Schluß die Grundworte des Anfangs wieder aufnimmt, aber im Himmlischen auch schon weit über sie hinausführt[38].

v) 1 Pt 2, 9; Kol. 1, 12

Der in unzugänglichem Licht wohnt: Gott hüllt sich in Licht wie in ein Kleid. Das Licht, das ihn offenbart, verhüllt ihn gleichzeitig w). Paulus bezeugt, daß sich dieses unzugängliche Licht ihm offenbart und ihn dabei geblendet hat x). Gott als die Quelle alles Lichtes und Lebens bleibt selber unsichtbar,

w) Ps 104, 2; Jo 1, 4. 9; 1 Jo 1, 5; Mt 17, 2

x) Apg 9, 3; 22, 6. 9

[34] Vgl. die Bitte des Philippus: „Herr (!), zeige uns den Vater;" Jo 14, 8.

[35] *kyrios tôn kyrion;* Ps 136, 3.

[36] wie I 1, 17: Unvergänglich, ebenso 1 Ko 15, 53. 54, wo *aphthartos* (unvergänglich) und *athanasia* (Unsterblichkeit) zusammen und gleichbedeutend stehen.

[37] Die griechischen Götter werden unsterblich *(athanatoi)* genannt. Doch schon Hesiod (700 v. Chr.) sagt in seiner Theogonie, daß das „Entstandene", das heißt: gewordene Götter, auch stirbt.

[38] I 1, 11: Herrlichkeit des seligen Gottes = 6, 15: Der selige und alleinige Machthaber, der König der Könige und Herr der Herren; 1, 17: Unvergänglich = 6, 16: Der allein Unsterblichkeit hat; 1, 17: Unsichtbar = 6, 16: Der in einem unzulänglichen Licht wohnt, den kein Mensch gesehen hat noch sehen kann.

so wie das geschaffene irdische Licht selbst unsichtbar ist und erst in seinen Brechungen gesehen werden kann.

Unzugänglich: unnahbar; gebräuchlich für unbesteigbare Vulkane (Sinai, Ätna). Hier im übertragenen Sinn die Transzendenz Gottes, das heißt seine alles Denken und alles menschliche Begreifen übersteigende Herrlichkeit. Gott, der in unzugänglichem Licht als seiner wahren Wohnung thront, kann auch unter Menschen wohnen y). Der von Gott geschaffene und in Christus erlöste menschliche Leib ist eine bessere Wohnstätte für Gott als alle mit Händen gemachten Tempel der Welt z).

y) Jes 57, 15

z) Apg 7, 48; 17, 24; s. I 3, 15

Den kein Mensch sah noch sehen kann: Diese Aussage ist bestimmt von dem alttestamentlichen Wissen um die Herrlichkeit Gottes, die selbst dann und erst recht dann undurchschaubar bleibt, wenn sich Gott in ihr offenbart. Die Spannung zwischen Offenbarsein und Verborgenheit Gottes ist in allen Schriften des AT und des NT bezeugt. Gott *redet* zwar mit Mose „von Angesicht zu Angesicht, wie ein Mann mit seinem Freunde redet“ a), aber dieses Reden ist doch nicht dasselbe wie *sehen* b). Ein Mensch vermag Gott nicht zu sehen; auch Mose nicht c). Von Gottes heiligem Erbarmen, von seiner Herrlichkeit kann er ergriffen werden, aber den, der dieses Erbarmen *ist*, vermag er nicht zu sehen d). Auch Paulus bekennt, daß er trotz höchster Offenbarungen und besonderer Gesichte noch nicht von Angesicht zu Angesicht in ganzer Unmittelbarkeit erkennt. Doch erwartet er, daß er so völlig erkennen werde, wie er selbst schon *ganz* von Gott erkannt worden ist e). Bedeutet aber dieses „Gott ganz erkennen“ ihn restlos erkennen? Gott wird auch für den verherrlichten Menschen in Ewigkeit nie ausschöpfbar sein. Der unerschöpfliche Gott wird von seinen Geschöpfen nie zu Ende erkannt, geliebt und verherrlicht werden. Wer diese ewige Dynamik Gottes, seine Unsterblichkeit als Unerschöpflichkeit nicht bedenkt, gerät leicht dahin, daß er sich den Himmel, das heißt die Seinsweise der göttlichen Vollkommenheit, wo Gott alles in allem ist, langweilig, ereignislos und abgeschlossen vorstellt. Dem Gott aber, der uns zwar Anteil gibt an seinem Licht und seiner Herrlichkeit, den wir aber doch in Ewigkeit nie ergründen werden, ihm gebührt die **Ehre** f). Daß hier dasselbe Wort steht wie in der Ermahnung des Timotheus, ist nicht ohne Bedeutung. Timotheus soll den Gliedern der Gemeinde Ehre

a) 2 Mo 33, 11

b) 2 Ko 5, 7

c) 2 Mo 33, 18—23

d) 2 Mo 3, 1—5

e) 1 Ko 13, 12

f) I 5, 3. 17; 6, 1

entgegenbringen, denn sie alle leben von der Ehre Gottes, in dessen Bild sie geschaffen sind.

Ewige Macht[39]: Seine Macht ist nicht wie die der Herren dieser Welt zeitlich begrenzt und wird nicht durch den Tod in Ohnmacht verkehrt. Der Apostel, der in Höhen überirdischer Erfahrung durch den Geist entrückt worden ist g), schreibt einen solchen Hymnus nicht zur frommen Verzierung seiner Briefe; vielmehr treibt ihn der Geist im Bedenken der Not der Gemeinde und der Größe Gottes ins Gebet, in die „Eucharistia", das heißt in die Danksagung und Anbetung dessen, dem alle Macht und Ehre zukommt. Zwischen den vier hymnischen Stücken des ersten Timotheus-Briefes besteht ein enger innerer Zusammenhang. Der erste und letzte Lobpreis gilt dem alleinigen König der Ewigkeit (1, 17; 6, 15. 16). Die mittleren zwei Hymnenteile rühmen den einzigen Mittler und Erlöser Jesus Christus (2, 5. 6; 3, 16). Das Evangelium ist nicht eine zu bloßem Wissen erstarrte Form, sondern es ist die frohe Botschaft „von der Herrlichkeit des seligen Gottes" (1, 11; E 25 e).

g) 2 Ko 12, 2—4

5. Gegen Mißbrauch und für rechten Gebrauch irdischer Güter
1. Timotheus 6, 17—19

17 Den Reichen im gegenwärtigen Zeitlauf gebiete, sie sollen
nicht hochmütig sein noch auf den unsichtbaren Reichtum
ihre Hoffnung setzen, sondern auf Gott, der uns alles reich-
18 lich darreicht und genießen läßt. * Sie sollen Gutes tun,
reich werden an guten Werken, freigebig, gern mitteilend.
19 * Dadurch sammeln sie sich selbst eine gute Grundlage für
die Zukunft, damit sie das wirkliche Leben ergreifen.

[39] *kratos* wie Eph 1, 19; Hb 2, 14: die Macht des Todes. In I 6, 16 ist es Gott, der die Macht des Lebens hat, das heißt die Unsterblichkeit; vergleiche II 1, 10; Apg 19, 20; Luk 1, 51; vgl. V. 52: er hat Gewaltige (wie I 6, 15) vom Thron gestürzt. Gegen die Macht des Todes sind auch die Mächtigen dieser Welt machtlos. Selbst dort, wo der allein wahre Gott des Lebens geleugnet wird, kann der Mensch doch das Suchen nach ihm nicht verdrängen. Der russische Dichter Bulat Okudschawa, der seit 1955 der Kommunistischen Partei angehört, hat François Villon ein Gedicht gewidmet und es mit „Gebet" betitelt, das im Russischen erschienen ist: Solange die Erde sich noch dreht — / Herr, Deine Macht! / Mach, daß sich die Macht / der Machtbesessenen nicht bemächtigt: / Dem Großmütigen gib genügend Atemweite, / sei es auch bloß bis zur Tagesneige, / räume Kain die Reue ein — / und denke auch an mich.

Die Unterbrechung der Gedankenfolge durch eine Doxologie 17
ist für Paulus typisch und besonders deutlich erkennbar im Brief an die Römer a). Der Gedanke an die Geldgierigen, welche sich mit vielen Schmerzen durchbohren (10), leitete die beschwörende Mahnung an Timotheus ein, und diese mündete in den Lobpreis vor dem Angesicht Gottes, dem Ehre gebührt und ewige Macht. Denen, die reich werden wollen (9), wurde der große Erwerb wahrer Gottseligkeit mit Genügsamkeit vor Augen gestellt (6), ein Reichtum, der das jetzige und das zukünftige Leben umfaßt (6, 7; 4, 8). Nach dem preisenden Aufschwung in die ewige Welt, zu dem allein unsterblichen Gott und seiner unvergänglichen Ehre wendet der Schreiber die Aufmerksamkeit denen zu, die in der **jetzigen Welt** irdischen Reichtum erworben haben. Wir hören nichts, ob diese Reichen in der Gemeinde schon vor ihrer Umkehr und Reinigung im Glauben oder erst nachher als Christen reich geworden sind. **Sie sollen nicht hochmütig sein.** Den Reichen soll nicht nur nahegelegt, sondern mit Bestimmtheit geboten werden, wie sie die materiellen Güter recht zu verwalten haben. Warum verleitet Reichtum zum Hochmut? Man kann den Erwerb der Güter seiner eigenen Tüchtigkeit oder einer besonderen Gunst Gottes zuschreiben. Der Reiche kann versucht sein, mit den Möglichkeiten, die ihm das „Vermögen" verschafft, zu prahlen (wie es auch die reichen Frauen tun: 2, 9). Der Apostel und seine Mitarbeiter haben gelernt, ihre *Hoffnung* allein auf den lebendigen Gott zu setzen; auch die Witwen in ihrer Verlassenheit und Abhängigkeit leben als Hoffende b), die nicht beschämt werden; wer aber auf irdische Güter vertraut, ist betrogen; er hat sein Haus auf Sand gebaut, denn der Reichtum ist **unsicher.** Niemand kann zwei Herren dienen: niemand seine Hoffnung auf Gott und gleichzeitig auf den Reichtum setzen. Wer dem Reichtum vertraut, verfällt dämonischer Unsicherheit und Sorge.

a) Rö 1, 25; 9, 5; 11, 36; 16, 24. 27; Gal 1, 5; Phil 4, 20; Eph 3, 21; II 4, 18

b) I 4, 10; 5, 5; 1, 1

Der alles reichlich darreicht c) **und genießen läßt.** Viele Christen kennen den Genuß nur als Sünde, als verbotene Frucht vom Baum des Lebens. Doch Gott erlaubt nicht nur den Genuß, sondern er bietet ihn reichlich (!) dar, in der Erwartung, daß das Geschenkte dem Empfangenden ein wahrer Genuß sei. Diese Aussage des reichlich zum Genuß schenkenden Gottes steht im Gegensatz zu dem falschen, das heißt selbstsüchtigen Genuß der Reichen. Wieder ist eine konkrete Mahnung nicht moralisierend hingestellt, sondern verbunden mit dem

c) wie I 1, 4; Gal 6, 17; Kol 4, 1

d) vgl. Ps 23; 104, 27 f; 45, 15 f

Lobpreis dessen, der alles geschaffen hat und darreicht zum Genuß d).

18 **Sie sollen Gutes tun:** Als Empfänger der Wohltaten Gottes sollen die Reichen wahre Wohltäter sein, indem sie **reich werden in guten Werken**[40]. Sie sollen nicht das Gut für sich selbst verschwenden, noch gönnerhaft andern Geld geben, sondern sie sollen erst sich selbst hingeben und praktisch tätig sein in Werken der Liebe. Nur so ist es möglich, **freigebig**[41] zu sein und **gern mitzuteilen**[42]. Sie sollen Besitz, Freude und Genuß mit andern teilen[43]. Die Reichen sollen Vorbilder sein für die ganze Gemeinde in der Art, wie sie eine soziale Gesinnung an den Tag legen und praktizieren. Wo wurde je mit dieser klaren Forderung des Evangeliums ganz ernst gemacht? (A 3).

e) vgl. Mt 6, 20; Lk 6, 48. 49

f) Lk 14, 29; Apg 16, 26 Rö 15, 20; 1 Ko 3, 10. 11; Eph 2, 20; II 2, 19; vgl. Hb 6, 1; 11, 10; Offb 21, 14

g) Gal 3, 21; 1 Ko 4, 25; Jo 8, 36; Lk 24, 34; 23, 47; Mk 11, 32

19 **Dadurch sammeln e) sie sich selbst eine gute Grundlage f) für die Zukunft:** Der Blick auf die Zukunft weist auf den hin, der im Begriff steht zu richten (II 4, 1). Nicht materielle Schätze sollen die Reichen horten, sondern himmlische dadurch, daß sie das Irdische gebrauchen für Taten der Barmherzigkeit und der Liebe[44].

Damit sie das wirkliche g) Leben ergreifen: Der Reichtum verschafft kein wirkliches Leben. Wer nach ihm greift, um ihn festzuhalten, vergreift sich und verliert den Halt. Die Parallele zu Vers 12, wo Timotheus ermahnt wird, das ewige Leben zu ergreifen, zeigt, daß die Mahnung an die Reichen nicht willkürlich oder deplaciert erfolgt.

Kann sich etwa ein Reicher den Himmel verdienen, wenn er das Geld für gute Werke hingibt? Weder in 6, 19 noch in

[40] *ploutein en ergois kalois:* Mt 5, 16; 26, 10. Die Reichen sollen nicht Schätze auf Erden sammeln, sondern Schätze im Himmel, die bleiben; Mt 6, 19—21. „Herr, hilf denen, die sich ihren Reichtum zugute halten. Es sind armselige Reiche, kommen sie nicht zu jener Einfalt, die weiß, daß sie alles erhalten hat, und zu jener Brüderlichkeit, die nie vergißt, daß alle Menschen zur Teilhabe an Deinem göttlichen Reichtum eingeladen sind.“ (H. Camara, Gebet für die Reichen).

[41] *eumetadotos,* mitteilsam; nur hier im NT, aber sonst bezeugt. Zusammengesetztes Verb, vgl. *metadidous* in Rö 12, 8: mit Freudigkeit Barmherzigkeit üben; Eph 4, 28: Der Dieb soll nicht mehr stehlen, sondern arbeiten, damit er dem Bedürftigen freigebig geben kann. Jeder, ob arm oder reich, soll arbeiten, damit er, ob viel oder wenig, etwas hat, was er anderen, noch Bedürftigeren weitergeben kann.

[42] *koinonikos:* eine Steigerung von mitteilen; gern mitteilen.

[43] Gal 6, 6: *koinoneito,* imp. von *koinoneo,* mit jemand gemeinsam teilhaben an einer Sache. Spicq (210) übersetzt: „avoir le sens social“ = eine soziale Gesinnung hegen.

[44] Vgl. 1 Pt 4, 5; Rö 8, 18: jetzige und zukünftige Zeit; Gal 3, 23: Auf den Glauben hin; Rö 8, 38: Gegenwärtiges, Zukünftiges.

6, 11; 2, 15 haben wir es mit Werkgerechtigkeit zu tun. Der
reiche Jüngling kommt zu Jesus und fragt nach dem ewigen
Leben. Er erhält die Weisung, alles zu verkaufen und es den
Armen zu geben. Doch das verschafft ihm nicht das ewige
Leben! „Und (dann) komm, folge mir nach." Das erst bedeutet,
das ewige Leben zu ergreifen: die Nachfolge hinter Jesus
her h). Wer aber seine Hände um den Geldbeutel gekrallt hat, h) Lk 18, 22
kann nicht nach dem wahren Leben greifen, das nur mit lee-
ren Händen zu erfassen und zu ergreifen ist. Paulus verwen-
det zwei volle Kapitel im Brief an die Korinther i), um die i) 2 Ko 8 u. 9
Gemeinde zur Freigebigkeit anzuspornen. Für ihn sind
„Gnade" k) und „Liebeswerke" l) nicht zwei verschiedene oder k) 2 Ko 8, 1
voneinander zu trennende Größen. Was er über säen und ern- l) 2 Ko 8, 7
ten in Gal 6, 6—10 schreibt, hat einen durchaus konkreten
Sinn im Blick auf Geben und Empfangen materieller Gü-
ter[45]. „Gott aber vermag *jede* Gnade (!) im Überfluß über
euch zu bringen, damit ihr in *allem alle Zeit alles*
Genüge m) habt und zu jedem guten Werk überreich seid." Die m) I 6, 8
guten Werke sind „Früchte der Gerechtigkeit" n) und *nicht* n) 2 Ko 9, 10
Mittel zur Gerechtigkeit.

Die neutestamentliche Kritik am Reichtum und an den
Reichen stammt aus der gleichen Quelle, die auch die alt-
testamentlichen Propheten o) zu ihren flammenden Anklagen o) Jes 58, 1—11 Jer 22, 13—17 Amos 8, 4—10 Micha 6, 9—16
gebracht hat: Gott ist der allein Reiche, der aus seinem Reich-
tum *allen* gibt, damit sie *allen* geben können[46]. Der Arme
ist nicht ein besserer Mensch, weil er wenig oder nichts hat,
noch ist der Reiche ein schlechter Mensch, weil er viel hat. Jeder
wird zur Rechenschaft gezogen für das, was er mit seinen
Gaben und Talenten, d. h. seinen materiellen **und** geistigen
Gütern, getan hat. Würde man den Reichen ihre Güter weg-
nehmen und den Armen geben, so hätte sich trotzdem weder
in den Herzen noch in den sozialen Verhältnissen irgend etwas
grundlegend geändert oder verbessert. Das Reich-werden-
Wollen gehört zu dem Bösen, das nicht von den menschlichen
Verhältnissen her in den Menschen eindringt, sondern das
aus seinem eigensten Herzen kommt p). Das Christentum hat p) Mt 15, 19

[45] 2 Ko 9, 6. 8 ist parallel zu sehen zu dem Gott, der „alles reichlich darreicht zum Genuß". Wer aus der Fülle des Segens Gottes lebt, überwindet die Angst vor dem Verlust und die Sorge des gierigen Ansichreißens; ebenso real ist säen und ernten in Gal 6, 6—10 gemeint.

[46] Vgl. in 2 Ko 9, 9 das atl Zitat: er hat ausgestreut (aus seinem Reichtum); er hat den Armen gegeben; seine Gerechtigkeit bleibt in Ewigkeit (Psalm 112, 9). Der Sämann macht den Samen nicht selbst, Gott reicht ihn dar: 2 Ko 9, 10.

weder die soziale Struktur der Sklaverei noch diejenige von arm und reich von außen verändert, dafür aber den entscheidenden Durchbruch geschaffen, der eine menschliche Veränderung der Verhältnisse und Beziehungen „von Herzen" ermöglicht. Die große und beschämende Frage bleibt bestehen, warum diesem Durchbruch nicht schneller und weltweiter eine sauerteigähnliche Wirkung folgte. Macht und Reichtum sollen dem wahren Wohl aller dienstbar gemacht werden. Wer aber kann dies tun, welcher einzelne, welche Gemeinschaft, es sei denn, daß sie selbst von der Versklavung an Machtgelüste und der Begierde nach Reichtum befreit sei?

Der Briefschluß

1. Timotheus 6, 20—21

Letzte Warnung vor Irrlehrern

1. Timotheus 6, 20—21

20 O Timotheus, bewahre das anvertraute Gut, wende dich
ab von dem heillosen, leeren Gerede und den Streitsätzen
21 der fälschlich so genannten Erkenntnis. * Manche haben
sich zu ihr bekannt und sind vom Glauben abgeirrt. Die
Gnade sei mit euch.

O Timotheus[47]**, bewahre das anvertraute Gut!** Bewahren 20
kann er das Anvertraute nur durch den Heiligen Geist, das heißt in seiner Kraft a). Und Gott muß und will selber das bewahren, was dem Timotheus der Apostel anvertraut b)[48].

a) II 1, 14
b) II 1, 12; 2 Th 3, 3

Genauso menschlich-persönlich wie Paulus dem Timotheus die kostbare Gabe des Evangeliums anvertraut, genauso persönlich soll Timotheus weitergeben, was er empfangen hat c). Von einer rechtlichen Institution, welche die Überlieferung der Überlieferung garantiert oder schützt, ist hier keine Rede, vielmehr steht das Gleichnis des treuen Haushalters, dem viel anvertraut ist, vor Augen d). Der unbescholtene Vorsteher, der an der Lehre festhält, ist ein treuer Haushalter Gottes e). Der Gedanke der zuverlässigen Überlieferung des Empfangenen ist von Anfang an und in allen neutestamentlichen Schriften erkennbar[49]. Eine Beziehung zum Mahnwort an die Reichen ist naheliegend: Der gute Schatz — das anvertraute Gut.

c) II 2, 2
d) Lk 12, 42; 16, 1; vgl. Tit 1, 7. 9
e) vgl. 1 Ko 4, 1; I 3, 5

[47] Vgl. die persönliche Anrede „ihr Brüder“ am Anfang und am Schluß von Gal 1, 6. 18; 1 Ko 1, 10; 16, 15; vgl. I 1, 8. 18!

[48] Sonst *paradosis;* ein Wort, das durch die aufkommende „Überlieferung“ der Gnosis in Mißklang geriet; 1 Ko 11, 2; 2 Th 2, 15; 3, 6. Hier also: *paratheke;* II 1, 12. 14; sonst nirgends im NT. Vgl. ein Depot auf einer Bank haben oder ein Safe-Fach = Sicherheitsfach.

[49] Vgl. 2 Th 3, 6. 14. 15: nach der Überlieferung wandeln, die sie von uns empfangen haben; 1 Ko 11, 23: ich habe vom Herrn her empfangen, was ich euch auch überliefert habe; 15, 3 f; Jud 3.

Wende dich ab: Geh aus dem Wege; wegwenden. Schließt an I 1, 6 an; das gleiche Verb: Die Irrlehrer wenden sich von der Wahrheit ab, der treue Haushalter soll sich von der Irrlehre abwenden (5, 15; E 25 d).

Von dem heillosen, leeren Gerede und den Streitsätzen der fälschlich so genannten Erkenntnis: leer kann auch den Sinn von unheilig haben und steht im Gegensatz zur heiligen Berufung des Timotheus f). Streitsätze sind Gegenaufstellungen = Antithesen **(antithesis).** Gnosis = Erkenntnis[50]. Die wahre Erkenntnis ist vom wahren Gott geschenkt g). Die falsche „Gnosis" behauptet, die Erkenntnis Gottes in eigenen Händen in eigener Macht zu verwalten. Die Schriftgelehrten erheben den Anspruch, „den Schlüssel der Erkenntnis" zu haben h). Schon in Korinth gab es „Gnostiker" i). Wir haben es in den Past mit judaisierenden Gnostikern zu tun. Die ganze griechische Literatur zeigt eine Vorliebe für Disputation k). Schon seit der Zeit der Vorsokratiker war „Antithesis" im Sinne von Einwand, Widerspruch, Gegensatz bekannt.

f) I 1, 6; 4, 7; II 2, 16
g) Jo 17, 3; 2 Ko 4, 6; Phil 3, 8; Kol 2, 3
h) Lk 11, 52; Rö 2, 20
i) 1 Ko 8, 1
k) Apg 10, 21

21 **Vom Glauben abirren:** genau wie am Anfang: I 1, 6; vgl. II 2, 18. Glaube ist das zweitletzte Wort des Briefes und unterstreicht die zentrale und unabgeschwächte Bedeutung, die er für alle Aussagen hat: Nicht Werke, nicht Wissen, sondern Glaube ist die entscheidende Gabe und Aufgabe, die das Evangelium bringt.

Die Gnade sei mit euch! (1, 2)

Der Gebetsgruß am Schluß schließt auch die Gemeinde mit ein.

Nur in der Kraft dieser Gnade vermögen Timotheus und die Gemeinde den Irrlehrern zu widerstehen, sich von ihrem Einfluß abzuwenden und in der wahren Gottseligkeit zu leben. Schließlich aber kann weder Paulus noch Timotheus sich selber oder die anvertraute Gemeinde vor Irrwegen bewahren. Gottes Gnade allein ist dazu imstande, sie aber genügt. Und gerade deshalb soll Timotheus in der Kraft dieser Gnade kämpfen, lehren, mahnen und dem Geheimnis der Gottseligkeit nachjagen.

[50] Plutarch schreibt von „fälschlich sogenannten Philosophen"; Philo von „falschen Göttern" im Gegensatz zu *„ho alethinos theos"*, dem wahren Gott.

ANHANG 1

Die Grußformeln in den paulinischen Briefen

Die Grußformeln in den Past stehen in organischem Zusammenhang mit den übrigen paulinischen Episteln. O. Roller (Das Formular der paulinischen Briefe) hat zirka 15 000 Briefe des Altertums untersucht. 4 500 von ihnen weisen eine Struktur auf, die während tausend Jahren unverändert tradiert wurde, wie das noch auf klassische Weise in dem Protokoll des Konzils von Jerusalem zu finden ist (Apg 15, 23—29; vgl. auch 23, 26). Absender: (eure) Brüder (nämlich die Apostel und die Ältesten). Empfänger: Den Brüdern in Antiochia und Syrien und Cilicien, die aus den Heiden stammen. Gruß: Heil. Dann folgt der Inhalt des Briefes. Der Schlußwunsch lautet: Lebt wohl! (V 29). So schreiben Cicero, Seneca, Plinius, die Kirchenväter etc. bis ins 5. Jahrhundert hinein. Schon nach dem ersten Jahrhundert wurde die Reihenfolge oft geändert, doch die Form blieb gleich. Paulus hingegen übernimmt die Reihenfolge genau (Absender, Empfänger, Gruß, Inhalt, Schlußwunsch), wandelt aber die Form in einzigartiger Weise und unverwechselbar ab:

1. In 98 % der von Roller untersuchten Privatbriefe ist der Absender nur mit dem Namen genannt. Paulus folgt in den ersten beiden Briefen (I und II Th) noch ganz der Tradition, er nennt nur die drei Namen (Paulus, Silas und Timotheus). Im Brief an die Galater aber bricht er mit der Überlieferung und verwendet für den Absender 26 Wörter; darin steht unter anderem: Paulus, Apostel des Messias Jesus nach dem Willen Gottes. Diese Bezeichnung sollte mit wenigen Änderungen bis ans Ende seiner Schreibtätigkeit bestehen bleiben. Die Erweiterung des Wortschatzes für die Selbstbezeichnung des Absenders ist gegen allen Brauch in der Umwelt. Im ersten Brief an die Korinther sind es acht Wörter, in I Tim fünfzehn, in II Tim vierzehn, in Tit 47, im Brief an die Römer 72. In den üblichen Briefen der Antike wird nur der Name erwähnt, damit soll die Bescheidenheit des Absenders ins Licht gerückt werden. Paulus aber schreibt als einer, der Autorität hat. Nur an Philemon und an die ihm besonders verbundene Gemeinde der Philipper schreibt er ohne Hinweis auf seine Autorität. Paulus verläßt auch den Gebrauch der dritten Person für den Absender, die sonst durchgehend Regel ist. Gal 1, 2 schreibt er z. B.: Die Brüder, die mit mir sind. Also faßt er „Paulus“ in Vers 1 als „ich“ auf, sonst müßte es nämlich heißen: Die Brüder, die mit ihm sind (ebenso Rö, Phlm, Tit 1, 3). Darum muß das fehlende besitzanzeigende Personalpronomen in I und II 1, 2 und Tit 1, 4 mit „mein Kind“ übersetzt werden und nicht, wie meistens, dem klassischen Gebrauch folgend, sein Kind. Ganz neu ist außerdem, daß Paulus

im Absenderteil öfters seine Mitarbeiter nennt. Vielleicht ist das sogar ein Hinweis auf eine mögliche Form der Mitverfasserschaft. In den Past verbindet er die feierliche Autoritätserklärung mit einer persönlich-herzlichen Zuwendung.

2. 89 % der Adressen bei Privatbriefen enthalten nur den Namen des Empfängers. Doch die offiziellen Briefe weisen mehr Worte auf. So sind I, 2 (fünf Wörter) und Tit 1, 4 (sechs Wörter) als Mitteilung herausgehoben, die den persönlichen Bereich übersteigen. II ist der letzte und ganz persönlich gehaltene Brief, seine Adresse weist nur drei Wörter auf. Einzig die Past enthalten nicht mehrere, sondern nur einen einzigen Namen als Empfänger. Paulus versteht es, seine Briefempfänger, die in der Mehrzahl Gemeinden oder Gruppen von Gemeinden sind, mit jeweils besonderen Worten schon in der Anschrift auf Gott auszurichten. Die Gemeinde der Thessalonicher ist in Gott, dem Vater, und dem Herrn Jesus Christus; Timotheus ist Kind im Glauben. Auch das ist in der antiken Briefliteratur völlig neu.

3. Der Gruß. Seit dem 4. Jahrhundert vor Christus war es üblich, den Gruß mit einem einzigen kurzen Wort auszudrücken: Chaire, Chairete, was wörtlich heißt: freue dich, freuet euch. Doch diese Grußformel ist in ihrer Bedeutung verblaßt und hatte schließlich nur noch den Sinn von: Sei gegrüßt! Guten Tag! Heil dir! (Mt 26, 49; 27, 29; 28, 9). Paulus ersetzt das „freue dich" der Griechen durch das Wort „Gnade" (charis) und weist damit auf den Ursprung aller wahren Freude in der göttlichen Gnade hin. Auch in charis ist das Element der Freude und des Wohlgefallens enthalten. Die Gnade verbindet er mit dem ursprünglich jüdischen Gruß: Friede dir; auch das zum erstenmal in der Geschichte (I und II Pt; Offb und später Clemens folgen). Vor Paulus hat niemand dem Gruß einen heiligen Sinn dieser Art und mit diesem Bewußtsein der göttlichen Gegenwart gegeben. Wünschten die Griechen einander Freude und schrieb Plato seinem Empfänger moralisches Handeln zu, Erfolg in der Tugendhaftigkeit, so betet Paulus um göttliche Gunst. Und nochmals neu, aber ganz in der Linie der bisherigen Praxis fügt der Apostel in I und II (aber wiederum ganz undogmatisch in Tit nicht) erstmals den dreigliedrigen Gruß zusammen: Gnade, Barmherzigkeit, Friede; der dann übernommen wird von 2 Jo 3; Jud 2 und später von Polykarp.

4. Einleitung. Die dem Gruß folgenden Einleitungen sind je nach Größe und Entfaltung der Gedanken verschieden ausführlich, am ausführlichsten in den Briefen an die Römer und Galater. Die Past offenbaren den persönlichen Stil eines mehr privaten Briefes. In der Einleitung stehen keine langen dogmatischen Exkurse; kein rhetorischer Stil, der schon in II Th und I Ko vorkommt, hat hier Platz. Doch haben die Past auch offiziellen Charakter. Da aber diese Briefe nicht in der Lehre unterweisen, sondern

zum Handeln anleiten und ermuntern wollen, sind die dogmatischen Ausführungen und Zitate auf kurze Formeln oder knappe Hinweise beschränkt.

5. Schluß. Auch den Briefschluß hat Paulus aus der Antike übernommen, ihn aber inhaltlich neu gestaltet. In I Th 5, 23; II Th 3, 16; Rö 16, 20 f ruft er den „Gott des Friedens" an für die Empfänger seiner Briefe. In Gal 6, 10; I Ko 15, 26; II Ko 13, 11; Eph 6, 20 ermuntert er sie, indem er sie auf das Ziel der Vollendung hinweist (Phil 4, 19 ähnlich wie die ersten Episteln). In II fehlt der Schluß ganz wie in Kol, in I 6, 20 jedoch ist er gut erkennbar, ebenso Tit 3, 9—11 (ähnlich wie Eph). Also auch hier für Paulus typische Unregelmäßigkeiten.

6. Der Schlußgruß ist nochmals unverwechselbar unterschieden von der traditionellen Form. „Die Gnade unseres Herrn Jesus Christus sei mit euch ... mit dir." Eine Form, wie sie nirgends in der Antike und auch bei keinem andern Schriftsteller des NT erscheint.

Die Einzigartigkeit der apostolischen Sendung des Paulus findet ihren Ausdruck bis hinein in das Formular seiner Briefe. Ein Beispiel dafür, wie Sprachgewohnheiten zwar aus der Umwelt übernommen werden, aber aus der Begegnung mit Christus eine neue Form erhalten und einen neuen Inhalt gewinnen. Die Past stehen eindeutig in dieser Linie des Neuen, das aus dem Alten hervorgeht. Das Formular dieser Briefe gehört gerade auch in den feinsten Unterschiedlichkeiten ganz zum einzigartigen Schreibstil des Apostels.

ANHANG 2

Gesetz und Evangelium

1. Unter „Evangelium" verstehen die Past, wie auch sonst Paulus, die Gesamtheit der „gesunden Lehre" von Jesus Christus: Gal 2, 7; I Ko 9, 17; Eph 3, 7; Kol 1, 23.25; Tit 1, 3. Als abgekürzte Redeweise kann für Evangelium stehen: Christus, Gnade, das Wort vom Kreuz.

2. Das Gesetz offenbart den Willen Gottes für den Menschen, aber es bringt nicht die Kraft, diesen Willen zu vollbringen. Die Sünde wird durch das Gesetz nicht nur als „nicht können", sondern als „nicht wollen" aufgedeckt (Rö 7, 9; 4, 15). So bewirkt das Gesetz, das gut und heilig ist, Zorn, d. h. das gerechte Urteil in bezug auf den Übertreter. Es zeigt unverhüllt die todverfallene, unter Gottes Gericht stehende Menschheit. In I 1, 8—10 nennt Paulus die äußersten, schwersten Verfehlungen, die das Gesetz kennt; ebenso in Rö 3, 10 f, wo die polemische Zuspitzung durch geeignete atl Zi-

tate erreicht wird; vgl. aber auch Rö 2, 22, wo Paulus selber einen wahrscheinlich selten vorkommenden Frevel anführt, um dem ins Gewissen zu reden, dem die Götzen ein Greuel sind: Du beraubst ihre Tempel! Die Worte in I 1, 8—10 mögen aus der Umwelt entliehen sein, in ihrer Bedeutung aber stehen sie ganz innerhalb der Gesetzeslehre des Paulus.

3. Dem Gesetz gegenüber steht der begnadende Retter (Rö 10, 4; Gal 3, 12 f). Der Messias begegnet dem unter dem Gesetz verurteilten Sünder mit dem unverdienten Erbarmen Gottes. Paulus war selber ein Gewalttäter (vgl. I 1, 13 mit V. 9; I Th 2, 2; II 3, 2; Rö 1, 30), also ein Gesetzesübertreter im schwersten Sinn. Gott aber hat ihn zu einem Boten der Liebe gemacht. Er war in Unglaube und Unwissenheit verloren, Christus aber hat ihm den Glauben zugetraut und geschenkt (I 1, 13c.14b.16c). Typisch ist die Gegenüberstellung von einst und jetzt; einst ein Gewalttäter, jetzt ein Diener; einst ein Sünder, jetzt ein begnadeter Sünder (vgl. Gal 1, 13 f; I Ko 15, 9.10). Nicht menschliche Anstrengung hat diese Wende bewirkt, sondern Gottes erbarmendes Eingreifen.

4. Gesetz und Evangelium sind zwar zwei sich gegenseitig ausschließende „Heilsordnungen", aber inhaltlich beruhen beide auf demselben Willen Gottes. Jesus bringt nicht ein inhaltlich neues oder anderes Gesetz, auch Paulus nicht. Das Gesetz Gottes muß erfüllt werden. „Die Liebe ist des Gesetzes Erfüllung" (Rö 13, 8—10; vgl. I 1, 5 im Zusammenhang mit V. 6—11). Aber diese Liebe ist nicht des Menschen Errungenschaft, sie ist Gottes eigene Liebe, ausgegossen in das Herz des Menschen durch den Heiligen Geist (Rö 5, 5). Der Unterschied besteht somit nicht im Inhalt des offenbarten Willens Gottes, sondern im Verhältnis des Menschen zu Gott. In Christus wird der Gottlose, der Sünder, der Feind, der Schwache als Gottes Kind angenommen (Rö 5, 6.8.10).

5. Wo die Unterscheidung zwischen gleichbleibendem Gesetz und verändertem Gottesverhältnis verwischt wird, da schleicht sich die Werkgerechtigkeit ein. Wenn auch mit Hilfe des Erlösers, so doch schließlich aus eigenem „guten Willen" versucht nun der Mensch, die Gebote zu erfüllen. Das aber führt nur noch tiefer in den Widerspruch des Menschen mit sich selbst und gegen Gott (Rö 7). Zwei ständig drohende Abwege sind auf dem Wege der Gnade möglich: a) die inhaltlichen Bestimmungen des Gesetzes zu übergehen in der Meinung, sie seien für den Glaubenden ohne Bedeutung; das führt schließlich in ein ausschweifendes Leben unter dem Deckmantel der Frömmigkeit (II 3, 5. 1—4); b) die Forderungen des Gesetzes in eigener Einsicht und Kraft erfüllen zu wollen mit Gebet, guten Werken, Askese (I 4, 3; II 1, 9; Tit 3, 5). Gegen beide Abwege wenden sich die Past unmißverständlich.

6. Im Laufe der Kirchengeschichte wurde immer wieder um das rechte Verhältnis von Gesetz und Evangelium gerungen. Nach der Zeit der Past gewinnen Werkfrömmigkeit und Askese, gegen die Paulus entschieden und

zum Teil scharf angeht (I 1, 10b.11.19.20 etc.), die Oberhand. Nicht zuletzt auch deswegen wird die Frau aus dem aktiven Leben der Kirche mehr und mehr hinausgedrängt (das Ideal der Jungfräulichkeit!, siehe A 4). Augustinus greift wieder auf Paulus zurück, doch finden Verschiebungen statt: Dem Gesetz steht nicht mehr der Messias gegenüber, sondern die Gnade als eine Art eigenständiger Größe (die Diskussion um Natur und Gnade), die der Mensch „hat“ und mit der er (selber) arbeiten kann. So gerät das Leben unter der Gnade doch wieder mehr und mehr in eine seltsam gesetzliche Beleuchtung und wird schließlich erneut durch massive Gesetzesfrömmigkeit verdrängt. Die Reformation bringt einen neuen Durchbruch der Gnade in Jesus Christus. Für Luther hat das Gesetz einen politischen Gebrauch (Obrigkeit) und einen geistlichen Gebrauch (Gott überführt den Menschen von seiner Sünde). So ist das Gesetz Ankläger und Richter. Calvin nennt einen dritten Gebrauch, der nur für Wiedergeborene gilt: Das Gesetz sei Wegweisung für den Glaubenden, das sei sein eigentlicher Sinn. Auch Luther kennt diesen Gebrauch, er gibt ihm aber nicht den Namen Gesetz. Vielleicht kann man sagen, daß unter der Gnade die Sofort- und Totalgebote zu Zielgeboten werden, zu denen der Mensch unterwegs ist; nicht in ständigem Bemühen der Annäherung, sondern im Stand der völligen Nähe der Gotteskindschaft. Denn Rechtfertigung ist nicht eine gedankliche Theorie, sondern „Zusammensprechung“ mit dem lebendigen Christus. Für Luther ist Glaube Verbindung mit Christus. Wo aber Glaube ist, da ist auch Heiligung, neues Leben. In der Orthodoxie gewinnt eine Scheinfrömmigkeit wieder die Oberhand, weil die „Rechtfertigung aus Glauben“ zu einer leeren Lehre erstarrt, herausgelöst aus der Verbindung mit dem lebendigen Herrn.

7. Christus hat die Macht der Sünde und des Gesetzes endgültig gebrochen und die Herrschaft der Gnade aufgerichtet. So steht der Christus Angehörende nicht mehr unter dem Gesetz, sondern unter der Gnade (Rö 6, 14). Nun ist aber das Gesetz ebenso Offenbarung Gottes wie das Evangelium. Jesus ist der einzige Mensch, der das Gesetz Gottes erfüllt hat. Er ist der Maßstab Gottes. Das Gesetz wie das Evangelium ruft zur Umkehr. Umkehr aber ist nicht das Werk des Menschen, sondern Gabe Gottes (2 Ko 7, 9—11; Apg 5, 31; 11, 18; II 2, 25!). Wenn der Glaubende sündigt, hat er wie irgendein Mensch die Gebote übertreten, aber er ist deswegen nicht aus der Gnade gefallen. Das Gesetz will ihn anklagen und verdammen, aber Gott spricht ihn gerecht, und Christus tritt für ihn ein (Rö 8, 33—34). So überführt das Gesetz den Sünder und trennt ihn von Gott, doch Jesus überführt den Sünder und vereinigt ihn wieder mit Gott. Wie der Herr durch sein Gebet und seinen liebenden Blick der Vergebung den ihn verleugnenden Petrus zur Besinnung und Umkehr brachte, so führt heute der Geist des Herrn seine Jünger dazu, daß sie die Sünde erkennen, bekennen und lassen und bestätigt ihnen, daß sie Gottes Kinder und in seiner Gnade geborgen sind.

ANHANG 3

Gute Werke

1. Der religiöse Mensch, der sein Heil mit guten Werken verdienen und bestätigen will, kann vor Gott nicht bestehen. Das bezeugen übereinstimmend nicht nur die Evangelien und die frühen Paulusbriefe, sondern auch die Past. Gott erlöst uns ... nicht nach unseren Werken, sondern nach seinem Vorsatz, aufgrund seiner Gnade, wegen seiner Barmherzigkeit (I 1, 12—17; I 1, 9; Tit 3, 5; vgl. Eph 2, 9). Tit 3, 5 ist dermaßen paulinisch, daß man (je nach Grundeinstellung zur Verfasserschaft) entweder einen späteren Einschub aus fremder Hand oder eine eigenhändige Korrektur des Paulus vermutet, der die Arbeit seines Sekretärs durchliest. Vergleicht man aber II 1, 9 mit Tit 3, 5 („nicht auf Grund unserer Werke"), so müßte man auch da eine Korrektur annehmen. Ein Sekretär des Paulus hätte demnach bei der Abfassung des Titusbriefes nichts gelernt für den zweiten Brief an Timotheus. Doch solcher Vermutungen bedarf es gar nicht, denn alle anderen Stellen über die guten Werke zeigen deutlich, daß sie (wenn auch z. T. mit anderen Worten ausgedrückt) der Sache nach zentral paulinisch sind.

2. In allen Briefen des Paulus nehmen die Werke eine wichtige Stellung ein. Gute Werke können den Menschen nicht erlösen, aber der Erlöste ist für gute Werke erlöst, er ist „erlöst, nicht aus Werken, damit niemand sich rühme; denn wir sind sein Werk, geschaffen in Christus Jesus zu guten Werken, welche Gott zuvor bereitet hat, damit wir in ihnen wandeln sollen" (Eph 2, 9—10; 1 Th 1, 3; 5, 13; 2 Th 1, 11; 2, 17; Gal 6, 4.10; Rö 15, 18; 1 Ko 3, 13; 9, 1; Eph 4, 12.28; Phil 1, 22; Kol 1, 10).

3. Die selbstverständliche Beziehung von Glaube und Werken ist ein wesentlicher Bestandteil der ntl Heilsbotschaft. Je nach den Umständen, in die hinein die verschiedenen Briefe und Evangelien geschrieben sind (z. B. Jakobusbrief!), erfährt die Grundbeziehung Glaube—Werke eine verschieden starke Betonung, nie aber eine umgekehrte Reihenfolge: Werke — Glaube (Heil). So ist es für jeden Leser offensichtlich, daß die Past ein großes Gewicht auf die Werke legen, wie übrigens auch die Johannesbriefe. Doch ihre klare Verankerung im Glauben ist nirgends aufgegeben.

4. Dibelius (38) aber schreibt: „Es ist auffällig, daß sie (die guten Werke, H. B.) in den Past immer wieder als Zeichen echten Christentums genannt werden, während die echten Paulusbriefe nur den Singular kennen und entsprechend eine andere Bedeutung des Ausdrucks (s. aber Eph 2, 10; Hb 10, 24; Dib.). Einflüsse jüdischer Paränesen mögen dabei mitwirken; aber sie würden nicht aufgenommen werden, wenn die rationale, auf ein verchristlichtes Leben abzielende Auffassung des Christentums sie nicht begünstig-

te.“ Gegen diese Behauptung ist zu sagen: Der Singular kommt auch in den Past vor (I 3, 1 vgl 1 Th 5, 13; II 4, 5 vgl dazu 1 Ko 9, 1; 3, 10.13—15; Eph 4, 12; Phil 2, 30). Sodann treten in je einem Vers gleichzeitig Singular und Plural auf: I 5, 10; Tit 1, 16. Titus soll ein Vorbild guter Werke sein wie Paulus (vgl Tit 2, 7 mit 2 Th 3, 7—13). Die Wendung „jedes gute Werk“ (Sg als Pl) erscheint in den Past: I 5, 10; II 2, 21; 3, 17; Tit 1, 16; 3, 1, ebenso in den übrigen Briefen: 2 Ko 9, 8; 2 Th 2, 17; Kol 1, 10. Demnach kann aus dem unterschiedlichen Gebrauch von Sg und Pl kein durchgehender Bedeutungsunterschied abgeleitet werden. Die Werke sind nicht rational und nicht moralisch begründet, sondern im Glauben und in der Liebe, „die in Christus Jesus sind“. „Verchristlichtes Leben“ ist nicht Anpassung an die Welt, sondern Ausgestaltung des Christus im einzelnen und in der Gemeinde, und das durch den Heiligen Geist (II 1, 7; Tit 2, 14; vgl Gal 4, 19). „Werke meinen nicht nur einzelne Taten, auch nicht allgemeine Wirksamkeit, sondern überhaupt die Lebensfrucht der Gemeinden. Unter ‚Werken‘ erscheinen z. B. auch der Glaube (Offb 2, 19), das Harren und Ertragen (2, 2), die Schläfrigkeit (3, 2) und verschiedene geistliche Verfassungen“ (A. Pohl, W. Stb. Offb, Bd I, 101). Die Betonung der guten Werke tritt in den Past stärker hervor, weil die bösen Werke (II 4, 8; Tit 1, 16) vermehrt um sich greifen. Die Kirche hätte zu allen Zeiten wohl daran getan, mehr auf diese „Auffassung des Christentums“ zu hören. Die guten Werke sind die Früchte, an denen der Glaube zu erkennen ist (Mt 7, 17—20). Der Glaube erweist sich durch die Werke der Liebe als wirklich und wirksam (1 Th 1, 3; Gal 5, 6.13).

ANHANG 4

Die Stellung der Frau in I 2, 9—15

1. Die Schriften der Bibel sind in einer Umwelt entstanden, die durch die Vorherrschaft des Mannes und eine paternalistische Gesellschaftsstruktur gekennzeichnet ist. Die Schöpfungsberichte und viele prophetische Aussprüche hingegen machen deutlich, daß die Herrschaft des Mannes über die Frau — im Kleinen wie im Großen — nicht Gottes Willen entspricht, sondern eine Folge der Sünde ist.

Prophetische Gerichtsansage ist Hintergrund und Beweggrund der atl wie der ntl Aussagen über das Verhalten der Männer und — da sie ebenso verantwortlich sind — der Frauen. Die Hände der Männer sind befleckt, sie sind unfähig geworden, gerecht zu handeln (vgl Jes 3, 11—

15 mit I 1, 6—10.13.19.20; 2, 8; 4, 1—3; 5, 19—20; 6, 4—5.9.10; II 1, 15—18; 3, 1—9.13; 4, 3—4). Die Frauen haben sich ihrer Art entsprechend vergangen und sich so der Schuld der Männer ebenbürtig erwiesen. Ihre Hoffahrt ist nicht einfach lächerliche Modetorheit, sondern weiblicher Ausdruck der Gerichtsreife (vgl Jes 3, 16 — 4, 1 mit II 2, 9—15; 5, 11—15; Tit 2, 5).

2. Jesus nahm die Frauen gegenüber den ungerechten und entwürdigenden Anschauungen und Handlungen der Männer nicht nur in Schutz, sondern er befreite sie zu ihrer ursprünglichen Berufung: zusammen mit dem Mann Ebenbild Gottes zu sein und gemeinsam über die Erde zu herrschen (Mt 19, 4.8). Er durchschaute die ungerechte Anwendung des Gebotes gegen Ehebruch und Ehescheidung, die nur die Frau behaftete (Jo 8, 1—11; Mt 19, 3—10). Jesus sah die Frau, die hereingekommen war, mit anderen Augen als der Pharisäer, der ihn zu Gast geladen hatte (Lk 7, 36—50). Frauen waren für ihn ebenso selbstverständlich Gesprächspartner wie Männer, sehr zum Verwundern der Jünger (Jo 4, 27). Nicht nur Männer, sondern auch viele Frauen folgten Jesus nach (Lk 8, 1—3; Mt 27, 55; Mk 15, 41). Sie konnten bei ihm, dem Meister, lernen wie echte Jüngerinnen; das war gegen alle Tradition, die nur den Unterricht der Männer kannte (Lk 10, 39.42; Apg 22, 3). Und Frauen waren es, die als erste die Auferstehung des Herrn verkündeten (Mk 16, 10—13).

3. Das Vorurteil der Männer gegen die Frauen war durch das Evangelium abgeschafft worden (Gal 3, 28); die neue Sicht und entsprechende Praxis konnte sich aber nur langsam und nicht ohne Widerstand und schwere Rückfälle durchsetzen. Die Jünger warteten zusammen mit den Frauen auf Pfingsten (Apg 1, 14). Für die Apostel war es klar (geworden), daß sie Missionsreisen zusammen mit ihrer Ehefrau durchführen können (I Ko 9, 5). Frauen waren an der Ausbreitung des Evangeliums aktiv beteiligt. Phöbe ist Diakonin (Rö 16, 1) und Beschützerin (Beistand, Patronin) auch für Paulus (V. 2); sie überbringt den Brief des Apostels nach Rom. Junia (einige MS haben Junio) ist wahrscheinlich ein weiblicher Apostel (Rö 16, 7; vgl E 12). Noch Chrysostomus († 407) sieht in der Annahme eines weiblichen Apostels keinerlei Schwierigkeit. Er schreibt in der Auslegung dieses Verses: „Wahrhaft, überhaupt Apostel zu sein ist eine große Sache. Sogar unter denen einen hervorragenden Platz zu haben, was für ein Lob ist das. Doch waren sie hervorragend wegen ihrer Arbeit und der daraus erstandenen Frucht. Wie groß ist die Hingabe dieser Frau, daß sie würdig erachtet worden ist, ein Apostel genannt zu werden!“ Prophetinnen sind allgemein bekannt in den Gemeinden (Apg 21, 8—10; I Ko 11, 5). Euodia und Syntyche sind hervorragende Mitarbeiterinnen des Paulus am Evangelium, sie sind Evangelistinnen (Phil 4, 2—4). Prisca und Aquila sind vorbildlich im Lehren (Rö 16, 3—5a; I Ko 16, 19; Apg 18, 26).

Die Mahnreden an die Adresse der Frauen müssen alle a) im Lichte der prophetischen Gerichtsansage, b) der neuen, die Männerherrschaft durchbrechenden Haltung von Jesus und c) der Missions- und Gemeindepraxis des Apostels Paulus und der frühen Kirchen ausgelegt werden, was im folgenden etwas ausführlicher geschehen soll.

4. Eine Frau lerne in Ruhe und Unterordnung (V. 11). Der Zusammenhang von lernen, ruhig sein und Unterordnung soll an Apg 11 dargelegt werden. Judenchristen hören, daß Petrus mit unbeschnittenen Heiden Tischgemeinschaft hatte. „Die aus der Beschneidung" widersprechen ihm (V. 2). Daraufhin erzählt Petrus in geordneter Reihenfolge, wie alles gekommen war (V. 4). Als die Juden-Christen das hören, lenken sie ein, werden überzeugt, beruhigen sich und preisen Gott. Dadurch ordnen sie sich unter, nämlich unter die ihnen zuerst unverständliche Kunde, gegen die sie vorher laut protestierten. Jetzt haben sie gelernt, daß Gott auch den Heiden Umkehr zum Leben gegeben hat (V. 18). Ein weiteres Beispiel: Paulus nimmt Abschied von den Brüdern in Cäsarea, um nach Jerusalem zu gehen, wo er nach prophetischer Aussage gefangen genommen werden wird. Die Jünger versuchen, ihn von seinem Vorhaben abzuhalten. Doch Paulus geht nicht auf sie ein. „Als er aber sich nicht überreden ließ, schwiegen wir still und sagten: der Wille des Herrn geschehe" (Apg 21, 14). Sie lassen ab von eigenen und gutgemeinten Wünschen, sie werden still und ordnen sich dem Willen des Herrn unter. In den Thessalonicherbriefen ermahnt Paulus diejenigen, die ein unordentliches Leben führen, die nicht arbeiten wollen und sich in fremde Geschäfte einmischen, sie sollen ruhig sein, in der Stille arbeiten und ihr eigenes Brot essen (I Th 3, 11; 5, 14; II Th 3, 6.7.11.12). Entsprechendes gilt für die jungen Witwen, die müßig in den Häusern herumlaufen, geschwätzig und vorwitzig sind und reden, was sich nicht geziemt (I 5, 13). „In Ruhe" ist also derjenige, der offen ist für Neues und daraus lernt, oder wer einer geordneten Arbeit nachgeht. Ruhig und still leben (in Ruhe lernen und ruhiges Leben: beidemal dasselbe Wort, I 2, 2.11) ist in jedem Fall eine Frucht göttlichen Friedens (I Ko 14, 33.40). I 2, 11 meint die Art und Weise, wie eine Frau am Lehrgespräch der Gemeinde teilnimmt. Das Lernen-Wollen der Frau wird genauso ernst genommen wie ihr Sich-schmücken-Wollen (V. 11), und beides wird vor Abwegen bewahrt und in die rechte Richtung geleitet. In Korinth war das Lehrgespräch dermaßen entartet, daß die Frauen vorübergehend nicht mehr daran teilnehmen konnten. Sie mußten zu Hause mit ihren eigenen Männern im Gespräch fortfahren. Doch in Ephesus (nach I, 2, 11) ist von einer Beschränkung des Lernens auf das eigene Haus nicht die Rede, denn die Situation ist anders. Die Mahnreden sind keine Gesetze, sondern praktische Anweisungen aus prophetischer Sicht. Die Diskussion um die Stellung der Frau nach der Bibel hat allzuoft den Geruch

einer neuen Gesetzlichkeit, die den Menschen knechtet, anstatt ihn zu befreien zu seiner wahren Bestimmung, wie es das Evangelium tut.

Alles soll wohlanständig und in Ordnung geschehen (I Ko 14, 40). Ohne Unterordnung kann keine Ordnung erhalten bleiben. So soll in der Gemeinde der Sprachenredner schweigen, wenn ihn niemand auslegen kann (I Ko 14, 28), auch ein Prophet soll schweigen (d. h. nicht weiterreden), wenn ein anderer auftritt (V. 30). Da die Geister der Propheten dem Propheten untertan sind (auch den andern Propheten!), müssen sie nicht weiterreden, sondern können auf andere warten und der Reihe nach reden, in aller Ordnung. Sprachenredner und Propheten, Männer oder Frauen, sollen sich unterordnen und schweigen, wenn die Gefahr der Unordnung besteht. Doch Paulus denkt nicht an eine nur äußerliche, gesetzlich erzwungene Ordnung. Die wahre Ordnung kommt aus dem Herzen und verträgt sich sehr wohl mit spontaner Vielfalt, denn Gott ist nicht ein Gott der Unordnung, sondern des Friedens! (1 Ko 14, 33).

5. Unterordnung: Wer sich unterordnet, gibt nach. Vgl Gal 2, 5: Nicht durch Unterordnung nachgeben. I 3, 4: Ein Vorsteher soll seine eigenen Kinder „in Unterordnung halten". Bemerkenswert ist, daß es dort nicht heißt, er soll seine Frau und Kinder in Unterordnung halten. Es ist offenbar nicht die Aufgabe des Mannes, seine Frau Unterordnung zu lehren, sondern ihr in wahrer Liebe zu begegnen. Die Liebe ist diejenige Wirklichkeit, welche, ohne Spaltungen in der Gemeinde oder in der Ehe herbeizuführen, die verschiedenen Gaben anerkennt und zur Entfaltung bringt durch Unterordnung. Denn Unterordnung befreit zur Auferbauung, das ist die biblische Gemeinde im Bilde des Leibes gesehen (I Ko 12, 14—31; 14, 1). In Eph 5, 21 werden alle Glieder der Gemeinde ermahnt, sich gegenseitig unterzuordnen in der Ehrfurcht vor Christus. Seine Gegenwart ist die entscheidende Wirklichkeit, die solche Unterordnung ermöglicht und schafft. Darauf folgen in V. 22 ff die Anweisungen an Frauen, Männer, Kinder etc. Das Verb„unterordnen" ist in V. 22 im Urtext nicht wiederholt; damit wird deutlich, daß V. 21, d. h. die gegenseitige Unterordnung aller, sowohl Höhe- wie Zielpunkt der vom Heiligen Geist erfüllten Gemeinde wie auch Überschrift und Grundlage für die nachfolgende Haustafel ist (V. 19). Das biblische Verständnis für Unterordnung geht sofort verloren, wenn es auch nur im geringsten von der Beziehung auf Christus, den Retter und Richter, gelöst wird. Jeder ordne sich seiner Gabe und Aufgabe gemäß dem andern unter: die Frau durch anerkennende Ehrfurcht (V. 33), die Männer durch dienende Liebe (V. 25). Das Maß aber für die Unterordnung ist nicht der Mann (noch die Frau), sondern Christus selbst, der die Gemeinde liebt und der sich als der Gottgleiche (Phil 2, 6) dem Vater unterordnet in der Liebe des Geistes (Phil 3, 21; I Ko 15, 25—28; I Pt 3, 22; Hb 2, 8). I Ko 16, 15—16 zeigt ein weiteres Beispiel für die gegenseitige Unter-

ordnung: Die Gläubigen aus dem Hause des Stephanas haben sich dem Dienst für die Korinther zur Verfügung gestellt (tasso = zur Verfügung stellen). Darauf nun sollen die Korinther eingehen, indem sie deren Dienst anerkennen und durch die eigene Mitarbeit sich praktisch unterordnen (hypo-tasso = sich unterordnen). So kann und muß I 2, 11 ohne jede Herabsetzung oder Benachteiligung der Frau verstanden werden, also nicht so, als hätte sie allein, sie besonders, sie immer und ohne jede Einschränkung sich unterzuordnen. Wie immer auch ihr Sich-Unterordnen, ihr Nachgeben, ihr Sich-Einfügen aussehen mag, so kann es vom Evangelium her nur dann einen Sinn haben, wenn es vom gegenseitigen Sich-Fügen in der Liebe ausgeht. Wie steht es nun aber mit den folgenden Versen?

6. Ich erlaube einer Frau nicht (V. 12). In I Ko 14, 34 ist derselbe autoritative Ausdruck gebraucht, der dort, weil unpersönlich formuliert, noch härter klingt. Doch die Aussagen des Apostels sind hier nicht als eigene Meinung, sondern als Weisung des Herrn gekennzeichnet. Wer geistlich urteilt, kann sie als solche erkennen. Das Wort zur Frage der Jungfrau hingegen ist keine Weisung des Herrn, Schweigen und Unterordnung ist Weisung des Herrn (I Ko 7, 25; 14, 37). Freilich darf diese Weisung nicht so ausgelegt werden, daß sie dem Vorurteil der Männerherrschaft Vorschub leistet. Denn, ist es wirklich eine Weisung des Herrn, so durchbricht sie die Männervorherrschaft und kann damit weder die Frau zurückstellen, noch sie benachteiligen oder gar erniedrigen, denn der Herr hat der Frau ihre ursprüngliche Bestimmung durch Gott wiedergebracht.

7. Nicht lehren. Wir haben nach dem ntl Zeugnis zwischen zwei Arten von Lehren zu unterscheiden: 1) Lehren im Sinne der Unterweisung, des Lehrgesprächs und der Verkündigung, wie dies in den Gemeinden, den Häusern hin und her und zu allen Gelegenheiten in freier Weise geschehen kann. 2) Lehren im gebietenden Sinne (I 4, 11) als verpflichtende Weisung gegen Irrlehre und unordentlichen Lebenswandel sowie als autoritative Ausübung der Gemeindezucht. Es ist verständlich, daß beide Arten von Lehren oft ineinander übergehen: Aus der gebietenden Anweisung folgt die Unterweisung in der Aussprache; umgekehrt entsteht oft aus dem gemeinsamen Austausch eine klar ausgesprochene Mahnung. Kann gezeigt werden, daß beide Arten sowohl in den Past wie in den früheren Paulusbriefen vorkommen, dann läßt sich die unhaltbare Behauptung widerlegen, wonach die Kirche der Past schon eine Amtskirche geworden sei, in der die Ämter an einigen wenigen Männern hängen, so daß in einer solchen Amtshierarchie „das Amt des Lehrens" für die Frau verschlossen sei. Dem gegenüber folgende Übersicht: 1) Das freie Lehren — Lernen: a) in den früheren Briefen: Rö 14, 15; I Ko 14, 26; Gal 6, 1; I Th 4, 9; 5, 9; Phil 4, 8—9; Eph 5, 19—21; Kol 3, 16. b) Past: I 6, 3; II 1, 5; 2, 2. 14. 22. 23; 3, 6; 4, 19; Tit 2, 3. 4. 7. 2). Das Lehren im Sinne des Vorstehens und Gebietens: a) in den früheren Schriften:

I Ko 6, 5 (Ist keiner da, der die Vollmacht des Entscheidens hat?); I Th 5, 12—14 (!), vgl. I 5, 17; II Th 3, 14; Gal 6, 6. b) Past: I 4, 13 (vorlesen, ermahnen, lehren); 5, 17; II 4, 2 (!). 3; Tit 2, 15.

Daß man später in der Kirche aus unserer Quelle die Berechtigung abzuleiten suchte, der Frau „das Lehramt", und zwar in sehr umfassendem Sinne, vorzuenthalten, hängt mit der Entwicklung asketisch-gesetzlicher und die Geschlechtlichkeit abwertender Strömungen zusammen. Man mag dann noch so viel über die geistliche Ebenbürtigkeit der Frau reden, im Grunde ist sie doch weniger als der Mann. Im koptischen Thomas-Evangelium bittet Petrus: „Maria möge von uns gehen! Denn die Frauen sind des Lebens nicht würdig." Jesus antwortet darauf: „Siehe, ich werde sie ziehen, daß ich sie zum Manne mache, damit auch sie ein lebendiger Geist werde, der euch Männern gleicht." Thomas von Aquin rechtfertigt die Konzilsbeschlüsse, die der Frau das Lehramt verbieten. Er nimmt als Grund eine intellektuelle Unterlegenheit der Frau an, betont aber die geistliche Gleichheit, die Paulus verkündigt habe. Solche Beispiele machen deutlich, wie das Evangelium verraten wurde.

8. Nicht herrschen, (authentein) aus sich selbst handeln, eigenmächtig handeln. — Die Verbindung von lehren und herrschen macht eindeutig klar, welche Art von Lehren gemeint ist: Die Frau soll den falschen Herrschaftswillen des Mannes (der in seinem Lehren zum Ausdruck kommen kann) nicht mit ihrem Herrschaftsanspruch brechen oder überbieten wollen. Es handelt sich hier weder um ein allgemeines Schweigeverbot der Frau (keine Meinung äußern) noch um ein allgemeines Lehrverbot der Frau (überhaupt nicht lehren), sondern um die Mahnung, sich nicht mit eigenem Autoritätsanspruch als Frau gegen die Lehrentscheidungen in der Gemeinde zu stellen. Denn die Frau soll weder über den Mann herrschen, noch steht irgendwo in der Bibel, daß der Mann über die Frau zu herrschen beauftragt oder befugt sei. I Mo 3, 16 ist nicht ein Gebot (er soll über dich herrschen), sondern besagt lediglich, was als Folge der Sünde geschehen wird (er wird über dich herrschen). Christus aber schafft die Folgen der sündigen Männerherrschaft ab: das Lehren-Lernen steht der Frau frei. Noch in II 4, 19 grüßt Paulus zuerst Prisca, dann erst ihren Mann Aquilla. Das setzt voraus, daß auch Prisca, wenn nicht sie sogar besonders, in der Lehre des Evangeliums bewandert und fähig war, andere zu lehren (Apg 18, 26). In II Jo 1.5 wird eine Frau als „auserwählte Herrin" (kyria) angesprochen. Gemeint ist damit eine erfahrene Frau, unter deren Patronat und in deren Haus die Gemeinde sich versammelt. Doch diese „Herrin" beherrscht nicht die Gemeinde, sondern sie liebt, und darum wird sie vom Ältesten anerkannt und geliebt und von allen, die die Wahrheit erkannt haben.

9. Adam zuerst, danach Eva. Sowohl hier (V. 13) wie in I Ko 11, 8—10 und Eph 5, 22 stellt Paulus jedesmal einen Zusammenhang zum Schöpfungsbericht her (I Mo 2, 22—24). Die Frau ist dem Manne zugeordnet

als seine Entsprechung. I Mo 2, 18: Ich will ihm eine Hilfe machen, die zu ihm paßt. Vgl 2, 20: Für Adam fand er keine Hilfe seinesgleichen. Die Frau ist vom Manne, darum ist sie ihm gleich. Die Betonung liegt durchaus auf dieser Gleichheit und Entsprechung (I Mo 2, 18.20.23.24). Die Frau ist vom Manne, darum ist sie ihm zugeordnet, denn erst wo Gleichrangigkeit besteht, kann von Unterordnung die Rede sein. Echte Vor- und Nachordnung, Über- und Unterordnung ist aufeinander angewiesen und weist über sich selbst hinaus auf die in Gott gesetzte Ordnung (vgl I Ko 15, 23: jeder in seiner eigenen — ihm bestimmten — Ordnung). I Ko 11, 11—12 wehrt jeder falschen Schlußfolgerung, die aus der Nachordnung eine Rangordnung machen will; denn wie die Frau vom Manne stammt, so ist auch der Mann durch die Frau, alles aber kommt von Gott. Es liegt kein Grund vor, aus I 2, 13 etwas anderes zu entnehmen. Es ist naheliegend, daß falsche Prophetinnen den Anspruch erhoben, über dem Manne zu stehen, weil die Frau als Zuletztgeschaffene die Spitze der Schöpfung sei. Wie an die Korinther, so auch hier an die Epheser verwendet Paulus ganz verschiedene Motive in seiner Mahnrede: Schöpfungs- und Erlösungsordnung, Gesetz, Natur, Sitte und konkrete Umstände, Behauptungen, Irrlehren. P verbindet hier wie auch sonst verschiedene Denkweisen, die sich gegenseitig auslegen und vor Mißdeutungen absichern (s. Einleitungsfragen E 21, Fußnote 24).

10. Adam nicht verführt, Eva verführt und gefallen (V 14). 2, 11, 13 (das der Ordnung entsprechende Verhalten) gehört mit 2, 12 + 14 (das Nichtbeachten der Ordnung und seine Folgen) zusammen. Damit fällt auf V. 13 (Adam zuerst, dann Eva) nicht ein bereits mit einem Vorurteil belastetes „Verständnis" von V. 14 her. Vers 14 beginnt gerade nicht mit einem begründenden „denn", sondern setzt neu an (Vers 12 wieder aufgreifend mit „und"). Nicht weil Eva nachher geschaffen worden ist, war sie (minderwertig) die zuerst (leichter) Verführbare. Was bedeutet verführen (exapatao)? Nach II Ko 11, 1—15 ist die Gemeinde in Gefahr, einer satanischen Verführung zu erliegen und darin Eva vergleichbar, von der List der Schlange verführt zu werden. Falsche Lehrer bringen Entzweiung und Ärgernis in die Gemeinden, sie verführen die Arglosen (Rö 16, 17—20 wie II Ko 11, 3; wie I 2, 14 b). Wir begegnen demselben Zusammenhang in I 2 wie in II Ko 11: Gefährliche Arglosigkeit der Gemeinde, Verführung durch falsche Lehrer, Ruf zum Gehorsam, Verheißung der Befreiung von Satan. Satanischer Betrug gehört zum endgeschichtlichen Geschehen (I 4, 1; 6, 14; II 3, 11; 4, 1; Tit 2, 13). Irrlehrer sind der Schlange vergleichbar, die sich an Eva wendet, als sie allein ist, und ihr ein höheres Leben verspricht. Eva läßt sich in ein „Lehrgespräch" ein, wird verführt und kommt zu Fall. Dieses Beispiel von Verführung und Fall wendet Paulus in II Ko 11 auf die ganze Gemeinde an (auf Männer und Frauen!), außerdem auf die Männer besonders in II 3, 13; 2, 26 (vom Satan verführte Verführer) und auf die Frauen

besonders in I 2, 14. Nur wenn die Past die Frauen allein als Verführte hinstellen würden, könnte V. 14 negativ für die Frauen und ihre (alleinige!) Verführbarkeit ausgelegt werden. Doch Verantwortung wie Schuld ist für Mann und Frau gleich, nur Art und Weise von Verführung und Fall ist verschieden. Mann und Frau sind unterschiedlich gefährdet und anfechtbar, können aber ohne Unterschied durch das Evangelium gerettet werden.

„Nicht Adam wurde verführt" kann als eine Entgegnung auf eine ganz bestimmte Behauptung oder Lehre in den Kreisen der Irrlehren von Ephesus angesehen werden. Prophetinnen oder allgemein einer falschen Frömmigkeit huldigende Frauen konnten sich aus ehelichen Bindungen gelöst haben mit der Begründung, die Befreiung vom sinnlich-begehrlichen und verführbaren Mann mache sie für das heilige Leben mit Gott fähig und entferne sie von der Versuchung zur Sünde. Eine entsprechende Gemeindesituation schildert (auch als prophetische Mahnrede) Offb 2, 20—23: „Ich habe wider dich (den Gemeindevorsteher), daß du die Frau Isebel gewähren läßt, die sich eine Prophetin nennt und meine Knechte (!) lehrt und verführt, Unzucht zu treiben und Götzenopfer zu essen ..." Hier tritt eine Frau innerhalb der Gemeinde mit einem prophetischen Lehranspruch auf. Doch nicht das öffentliche Auftreten wird ihr vorgeworfen, sondern die verführerische Irrlehre. Diese Prophetin bedarf der Ehe nicht (Adam wurde ja betrogen und mußte ehelich werden und eine Familie haben), dafür treibt sie Unzucht, natürlich mit religiöser Begründung und Beschönigung. Es verwundert nicht, daß unter den Montanisten (Beginn durch Montanus um 172) eine phrygische Prophetin eines Tages Christus in Gestalt einer Frau sehen wird. Im folgenden versuchen wir die Rekonstruktion einer Lehre, wie sie eine falsche Prophetin vorgebracht haben und gegen die eine Stelle wie I 2, 9—15 gerichtet sein könnte: „Der Geist sagt, daß ich (und ihr Frauen alle, wenn ihr nur hören wollt) schon auferstanden bin und zur neuen Welt gehöre und darum in engelgleichem Zustand nicht mehr dem Gesetz der Geschlechtlichkeit und des Kindergebärens unterworfen bin. Da mich der Geist regiert, brauche ich mir von meinem Mann und den Lehrern in der Gemeinde nichts mehr sagen zu lassen, im Gegenteil, ich zeige ihnen in der Kraft des Geistes, wo sie noch verblendet und ans Fleischliche gebunden sind. Ich habe die Weisung erhalten, meinen unbelehrbaren und irdisch gesinnten Mann, der mich verführen will, zu verlassen, ebenso meine Kinder, um die neue Freiheit zu verkünden. Da ich den Geist habe, bin ich der Versuchung nicht mehr ausgesetzt, wie einst Eva und wie alle Frauen, die noch in der alten Welt leben. Eva ist das Ziel der ganzen Schöpfung. Sie steht über Adam, wenn sie dem Geist folgt."

Nur wenn die Past die Frauen allein als Verführte hinstellten, könnte V 14 negativ für die Frau gemeint sein. Ja, Paulus warnt selbst den Timotheus, er soll sich nicht verführen lassen (I 1, 19; 6, 10—11.20—21). Besonders wichtig für den Zusammenhang ist II 3, 13—14: Betrüger schreiten fort im Verführen und Verführtwerden, Timotheus aber soll bleiben in dem, was er gelernt hat. Die Parallele zu 2, 14—15 ist offensichtlich: Die Frauen sollen sich nicht verführen lassen und nicht andere verführen, sondern bleiben in Glauben, Liebe, Heiligung und Verständigkeit.

11. Kinder gebären, Erlösung und Heiligung (V. 15). Das Kindergebären macht ebensowenig fähig oder würdig zur Erlösung, wie die Leiden des Christen ihn die Herrlichkeit verdienen lassen (Rö 8, 17: wenn anders wir mitleiden ...).

Wer aufgerufen ist, in der Heiligung zu bleiben, der ist schon in der durch die Erlösung gegebenen Wirklichkeit darin, er muß nicht erst hineinkommen oder gar sich den Weg dahinein erst verdienen durch Leiden oder durch Kindergebären. Die wirkliche Witwe bleibt (verharrt) in dem Leben vor Gott. So sollen Frauen, die Kinder haben, bleiben, sie müssen also nicht einen besonderen Weg der Errettung verdienen. Vgl I 5, 5 mit Kol 1, 22—23: Christus wird die Gemeinde heilig und tadellos vor sich hinstellen, wenn sie im Glauben gegründet und fest bleibt und sich nicht (durch Verführung) abbringen läßt von der Hoffnung des Evangeliums. Der Zusammenhang ist jedesmal der gleiche. Das Festbleiben im Glauben begründet nicht das Heil, es ist auch keine Bedingung für die Erlösung, wohl aber ist es notwendig, damit sich die geschenkte und empfangene Erlösung weiter auswirken kann. Während die heidnischen Frauen in Ephesus ihr Heil von der Göttin Artemis erwarten, welche die Schutzpatronin aller Gebärenden ist, weist Paulus die gläubigen Frauen auf Jesus hin, durch den allein sie ihr Heil empfangen. Der Wechsel vom Singular zum Plural in Vers 15 fällt auf. Das Wort Frau kann als Kollektiv verstanden werden und dann durchaus das Verb im Plural haben. Doch die Wiederholung des Wortes Verständigkeit (andere übersetzen Sittsamkeit, zuchtvolles Leben, Besonnenheit) von V. 9 (keusch und verständig) legt eine andere Auslegung nahe. Der Plural weist auf Vers 9—10 zurück: die Frauen. So sind V. 9—10 und 15 b an alle Frauen gerichtet, ob verheiratet oder nicht. Die Parallele zu den Männern ist dann ganz deutlich: Jene sollen nicht streiten (darüber, wer der Stärkste ist), sondern heilige Hände aufheben zum Gebet; diese sollen nicht mit Kleidern ihren Wert verteidigen (wer die Schönste ist), sondern heilig leben in guten Werken. Die V. 11—15 a sind dann ein besonderes Mahnwort an falsche Prophetinnen oder durch Irrlehrer verführte Frauen, die ganz bestimmte Behauptungen aufstellen

ANHANG 5

Das Haus Gottes (I 3, 15).

Viele Hinweise im AT lassen erkennen, daß der Kampf um das Verständnis des Hauses Gottes, die Beziehung zum Tempel von großer Bedeutung war. Bekannt ist die Tempelrede des Propheten Jeremia (Kapitel 7). Die Frage ist, ob die Past noch die kritisch-befreiende Sicht von der Wohnung Gottes im Tempel des Leibes haben oder ob sie einen Rückfall in das überholte Tempel- bzw. Kirchendenken darstellen.

1. Die atl Kritik am „Tempeldenken" geht aus von der Heiligkeit Gottes (III Mo 11, 44.45; 19, 2; 20,7.26; 21, 6; Hos 11, 9; vgl I Pt 1, 16). Der Heilige wohnt in einem heiligen Haus (II Mo 25, 8; Ps 5, 7), in der Mitte einer heiligen Versammlung (II Mo 12, 16) und unter einem heiligen Volk (V Mo 7, 6; 26, 19), in einem heiligen Lande (Sach 2, 12; vgl II Chr 34, 8). Die heilige Gegenwart Gottes beschränkt sich nicht auf ein Gebäude, sie durchdringt Volk und Land. Nichts und niemand ist vor ihm verborgen oder von seiner heiligen und heiligenden Macht losgelöst. Im heiligen Gericht verwirft der heilige Gott das Volk und den Tempel. Die Zerstörung des Tempels ist Gottes Gericht (II Kö 23, 27). Weil Gott der Heilige und Heiligende ist, darum kann das Haus Jakobs, das aus der Herrschaft Ägyptens befreit wurde, unter die Herrschaft Gottes kommen und für seine Gegenwart ein Tempel werden: „Da war Juda sein Heiligtum" (Ps 114, 2). Die Propheten sehen Gott als Vater über das Haus Israel, und die Glieder des Volkes werden „Söhne des lebendigen Gottes" genannt werden. Im Hause des Vaters wohnen seine Söhne und Töchter (Jer 31, 9; Hos 1, 10). Amos verkündet, daß Gott in der Endzeit die „verfallene Hütte Davids wieder aufrichten" werde (Am 9, 11; vgl Jes 7, 13; 22, 22). Damit ist mehr gemeint als nur ein mit Händen gemachter Tempel: die Wiederherstellung des Volkes Israel überhaupt.

2. Das atl Zeugnis vom Haus Gottes unterscheidet zwischen dem irdischen und dem himmlischen Haus. Zwar soll der Mensch Gott ein Haus bauen (II Mo 25, 8), aber letztlich ist Gott selber der Bauende, der sich ein Heiligtum gründet und sein Volk darein verpflanzt (II Mo 15, 17). Die Absicht Davids, dem Herrn ein Haus zu bauen, wird von Gott umgekehrt: Gott will dem David ein Haus bauen (II Sam 7, 1—29). Bei der Einweihung des Tempels betet Salomo: „Sollte Gott denn wirklich auf Erden wohnen? Siehe, der Himmel und aller Himmel Himmel können dich nicht fassen, wieviel weniger dieses Haus, das ich gebaut habe." Wie ein Refrain kehrt in diesem Weihegebet ständig der Aufruf an Gott wieder, der im Himmel ist, „... der Stätte, da du thronst" (I Kö 8, 27.39.43.45.49; vgl Jes 66, 1). Wo

dies vergessen wird, da setzt die prophetische Kritik ein. Wenn die Besucher des Tempels sich mit dem Tempel in eins setzen und wenn sie mit dem Tempel auch Gott zu besitzen meinen, müssen sie sich eine scharfe Rückfrage gefallen lassen (Jer 7, 1—11). Ein unheiliger Wandel verträgt sich nicht mit der falschen Sicherheit, mit der sich das Volk der Zugehörigkeit zum Tempel des Herrn rühmt. Wo das Bekenntnis zum Tempel als Vorwand für gottloses Treiben dient, bleibt nur das Gericht am Hause Gottes, der seinen Tempel herrlich machen will (Mal 3, 1—5). Die Ablehnung des falschen Tempelbewußtseins läßt erkennen, daß Gott in ganz anderer Weise, nämlich viel wirklicher und näher, mitten unter und in seinem Volke leben will. Der Hohe und Erhabene will beim Geringen und Demütigen wohnen (Jes 58, 15).

3. Alle atl Hinweise auf Gottes Art des Wohnens unter den Menschen gelangen im NT zur Erfüllung in der Person des Messias selbst. Ihm wird vor Gericht zur Last gelegt, daß er gesagt habe, er könne den Tempel Gottes zerstören und nach drei Tagen wieder aufbauen (Mt 26, 61). Nicht nur die Reinigung des Tempels (das Haus Gottes soll ein Bethaus und nicht eine Räuberhöhle sein, Mk 11, 15—19; Mt 21, 12—17; Lk 19, 45—48; Jo 2, 12—17), sondern die Aufhebung des Tempels überhaupt gehört zur Sendung Jesu. Seine Jünger, noch sichtlich vom Tempel beeindruckt und an ihn gebunden, konnten erst nach der Auferstehung ihres Herrn verstehen, daß er „vom Tempel seines Leibes“ gesprochen hatte (Jo 2, 18—22). In diesem Tempel war Gott Fleisch geworden und hatte unter den Menschen sein Zelt aufgeschlagen (Jo 1, 14; 14, 23). Von jetzt an werden die wahren Anbeter Gott nicht mehr auf dem Berg der Samariter und nicht mehr im Tempel der Juden, sondern „in Geist und Wahrheit“ anbeten (Jo 4, 23—24). Weil Stephanus in Kraft des Geistes bekannte, daß Gott im Messias Jesus und nicht in Bauwerken von Menschenhänden wohnt, wurde er von den Juden gesteinigt (Apg 7, 47—60). Weil Paulus dasselbe bekannte, wurde er von den Griechen in Athen, der Stadt der vielen Tempel, abgelehnt (Apg 17, 24—25). Doch mit der durchschlagenden Macht einer neuen Lebenswirklichkeit brach sich trotzdem das urchristliche Zeugnis Bahn: „Wir sind der Tempel des lebendigen Gottes, wie Gott gesagt hat: Ich will unter ihnen wohnen und wandeln, und ich will ihr Gott sein und sie sollen mein Volk sein . . ., und ich will euch ein Vater sein, und ihr sollt mir Söhne und Töchter sein“ (II Ko 6, 16—18; Offb 21, 13; 15, 5; I Ko 3, 16—17; 6, 19—20).

4. Weichen die Past von dieser urchristlichen Sicht ab, zeigen sie einen Rückfall in ein überwundenes Kirchenbewußtsein? Gewisse Ausleger wollen sogar schon im Epheserbrief „hierarchische Züge“ sehen. Was bei Paulus noch Angelegenheit der Gemeinde gewesen sei, sei nun Aufgabe fester Ämter geworden, die Gemeinde selbst als das Haus Gottes habe größeren Eigenwert erhalten (BLNT 790, 792). Dem ist zu entgegnen: a) Die Gemeinde und ihre Ordnung hat kein größeres Gewicht im Epheserbrief als im Korinther-

brief (1 Ko 12, 12—27; 10, 32; 10, 18.22.; 14, 4.5.12.19; 7, 17; 16, 1). b) In bezug auf „feste Ämter“ ist zwischen Eph und 1 Ko kein Unterschied. 1 Ko 12, 28—29 bringt zweimal die gleiche Reihenfolge wie Eph 4, 11: Apostel, Propheten, Lehrer. In I Ko 12 fehlen „Evangelisten“; Hirten und Lehrer in Eph sind nicht zwei verschiedene Dienste. Wollte man eine hierarchische Ordnung vermuten, müßte man sie von 1 Ko 12, 28 ablesen: erstens (!) Apostel... zweitens (!) Propheten... drittens (!) Lehrer. c) In 1 Ko 12, 29 sagt Paulus deutlich: Nicht alle sind Apostel, Propheten, Lehrer, aber alle haben Gaben empfangen; so sieht es auch Eph 4, 7: „Jedem einzelnen (!) unter uns ist die Gnade nach dem Maße verliehen worden, wie der Messias beschenkt.“ Eph 4, 12 zeigt deutlich, daß die Diener nicht an Stelle der Gemeinde dienen, sondern im Gegenteil gerade dazu, daß deren einzelne Glieder zugerüstet und fähig werden, den ihnen zukommenden Dienst mit Weisheit und Vollmacht auszuführen, denn jedem einzelnen (in 4, 16 wiederholt, also betont!) ist eine Wirksamkeit für das Ganze zugedacht. Die Past betonen gleicherweise, wie sehr es auf jeden Mann, auf jede Frau, auf jede Familie ankommt. Die Unterstellung, daß hierarchische Züge und feste Ämter „entwicklungsgeschichtlich“ in den ntl Briefen zunehmen, während die charismatische Bewegtheit abnehme, beruht auf einem Mißverständnis bezüglich des Verhältnisses zwischen Charisma und Amt oder zwischen Freiheit und Ordnung im Heiligen Geist. Ist doch der Heilige Geist gleichzeitig ein Geist der Freiheit (Freimut, 2 Ko 3, 17) wie auch ein Geist der Zucht (II 1, 7). Die Past haben diese Spannungen durchaus nicht aufgegeben. I 3, 16 erweist das deutlich: Die „Ordnung“ der Gemeindeglieder (Kapitel 2) steht vor den „Dienstanweisungen“ (an die Gemeindediener), die letztlich nicht in äußeren Regelungen, sondern im Geheimnis der Gottseligkeit, in Jesus selbst (vgl E 12.13) ihren Grund und ihre Bevollmächtigung haben (E 25e).

5. Gemeinde als Haus Gottes ist „urchristliches Allgemeingut und fester Traditionsstoff der Verkündigung“, und das nicht erst in den Past, sondern durchgehend bei Paulus (Michel Th WB IV, 124). Die Qumramtexte nennen die Gemeinde ein heiliges, auf dem Fundament der Wahrheit gegründetes Haus (1 QH 7, 8 f). Die essenische Gemeinschaft verstand sich selbst als Tempel, als Haus, als Heiligtum (1 Qs 5, 6; 8, 5.9; 9, 6; CD 3, 19). Der atl Kampf um das rechte Verständnis des „Volkes Gottes“, das Wohnen Gottes unter seinem Volk, ist auch im NT erkennbar, aber nicht so, wie eine entwicklungsgeschichtliche Historisierung das zu sehen meint: am Anfang der ntl Zeugen charismatische Bewegtheit, am Schluß gesetzliche Fixierung, oder eine Entwicklung von der freien Versammlung zur festgelegten Kirche und starren Kirchlichkeit. Alle ntl Schriften und mit ihnen die Past stehen im Kampf gegen zwei Grundmißverständnisse: das ist auf der einen Seite eine falsche Geistbewegtheit (Schwärmerei und unheiliges Leben ohne

Zucht), auf der anderen Seite eine falsche Gesetzlichkeit (Erstarrung und asketische Zucht, die als verdienstliche Werke gelten). Zusammengerufen werden, Zusammenkommen und geordnetes Zusammensein — das sind nicht notwendig sich ausschließende Gegensätze, sondern das gehört gemeinsam zur ganzen Wirklichkeit der Gemeinde, in deren Mitte Gott immer neu Wohnung nehmen will.

ANHANG 6

Themenvorschläge zum Bibelstudium in Gruppen

Viele Hauskreise und Jugendgruppen haben entdeckt, daß das gemeinsame Studium der Bibel wirklich zeitgemäß ist, weil hier die grundlegenden Fragen des Menschen von Gott her nicht nur zur Sprache kommen, sondern weil hier ein Weg zur Verwirklichung sichtbar wird. Die gemeinsame aufmerksame Beschäftigung mit einem Bibeltext löst unter dem Wirken des Heiligen Geistes einen Prozeß aus, der die Begegnung mit Gott, miteinander und mit sich selbst in der Wahrheit und in der Liebe fördert. Oft aber fehlt es an Fragestellungen, wenn ein biblischer Text verschlossen zu sein scheint. Deshalb werden hier als Anregung zu jedem Kapitel zehn thematische Abschnitte und zu jedem Thema zwei bis drei Formulierungen vorgelegt, insgesamt also zirka 180 stichwortartige Überschriften. Eine solche Kurzformulierung kann dienen a) als einleitende Fragestellung, b) als Zusammenfassung eines gemeinsamen Studiums, c) als Überleitung zum praktischen Teil: der Anwendung im eigenen Leben, in der Gruppe, in der gegenwärtigen Umwelt. Ob die Anwendung dessen, was der Text sagt, sowohl der Grundabsicht des Textes entspricht, ob er auch konkret genug ist für den Alltag, kann am besten durch eine vollständige Übersetzung (eigentlich Umschreibung) des biblischen Textes überprüft werden: Nicht nur jedes Wort, sondern auch der Sinn der Sätze wird in vollständig neuen (andern) Wörtern und Sätzen wiedergegeben, und zwar in einer Sprache, die jeder verstehen kann. Oft ist dieser Versuch fruchtbarer als das Bemühen um Definition einzelner Worte, was schnell zu Wortstreitigkeiten oder zu einer bloßen Wiedergabe des Wortlautes führen kann. Das ist aber nicht der Sinn des Bibelstudiums. Diesem Kommentar liegt die Auffassung zugrunde, daß die eigentliche Anwendung nicht im Kommentar gegeben werden kann. Er ist nur Vorarbeit, Hilfswerkzeug für das Verständnis der textlichen Situation und Aussage. Der Kommentar kann höchstens in die Richtung weisen, in welcher das Wort der Bibel zur Praxis führen will. Die praktische Anwendung aber wird je nach Personen und Gruppen wie nach Ort und Zeit verschieden sein. (Die Zahlen je am Ende der 10 Themen bezeichnen die Verse in den entsprechenden Kapiteln.)

1. Kapitel

1) Wie aus Kindern im Glauben verantwortliche Mitarbeiter werden. Der Weg zum mündigen Mitarbeiter. 2.5.18.19
2) Was der Liebe hilft, was ihr schadet. Das Ziel ist die Liebe. Der Sinn des Lebens ist die Liebe. 5.4.11.12.17
3) Gesetz und Evangelium. Wie man vor Gott bestehen kann und wie nicht. 8—11.12—17
4) Einst und jetzt nach dem Evangelium und im persönlichen Leben. Vom Verfolger zum Diener. 12—17
5) Das Evangelium in einem Satz. Die Hauptsache im Christentum. Das Zentrum des Glaubens. 15
6) Das Heil in einer heillosen Welt. Begnadigter Sünder. Auch Heiligung ist Gnade. 15—17
7) Gott lästern oder ihn anbeten. Vom Sinn der Anbetung. Anbetung und Weltverantwortung. 11.17.12
8) Kampf ist gut. Gut oder schlecht kämpfen. Ohne Kampf geht es nicht. 18—19
9) Verborgene Kraftquellen. Grüßen und segnen. Vom Sinn der Weissagungen. 2.12.14.18
10) Scheitern oder ans Ziel kommen. Das Leben als Risiko. Das Leben als Wagnis. 20

2. Kapitel

1) Wie das Gebet, so das Leben; wie das Leben, so das Gebet. Beten heißt, mit Gott wirken. Für alles und für alle danken. 1—5
2) Warum ein Mittler zwischen Gott und Menschen? Das alleinige Heil für die Welt. Die Auswirkung der Mittlerschaft Jesu für die Gemeinde. 1—7
3) Praktisch beten. Innere und äußere Haltung der Betenden. Die Zubereitung zum Gebet. 8—15
4) Friede für die Welt. Friede in der Gemeinde. Friede zwischen den Geschlechtern. 1.2.8.11.12
5) Vorurteile zwischen Mann und Frau und deren Überwindung. 13.14
6) Von der Macht der Verführung in der Gemeinde. Verführte Verführer. 14
7) Glaube, Liebe, Heiligung in zuchtvollem Leben. 15

8) Herrschen oder dienen. Versteckte Herrschaftsansprüche werden enthüllt im gemeinsamen Gebet. 11.12

9) Lehren und dienen oder lehren und herrschen. 11.12

10) Die Kraft der Ruhe. Ist Ruhe des Bürgers erste Pflicht? Ruhe und Stille als weltverändernde Kraft. 2

3. Kapitel

1) Das gute Begehren. Das Verlangen nach Verwirklichung. Die Gabe der Leitung. 1.2

2) Vorstehen und nachgeben. Vorstehen und vorangehen. Vorstehen und mitführen. 1—4.12.14.15

3) Das Neue ist leicht. Anreiz und Versuchung des Neuen. Die Gabe des Neuen. 6. 7

4) Geheimnis und Tat des Glaubens. Geschenk und Bewährung. Gewissen und Handeln. 9.10

5) Die Frau als Mitarbeiterin. Die Diakonie der Frau. Die Würde der Frau. 11

6) Die Gemeinde als Familie, als Haus, als Ort Gottes in der Welt. 4. 5. 15b

7) Die Gemeinde in Ruhe und Bewegung. Gotteslob und Weltdienst der Gemeinde. Die Mitte der Gemeinde. 9.10.15.16

8) Wo die Frömmigkeit beginnt und endet. Frommsein und Handeln aus Gott. Bewährung vor Menschen, Freimut vor Gott. 7.13.15a

9) Wahre Theologie entsteht und mündet in Anbetung. Mission aus Glauben zu Glauben. Meditation und Anbetung. 16

10) Errettung als Versöhnung. Das Geheimnis Gottes in Schöpfung, Erlösung, Vollendung. Gott und Mensch in Christus. 16

4. Kapitel

1) Dämonie: zwischen Leichtgläubigkeit und Zweifel. Dämonie: harmloser Vordergrund, gefährlicher Hintergrund. Dämonie: Aberglaube oder Wirklichkeit? 1.2

2) Verführung zur Askese? Danken befreit von Süchtigkeit. Gott danken heiligt die Welt. 3—5

3) Übung im Glauben. Der Christ im Training. Der Christ als Nachfolger. 6—8

4) Mühen und kämpfen. Hoffnung läßt kämpfen. Hoffnung für alle. 10

5) Die Macht der Vorbilder. Warum das Vorbild stärker wirkt als Worte. Wie wird man Vorbild? 12

6) Klare Aufgaben. Auch ein Fünfkampf. Vorbild worin? 12

7) Was tun? Was braucht die Gemeinde, was der einzelne? Warum? 13

8) Charisma und Verantwortung. Vom Gebrauch der Gaben. Berufung und Bestätigung. 14

9) Fortschritte kann man sehen. Meditieren lernen. Bei der Sache bleiben. 15

10) Kontrolliert und doch frei. Zuerst auf sich achten, dann auf das Anvertraute. Sich selbst und andere retten. 16

5. Kapitel

1) Freiheit in der Familie. Die gegenseitige Ermahnung in der Familie. Das Grundverhältnis unter Familiengliedern. 1.2

2) Ehre geben und Keuschheit gehören zusammen. Keuschheit ist die wahre Freiheit der Geschlechter. Ehren und mahnen. 1.2

3) Die soziale Verantwortung beginnt im engsten Kreis. Der Schutz der Benachteiligten. Die Kraft des Schwachen. 3—16.5

4) Wer nur sich selbst sucht, ist lebendig tot. 6.8.11

5) Der Dienst am Wort ist anstrengende Arbeit. Ehre und Schutz für Mensch und Tier. 17—19

6) Ohne Parteilichkeit handeln. Jeder wird gerichtet. Die Mahnung im Angesicht des göttlichen Gerichts. 20.21.24—25

7) Unterscheidung der Geister. Zuerst prüfen, dann handeln. Mitverantwortlich im Guten und Bösen. 22

8) Schwäche und Krankheit hindern Gottes Pläne nicht. Schwäche muß nicht verborgen werden. Die Person als Leib und Seele. 23.4,7.8

9) Erfolge wie Mißerfolge können täuschen. Öffentlich und verborgen leben. Durchsichtig werden. 24.25

10) Gerechtigkeit heißt: Jedem das Seine. Der Sinn der Seelsorge. Den einzelnen ermahnen im Blick aufs Ganze. 1—25

6. Kapitel

1) Wo die Veränderung der sozialen Verhältnisse beginnt. Die Befreiung der Herren und Sklaven in alter und neuer Zeit. Die brüderliche Gesellschaft. 1—2

2) In einer kranken Welt gesund leben? Die Wortkrankheit Die Gesellschaft der Neider. 3—4

3) Alles um Geld? Armut und Glaube in einer Gesellschaft von Vergeudern. Genügsamkeit: Umwelt, Wirtschaft und Glaube. 5—6

4) Realismus des Glaubens. Besitzlos in die Welt hinein, besitzlos heraus — und dazwischen? Nahrung und Kleidung genügt. Haben alle genug? 7—8

5) Die Unglaubwürdigkeit des Reichtums. Reich werden wollen alle, warum? Glaube ist mit Geldgier unvereinbar. 9—10

6) Menschenwürdige Ziele. Wofür sich zu leben lohnt. Was den ganzen Menschen fordert und fördert. 11

7) Kämpfen und bekennen. Ist der Glaube ein Kampf? Wie man das wirkliche Leben ergreift. 11—12

KURZAUSLEGUNG ZUM NEUEN TESTAMENT

für Jugendgruppen- und Kinderarbeit

F. F. Bruce
Das Matthäus-Evangelium
144 Seiten, kart.

I. H. Marshall
Das Markus-Evangelium
104 Seiten, kart.

R. P. Martin
Die Apostelgeschichte
128 Seiten, kart.

E. M. Blaiklock
Das Lukas-Evangelium
136 Seiten, kart.

R. E. Nixon
Das Johannes-Evangelium
120 Seiten, kart.

Die Autoren dieser Reihe beleuchten Ereignisse und Begebenheiten vom geschichtlichen Hintergrund her. Gleichzeitig erklären sie schwerverständliche Ausdrücke und Verse und stellen die einzelnen Abschnitte in den Gesamtzusammenhang der Bibel.
Die Kapitel schließen mit Fragen, Anmerkungen und Denkanstößen. Sie helfen dem Leser, biblische Aussagen in die Praxis des täglichen Lebens umzusetzen.

Jeder kann es wissen
Ein Hausbuch zur Bibel
von Edith und Francis Schaeffer
ca. 400 Seiten, Leinen

Aus dem Vorwort:
„Dieses Buch wurde geschrieben, um Menschen aller Altersgruppen zu helfen, Gott näher kennenzulernen. Es möchte als Gesprächsgrundlage dienen. Natürlich kann man das Buch still für sich allein lesen, aber eigentlich wurde es als Vorlesebuch für die Familie oder eine Gruppe geschrieben. Es eignet sich zum Vorlesen bei Gästeabenden und wenn man Kinder aus der Nachbarschaft oder seine Nichten und Neffen zu Besuch hat. Man kann das Buch auch Gruppen von Menschen vorlesen, die aufgrund besonderer Umstände eine Gemeinschaft bilden, z. B. im Krankenhaus, im Gefängnis, in Rehabilitierungszentren oder Altenheimen . . .“